계명대학교 동산도서관 소장

善本 古書 해제집 1

계명대학교 한국학연구원 편

啓明大學校出版部

이 책은 2007년도 교육과학기술부 학술연구조성비에 의하여 출판되었음.

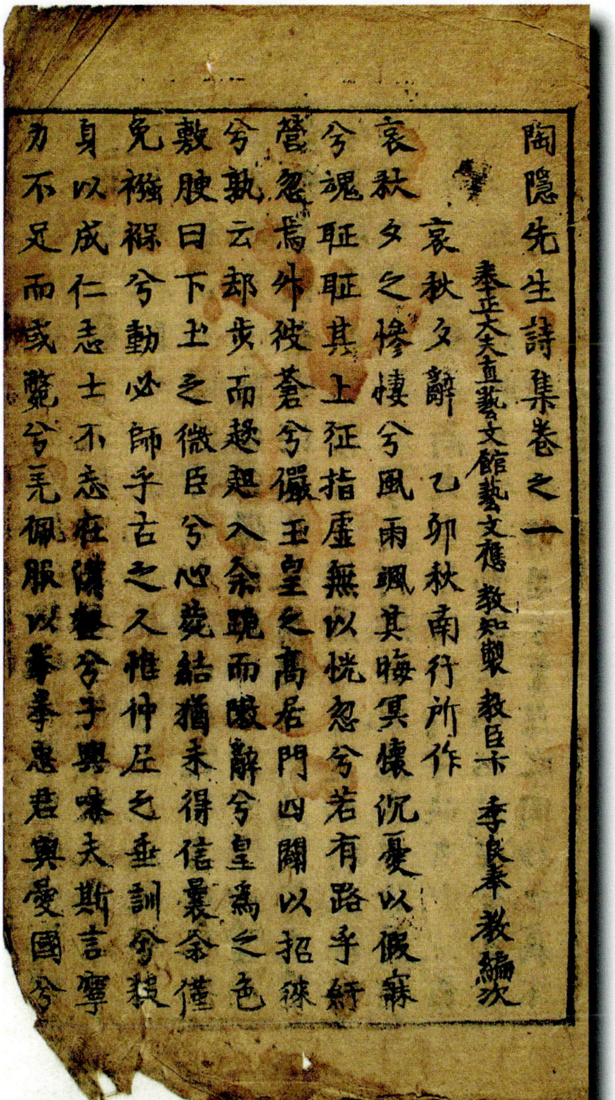

李崇仁(1347~1392) 著
『陶隱集』(보물 제1466호)
木板本 5卷1冊, 11行19字, 32.5×20.8cm

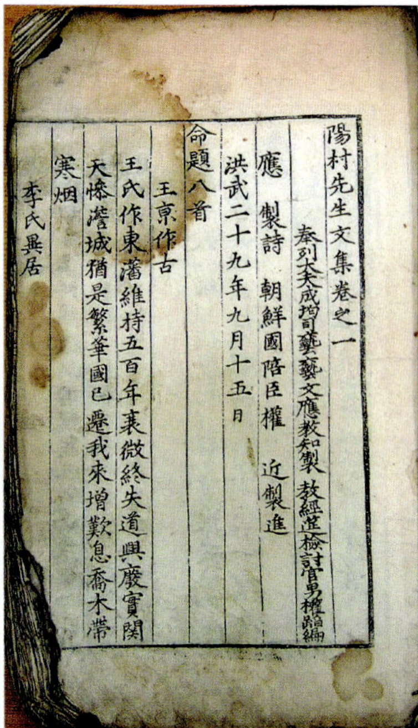

權近(1352~1409) 著, 權蹈(1387~1445) 編
『陽村先生文集』
木版本 1冊(零本) 10行20字, 36×22.4cm

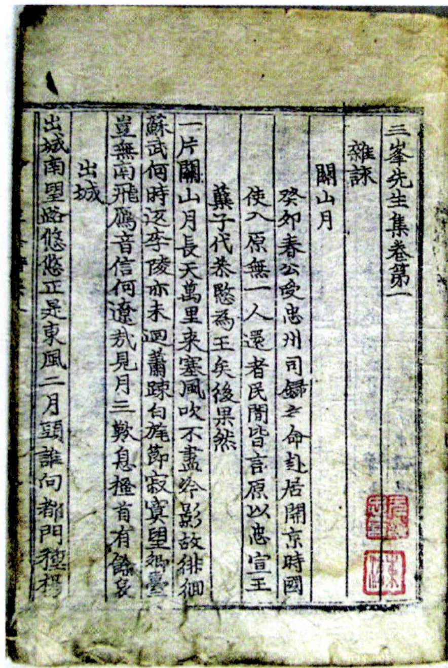

鄭道傳(1337~1398) 著
『三峯先生集』
版本. 1冊(零本), 11行20字, 22×16.2cm

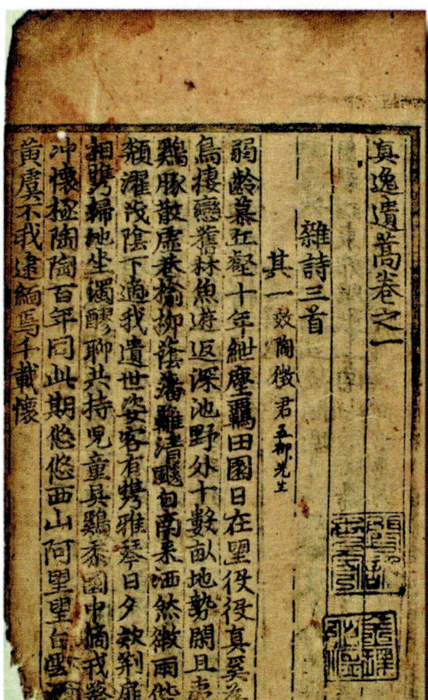

成侃(1427~1456) 著
『眞逸遺藁』(보물 제1466호)
木板本 4卷1冊, 11行20字, 26.3×15.9cm

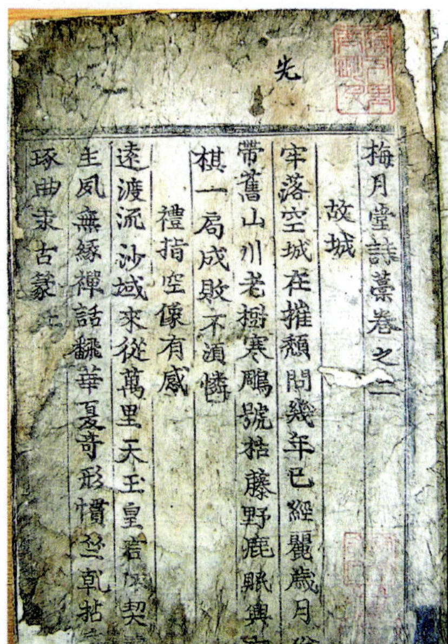

金時習(1435~1493) 著
『梅月堂詩藁』
목활자본 1책(零本) 9行16字, 30.6×19.5cm

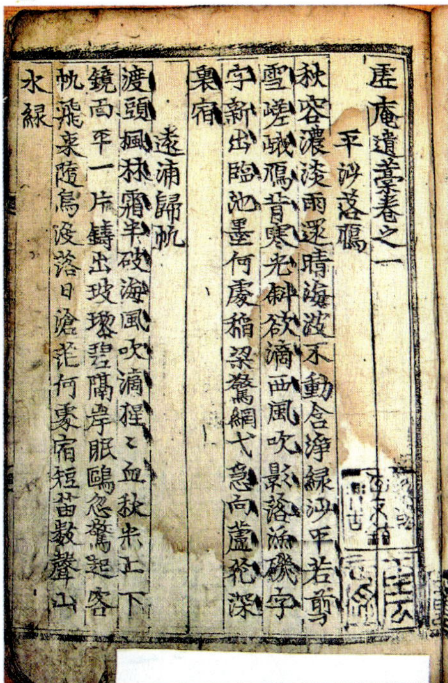

虛庵遺藁卷之一

平沙落鴈

秋容濃淡雨還晴海波不動含淨綠沙平若剪

雪㟁皺鴈背寒光斜欲滴西風吹影落孤磯字

字新出臨池墨何處稻粱鶩網弋急向蘆花深

處宿

遠浦歸帆

渡頭楓林霜半破海風吹滴程程血秋朱正下

鏡面平一片鑄出玻瓈碧隔岸眠鷗忽驚起客

帆飛來隨鳥沒落日滄茫何處宿短笛數聲山

水綠

鄭希良 著
『虛庵遺藁』
목판본(초간본) 3권1책, 11行18字, 27.5×19cm

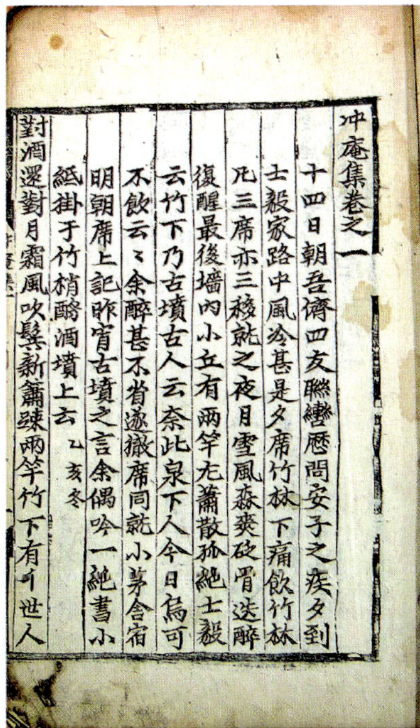

冲庵集卷之一

十四日朝吾儕四友聯轡歷問安子之疾夕到

士毅家路中風冷甚是夕席竹林下痛飮竹林

凡三席亦三移就之夜月雪風森爽砭骨送醉

復醒最後墻內小立有兩竿尤蕭散孤絶士毅

云竹下乃古墳古人云奈此泉下人今日爲可

不飮云云余醉甚不省遂撤席同就小茅舍宿

明朝席上記昨宵古墳之言余偶吟一絶書小

紙掛于竹梢酹酒墳上云 乙亥冬

對酒還對月霜風吹鬢新蕭疎兩竿竹下有千世人

金淨(1468~1520) 著
『冲庵集』
목판본(초간본) 1책(零本) 10行20字, 34.5×21cm

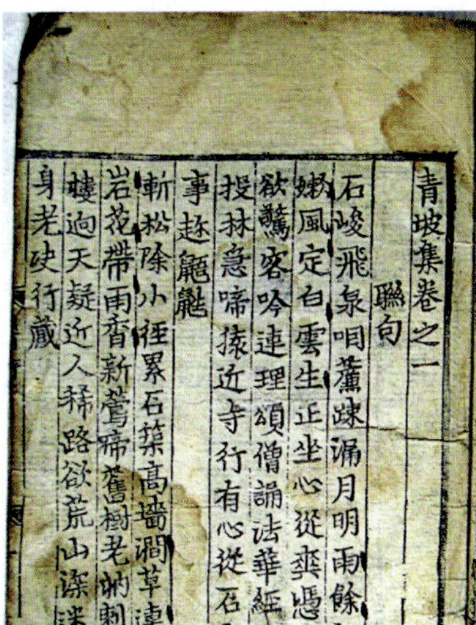

青坡集卷之一

聯句

石逕飛泉咽蘿疎漏月明雨餘紅芍

嫩風定白雲生正坐心從爽憑虛骨

欲驚客吟連理頌僧誦法華經宿鳥

投林急啼猿近寺行有心從石木無

事越龜龍

斬松除小徑累石築高墻凋草連空翠

岩花帶雨香新鶯啼舊樹老衲剔明窓

棲迥天疑近人稀路欲荒山深迷遠近

身老共行藏

李陸(1438~1498) 著
『青坡集』
목판본(초간본) 2권1책, 11行15字 26×16.6cm

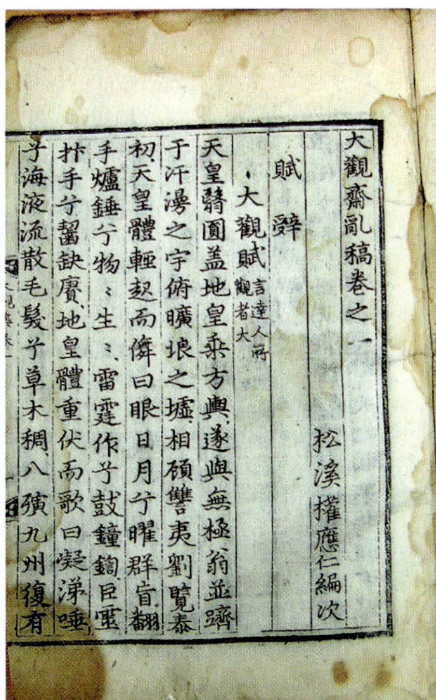

大觀齋亂稿卷之一

松溪權應仁編次

賦

辭

大觀賦 言達人將觀者大

天皇轎圓蓋地皇乘方輿遂與無極翁並躋

于汗漫之宇俯曠埌之墟相碩譬夷劉覽泰

初天皇體輕起而儛曰眼日月兮曜群盲翻

手爐錘兮物物生生雷霆作兮鼓鐘鞫巨靈

抃手兮罾缺賡地皇體重伏而歌曰凝滓唾

兮海液流散毛髮兮草木稠八殥九州復有

沈義 著, 權應仁 編
『大觀齋亂稿』
목판본 1책(零本) 10行17字, 31.8×21cm

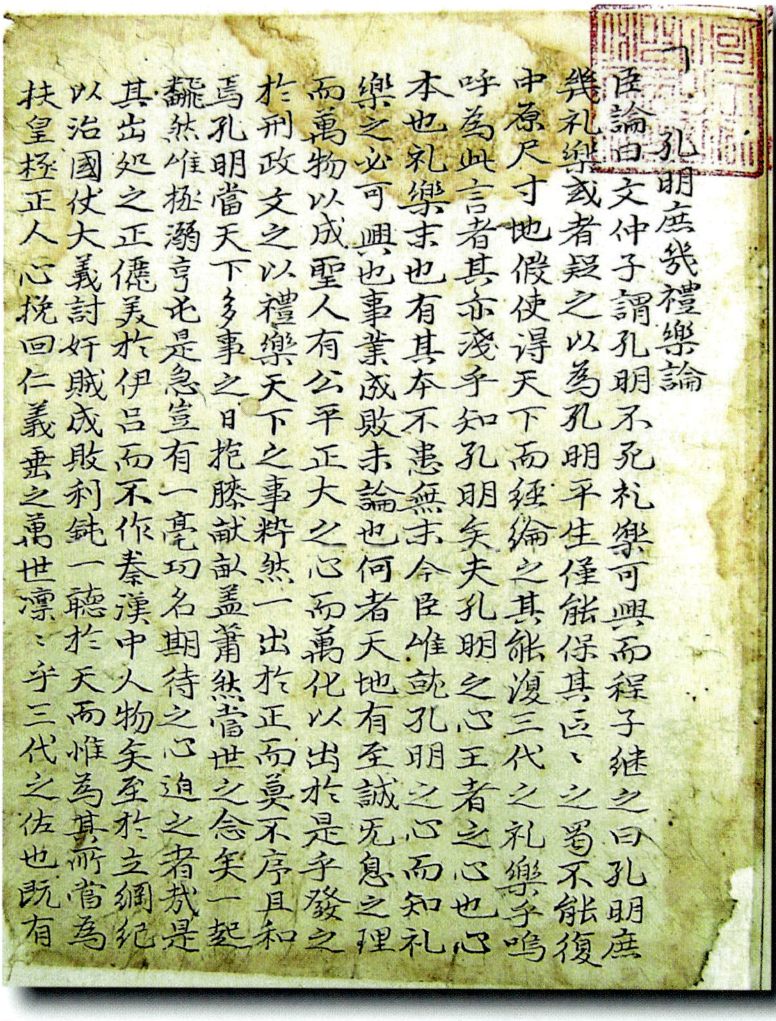

孔明庶幾禮樂論

臣論曰文仲子謂孔明不死禮樂可興而程子繼之曰孔明庶幾禮樂或者疑之以爲孔明平生僅能保其區區之蜀不能復中原尺寸地假使得天下而經綸之其能復三代之禮樂乎嗚呼爲此言者其亦淺乎知孔明矣夫孔明之心王者之心也心本也禮樂末也有其本不患無末今臣惟就孔明之心而知禮樂之必可興也事業成敗未論也何者天地有至誠无息之理而萬物以成聖人有公平正大之心而萬化以出於是乎發之於刑政文之以禮樂天下之事粹然一出於正而莫不序且和焉孔明當天下多事之日抱膝畎畝蓋蕭然當世之念矣一起飜然惟拯溺亨屯是急豈有一毫功名期待之心迫之者哉是其出處之正儷美於伊呂而不作秦漢中人物矣至於立綱紀以治國仗大義討奸賊成敗利鈍一聽於天而惟爲其所當爲扶皇極正人心挽回仁義垂之萬世凜凜乎三代之佐也既有

柳成龍(1542~1607) 著
『西厓先生遺稿』
친필로 추정되는 본이다.

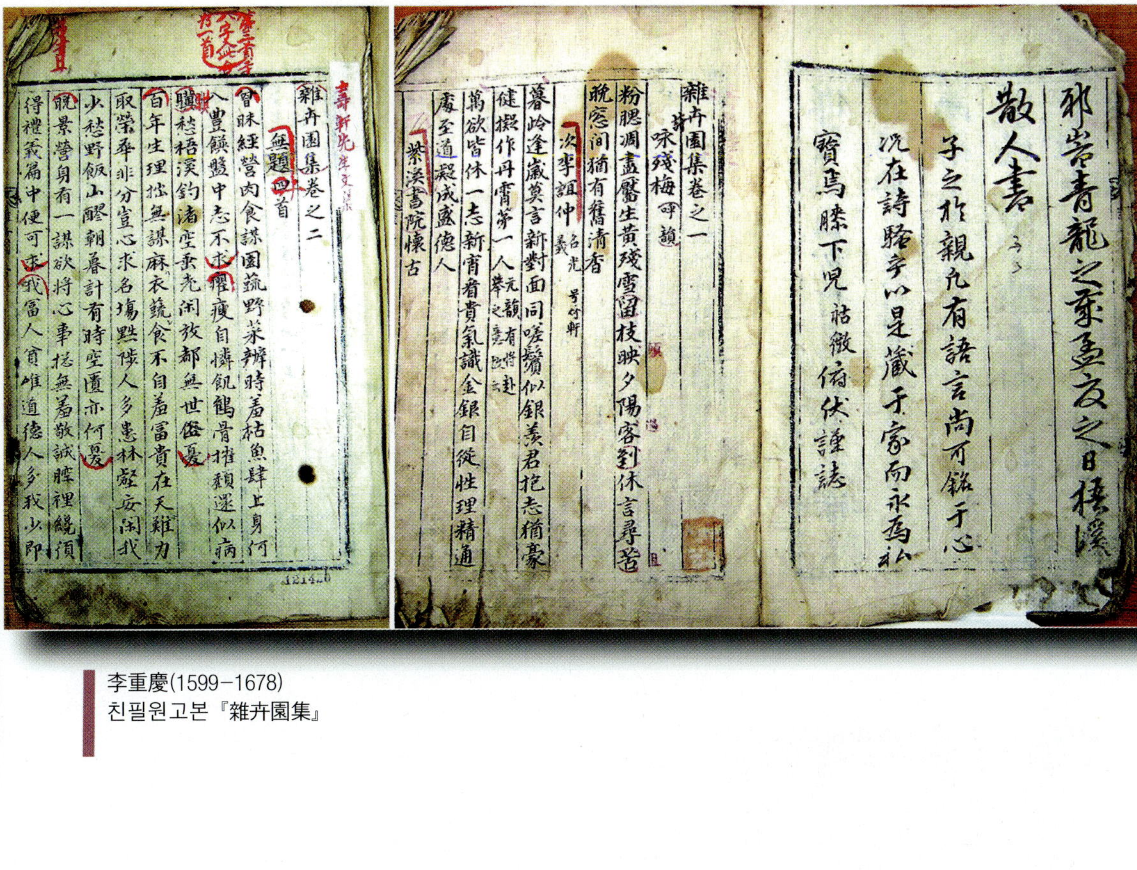

李重慶(1599-1678)
친필원고본『雜卉園集』

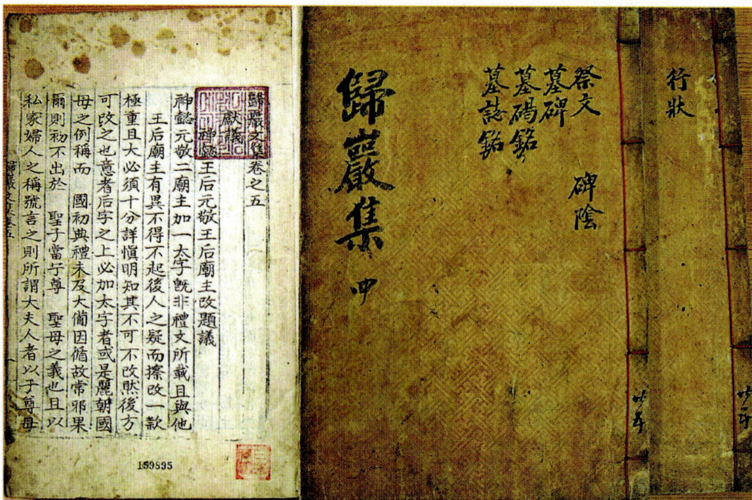

李元禎(1622~1680) 著
『歸巖集』 필사본(定稿本)
零本 3책, 표지 및 첫 면.

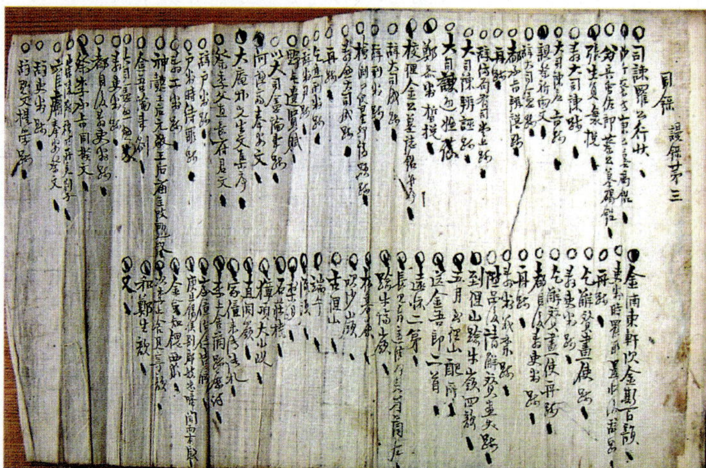

『귀암만록』 앞에 별도로
붙은 작품 목록

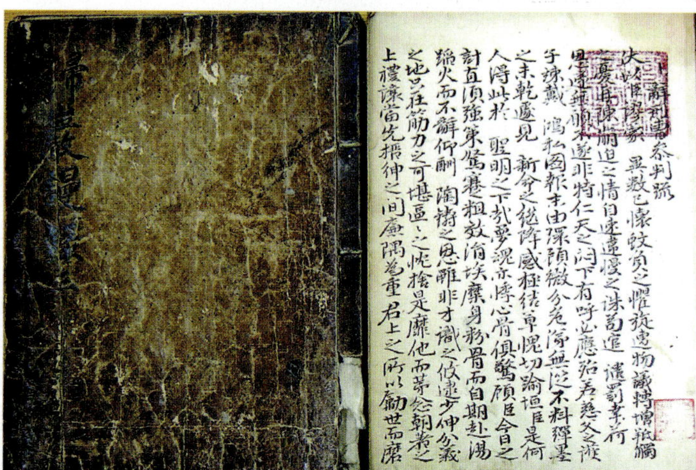

李元禎(1622~1680) 著
『歸巖謾錄』 필사본(자필고본)
零本 2책 표지 및 첫 면.

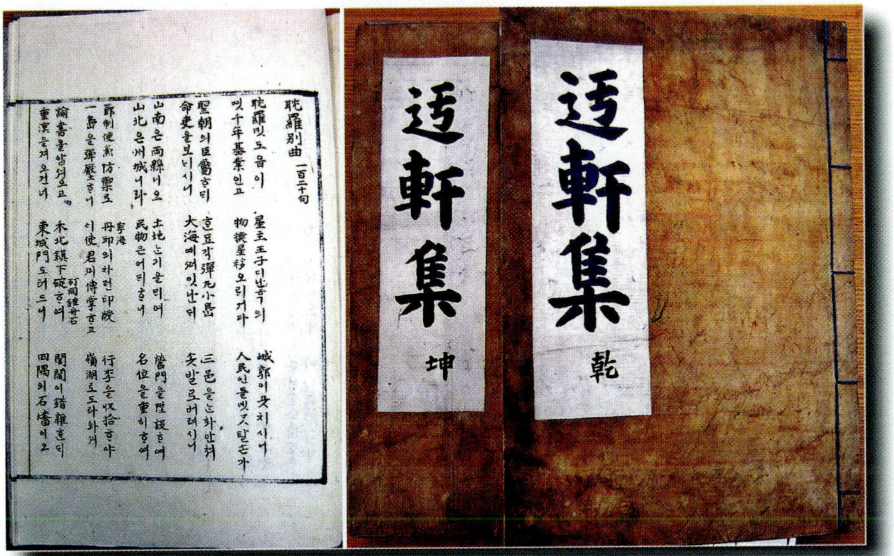

鄭彦儒(1687-1764) 著
『迂軒集』 필사본 2책
표지 및 「탐라별곡」 부분

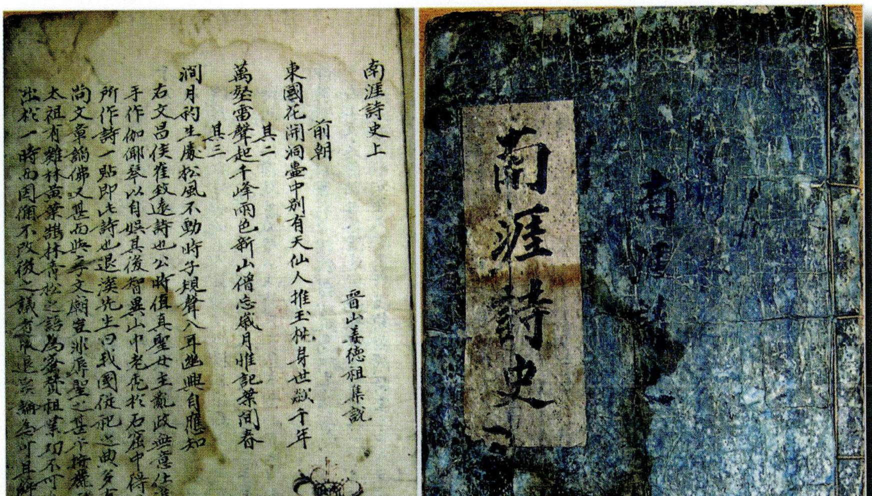

姜鳳欽(18세기) 集說
『南涯詩史』 필사본 1책
표지 및 첫 면

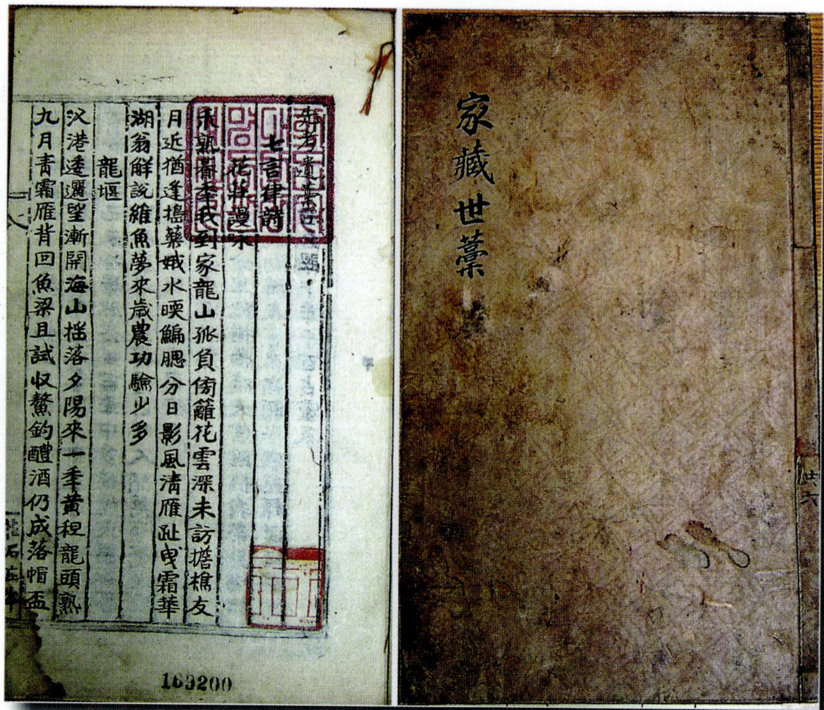

李常五(1722-1796) 著
『先考遺藁』 필사본(영본) 1책
표지 및 첫 면

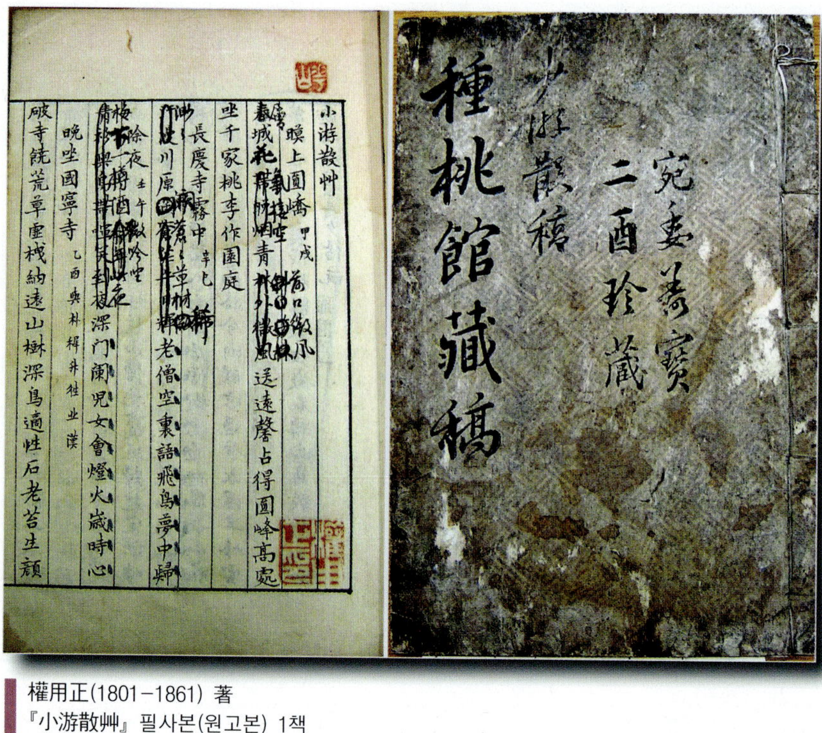

權用正(1801-1861) 著
『小游散艸』 필사본(원고본) 1책
표지 및 첫 면

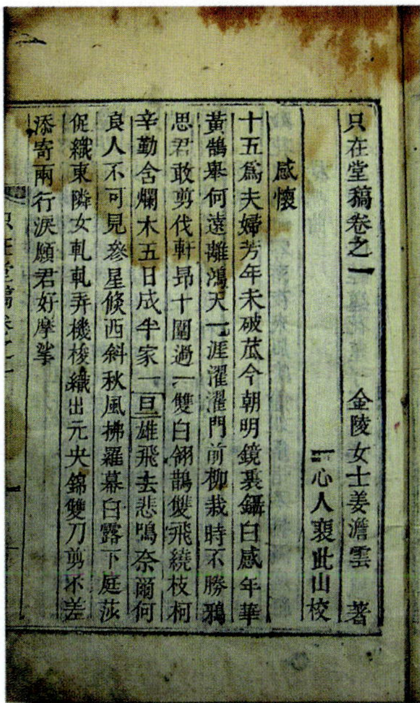

只在堂藳卷之一

金陵女士姜澹雲 著

一心人裵皉山校

感懷

十五爲夫婦芳年未破苽今朝明鏡裏鑷白感年華
黃鵠擧何遠離鴻天一涯濯濯門前柳栽時不勝鵶
思君敢剪伐軒昻十圍過一雙白翎鵲雙飛繞枝柯
辛勤含爛木五日成半家一旦雄飛去悲鳴奈爾何
良人不可見參星倏西斜秋風拂羅幕白露下庭莎
促織東隣女軋軋弄機梭織出元央錦雙刀剪不差
添寄兩行淚願君好學業

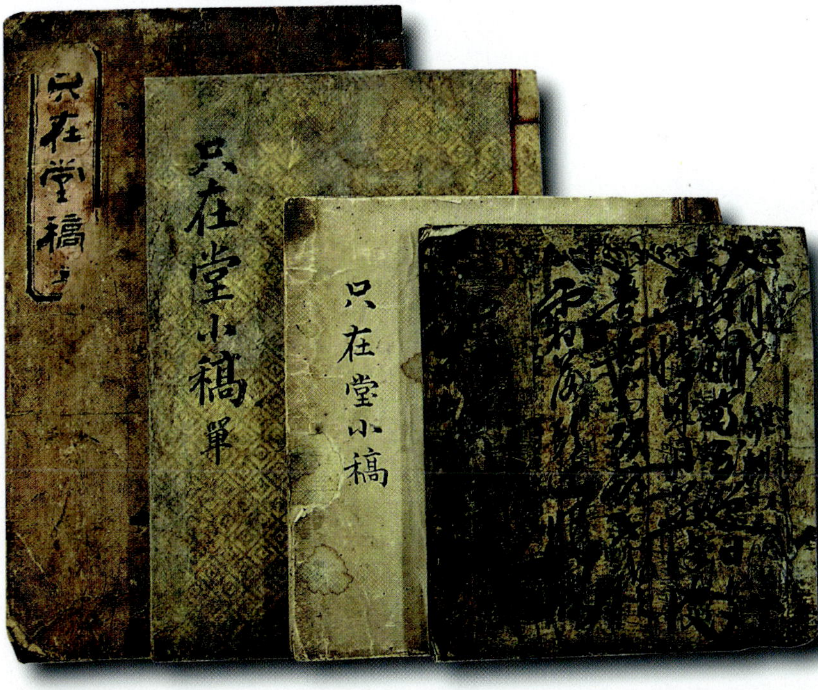

詩妓 姜澹雲의
『只在堂稿』
목활자본(1877년刊) 및 필사본 3종.

刊行辭

계명대학교(啓明大學校) 한국학연구원(韓國學硏究院)에서는 교육과학기술부 및 계명대학교의 지원과 계명대 동산도서관(童山圖書館)의 협조로 2007년부터 7년간 '선본고서(善本古書) 해제 및 자료공개화 사업'을 하게 되었다.

계명대 동산도서관은 현재 약 70,000책의 고서를 수장(收藏)하고 있고, 총 11종20책의 국가문화재(國家文化財) 보물(寶物)을 보유하고 있는 우수한 고서 콜렉션으로 여러 차례의 기획전시회를 비롯하여 『고서종합목록(古書綜合目錄)』(2004), '계명대학교 동산도서관 고문헌총서' 1-2집(1999, 2000) 등을 간행하여 학계에 제공하여 왔으나 한국학 연구의 저변 확대와 연구 심화 등에 비추어보면 자료공개와 활용의 측면에서는 다소 미미했던 감도 있다. 국학 및 고전 분야에서 고전적(古典籍) 같은 기초 자료에 대한 체계적이고도 면밀한 장악은 연구자에게는 필수적 조건이요, 또 이런 자료에 대한 대중적 정보를 제공해주는 것은 사회적으로도 시급한 과제라는 점에 공감하여 우리 연구원에서는 위의 사업을 적극 추진했던 것이다.

이 사업은 두 가지로 나뉜다. 하나는 상세한 해제를 통하여 어떤 책이 어떤 면에서 중요하고 의미 있는 것인지 정보를 제공하는 것이고, 다른 하나는 고급영인본 제작과 도서관 홈페이지에 화상이미지 탑재의 방법으로 자료 공개를 하는 것이다. 후자(後者)의 경우, 해제된 책 가운데 더욱 정선(精選)하여 학계에 원전을 전면 제공하는 것이다.

본 해제집은 제1차 연도(2007.6 ~ 2008.5) 사업 수행의 결과물이다. 1차연도에는 문집류를 대상으로 하였다. 간본의 경우 여타 기관에서 기존 해제들이 많이 되어온지라 중복을 피하는 의미에서 꼭 중요한 것만을 넣었고, 대부분은 필사본 유일본을 주대상으로 삼았다. 간본 필사본을 합쳐 총 54종을 해제하였다. 해제 과정에서 저자가 새롭게 밝혀진 것도 상당수 있고, 서지적으로 큰 의미를 갖는 것과 내용적으로 큰 의미를 갖는 것이 있다. 우리 대학의 지리적 여건상 영남 지역 문인들의 유일본이 많이 발굴된 것이 특징적이다. 하지만 이 뿐 아니라 서울 근기 지역 문인의 문집 또한 전체의 절반 이상 포함되어 있다. 자료공개화 역시 『도은집(陶隱集)』을 비롯 11종의 선본서가 화상이미지로 탑재 완료되었고, 『매월당시고(梅月堂詩藁)』를 비롯한 5종은 고급 영인본으로 제작되었다. 사계(斯界)의 반향을 기대해 본다.

고전적(古典籍)은 역사적 가치와 미래적 가치를 동시에 지닌 인류의 소중한 학문적, 문화적 자산이다. 이러한 자료가 국내외에 정확히 인식되고 널리 공유되어 '세계 속의 한국학'이 명실상부하게 자리잡아 가기를 희망해본다.

이 사업을 처음 기획하고 실무를 총괄해주신 한문교육과 김영진(金榮鎭) 교수님을 비롯한 실무진 여러분과, 어려움을 감내하며 이 사업에 적극 동참해주신 해제위원님, 자문위원님들의 노고(勞苦)를 치하하며 아울러 의미있는 사업을 진행할 수 있도록 길을 열어준 교육과학기술부와 계명대학교, 계명대 동산도서관측에 깊은 감사를 드린다.

2008년 8월

계명대학교 한국학연구원장 이 윤 갑

일러두기

1. 본 해제집은 교육과학기술부 국학 진흥 사업의 일환으로 계명대 동산도서관 소장 고서(古書) 중 서지적, 내용적으로 가치가 있다고 판단되는 것을 선정하여 우선 해제한 것이다.

2. 제1차 연도(2007년) 해제집은 계명대 동산도서관 소장 고서 중 개인 문집류를 주대상으로 하였다.

3. 문집명(文集名)을 각 항목의 서목으로 하였고, 간본과 필사본으로 나누어 문집명 가나다순으로 배열하였다. 문집명은 권수제(卷首題)를 원칙으로 하였다.

4. 해제는 서지사항을 실물 사진과 함께 붙이고, 기본구성은 저자, 편찬경위, 구성, 내용, 가치, 기타, 참고문헌, 해제자명 순으로 하였다. 편찬경위는 자료 성격에 따라 생략할 수 있다.

5. 구성에는 작품 목차를 실었는데 산문(散文) 및 잡저의 경우 전체를 싣는 것을 원칙으로, 한시(漢詩)의 경우는 수록된 작품량에 따라 해제자 임의로 하도록 하였다.

6. 충실한 기존 해제가 있는 자료이지만 본서에 꼭 포함되어야 할 희귀본일 경우에는 가급적 해제 분량을 간략히 하였다. 여타서의 경우 해제 분량은 작게는 200자 원고지 20매 내외, 많게는 50매 내외로 자료 성격에 따라 분량을 지정, 의뢰하였다.

7. 1종 1해제를 원칙으로 하였으나 동일 작가의 유사 성격의 일괄 자료가 있는 경우는 기타 항목에 함께 해제하였다. 『歸巖集』(李元禎 著)과 『石潭先生遺稿』(李潤雨 著)가 그런 경우이다.

8. 해제집의 앞에 총목차와 끝에 해제·교열·자문위원의 명단과 소속을 수록하였다.

차 례

◉ 文集類

刊本

筆寫本

一、刊本

大觀齋亂稿

沈義(1475~1551직후) 著. 權應仁(1521~1570직후) 編次.

木板本. 1冊(零本) : 四周雙邊, 半郭 22.3×16.0㎝, 有界,
10行17字, 內向三葉花紋魚尾 ; 31.8×21.0㎝.

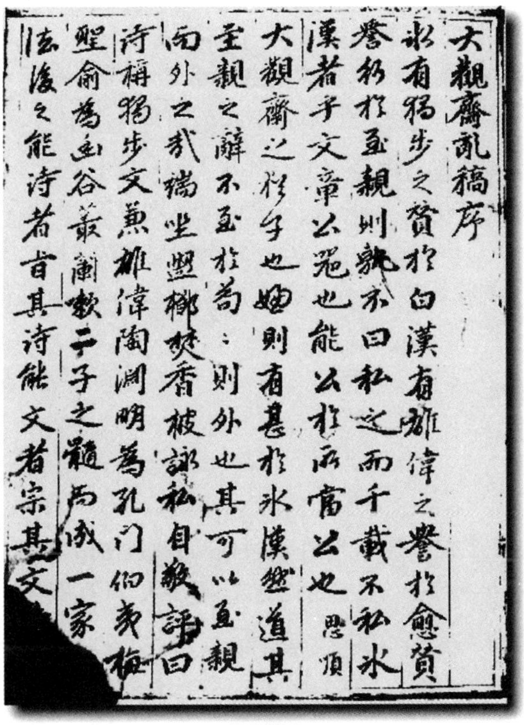
大觀齋亂稿序
氷有獨步之質於白漢有雄偉之譽於愈貧
譽於於至親則孰不曰私之而千載不私氷
漢者乎文章公器也能公於所當公也思順
大觀齋之於乎也然則有甚於氷漢然道其
至親之辭不至於爲爲則外也其可以至親
而外之哉端坐盥櫛焚香披誦私自撇語曰
詩稱獨步文兼雄偉陶淵明爲孔門伯夷梅
聖俞爲山谷黄庭數子之體而成一家
法後之能詩者皆其詩能文者宗其文

대관재난고

1. 저자

저자 沈義(1475~1551직후)는 本貫이 豊山이고, 字는 義之, 號는 大觀이다. 府使를 지내고 敵愾功臣에 錄勳되었던 沈膺과 徐氏 사이의 4남 중 막내아들로 태어났다. 그의 바로 손위 형이 沈貞이다. 1495년(연산군 1) 小科에 급제하고 1507년(중종 2) 增廣試에 丙科로 합격했다. 1508년(중종 3) 金淨 등과 함께 賜暇讀書의 은전을 받았으며, 藝文館檢閱, 奉常寺主簿, 驪州敎授, 開城敎授, 昭格署令, 司憲府監察, 工曹佐郎 등을 역임했다.

저자의 형 심정은 南袞과 함께 己卯士禍를 일으켜 趙光祖, 金淨, 奇遵 등 士類를 해친 바 있다. 저자 역시 심정의 동생이란 이유로 士類들로부터 환영받지 못했는데, 재주는 좋지만 사람됨이 바르지 못한 사람이란 평가가 많았다. 이에 따라 그가 올린 時務策조차 조정에서 온당한 평가를 받을 수 없었다.

심정과 심의는 형제애가 매우 두터웠지만, 정치적으로 동일한 입장을 견지하지는 않았던 듯하다. 저자가 형의 권세를 마땅치 않게 여겼던 일화들(朴東亮, 『寄齋雜記』)이나, 남곤을 논박하는 상소를 올리고 다른 사람을 사주해 형을 탄핵하는 상소를 올리게 한 일(『중종실록』 36권, 14년 8월 丙子條, 9월 己酉條) 등이 이를 반증한다. 저자는 형과 불화하였다는 세평으로 인해 후일 심정이 '辛卯三奸'으로 지목되어 賜死될 때도 화를 피할 수 있게 된다.

심의는 徐敬德, 成世昌, 洪正, 李荇 등과 친밀하게 교유하였다. 당시에 문장에 뛰어나다는 평을 받았는데, 조카 沈思順은 그의 시가 陶淵明과 梅堯臣 시의 정수를 취했다고 하였으며, 權應仁은 鄭士龍에 필적하는 시인이라고 보았다. 이 밖에 시인이 꿈에 문장왕국을 다녀온 일을 담은 雜記類 작품 「記夢」(「大觀齋夢遊錄」)을 남기고 있다.

심의의 문집은 저자의 自編稿가 남아 있던 것을 바탕으로 외손 尹大承이 약간 편의 詩文을 모으고 權應仁이 繕寫 編次한 것이다. 『大觀齋亂稿』는 1577년 4권 2책의 목판본으로 간행되었다.

2. 구성

권1에는 賦·辭·詩, 권2에는 詩가 실려 있는데, 詩는 다시 詩體別로 분류되어 있다. 본래 권3과 권4가 있으나 본서에는 권1과 권2만 남아있다. 전체 목차와 작품 수를 살펴보면 다음과 같다.

卷1 辭·賦·詩

辭賦(賦 14편, 辭 3편)

「大觀賦」,「小觀賦」, (「戲贈安東伯」),「達觀賦」,「蟠桃賦」,「醉翁亭賦」,「畫二牛賦」,「廣寒殿賦」,「春臺賦」,「擬月賦」,「金谷賦」,「石虛中賦」,「山木自寇賦」,「臘前三白賦」,「築長城賦」,「送成蕃仲辭」,「送二疏歸鄕里辭」,「思美人辭」

詩

四言詩(2제 2수)

「廣州校生歌謠」,「枕流堂詩, 爲李師準作」

五言長篇(15제 15수)

「送別柳參議子罕赴燕京」,「百一詩, 擬應休璉」,「題尹判尹臨深堂」,「續何敬祖遊仙詩」,「題年友李棐仲壽親堂」,「家兄貽我一塊石, 石理自作人煙林木, 非畫手所到處, 余欣然會心, 遂賦一詠」,「中宗大王挽」,「政丞兄夫人許氏挽」,「仁宗大王挽」,「戲嘲公孫龍, 調蕃仲先生」,「贈心一篇, 別諸生」,「雪夜, 訪戴安道」,「朴典籍挽」,「蔡判書母夫人挽」,「柳牧使挽」

七言長篇(11제 11수)

「漂母廟」,「明倫堂示諸生」,「贈別金國弼按節嶺南」,「豹脚子行」,「止酒馬一篇, 贈猶子宜仲」, (奉和-沈思順)「因醉縱筆」,「重陽, 同許靜叔, 登淳之園亭, 泥飮」,「客有嘲余以昏醉, 詩以反之」,「留別徐可久」,「戲次君山聞笛韻」,「廣州校生歌謠」

권2 詩

五言短篇(19제 34수)

「安亭次李擇之韻」,「短劍歌寓意」,「靑奴」,「謝六峯, 贈海松子」,「追記洞赤之遊贈申止叔」,「題蕃仲詩稿後」,「挽金國弼效梅都官體」(2수),「擬古」(2수),「詠史五首」(5수),「含藏堂」,「望先亭」,「題金陵別業」, (次韻-沈思順),「大醉, 戲次孟浩然韻」,「讀文選傅休奕雜詩, 拈出志士惜日短, 愁人知夜長之句, 分韻爲十首, 非以爲詩, 聊泄性情, 以勉其志」(10수),「贈奉恩寺僧智田」,「次宜仲病困韻」, (「附宜仲詩-沈思順),「夜坐」,「題李伯益安分堂」,「四勿箴, 示諸生」

七言短篇(15제 24수)

「贈別李嘉仲, 按節關東」, 「陰晴無常, 倏雨而止, 示成遯齋」, (「次韻」-成世昌), 「聽上林春彈琴詩, 贈遯齋」, (「次韻」-成世昌), 「次東坡四時詞韻」(4수), 「柿邑月夜, 偶吟」, 「尹典籤挽」, 「短劍歌, 投贈誠之」, 「和宜仲」, (「附宜仲詩」-沈思順), 「贈留守金商卿」, 「三月旣晦, 同林上舍 遊滿月臺」, (「次韻」-林世蕃), 「寓意, 呈金元沖」, 「青鶴洞四時詠, 呈從兄百源」(4수), 「寓志」, 「松都四時詠」(4수), 「大醉縱筆」

五言律詩(29제 36수)

「次鄭淳夫韻」, 「題家兄孔邑別墅」, 「江西寺, 次南秋江韻」, 「次金陵板上韻」(2수), 「次天使臨津江韻」, 「次天使望遠亭韻」, 「金剛窟, 訪朴仲說」, 「立春帖字」, 「次南陽東軒韻」, 「聞笛」, 「題四時畫簇」(4수), 「次行上人詩軸韻」, 「演雅」, 「庚午端午, 拜先壟, 示宜仲」, (次韻-沈思順), 「金陵別業」, 「金陵懷古」, 「登岳陽樓」, 「題契會軸」, 「題龔吳兩天使支供圖」, 「金陵別業」(2수), 「贈別英之文瑞」(2수), 「示諸生」, 「古寺」, 「移竹」, 「螢火」, 「沈正言望而挽」, 「題海州廣石」, 「螢」, 「端午登李君湖亭」

五言排律(1제 1수)

「書文化東軒, 奉主倅安直之」

七言律詩(60제 69수)

「風雨甚惡, 獨坐有懷, 奉贈六峯」(2수), 「雨中漫成」, 「柿邑卽景」, 「立春帖字」, 「野火」, 「淨業院曉雪」, 「長湍石壁寓興」, 「雨傘」, 「宿檜巖寺」, 「次濟川亭韻」(2수), 「次天使楊花渡阻風韻」, 「蔡孝仲大夫人挽」, 「萬里嶺, 與親族講信」, 「秋日, 江亭曉望」, 「章敬王后挽」, 「投贈洪寓菴」, 「鄭政丞挽」, 「次燕城君韻」, 「書堂夜雪, 和李養沖 禁體」(4수), 「花邑, 訪徐可久」, (「次韻」-徐敬德), 「同可久, 遊景德宮」, (「次韻」-徐敬德), 「遊滿月臺」, (「次韻」-徐敬德), 「寓意二律, 投贈諸生」(2수), (「次韻」-徐敬德), 「同可久, 遊紫霞洞」, 「重陽陪金留守, 登滿月臺」, 「同張子貞, 登花園」, 「碧松亭宴飮」, 「九月旣望, 遊松京本宮」, 「留別諸生」, 「留別朴留守昌邦」, 「次粹然韻」, 「冬至日, 述懷」, 「次崔正郎子龍韻」, 「酬柳原明韻, 贈直而」, 「次衿川東軒韻」, 「山堂曉起」, 「暮春呈遯齋」, 「早秋, 向金陵別業」, 「安應敎誠之挽」, 「次卜直而梅竹堂韻」, 「傷懷」, 「隋城雲錦樓, 贈金使君浩源」, 「題奉先寺」, 「貞顯王后挽」, 「昆明池習戰」, 「香山觀, 聽子規」, 「繡嶺宮翫月」, 「觀蜡」, 「塊坐園亭, 贈遯齋」, 「漫成, 贈子罕」, 「詠懷, 贈遯齋」, 「題宣傳官禊會圖」, 「漫成」, 「 初度日, 醉占一律, 示堂弟敬之·兄孫守慶」, (「次韻」-沈守慶), 「送尹衢仲按節江原」, 「次天使謁聖韻」(2수), 「次乘月登太平館韻」, 「雨雹有感」, 「贈別謝恩使成右相公赴燕京」(3수)

七言排律(5제 5수)

「君子憂道不憂貧」, 「文武竝用長久術」, 「晝錦堂」, 「慶會樓」, 「次朴六峯韻」, (「附六峯詩」)

3. 내용

권1과 권2에 실린 작품들 중 주목할 만한 작품들을 소개하면 다음과 같다.

저자는 모두 14편의 부 작품을 남기고 있는데, 문집의 분량을 감안할 때 적지 않은 비중을 차지한다. 그 중에서도 「大觀賦」(권1), 「小觀賦」(권1), 「達觀賦」(권1), 「山木自寇賦」(권1) 등과 같이 老莊的 사고를 보여주는 작품들이 두드러진다. 「大觀賦」는 天皇과 地皇이 無極翁과 함께 광대무변한 곳에 올라가 세상을 굽어보고 천지가 형성되기 이전을 유람하며 서로 춤추고 노래하고 대화하는 내용으로 이루어져 있다. 天皇과 地皇은 종국에 無極翁의 말을 듣고 그에게 道의 실체를 상징하는 玄珠 9개를 주고 각각 승천 하강한다. 天皇, 地皇, 無極翁의 일을 통해 達人이 보는 바가 廣大無邊함을 드러낸 작품이다. 「小觀賦」는 浮遊子와 醯鷄(蠛蠓)가 똥 위에서 춤추고 노래하는 내용을 담고 있다. 이들의 노래를 통해 술동이 속에서 하늘을 바라보는 蠛蠓과 같이 좁은 시야를 벗어나지 못하는 세상 사람들을 비꼬고 있다. 이 「小觀賦」에 대하여 李荇은 楚辭의 작가 景差·宋玉만큼 뛰어나서 漢·唐 이후의 작품으론 미칠 수 없는 경지라고 평가한 바 있다. 「達觀賦」는 道의 전체가 어느 쪽으로도 편향되지 않는 상대적인 것임을 제시하여 大小, 物我, 善惡, 是非의 분변을 넘어선 도의 極妙한 경지를 그려내고 있다. 「達觀賦」의 幷序에서는 이 작품의 취지가 大觀과 小觀의 분별을 넘어서 達觀하는데 있음을 설명하고 있다.

부 작품 중 「畫二牛賦」(권1)와 「擬月賦」(권1)는 작가의 진위여부에 대해 논란이 있는 작품이다. 「畫二牛賦」는 본래 성균관 課試의 제목으로 주어진 것을 지은 것이고, 「擬月賦」는 『文選』에 실려 있는 南朝 梁나라 謝莊의 「月賦」를 모의한 작품이다. 『대관재난고』를 편차한 權應仁의 기록에 따르면, 「畫二牛賦」는 형 沈貞이 지은 것을 자기 문집에 실은 것이고, 「擬月賦」도 심정의 아들인 沈思順이 지은 것이라 한다.(『松溪漫錄』 上) 권응인은 심의의 從孫이기도 한 沈守慶의 전언을 기록한 것인데,[1] 이에 의거한다면 두 작품은 심의가 지은 것이 아니라고 볼 수 있다. 다만 「畫二牛賦」의 경우 金時讓의 『紫海筆談』의 기록과 같이 저자가 지은 것으로 본 경우도 있어 확정하기 어렵다. 『자해필담』의 기록에 따르면, 이 작품은 성균관에서 '畫二牛'란 제목으로 課試를 할 때, 시험 감독을 한 저자가 잠

1) 『大觀齋亂稿』 안에서도 심수경의 흔적이 발견된다. 권2에 실린 「初度日, 醉占一律, 示堂弟敬之·兄孫守慶」이란 시와 이에 차운한 沈守慶의 시가 그 예이다.

깐 쉬는 시간에 一筆揮之하여 완성한 작품이라고 한다.

이 밖에 주목할 부 작품으로 「築長城賦」(권1)가 있다. 「築長城賦」는 변방의 침입을 대비하기 위해 長城을 쌓자는 주장을 옹호하는 내용이다. 당시 좌의정이었던 李克均은 秦·漢代 匈奴를 방비하기 위해 만리장성을 쌓았던 일을 끌어와 변방의 침입을 대비하기 위해 兩界에 장성을 쌓아야 한다고 주장하였다. 장성은 세종 때 쌓다 완성하지 못한 것인데, 그나마도 무너져 흔적만 남은 것을 增修하고자 한 것이다. 하지만, 당시 조정에선 이에 대해 반대하는 의견이 있었다. 장성을 쌓는 일이 백성들을 괴롭히는 일이란 명분에서였다.(『燕山君日記』 41권, 7년 8월 壬子條) 심의는 이 작품을 통해 반대하는 여론을 잠재우고자 하였다. 심의가 이극균의 주장을 옹호한 일은 실록에도 기록되어 있다.(『燕山君日記』 49권, 9년, 4월 辛丑條) 이극균에 대한 옹호는 권2에 실려 있는 칠언율시 「漫成」에도 드러난다. 이 시에서도 역시 이극균의 주장에 반대하는 조정의 의론이 있음을 안타까워하고 있다.

본서엔 세 편의 辭도 실려 있는데, 그 중 「思美人辭」(권1)가 주목할 만하다. 「思美人辭」는 屈原 「九章·思美人」 이래의 忠臣戀主之辭 전통을 잇는 작품으로, 저자는 百濟史를 읽고 義慈王 때의 忠臣 興首의 원망과 울분을 대신하여 토로하고 있다. 굴원의 「思美人」의 미인이 楚 懷王을 가리키는 것처럼 이 작품에서의 미인은 백제 의자왕을 비유한다.

시는 권1에 四言詩, 五言長篇, 七言長篇이, 권2에는 五言短篇, 七言短篇, 五言律詩, 排律, 七言律詩, 排律이 시 형식별로 실려 있다.

심의의 시에서는 『文選』 시의 영향이 두드러지게 드러난다. 「百一詩, 擬應休璉」(권1)와 「續何敬祖遊仙詩」(권1)가 그 대표적인 예인데 이 시들은 각각 魏 應璩의 「百一詩」와 何劭의 「遊仙詩」를 계승하여 지은 작품이다. 「百一詩, 擬應休璉(應璩)」는 應璩의 「百一詩」와 마찬가지로 時事를 풍자하는 내용으로 이루어져 있다. 백일시의 의미에 대해서는 역대로 논란이 분분한데, 백 열 수의 시라고 보기도 하고 百言을 한 수로 삼은 것이라고도 하지만, '百慮有一失'을 경계하는 의미로 보는 설이 가장 설득력이 있다. 혹자는 이를 다시 時政에 백분의 일이라도 도움이 되길 바란다는 의미로 해석하기도 한다. 두 세력이 다툼하는 속에서 北山公(愚公) 같은 인물이 경륜과 능력을 펼칠 수 있기를 바라는 내용으로 이루어져 있다. 시에서 北山公에 가탁된 인물은 이극균인 듯하나 분명하지는 않다. 「續何敬祖遊仙詩」는 『列仙傳』에 나오는 馬師皇처럼 속세를 벗어나고픈 시인의 심회를 드러낸 작품이다. 이는 유선시 일반에서 발견되는 仙界 동경의 의식과 크게 다른 것은 아니다. 하지만, 何劭의 「遊仙詩」를 이어 지었다고 밝히고 있는데서 드러나듯이 현실에 대한 일정한 부정의식을 바탕으로 하고 있다는 점이 주목된다. 하소의 시는 난세에 처한 시인의 속세를 떠나고픈 바람을 담고 있다고 평가된다. 이 밖에도 「讀文選傳休奕雜詩, 拈出志士惜日短愁人知夜長之句, 分韻爲十首, 非以爲詩, 聊泄性情, 以勉其志. 正德戊辰, 與金淨等, 賜暇于淨業院讀書, 有是作」(권2) 등에서 『문선』 시의 영향을 감지할 수 있다.

저자가 남긴 시 중에는 宋詩의 영향도 두드러진다. 「挽金國弼效梅都官體」(권2)와 「演

雅」(권2)가 그 예다. 「挽金國弼效梅都官體」는 金正國에 대한 만시를 梅堯臣의 시체를 본받아 쓴 것이다. 이 시는 두 수로 이루어져 있는데 매요신 「效阮步兵一日復一日 二首」 시의 구절을 가져와 쓰고 있다. 「演雅」는 黃庭堅의 시 「演雅」를 본떠 지은 작품이다. 演雅란 『爾雅』를 부연한다는 의미로, 황정견의 작품이 그 기원이다. 심의의 시는 鵲, 龜, 鷹, 獺, 麋鹿 등을 묘사하고 있지만, 황정견의 작품에 비해 편폭이 작고 소략한 내용으로 이루어져 있다.

우의적 내용을 담은 작품들도 많이 눈에 띈다. 「戲嘲公孫龍, 調蕃仲先生」(권1), 「豹脚子行」(권1), 「短劍歌寓意」(권2), 「寓志」(권2) 등이 그 대표적인 예이다. 「戲嘲公孫龍, 調蕃仲先生」은 당시 士類들에게 조소의 대상이 되던 어떤 인물을 풍자하고 친밀하게 교유하던 成世昌을 위로한 작품이다. 교묘한 언설로 사람들을 속이고 권력자에게 빌붙은 어떤 인물을 전국시대의 궤변가 公孫龍에 빗대어 풍자하고, 성세창을 이와 대비되는 인물로 형상화하고 있다. 「豹脚子行」은 당시 권력을 남용하는 權奸들을 신랄하게 풍자한 작품이다. 표각자는 모기의 이칭인데, 여기에선 사람의 피를 빠는 모기를 통해 權奸들이 함부로 권력을 휘두르다 결국 의지할 곳 없이 죽음에 이르게 될 것임을 말하고 있다. 시는 전체 5節로 구성되어 있으며, 동이 터서 모기가 더 이상 암약할 수 없는 장면으로 마무리된다. 흥미로운 것은 시 내용 중 則天武后(武照)를 언급한 부분에서 '曌(=照)'와 같은 則天文字가 사용되고 있다는 점이다. 「短劍歌寓意」는 短劍에 자신의 처지를 투영한 작품이다. 세상에서 온당하게 평가받지 못하는 자신의 가치에 대한 불만을 단검을 통해 토로하고 있다. 반대로 「寓志」는 伊尹이나 姜太公이 초야에 묻혀 있다 등용되었던 것처럼 자신도 언젠가는 쓰일 날이 있으리라는 바람을 십년 간 갈아온 검을 통해 형상화하고 있다.

장편시 중엔 잘 알려진 故事를 시화한 작품들이 눈에 띈다. 「雪夜, 訪戴安道」(권1)와 「漂母廟」(권1)가 그 대표적인 예이다. 「雪夜, 訪戴安道」는 王徽之가 戴逵를 눈 오는 밤 만나러 갔다가 흥취가 다하자 만나지 않고 돌아온 일을 소재로 한 작품이다. 『世說新語』「任誕」편에 나오는 고사를 詩化한 오언장편이다. 「漂母廟」는 불우한 시절의 韓信에게 밥을 준 어떤 빨래하는 아낙네의 일화를 읊은 것이다. 『史記』「淮陰侯列傳」에 나오는 고사를 바탕으로 한 칠언장편이다.

앞서 언급한 것처럼 저자는 형 심정의 문제로 인하여 당시 士類들로부터 긍정적인 평가를 받지 못했다. 이런 때문인지 술에 가탁하여 자신을 설명하거나 변호하는 작품들이 다수 눈에 띈다. 「因醉縱筆」(권2), 「大醉縱筆」(권2), 「客有嘲余以昏醉, 詩以反之」(권2)와 같은 작품들이 그런 예다. 「因醉縱筆」은 자신을 받아들여주지 않는 세상에 대한 원망과 후세의 역사가는 자신을 알아줄 것이란 희망을 표시하고 있고, 「大醉縱筆」은 자신을 알아주는 이 없는 세상에 대한 하소연을 담고 있다. 또, 「客有嘲余以昏醉, 詩以反之」에서는 자신을 조롱하는 客을 상정하여 현실의 득실과 화복에 연연하지 않고 醉鄕에 머물고자 하는 자신의 의지를 드러내고 있다.

수록된 시 중에는 또 松都(개성)에서 지어진 작품들이 많이 보인다. 「明倫堂示諸生」, 「遊

滿月臺」(권2), 「寓意二律, 投贈諸生」(권2) 등이 그 대표적인 예다. 이 작품들은 아마도 저자가 개성교수로 있을 적에 지어진 것인 듯하다. 송도에서 지어진 작품들 중에는 특히 花潭 徐敬德과 주고받은 시들이 주목된다. 「留別徐可久」(권2), 「花嵒, 訪徐可久」(권2), 「同可久, 遊景德宮」(권2), 「遊滿月臺」(권2), 「寓意二律, 投贈諸生」(권2), 「同可久, 遊紫霞洞」(권2) 등은 모두 서경덕과 관련된 작품이다. 이 중 「留別徐可久」에서는 서경덕의 인품과 학문에 대한 존경심과 함께 서로 간의 돈독한 우정이 잘 드러나 있다.

저자의 시 중엔 명나라의 사신들과 함께 酬唱한 시들도 다수 발견된다. 「題龔吳兩天使支供圖」(권2), 「次濟川亭韻」(권2), 「次天使楊花渡阻風韻」(권2) 등은 龔用卿과 吳希孟이 왔을 때 製述官으로 이들을 맞이하여 지은 수창시들이다. 이를 통해 저자의 詩材가 당시 사회에서 상당히 높게 평가되었음을 짐작할 수 있다.

4. 가치

이 책은 국내에 소장된 유일본이란 측면에서 일정한 가치를 지니고 있다. 비록 4권 중 2권만 남은 낙질이지만, 조선전기 문학사 및 역사에서 독특한 위치를 점하는 심의라는 인물을 이해하기 위한 중요한 자료라는 점에서 소홀히 할 수 없다. 지금까지 심의는 주로 소설 방면에서 검토되었다. 그가 남긴 「記夢」(「大觀齋夢遊錄」)은 夢遊錄 작품의 효시로서 현대 연구자들에게 각광을 받은 바 있다. 하지만, 심의가 남긴 시와 사부 문학의 특성은 지금까지 충분히 검토된 바 없다. 저자가 시와 사부에서도 뛰어난 작품을 다수 남기고 있다는 점에서 앞으로 본격적인 검토가 요청된다. 다만, 완본이 국외(日本 蓬左文庫)에 소장되어 있다는 점은 우리 귀중본 문헌의 유출이란 측면에서 아쉬움으로 남는다.

5. 기타

이 책은 민족문화추진회(현 한국고전번역원)에서 영인 출판한 『한국문집총간』 제19책에 수록되어 있는 『大觀齋亂稿』의 저본이 되었다. 즉 『한국문집총간』에 수록된 『대관재난고』의 권1과 권2는 계명대학교 소장본이고, 권3과 권4는 日本 蓬左文庫藏本이다. 蓬左文庫藏本에 대한 상세한 서지사항은 일본 후지모토 유키오(藤本幸夫) 교수의 『日本現存朝鮮本研究 集部』(京都大學學術出版會, 2006, p743)를 참고할 수 있다.

【임준철】

陶隱集

李崇仁(1347~1392) 著.

木板本. 5卷1冊 : 四周單邊, 半郭 22.8×16.5㎝.
烏絲欄, 11行19字, 無魚尾 ; 32.5×20.8㎝.

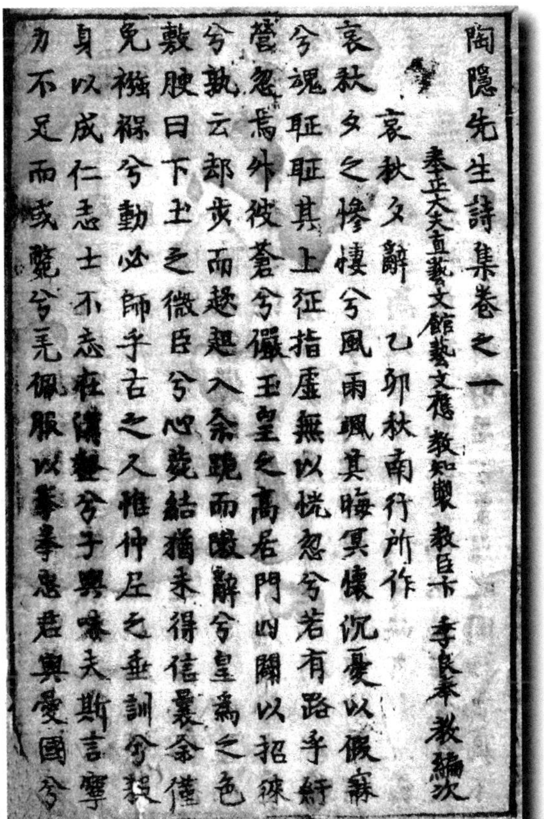
陶隱先生詩集卷之一
奉正大夫直藝文館藝文應教知製教臣卞季良奉教編次
哀秋夕辭 乙卯秋南行所作
哀秋夕之慘悽兮風雨颯其晦冥懷沉憂以假寐
兮魂眐眐其上征指虛無以恍忽兮若有路乎紆
縈忽焉外彼蒼兮彌玉皇之高居門四闢以招徠
兮孰云郤我而趑趄入余號而陳辭兮皇爲之色
斁朕曰下土之微臣兮心蘊結猶未得信曩余僅
免襁褓兮動必師乎古之人惟仲尼之垂訓兮殺
身以成仁志士不忘在溝壑兮子輿味夫斯言寧
力不足而或斃兮羌佩服以奉事忠君與愛國兮

도은집

1. 저자

李崇仁(1347~1392)은 字는 蒙哥·子安, 호는 陶隱, 본관은 星州로 신라 경순왕의 유신인 李純由가 그 시조다. 이유순은 경순왕이 고려에 항복하자 충절을 지킨다는 뜻으로 이름을 克臣이라 바꾸고는 고향인 星州에 은거하였다. 그후 12세까지는 성주 龍山里에 世居하면서 鄕職을 세습해 오다가 13세인 증조부 百年이 과거에 급제하여 중앙정계에 진출하였으므로 고려 후기 전형적인 신흥사대부 가문을 형성하게 되었다. 증조부인 貞節公 百年은 과거에 급제하여 벼슬이 密直司事에 이르렀으며, 조부인 麟起는 平壤尹을 역임하였고, 부친인 元具는 星山君에 봉해졌다. 고려 말에 성리학자와 권신으로 각각 이름을 떨친 樵隱 李仁復과 李仁任 형제는 도은의 再堂叔으로 이 즈음 가문이 크게 번성하였다.

도은은 1347년(충목왕 3) 星山府 龍山里에서 아버지 元具와 어머니 彦陽金氏(判少府寺事 金敬德의 딸) 사이에서 태어났다. 14세 때인 1360년(공민왕 9) 監試에 급제하고, 이듬해 南陽洪氏(判尹 南師普의 딸)와 혼인하였다. 16세에 문과에 급제하고 그해에 바로 肅雍府丞이 되었다. 21세 때인 1367년(공민왕 16) 여름에 成均博士가 되어 李穡·鄭夢周 등과 학문을 강론하였고, 1369년(공민왕 18) 이색과 함께 試官이 되어 柳伯濡 등 33인을 선발하였다.

29세 때인 8월에 金九容, 鄭道傳 등과 함께 원나라 사신을 물리칠 것을 都堂에 상소하였다가 이 일로 京山府에 유배되었다. 40세 때인 1386년(우왕 12) 12월에 賀正使로 중국에 가서 「請衣冠表」를 올렸다. 이듬해 嗚呼島를 지나며 田橫을 조문하고, 6월에 귀국하여 중국의 복제에 따라 백관의 관복을 정하도록 건의하여 결정되도록 하였다. 42세 때인 1388년(우왕 14) 昌王을 추대하였고, 이 해 가을에 이인임의 친척이라 하여 通州에 杖流되었다.

44세 때인 1390년(공양왕 1) 5월 이른바 彝初의 獄事에 연루되어 이색 등과 淸州獄에 갇혔다가 6월에 水災로 풀려나 安置되었다. 46세 때인 1392년 4월에 정몽주의 黨으로 지목되어 삭직되고 영남으로 유배 가는 도중에 정도전이 보낸 孫興宗·黃居正에 의해 杖殺되었다. 1406년(태종 6)에 吏曹判書에 추증되고, 나라에서 文忠이라는 시호를 내려 주었고, 태종의 명에 의해 문집이 간행되었다. 1656년(효종 7) 忠顯祠에 配享되고, 1745년(영조 21)에는 延鳳書院에, 1796년(정조 20)에는 安山書院에 각각 배향되었다.

2. 구성

본 『陶隱集』은 詩集 3권, 文集 2권 등 모두 5권1책으로 구성되어 있는 목판본이다(보물 제1465호). 『陶隱集』은 조선조 태종의 명에 의해 卞季良이 編次하고 權近이 序를 지어 初刊된 뒤로 몇 번에 걸쳐서 刊行되었다. 그러나 도은 스스로 일찍부터 문집의 간행을 염두에 두고 생전에 자신의 詩稿를 「奉使錄」, 「陶隱齊吟藁」, 「觀光集」으로 나누어 놓았고 미리 牧隱 李穡과 중국인 張溥와 高巽志에게 跋文을 받아 놓기도 했다. 지금까지 간행된 『陶隱集』에는 이색, 장부, 고손지의 跋과 周倬, 鄭道傳, 權近의 序가 빠짐없이 실려 있다. 본 계명대소장본에는 卷首에 권근의 敎序가 실려 있고, 卷尾에는 이색과 장부의 跋과 정도전의 序가 실려 있으나 장부의 발문은 단 2행만 남아 있고 정도전의 서문은 앞부분 28행이 빠져 있다. 권1-3은 詩集으로 詩體에 따라서 편성되어 있다. 편찬과정에서 詩題를 알 수 없는 것은 1行을 비워 두었으며 기존의 목판본에서는 대부분 2句 1聯을 1行으로 수록하고 있으나 본서에서는 縱書 1行19字로 일률적으로 판각해 놓았다.

권1에는 辭 1편, 오·칠언고시 30題, 권2에는 오·칠언율시 154제, 권3에는 오·육·칠언절구 153題가 수록되어 있다. 권4는 記 7편, 誌 1편, 序 12편으로 구성되어 있다. 권5에는 傳 2편, 題後3편, 議1편, 行狀 1편, 讚 1편, 字說 1편, 表 16편, 箋 5편이 수록되어 있다. 본서는 그 내용이 별로 어그러짐이 없으나 곳곳에 缺字가 발견되고, 21張은 전체가 缺落되었으며, 중간 중간에 뭉개진 글자도 약간 있다.

3. 내용

앞서 언급하였듯이 『陶隱集』은 詩體와 文體別로 편성되어 있지만 그런 가운데서도 시체별, 문체별 작품 나열에 있어 그 차례는 창작연도에 충실히 따르고 있다. 그가 남긴 한시는 모두 337首로써 이들 작품은 다양한 주제를 함축하고 있어 그가 문학작품을 통해서 형상화 하고자 했던 세계가 무엇인가를 가늠할 수 있게 한다. 도은이 일찍 자신의 시편들을 使行, 齊吟, 觀光 등 소재별로 분류하였듯이 중국과 관련된 시, 자신의 개인적 처지와 심회를 술회한 시와 산천경개의 아름다움과 국토에 대한 애정을 나타낸 시를 주로 창작하였음을 알 수 있다. 이러한 여러 성향의 시 가운데 주목할 만한 것은 부조리하면서도 역동적인 고려말기를 살아가면서 그가 현실에 대해 나타냈던 강고한 현실대응자세와 전통적으로 한시작가들이 부단히 관심을 가지고 시적 표현대상으로 삼았던 자연에 대한 생각이다. 그의 시에 나타나는 이러한 주제들에서 그가 고려말기라는 특수한 시대상황 속에서 어떠한 사유형식과 처세양상을 가지고 살았는가를 짐작할 수 있다. 또한 산문을 보면 그가 다른 작가들에 비해서 다양한 문체를 사용하고 있지 않지만, 記 7편과 序 12편에서 그의 주된 관심사를 살필 수 있다. 「復齋記家」, 「霜竹軒記」, 「星州夢松樓記」 등에서는 사물을 객관적으로 묘사하면서도 표현대상이 함축하고 있는 奧義를 핍진하게 나타내어 記文의 전형을 보이고 있다. 그가 남긴 序文들은 다양한 내용들을 담고 있지만 주목할 수 있는 것은 그의 詩에 대한 이해태도와 관점의 문제이다. 그는 고려후기에 소개되어 신흥학문으로 국가적 관심이 모아지고 있던 성리학에 주목하여 成均博士가 되어 이색, 정도전 등과 성리학을 후

진들에게 강의하며 탐구하는 노력을 아끼지 않았었다. 그러므로 자신의 문학에 대한 이론을 밝히고 있는 「送鄭達可奉使日本詩序」, 「賀姜代言詩序」, 「贈朴生詩序」 등에서 道에 바탕을 둔 載道文學을 주장하고 있다. 이때 성리학이 본격적으로 정치, 사회, 문학의 이데올로기로 기능하지 못했지만 도은은 載道文學을 통하여 문학이 현실적으로 기여할 수 있는 방법을 모색하였음을 알 수 있다. 이색과 권근이 각각 『陶隱集』에 실려 있는 발문과 서문을 통하여 도은의 문학이 妙境에 이르렀고, 우리나라에 文士가 있어온 이래로 그와 견줄 만한 작가가 없다고 한 것처럼 그의 문학작품은 문학적 재능의 우월성과 함께 문제성을 지니고 있으리라는 것은 충분히 짐작된다.

4. 가치

본 해제 대상본은 보물로 지정된 귀중본이다. 성암고서박물관에 동일본으로 추정되는 것이 1책 있고, 개인이 소장한 것으로 본서와 또 다른 목판본 이본이 1종 있다. 역시 조선초기본이다.[1]

5. 기타

『도은선생집』은 조선 태종 연간본으로 추정되는 것이 2종 있고(계명대·성암고서박물관/개인소장), 별도의 조선초기본이 또 있다(고려대 만송문고). 작품 수의 출입은 그다지 없어 보이나 향후 刊行의 先後는 물론 글자의 출입까지 면밀히 대조 검토가 필요하다.

[참고문헌]

박성규, 「도은 이숭인론-그의 시세계를 중심으로」, 『동양학』 21집, 단국대 동양학연구소, 1991.

【박성규】

1) 천혜봉, 『한국서지학』(민음사, 개정2판)에 사진 1장과 함께 간략히 소개되었다.

梅月堂詩四遊錄

金時習(1435~1493) 著, 奇自獻(1562~1624) 編.

木板本, 1冊 : 四周雙邊, 半郭 24.5×16.9㎝, 有界,
10行20字, 內向三葉花紋魚尾 ; 34.8×22.4㎝.

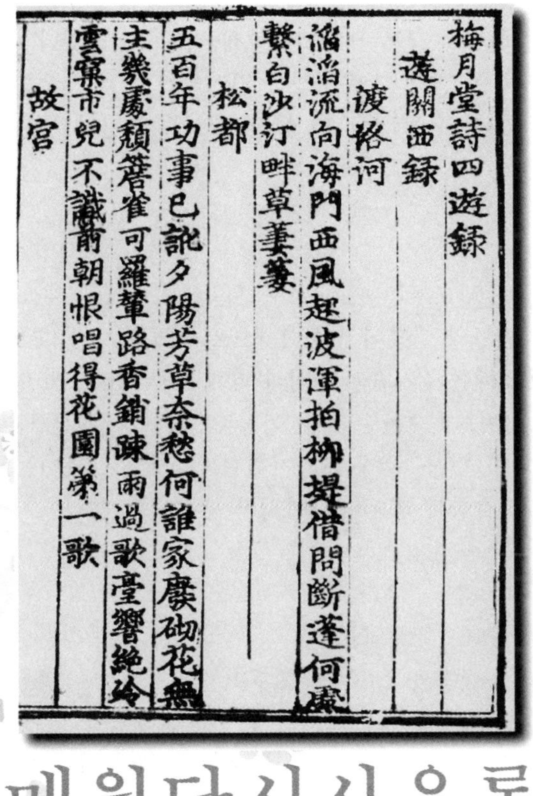
梅月堂詩四遊錄
遊關西錄
渡洛河
滔滔流向海門西風起波渾拍柳堤借問斷蓬何處
繫白沙汀畔草萋萋
松都
五百年功事已訛夕陽芳草奈愁何誰家廢砌花無
主幾處頹簷雀可羅輦路香銷疎雨過歌臺響絕冷
雲寮市兒不識前朝恨唱得花園第一歌
故宮

매월당시사유록

1. 저자

『梅月堂詩四遊錄』의 저자인 김시습(1435~1493)의 본관은 江陵, 자는 悅卿, 호는 梅月堂, 東峯, 淸寒子 등을 사용했다. 법호는 雪岑, 시호는 淸簡이다. 어려서부터 신동으로 이름을 날렸으나 수양대군이 端宗을 밀어내고 왕위를 찬탈했다는 소식을 듣고 승려가 되었다. 이후 전국을 유람하며 방랑의 세월을 보냈다. 잠시 세조의 불경 언해사업에 참여하기도 했지만, 다시 경주 남산으로 입산하였다. 1481년(성종 12)에 還俗하기도 했지만, 다시 방랑길에 올라 충남 부여의 無量寺에서 사망하였다. 그는 절개와 문학으로 당대를 풍미했으며, 1782년(정조 6)에는 이조판서에 추증되었고 寧越 六臣祠에 배향되었다. 이후 지금까지도 충절의 화신, 시대의 비판자로서 많은 사람들의 관심을 받아왔다. 저서로는 한문소설인 『金鰲新話』를 비롯하여 『歷代年紀』, 『林泉佳話』 등을 남겼다. 이 밖에도 그의 저작들은 사후 『梅月堂集』, 『梅月堂詩藁』, 『遊關西關東錄』, 『梅月堂詩四遊錄』 등으로 간행되어 유포되었다.

『梅月堂詩四遊錄』을 엮은 奇自獻(1562~1624)의 본관은 幸州, 자는 士靖, 호는 晩全이다. 1590년에 增廣 文科에 급제하여 좌의정에 이르렀다. 선조가 세자 光海君을 폐위하고 永昌大君을 세우려 하자, 이를 반대하여 광해군을 즉위시켰다. 1614년에는 영의정이 되었고, 1617년에 廢母論이 일자 그 부당함을 간언하다 門外出送되었다. 이후 李适의 난 때 일족과 함께 몰살되었다. 후에 李元翼 등의 상소로 복관되었다.

2. 구성

『매월당시사유록』은 권차의 구분이 없이 1책으로 이루어져 있다. 다만 본집과 별집으로 나뉘어 있을 뿐이다. 맨 앞에는 김시습의 화상과 함께 「自寫眞贊」이 있고, 본집에는 「遊關西錄」, 「遊關東錄」, 「遊湖南錄」, 「遊金鰲錄」이 실려 있다. 별집은 「梅月堂詩四遊錄別集」이라는 이름으로 수록되어 있다. 끝에는 기자헌이 쓴 것으로 보이는 「梅月堂詩四遊錄後序」가 있다. 계명대학교 소장본에는 別集까지만 수록되어 있다.

3. 내용

「유관서록」에는 「渡洛河」를 시작으로 30題의 시가 실려 있고 끝에는 「宕遊關西錄後志」가 있다. 「유관동록」에는 「宿抱川人家」를 시작으로 43제의 시가 실려 있고 끝에는 「宕遊關東錄後志」가 있다. 「유호남록」에는 「宿參禮驛」을 시작으로 15제의 시가 실려 있고, 끝에는 「宕遊湖南錄後志」가 있다. 「유금오록」에는 「禪房寺」를 시작으로 79제가 실려 있고 끝에는 後志가 있는데 제목은 없다. 「梅月堂詩四遊錄別集」에는 12제의 시와 함께 「山居集句」가 있고, 끝에는 後志가 실려 있다.

4. 가치

『梅月堂詩四遊錄』은 기자헌이 김시습의 『매월당집』에서 關西 · 關東 · 湖南 · 金鰲 네 곳의 遊錄을 뽑아 엮은 책이다. 1620년을 전후하여 목판으로 간행된 것으로 보이지만 정확한 간행연도는 알 수 없다. 권차 구분은 없고 본집과 별집으로 나뉘어 있다. 본집에는 네 곳의 유록이 들어 있고 別集에는 여기저기 유람하며 쓴 기행시가 들어 있다. 권수에는 김시습의 초상과 「自寫眞贊」이 있고, 끝에는 기자헌이 쓴 것으로 보이는 「매월당시사유록후서」가 있지만 계명대학교에 소장된 판본에는 후서가 없다. 이 판본은 비교적 후기의 판본으로 보이지만 지금까지 알려지지 않은 판본이라는 데 의미가 있다.

『매월당시사유록』의 판본은 크게 고려대 만송문고본 계열과 노중석본 계열로 나누어 볼 수 있다. 이들은 행자수는 물론 수록된 시에 있어서도 약간의 출입이 확인된다. 이들 판본과 비교해볼 때 계명대학교 소장본은 만송문고본 계열의 판본이지만 또 다른 판본임이 분명하다. 10행 20자에 44장으로 구성되어 있고 판심에 '遊'자가 새겨져 있는 점은 만송문고본과 같지만, 글자는 완전히 다른 서체이다. 후서나 추기도 남아 있지 않다. 만송문고본을 저본으로 한 완전히 새로운 판본임을 알 수 있다. 이를 통해서 볼 때 지금까지 최소한 6차례에 걸쳐 『매월당시사유록』이 간행된 사실을 확인할 수 있다. 조선인의 시집이 6차례나 간행된 사례는 조선의 출판역사에서도 그 유례를 찾기 힘들다. 이는 매월당 김시습이 충절의 화신, 시대의 비판자로서 추앙받았음을 설명하는 한 증좌가 될 것이다. 그래서 계명대학교 소장본 『매월당시사유록』은 새로운 판본으로 확인되었다는 것만으로도 충분한 가치가 있다.

5. 기타

『매월당시사유록』의 편찬에 관해서는 金烋(1597~1638)의 『해동문헌총록』에서 처음으로 언급하고 있는데 가장 자세한 기록이기도 하다.

김시습의 시문은 일찍이 『梅月堂集』이라는 이름으로 두 차례에 걸쳐 간행되었고, 詩稿는 『梅月堂詩藁』라는 이름으로도 간행된 바 있다. 또 관서 · 관동의 유록을 모은 『유관서관동록』이 尹春年(1514~1567)에 의해 간행되기도 하였다. 모두 임란 이전의 일들이다.

이런 상황에서 매월당을 흠모하던 기자헌은 그의 유묵을 찾기 위해 노력했던 것으로 보인다. 그 결과 李耔(1480~1533)가 수집하여 盧守愼(1515~1590)에게 전해주었던 매월당의 親筆 詩稿 2권을 입수하기에 이른다. 이 시고에는 매월당의 '淸寒'印과 노수신의 '蘇齋'印이 찍혀 있었다. 기자헌은 이를 바탕으로 關西 · 關東 · 湖南 · 金鰲 네 곳의 遊錄을 뽑아 한 질로 만들고 여기에 매월당의 畵像과 '淸寒' 두 글자를 새긴 인장을 卷首에 모사한 다음, 여기저기 유람하며 쓴 紀行詩를 마지막에 첨부하여 別集으로 만들었다. 『매월당시사유록』은 이렇게 해서 탄생하였다. 이런 정황은 기자헌이 남긴 것으로 보이는 「매월당시사유록후서」를 통해 살펴볼 수 있다. 기자헌은 「매월당시사유록후서」에서 「落成會」, 「受戒券」 등이 先朝(宣祖를 말함) 때 간행한 『매월당집』에는 수록되어 있지 않아 김시습 자서본을 함께 초록했다고 하였다. 이는 기자헌이 후서를 쓴 시기가 광해군 재위시절(1609~1622)임을 의미한다고 볼 수 있다. 다시 말하면 『매월당시사유록』이 완성된 것은 광해군 재위시절이라는 말이다.

『매월당시사유록』의 간행시기는 명확하지 않다. 寒泉子 朴慶新(1560~1624직후)이 쓴 발문을 통해 추정해왔을 뿐이다. 박경신의 발문은 『매월당시사유록』의 개인소장본(노중석본)에 유일하게 전하고 있다. 1927년에 신식연활자로 간행된 『매월당집』에도 실려 있지만 뒷부분이 缺落된 상태라 발문을 쓴 사람과 시기가 나타나 있지 않다. 박경신의 발문은 간행시기를 추정하는데 중요한 기준이 되어 왔다. 하나는 박경신의 발문을 통해 1624년경에 『매월당시사유록』이 간행되었다는 주장이고, 다른 하나는 『매월당시사유록』은 김시습이 직접 편찬하였고 1595년 이전에 이미 간행되었다는 주장이다. 그러나 박경신의 발문에는 간행과 관련된 어떤 언급도 없기 때문에 박경신의 발문이 간행의 증거가 될 수는 없다. 더욱이 전자의 경우 1927년에 간행된 『매월당집』을 근거로 박경신이 발문을 쓴 시기를 모르는 상황에서 추정한 것이므로 자연스럽게 그 근거가 없어진다. 후자의 경우 박경신이 발문을 쓴 시기를 '萬曆 乙未'로 잘못 본데서 생긴 오류다. 발문이 行草로 되어 있어 '乙未'처럼 보이지만 이는 '己未'를 잘못 판독한 것이다. 따라서 박경신이 발문을 쓴 시기는 1595년이 아니라 1619년이 된다. 이는 발문 중에 '금년 봄에 貽永(윤효전의 字)이 불행히도 죽었다'는 언급에서도 확인된다. 윤효전이 죽은 것은 1619년 봄이었기 때문이다. 결국 박경신의 발문은 우리에게 『매월당시사유록』의 간행에 관한 어떤 정보도 제공하지 못하고 있다. 다만 이상의 정보를 종합하여 1620년을 전후한 시기에 간행되었을 것으로 추정할 뿐이다.

『매월당시사유록』의 판본은 다양하다. 간행시기가 정확히 표기되어 있는 판본이 없어 더욱 복잡하다. 이를 몇 가지 유형으로 나누어 살펴보기로 하겠다.

첫째, 가장 먼저 들 수 있는 판본은 고려대학교 만송문고본이다. 이 책에는 晦齋 李彦迪(1491~1553)의 손자인 李宜活(1573~1627)의 장서인이 남아 있어 『매월당시사유록』이 1627년 이전에 간행되었다는 중요한 사실을 알려주고 있다. 10행 20자로 되어 있으며, 판심에는 '遊'자가 새겨져 있다. 본문은 44장으로 구성되어 있는데 첫째 수는 「渡洛河」로 시작하며, 「後序」는 친필을 그대로 판각한 듯 새김이 아주 좋다. 마지막에는 「追記」가 있는데 해서로 깨끗이 필서되어 있다. 본문을 쓴 사람의 글씨와 동일한 것으로 보인다. 따라서 이 추기는 『매월당시사유록』을 판각할 때 썼을 것으로 추정된다.

둘째, 국립중앙도서관 소장본이다. 10행 20자로 되어있고 본문이 44장이며 첫째 수가 「渡洛河」로 되어 있지만, 판심은 '四遊錄'이며 「후서」는 필서체로 새롭게 써서 판각하였다. 행수도 다르고 글씨도 해서체이다. 만송문고본을 저본으로 새롭게 새긴 판이라 할 수 있다.

셋째, 개인소장본(노중석 소장본)이다. 10행 18자로 이루어져 있고, 본문은 51장이며 판심은 '四遊錄'이고 첫 번째 수는 「松都」이다. 「後序」는 만송문고본의 복각본으로 보인다. 만송문고본에 비해 부드러운 맛이 적고 복각의 맛이 남아 있다. 그런데 이 책에는 寒泉子의 발문이 남아 있다. 한천자는 박경신의 호인데, 『매월당시사유록』과 경주부윤으로 있던 尹孝全(1569~1619)과의 인연을 적고 있다. 다만 이 발문에는 『매월당시사유록』의 간행과 관련해서는 아무런 언급도 나타나 있지 않다. 堂姪인 李命達을 통해 『매월당시사유록』을 보았던 일에 관해 언급하고 있는데, 그 책에는 후서가 함께 있었다는 증언을 하고 있다. 이를 통해 볼 때 박경신이 보았던 책은 기자헌이 엮은 『매월당시사유록』의 원본이었거나, 만송문고본과 동일한 판본이었을 것으로 추정된다. 다만, 이 판본은 寫刻이 만송문고본에 비해 현저하게 떨어진다. 뿐만 아니라 매월당의 화상이나 '淸寒'印도 새김이 거칠다. 따라서 만송문고본을 저본으로 새롭게 판각한 판본임은 분명하나, 「後序」 뒤에 있던 「追記」 대신에 박경신의 발문을 구하여 새롭게 새긴 것으로 추정된다.

넷째, 규장각본이다. 10행 18자로 이루어져 있으므로 만송문고본과는 완전히 다른 판본임을 알 수 있다. 본문은 50장이며 판심은 '四遊錄'이고 첫 번째 수는 「松都」이다. 노중석본을 저본으로 한 판본으로 보인다.

다섯째, 日本 東京大學校 東洋文化研究所 소장본이다. 10행 18자이지만 첫 번째 시는 「渡洛河」이다. 판심은 '四遊錄'이고 본문은 53장이다. 「후서」와 「추기」가 함께 붙어 있다. 노중석본을 저본으로 한 것으로 보이지만, 약간의 변화가 있는 듯하다.

[참고문헌]

노중석, 「매월당시사유록 연구」, 계명대학교 교육대학원 석사학위논문, 1994.
박철상, 「을해자본 『매월당집』잔편 발굴의 의미」,『문헌과해석』 27호, 2004.
임형택, 「매월당시사유록에 관한 고찰」, 『한국한문학연구』 26집, 한국한문학회, 2000.
藤本幸夫, 『日本現存朝鮮本研究』(集部), 京都大學學術出版會, 2006.

【박철상】

梅月堂詩藁

金時習(1435~1493) 著.

木活字本, 1冊(零本) : 四周雙邊, 半郭 22.2×15.6㎝, 有界, 9行16字, 黑口, 內向黑魚尾 ; 30.6×19.5㎝.

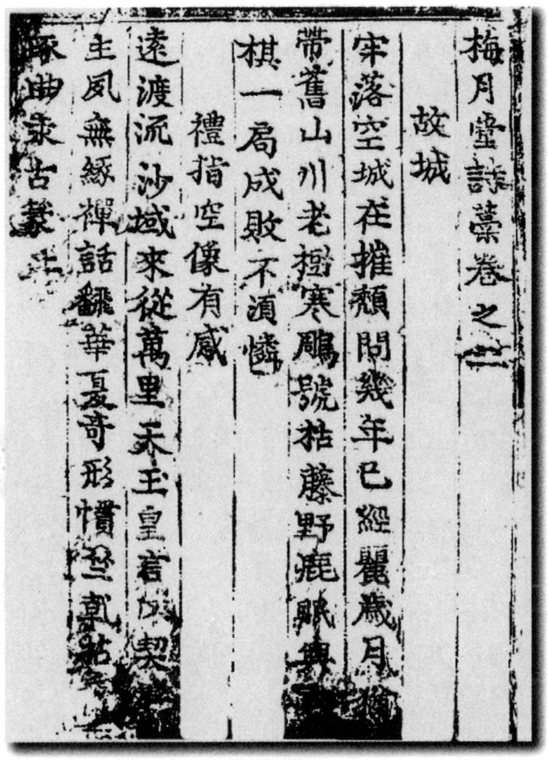
梅月堂詩藁卷之
故城
牢落空城在摧頹問幾年已經饕歲月
帶舊山川老樹寒鵰號枯藤野鹿眠
棊一局成敗不須憐
禮指空像有感
遠渡流沙域來從萬里天王皇者
主夙無緣禪話翻華夏奇形慣

매월당시고

1. 저자

저자인 김시습에 관해서는 앞 『梅月堂詩四遊錄』의 해제를 참고.

2. 구성

김시습의 시문은 일찍이 『梅月堂集』이라는 이름으로 두 차례에 걸쳐 간행된 사실이 확인된 바 있다. 처음에는 '乙亥字'로 간행되었는데 온전한 책은 전하지 않고, 배접지로 사용된 紙片이 발견됨으로써 확인되었다. 가장 잘 알려진 판본은 두 번째로 간행된 '庚辰字'본이다. 또 關西·關東의 遊錄을 모은 『유관서관동록』이 윤춘년에 의해 목활자로 간행되기도 하였다. 모두 임란 이전의 일들이다. 『梅月堂詩藁』의 간행 경위를 추정해 보기 위해서는 먼저 이들의 편찬 과정을 살펴볼 필요가 있다.

김시습 문집의 간행은 中宗 때까지 거슬러 올라간다. 『中宗實錄』의 기록에 따르면 김시습이 죽은 지 20년이 되지 않은 상황에서 중종의 명으로 문집 간행이 준비되고 있었다. 하지만 김시습 문집의 간행이 순탄하지만은 않았다. 가장 큰 이유는 그가 남긴 혈족이 없어 남아 있는 유고를 찾기가 쉽지 않은 일이었기 때문일 것이다. 이후 김시습 문집의 간행에 관한 기록은 보이지 않고, 중종의 명이 내린 지 10년이 흐른 후에 李耔(1480~1533)가 쓴 글이 경진자본 『내월당집』에 실려 있나. 이 글에 따르면 숭종의 명이 내린지 10년이 지나서야 이자가 3권의 유고를 수습하고 서문을 붙여 두었다. 이 유고는 이후 노수신 – 노대하 – 기자헌의 손을 거쳐 후대까지 전해졌지만 지금은 그 행방을 알 수 없다. 그 과정에서 윤춘년이 1551년경에 유고의 일부를 『유관서관동록』으로 간행하였고, 후에는 기자헌이 『매월당시사유록』을 편집할 때 일부가 편입되었다. 기자헌은 1609~22년 사이에 경진자본 『매월당집』에서 네 곳의 「유록」을 뽑아내고, 이자가 수습했던 김시습 자서본을 근거로 함께 초록하여 『매월당시사유록』을 편찬하였다. 그리고 『매월당시사유록』은 다시 누군가가 일부만 초록하여 1624~27년경에 경주에서 목판으로 간행하였다. 한편 윤춘년은 李耔와 朴祥이 수습한 유고에 자신이 추가로 수습한 자료를 더하여 『매월당집』을 간행한 것으로 보인다. 을해자본 『매월당집』 잔편이 바로 윤춘년이 1551년 이전에 간행했을 것으로 추정되는 『매월당집』의 일부로 보인다. 을해자본 『매월당집』 잔편의 출현으로 지금 전하고 있는 경진자본 『매월당집』의 저본이 윤춘년이 간행했을 것으로 보이는 『매월당집』임을 추정할 수 있게 되었고, 『매월당집』의 最古本으로 알려져 있던 경진자본은 중간본임이 분명해졌다.

계명대학교 소장본 『梅月堂詩藁』는 1책(권2)의 零本이다. 편찬이나 간행의 경위를 알 수 있는 서문이나 발문은 보이지 않는다. 전체가 몇 권으로 구성되어 있는지도 알 수 없다. 편찬시기도 알 수 없다. 다만 판심제가 '梅月堂集卷二'로 되어 있어, 이 책이 김시습의 또 다른 문집일 가능성이 크다고 할 수 있다. 판심제와는 달리 권수제는 '梅月堂詩藁'로 되어 있기 때문이다. 이는 『梅月堂詩藁』가 '詩藁'와 '文藁'로 이루어진 『梅月堂集』의 일부일 가능성이 있다는 것을 의미한다. 경진자본 『매월당집』의 경우에도 권1부터 권15까지는 권수제와 판심제가 모두 '梅月堂詩集'로 되어 있고, 권16부터 권23까지는 권수제와 판심제 모두 '梅月堂文集'으로 되어 있다. '梅月堂集'이라 표기된 곳은 序文과 目錄 뿐이다. 을해자본의 경우도 현전하는 지편의 판심제에 '梅月堂集 文'으로 표기되어 있다. 따라서 문편과 시편을 구분하여 간행했음을 알 수 있다. 따라서 『梅月堂詩藁』는 또 다른 『梅月堂集』일 가능성이 아주 크다고 할 수 있다. 『梅月堂集』의 간행에 가장 큰 공을 세운 尹春年(1514~1567)은 을해자와 목활자를 사용하여 서적을 출판했는데, 계명대본 『梅月堂詩藁』의 경우에도 그 가능성을 배제할 수 없다. 이 책은 달리 소장처를 확인할 길이 없다. 현전하는 유일본으로 추정된다. 다만 이겸로의 『山氣文庫目錄』에는 임란 이후에 간행된 목활자본 『梅月堂詩藁』(권4 1책, 판심은 '매월당집')가 저록되어 있는데, 실물을 확인할 수는 없지만 계명대에 소장된 책과 동일한 판본일 가능성이 있다.

3. 내용

『매월당시고』는 『매월당집』의 일부일 가능성이 큰데, 현재 권2만 남아 있다. 수록된 시는 경진자본 『매월당집』 권10에 실려 있는 <遊關東錄>과 동일하다. 다만 『매월당시고』에는 「舍利羅」, 「摩訶衍」의 2수가 더 있어 총136제의 시가 실렸다. 끝에는 1460년 8월에 김시습이 쓴 「宕遊關東錄志後」가 있다. 김시습이 1460년 봄에 개성을 떠나 9월까지 관동지방을 유람하면서 지은 시들을 모은 것이 <遊關東錄>인데 「탕유관동록지후」에서는 그 감회를 적고 있다. 특히 함께 유람한 사람들과 어울려 다니느라 國島, 三日浦, 叢石亭을 유람하지 못한 것을 못내 아쉬워하고 있다.

4. 가치

『매월당시고』는 刊記는 물론 간행연대를 추정할 수 있는 서발문도 남아 있지 않은 1책의 零本이다. 목활자본인데 판심이 大黑口로 되어 있어 임란이전에 간행된 것으로 추정할 수 있다. 표지에는 '丙子七月念補貼'이라 필사되어 있어 표지가 보수된 흔적이 있지만 정확한 시기는 확인하기 어렵다. 권수제는 '梅月堂詩藁卷之二'로 되어 있다. 書眉에는 '隔千

里共明月'이란 朱文方印이 있고, 우측하단에는 '安東金氏'라는 鄕貫印과 함께 鼎型의 인장이 있는데 판독할 수 없을 정도로 뭉개져 있다. 임란이전, 특히 16세기에는 전국적으로 아주 다양한 목활자들이 만들어져 사용되었다. 그러나 활자의 제작에 관한 기록들이 남아 있지 않아 활자를 만든 주체가 확인된 경우는 별로 없다. 『매월당시고』 역시 당시에 만들어진 활자로 인출된 책으로 보이지만 다른 인출본은 확인된 바 없다. 비교적 잘 만들어진 활자로 갑인자와 을해자의 자체가 섞여 있다. 따라서 16세기에 사용된 목활자 중에 처음으로 확인된 목활자본이라는 점에서 서지적 의미를 찾을 수 있다. 더구나 김시습의 『매월당집』이 지금까지는 두 차례만 간행된 것으로 알려져 있었는데, 임란이전에 이미 3차례에 걸쳐 간행이 이루어졌을 가능성이 크다는 점을 시사하고 있다.

『매월당시고』는 김시습의 시를 모아 간행한 것이다. 김시습의 시문은 일찍이 임란 이전에 『매월당집』이라는 이름으로 2차례 간행된 바 있고, 『유관서관동록』의 이름으로 간행되기도 하였다. 그러나 『매월당시고』라는 이름으로 간행된 것은 처음 확인된다. 완질이 아니고 권2 1책뿐인 영본이지만, 임란이전의 목활자로 간행된 책으로 추정되는 귀중한 책이다.

[참고문헌]

박철상, 「을해자본 『매월당집』잔편 발굴의 의미」,『문헌과해석』 27호, 2004.

【박철상】

慕齋詩集

金安國(1478~1543) 著.

木板本, 1冊(零本) : 四周單邊, 半郭 22.4×16.3㎝, 有界, 10行20字, 註雙行, 內向黑魚尾 ; 34×21.3㎝.

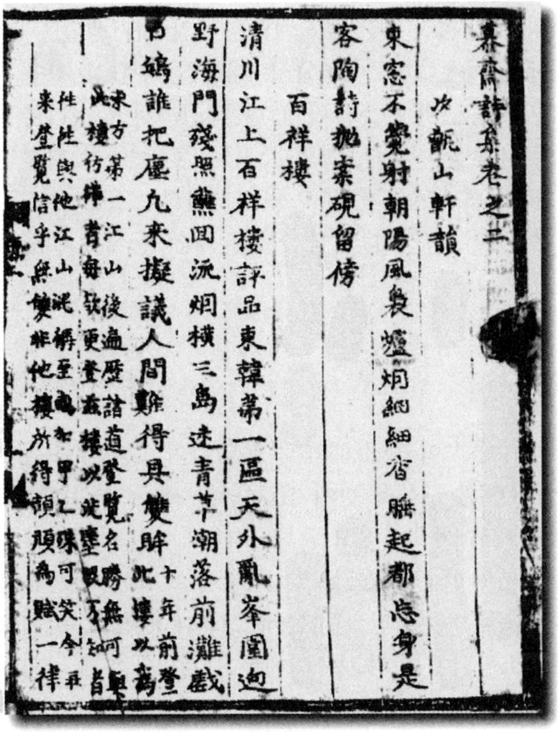
慕齋詩集卷之二

次翫山軒韻

東窓不覺射朝陽風息爐烟細昏睡起都忘身是客陶詩抛案硯留傍

百祥樓

清川江上百祥樓評品東韓第一區天外亂峯圍迥野海門殘照無回流烟横三島迷青草潮落前灘戲白鷗誰把塵凡來擬議人間難得具雙眸此樓十年前登以爲東方第一江山後遍歷諸道登覽名勝無可與此樓彷彿者每欲更登茲樓以洗塵眼不知者往往與他江山混稱至如甲乙殊可笑今來登覽信乎無雙非他樓所得頡頏爲賦一律

모재시집

1. 저자

저자인 金安國(1478~1543)은 字가 國卿, 號는 慕齋이며 본관은 義城이다. 1478년(成宗 9) 8월 6일, 參奉 金璉과 陽川 許氏 사이에서 장남으로 태어났다. 그는 7세에『小學』을 공부하기 시작하여 12,3세에 經傳과 歷史書를 읽었으며, 15,6세에는 程朱의 학문을 흠모하여 그 가르침을 힘써 행하였다. 또한 그는 經史類의 서적에 널리 통하여 文章으로도 이름이 알려졌다. 그는 金宏弼의 문인으로 趙光祖와 동문이며 李長坤·申光漢·朴詳·李彦迪·李滉·金世弼·蘇世讓 등과 활발하게 교류하였다. 그는 또한 利川, 驪州에 퇴거해 있을 때 많은 학자들을 길러내었는데 대표적인 문인으로는 金麟厚·宋麟壽·柳希春·鄭之雲·許曄 등을 들 수 있다.

모재는 26세 때 文科 別試에 합격하여 承文院 正字로 벼슬길에 들어섰고 30세에는 重試에 합격하여 사헌부 지평이 되었다. 이후 그는 예조정랑과 사헌부 장령, 성균관 司成을 거쳐 39세 때 승정원 동부승지, 우부승지가 되었다. 40세에는 경상도 관찰사가 되어「二倫行實圖」를 찬하고『諺解呂氏鄕約』을 편간하여 성리학풍을 점진적으로 확산시켰다. 이어서 謝恩使, 공조판서, 전라도 관찰사의 직책을 맡았는데 1519년(중종 14) 기묘사화가 일어나 파직되었다. 그 뒤 利川, 驪州 별장에서 19년 동안 퇴거생활을 하였다. 김안로가 조정에서 축출된 후 정계에 돌아온 그는 예조판서, 대사헌, 우찬성, 홍문관·예문관 대제학, 병조판서를 역임하였다. 그는 己卯名賢들의 伸寃을 건의하고 성리학풍을 일으키려고 노력하다가 66세의 나이로 세상을 떠났다. 그의 시호는 '文敬'이며 저술로는「二倫行實圖」와『慕齋集』이 전하는 데 '慕齋'의 '慕'는 부모를 사모한다는 뜻을 취한 것이다. 그는 특히 易學에 정통하였고 천문·지리·음양서·의학·漢語·佛經 등에도 밝았다.

2. 구성

모재 문집은 문인인 許忠吉이 榮川郡守로 부임하여 그의 유고를 모은 뒤 경상도 前監司 盧禛과 後監司 金繼輝의 도움을 받아 1574년(선조 7) 榮川에서 처음 판각하였다. 이를 현령 盧從元이 義城에서 開刊하였고 義城 書院에 보관하였다. 이 初刊本은 모재의 아들 汝浮의 부탁으로 柳希春이 序文을 쓰고 許曄이 교정한 뒤 발문을 붙인 것이다. 이 책은 완질이 남아있지 않고 零本들로만 전하는데, 고려대 晩松文庫, 李謙魯의 山氣文庫, 그리고 계명대 도서관에 소장되어 있다. 본 해제본은 계명대에 소장되어 있는 초간본『慕齋詩集』권3, 4이다.

이 책은 권3(41장)과 권4(45장)로 이루어진 零本 詩集이다. 시 작품은 대체로 창작 시기 순으로 실려 있지만 착간이 있는 부분들도 있다.

1) 권3

권3에 가장 먼저 실린 작품은 「申副正石澗挽」이고 마지막에 실려 있는 작품은 「神勒寺道義師 深秋贈團扇 笑答」이다. 고려대 소장 초간본 『慕齋詩集』 권3과 동일한 판본인데 다만 24장에 고려대본에 실려 있는 「次荅朴進士寅亮調卿韻」, 「壬午立春 兒輩請門帖句書與」, 「送別姜府使子三赴任順天」 대신에 「感成二絶」, 「次沈義之韻」, 「尹參判安仁挽」, 「戊戌春帖」이 실려 있다. 권3에 실린 작품들을 살펴보면, 첫 작품부터 21장의 「癸卯春帖」까지 약 절반의 작품들이(20장 분량) 대개 60세 이후 정계에 복귀한 뒤 창작한 것들이고 21장 이후에 수록된 나머지 절반의 작품들은 대략 利川으로 퇴거해 있던 45,6세 때 창작한 것들이어서 초간본 문집을 편집할 때 착간이 있었음을 알 수 있다.

2) 권4

권4는 처음에 「鄭正郎世雄 芹泮舊友也 居相近 不得相見 因送酒肉 走筆謝復」을 실었고 마지막 작품으로는 「龍門層翠」을 실고 있어 고려대 소장 초간본 『慕齋詩集』 권4와 완전히 동일한 판본임을 알 수 있다. 본 권에는 저자의 나이 46세 이후 49세까지 창작한 작품들이 대략 창작 시기 순으로 실려 있다. 다만 마지막 2, 3장에 34, 5세 때 창작한 「寄日本僧硼中」 등이 실려 있어 이 권의 편집에도 다소 착간이 있음을 알 수 있다.

3. 내용

권3 前半에 실린 작품들은 퇴거생활을 마치고 조정에 복귀한 후 지은 작품들로서 송별시와 교유시, 그리고 挽詞가 많은 양을 차지한다. 특히 사대부 婦人들을 대상으로 한 挽詞가 많다는 점이 특색이다. 권3 후반부에는 45,6세경 利川에서 창작한 작품들을 실었는데, 태평성대를 칭송하고 군주의 은혜를 노래한 작품들과 安分知足을 읊은 작품들이 많다. 그리고 안부를 묻거나 방문한 이들, 선물을 보낸 이들에게 감사를 표하는 시들도 많아 그의 퇴거생활을 짐작할 수 있다. 이 시기 작품에서 특히 주목할 만한 것은 눈과 봄꽃, 봄의 상징을 통하여 정치적 이상의 좌절과 고통을 노래한 시들이다. 이 시들에는 주로 은미한 우의적 표현들이 나타나는데, 가령 「任午三月七日 風雪似冬 春氣索然 爲賦短韻」, 「癸未三月踏靑日 風勁氣凜 密雪漫空 竟日不止 皚皚堆庭 經宿不消 因憶去年所賦春雪之作 遂次其韻」, 「春暮雨」, 「餞春」등이 그 대표적인 작품이라 할 수 있다.

권4에는 저자가 40대 후반에 利川에서 창작한 시들이 주로 실려 있다. 여기에서도 권3에서와 같이 태평성대를 찬양하고 임금의 은혜에 감사의 마음을 표하는 시들, 그리고 자신을 방문하거나 선물을 보낸 이들에게 고마움을 전하는 시들이 많이 수록되어 있다. 아울러 「春暮 與諸生飮於西原 以柳葉鳴蜩綠暗荷花落日紅酣分韻 余得蜩紅字 賦短篇」, 「早春

訪人不遇 是日風甚」과 같이 봄꽃과 눈의 상징을 통하여 정치적 상황을 우의한 작품들, 「雨晴泛舟而下 聞琵琶」처럼 자신의 억울한 심정을 암시한 작품, 「夜宿月溪」처럼 불안한 자신의 상황을 드러낸 작품들도 상당 수 실려 있다. 또한 정치적 좌절을 극복하려는 의지나 지향을 담은 시들이 점차 많이 나타나기 시작한다. 禪的인 분위기를 드러낸 「次僧詩軸韻」이나 전원생활의 즐거움을 형상화한 「次崔龍仁光潤子璞村居壁上韻」은 이러한 경향을 잘 보여주는 시들이다.

4. 가치

이 해제본은 임란 이전의 판본이라는 데 우선 의미를 부여할 수 있다. 『모재집』은 중간본의 경우 完帙로 여러 곳에 소장되어 있지만 임란 이전의 판본인 초간본은 완질로 남아있지 않고 零本으로 흩어져 있다. 이 해제본은 초간본으로서 고려대와 계명대 도서관만이 소장하고 있는 희귀본이다. 그리고 고려대 晩松文庫와 山氣文庫의 『모재시집』, 그리고 계명대가 소장한 『모재시집』을 합해보면 완전하지는 않지만 대략 초간본 「모재집」을 재구성할 수 있다. 다시 말해 『모재문집』은 총4권 가운데 권1, 3, 4가 갖춰지고 『모재시집』의 경우는 권 1, 2, 3, 4, 5, 7을 재구할 수 있는 것이다. 또한 이 해제본은 글자가 비교적 선명하여 중간본의 결락된 글자를 판독하는 데도 일정한 역할을 할 것으로 생각된다.

5. 기타

『慕齋集』 初刊本은 許忠吉이 家藏 遺稿를 『慕齋文集』과 『慕齋詩集』으로 나눠 처음 판각한 것을 현령 盧從元이 義城에서 개간한 것이다. 이 초간본은 현재 완질이 전하지 않고 고려대 도서관에 문집 권1, 3, 4와 시집 권1, 3, 4, 5가, 李謙魯의 山氣文庫에 시집 권7이, 그리고 계명대 도서관에 시집 권2와 권3,4가 각각 소장되어 있다. 그 후 朴世采가 초간본을 刪增, 再編하였는데 이를 현령 金構가 1687년(숙종 13) 龍岡에서 15권 7책의 목판본으로 간행하였다. 이것이 현재 널리 알려진 중간본으로 서울대 규장각, 국립중앙도서관, 연세대 도서관 등에 소장되어 있다.

주목해야 할 점은 중간본과 초간본이 편집 체재를 완전히 달리한다는 사실이다. 『모재집』 초간본은 文集이 앞에 오고 詩集이 뒤에 실려 있는 데 비해 중간본은 詩集이 文集보다 앞에 수록되어 있다. 또 詩集의 경우, 작품의 배열순서는 대략 비슷하지만 초간본과 중간본의 분권 방식이 다르며, 초간본에 실린 작품 수가 많고 중간본의 작품 수는 오히려 적다. 또 하나 흥미로운 사실은 서울대 규장각에 소장되어 있는 두 종의 중간본을 비교해보면 詩

集의 경우 작품 수가 차이가 난다는 점이다. 박세채의 중간본 서문이 없는 판본(A본)의 경우, 그 서문이 있는 것(B본)보다 13제 20수 가량이 더 실려 있다. 즉 초간본 詩集, 규장각 소장 중간본 A, 규장각 소장 중간본 B본의 순서로 작품 수가 점차 줄어든 것으로 추정된다. 따라서 慕齋의 詩集은 초간본 자료가 자못 중요하다고 할 수 있다. 본 해제본은 계명대학교에 소장되어 있는 初刊本『慕齋詩集』권3, 4로서 고려대 소장「모재시집」과 동일한 판본이다.

[참고문헌]

『慕齋集』(한국문집총간 20), 민족문화추진회, 1988.
『한국문집총간해제 1』, 민족문화추진회, 1991.
『규장각 한국본 도서해제 集部1』, 서울대중앙도서관, 1979.
『선본해제 Ⅲ』, 국립중앙도서관, 1972.
『한국전적종합목록』 1집, 국학자료보존회, 1974.
유호진,「金安國 詩의 硏究」, 고려대학교 대학원 국문과 석사학위논문, 1992.

【유호진】

牧隱詩精選

李穡(1328~1365) 著; 李季甸 編.

木板本. 1冊(零本) : 四周單邊, 半郭 18.5×11.7㎝, 有界, 9行20字, 內向黑魚尾 ; 21×15㎝.

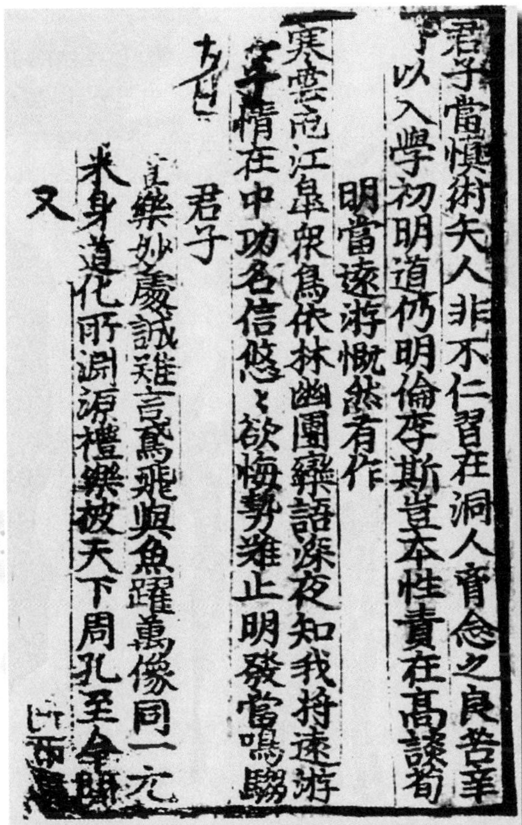
君子當愼術矢人非不仁習在洞人胥念之良吾辛
以入學初明道仍明倫孝斯豈本性責在高談者
明當遠游慨然有作
寒雲庇江皐衆鳥依林幽園繹語深夜知我持遠游
情在中功名信悠悠欲悔勢難止明發當鳴騶
君子
樂妙處誠難言鳶飛與魚躍萬像同一元
又
身道化所涸源禮樂被天下周孔至今賴

목은시정선

1. 저자

李穡(1328~1396)의 字는 穎叔이고 號는 牧隱이며, 본관은 韓山이다. 1328년(충숙왕 15) 5월 9일, 경상도 寧海 槐市村에서 태어났다. 14세에 成均試에 합격하고 2년 뒤 別將에 補任되었으며 같은 해 九齋都會에 참석하여 刻燭賦에서 1등을 하였다. 17세에 한양 삼각산과 양주 紺嶽山·青龍山에서 독서하고, 이후 韓山 大屯山, 平山 牧丹寺 등지에서 독서하였다. 21세가 되던 해에 부친 稼亭公(李穀)이 원나라의 中瑞司 典簿였기 때문에 朝官의 자제로 원나라에 가서 國子監 生員이 되었다. 1351년에 부친상을 당하여 본국으로 돌아온 2년 후 을과 제 1인으로 급제하고 이 해 가을, 征東省鄕試에 장원급제하여 서장관으로 원나라에 갔다. 이 후 應奉翰林文字承仕郎 同知製誥 兼國史院編修官, 內書舍人知製敎, 典儀副令 등 여러 관직을 거치면서 우리나라와 원나라를 오고 갔다. 1356년 29세가 되던 해에 본국으로 돌아와 吏部侍郎 翰林直學士, 樞密院右副承宣 등의 관직을 역임하고 1361년, 홍건적의 침입시에 왕을 호종하여 1등 공신에 봉해졌다. 이후 密直司右代言 進賢館提學, 簽書密直司事 寶文閣大提學, 三司右使 知春秋館事, 지공거, 정당문학을 거쳐 61세에 賀正使로 중국에 가기까지 여러 관직을 역임한다. 1389년에 귀국한 후 여러 번의 流配와 석방을 겪고 65세에 장흥에서 석방된 후 한산으로 돌아갔다. 68세에 관동을 유람하고 오대산에 들어가 머물었는데 태조가 사신을 보내어 輔國崇祿大夫 韓山伯에 봉하였으나 사양하고 받지 않았다. 1396년 되던 해에 驪江에서 피서 하던 중 69세의 일기로 졸하였다. 韓山 麒麟峯 서쪽 산록에 묻혔다.

2. 구성

이 책은 牧隱 李穡(1328~1365)의 손자인 李季甸(1404~1459)이 이색의 『牧隱詩藁』에 수록된 시를 시체별로 나누어 편찬한 것이다. 이계전의 셋째 아들인 李封(1441~1493)에 의해 그가 府尹으로 재임했던 全州에서 목판으로 간행되었다. 이봉이 성종 13년(1482) 2월 8일부터 성종 15년(1484) 9월 3일까지 전주부윤으로 재임한 것으로 보아, 이 책이 간행된 시기는 1482년~1484년 사이일 것으로 추정된다. 이 책은 零本 1冊(卷3~4)으로 책의 앞부분과 뒷부분이 모두 결락되어 있으며, 현재 서울대 규장각에 『牧隱詩精選』 12권 6책이 완질로 소장되어 있다. 서울대 규장각에 소장된 판본에도 序文이나 跋文이 붙어 있지 않으나 인조 4년(1626)에 李德洙가 중간한 『牧隱集』 附錄에는 徐居正이 쓴 「牧隱詩精選序」가 수록되어 있다.

편찬 경위는 이색의 시문집인 『牧隱藁』는 그의 사후 8년이 지난 太宗 4년(1404)에 셋째 아들 李種善에 의하여 간행되었다. 현재 李種善이 간행한 『목은고』의 卷數에 대해서는

70권과 55권이라는 두 가지 설이 있다. 『東文選』 권92에 실려 있는 李詹의 「牧隱先生文集序」에는 "시와 문 70권이 있다."고 하였으나, 인조 4년(1626)에 李德洙가 중간한 『목은고』에는 같은 글에서 70권이 55권으로 고쳐져 있다. 또한 『太祖實錄』 권9(태조 5년 5월 癸亥)에 실려 있는 李穡의 卒記, 『陽村集』 권40에 실려 있는 權近의 「牧隱先生李文靖公行狀」, 『浩亭集』 권3에 실려 있는 河崙의 「牧隱李先生墓誌銘」 등에는 모두 55권이라고 기록되어 있다. 1626년에 李德洙가 중간한 『목은고』는 『牧隱詩藁』35권과 『牧隱文藁』 20권으로 나누어져 있다. 『목은시고』에는 辭 6제, 賦 2제, 操 7제, 시 4,340여제 5,980여수가 수록되어 있고, 『목은문고』에는 232편의 산문이 문체별로 수록되어 있다. 李季甸은 『목은시고』에서 1,573제 2,140수를 뽑아 시체별로 古詩, 絶句, 律詩로 나누어 수록하고, 이를 『목은시정선』이라고 이름하였다.

3. 내용

李季甸이 『목은시정선』을 편찬한 목적과 내용에 대해서는 『牧隱集』 附錄에 실린 徐居正의 「牧隱詩精選序」의 내용을 통해 알 수 있다. 서거정은 이 글에서 "이색의 시는 비록 經史를 근본으로 하여 법도가 삼엄하지만 도가서와 불가서를 종횡으로 출입하고 패관소설에 이르기까지 널리 채집하였기 때문에, 이름이 조금 알려진 후학들도 책을 펼치면 아득히 望洋之嘆이 있었으므로 『목은시정선』을 편찬하지 않을 수 없었다."고 하였다. 그는 이어 "두보의 시는 詞意가 深奧하여 읽기 어려웠으므로 鄭厠와 虞集이 그의 시를 정선했듯이, 이색의 시 또한 심오함이 지극하여 이계전이 심혈을 기울여 그의 시를 정선하였다."고 하였다. 그는 마지막으로 "『목은시정선』으로 인하여 이색의 시가 멀리까지 은택이 미치게 될 것이고, 이계전이 문장사업으로 국가의 성대함을 울릴 것"이라고 하였다. 이로 보아 이계전이 『목은시정선』을 편찬한 것은 이색의 시가 도가서와 불가서는 물론 패관소설을 망라해 심오한 언어와 내용으로 구성되어 있어 후학들이 이를 이해하기 쉽지 않다고 생각하고, 이색의 시에 사용된 언어와 원문에 담긴 내용을 면밀히 살펴 시체별로 편찬하였음을 알 수 있다.

계명대학교 도서관과 서울대학교 규장각에 소장된 『목은시정선』의 卷數, 冊數, 版數, 詩體, 作品數를 표로 제시하면 다음과 같다.

권수	책수	판수	시체	작품 수	
				서울대학교 규장각본	계명대학교 도서관본
1	1	55	五言絶句	52제 55수	
			五言律詩	200제 281수	
2		31	五言律詩	133제 177수	
3	2	29	五言古詩	96제 141수	94제 139수
4		27	五言古詩	70제 87수	66제 83수
5	3	35	七言絶句	138제 238수	
6		42	七言絶句	150제 290수	
7	4	42	七言律詩	152제 193수	
8		42	七言律詩	133제 197수	
9	5	44	七言律詩	152제 202수	
10		31	七言律詩	106제 123수	
11	6	30	七言古詩	76제 76수	
12		45	七言古詩	85제 85수	
계 12권	6책	453판	6유형	1,543제 2,145수	160제 222수

* 1권 19~20판과 2권 19~20판은 서로 錯簡되어 있음.

계명대학교 도서관에 소장되어 있는 『목은시정선』은 권3~4가 한 책으로 묶여져 있다. 판수는 권3 28판과 권4 23판을 합하여 모두 52판으로 짜여져 있다. 이를 서울대학교 규장각본과 비교하면, 권3의 앞부분 반판과 권4의 뒷부분 3판 반이 결락되어 있다. 작품 수는 권3에 오언고시 94제 139수, 권4에 오언고시 66제 83수 등 오언고시 160제 222수가 수록되어 있다. 이를 서울대학교 규장각본과 비교하면, 권3의 앞부분 「小酌」과 「自勉」 2제 2수와 권4의 뒷부분 「復作二首遣興」 1수에서 「見悶」 1수까지 4제 4수가 결락되어 있다.

서울대학교 규장각에 소장되어 있는 『목은시정선』은 모두 12권으로 구성되어 있고, 두 권을 한 책으로 묶어 모두 6책으로 되어 있다. 판수는 권1의 55판에서 시작해 권12의 45판에 이르기까지 각 권의 숫자가 모두 다르다. 시체는 권1의 오언절구에서 시작해 권12의 칠언고시에 이르기까지 모두 여섯 유형으로 나뉘어져 있다. 이 중 권1에만 오언절구와 오언율시가 함께 수록되어 있고, 나머지는 각 권에 모두 동일한 유형의 시가 수록되어 있다. 작품 수는 권1의 오언절구 52제 55수에서 시작해 권12의 칠언고시 85제 85수에 이르기까지 모두 1,543제 2,145수가 수록되어 있다. 시체별 작품 수는 오언절구 52제 55수, 오언율시 333제 458수, 오언고시 166제 228수, 칠언절구 288제 528수, 칠언율시 543제 715수, 칠언고시 161제 161수가 수록되어 있다. 가장 많이 수록된 시체는 칠언절구로 전체 작품 수의 약 33%에 해당한다.

1626년에 이덕수가 중간한 『목은시고』에는 辭 6제, 賦 2제, 操 7제, 시 4,347제 5,970

여수가 실려 있다. 이 중 시체별로는 七言詩 3,930여수, 五言詩 1,890여수, 四言·六言·雜言詩 150여수가 수록되어 있다. 이 가운데 五言은 律詩가 압도적으로 많으며, 七言은 絶句가 律詩보다 다소 많다.(여운필·성범중·최재남, 「목은시고 해제」) 『목은시정선』에 수록된 1,543제 2,145수는 『목은시고』에 수록된 작품에서 詩題로는 약 35%, 詩數로는 약 36%에 해당한다. 또한, 『목은시정선』에 수록된 오언시 741수는 『목은시고』에 수록된 작품의 약 39%에 해당하고, 칠언시 1,404수는 『목은시고』에 수록된 작품의 약 36%에 해당한다. 이로 보아 『목은시정선』에 수록된 시는 『목은시고』에 수록된 작품을 시체별로 최소 약 35%에서 최대 약 39%에 이르기까지 비교적 고른 비율로 선록하였음을 알 수 있다.

『목은시정선』에는 주석이 單行과 雙行의 두 방식으로 달려 있는데, 이들 주석은 모두 『목은시고』에 달려 있는 주석을 그대로 옮긴 것이다. 그 예로 『목은시정선』 권1에 수록된 「讀同年司空伯亶送李永哲詩 次韻因勉李生云」의 제목 아래에 單行으로 "伯亶名實"이라고 주석을 달았고, 『목은시정선』 권1에 수록된 「謁成誼叔侍郎」의 제목 아래에 雙行으로 "名遵先君同年乙未拜中書參政."이라고 주석을 달았는데, 『목은시고』에도 같은 내용의 주석이 같은 방식으로 달려 있는 것을 들 수 있다. 그러나 『목은시정선』 권4에 수록된 「登科有感」의 제목 아래에는 單行으로 "封註 牧隱 於本國 益齋李公齊賢門下擢壯元 於中國 圭齋歐陽公玄門下爲第二人 初牧隱居第一 考員俄認外國士 換置第二云"이라는 주석이 달려 있는데, 이는 이 책의 편자인 이계전이 단 것으로 추정된다. 이계전의 주석으로 추정되는 주석은 이 곳이 유일하다.

4. 가치

『목은시정선』의 서지적 특성과 그 가치는 다음과 같이 크게 두 가지로 나누어 볼 수 있다.

첫째, 이색의 시를 시체별로 나누어 수록한 것이다. 이덕수가 중간한 『목은고』는 『목은시고』와 『목은문고』로 나누어져 있다. 『목은문고』 20권에는 모두 232편의 산문이 記, 序, 說, 表箋, 頌, 贊, 銘, 箴, 書, 題跋, 碑銘, 墓誌銘, 傳 등 13유형의 문체별로 수록되어 있다. 『목은시고』에는 辭, 賦, 操, 詩 등 4유형의 문체별로 작품이 수록되어 있는데, 이 중 辭·賦·操는 문체상으로 韻文에 속하지만 '○○시고'라고 한 책의 제목과는 어울리지 않는다. 또한, 『목은시고』에 4,347제 5,970여수는 문체별로 작품을 수록한 『목은문고』와는 달리 창작 시기별로 작품이 수록되어 있다. 이는 두 문집이 편집 방식에서 서로 통일되지 않았을 뿐만 아니라, 일반적으로 통용되는 문집의 시체별 편집 방식과도 다른 것이다. 이덕수는 『목은고』를 간행하고 쓴 발문에서 "처음에는 『목은시정선』과 『목은문고』를 합하여 간행하려고 하였으나, 全集이 전해지지 못할까 염려하여 『목은시고』와 『목은문고』를 함께 간행하였다."고 하였다. 이로 보아 『목은시정선』은 주로 이색 시의 문체적 특징과 문학적 경향을 파악하는 데 활용되었으며, 이색 시의 전모를 파악하는 데는 주로 『목은시고』가 활용되었음을 알 수 있다. 따라서 『목은시정선』은 창작 시기별로 수록된 『목은시고』의 약점을 보완하기 위해 편찬된 것으로, 이 책은 후대의 문인 학자들이 이색 시의 문체적 특징을 파악하는데 적지 않은 도움을 주었을 것으로 생각된다.

둘째, 『東文選』을 비롯한 각종의 시선집류와 『東人詩話』를 비롯한 각종의 시화집들이 이색의 시를 시체별로 선록하거나 이색의 시와 관련된 시화를 수록하는데 도움을 준 것이다. 성종 9년(1478)에 徐居正 등이 편찬한 『동문선』에는 이색의 시가 모두 71제 77수가 수록되어 있다. 이를 시체별로 살펴보면 권5에 오언고시 11제 15수, 권8에 칠언고시 12제 12수, 오언율시 7제 7수, 권16 칠언율시 19제 21수, 권19에 오언절구 2제 2수, 권22에 칠언절구 20제 20수 등이다. 이 중 『목은시정선』에는 권22에 칠언절구로 수록된 「與葉孔昭賦青山白雲圖」 1제 1수를 제외한 70제 76수가 동일한 시체로 수록되어 있다. 이 밖에 『靑丘風雅』에 19제 20수, 『箕雅』에 29제 30수, 『大東詩選』에 29제 30수의 이색의 시가 수록되어 있다. 현재 『동문선』 등의 시선집을 편찬하면서 『목은시정선』을 저본으로 활용했는가는 단정하기 어렵다. 그러나 두 책에 수록된 시체와 작품으로 볼 때, 이들 시선집은 『목은시정선』을 주 자료로 활용하여 이색의 시를 선록했을 가능성이 매우 높다. 또한, 조선시대에 간행된 시화집에는 이색의 시와 관련된 시화가 상당수 수록되어 있다. 그 예로 『東人詩話』에 22항목, 『東國詩話彙成』에 18항목, 『謏聞瑣錄』과 『松窩雜說』에 11항목, 『東國詩話』에 10항목, 『芝峯類說』에 8항목 등 조선후기에 이르기까지 각종 시화집에 다양한 내용의 시화가 수록되어 있다. 따라서 『목은시정선』은 『목은시고』와 함께 조선의 문인 학자들에게 널리 유통되었고, 이 과정에서 이색 시와 관련된 많은 시화들이 양산되는 데에도 적지 않은 영향을 미쳤을 것으로 생각된다.

[참고문헌]

李穡 著, 李德洙 重刊, 『牧隱藁』, 『韓國文集叢刊』 3·4·5, 민족문화추진회.

李穡 著, 李季甸 撰, 『牧隱詩精選』, 서울대학교 규장각.

辛容南, 「『목은고』 해제」, 민족문화추진회 홈페이지, http://www.minchu.or.kr.

여운필·성범중·최재남, 「목은시고 해제」, 『역주 목은시고』, 2000, 月印.

李益柱, 「『牧隱集』의 사료적 가치」, 『진단학보』 102, 2006. 진단학회.

鄭載喆, 『이색 시의 사상적 조명』, 2003, 집문당.

【정재철】

槎川詩抄

李秉淵(1671~1751) 著

木板本. 2卷1冊 : 四周雙邊, 半郭 22.1×16.8㎝, 有界, 10行18字, 內向二葉花紋魚尾 ; 31.2×20.8㎝.

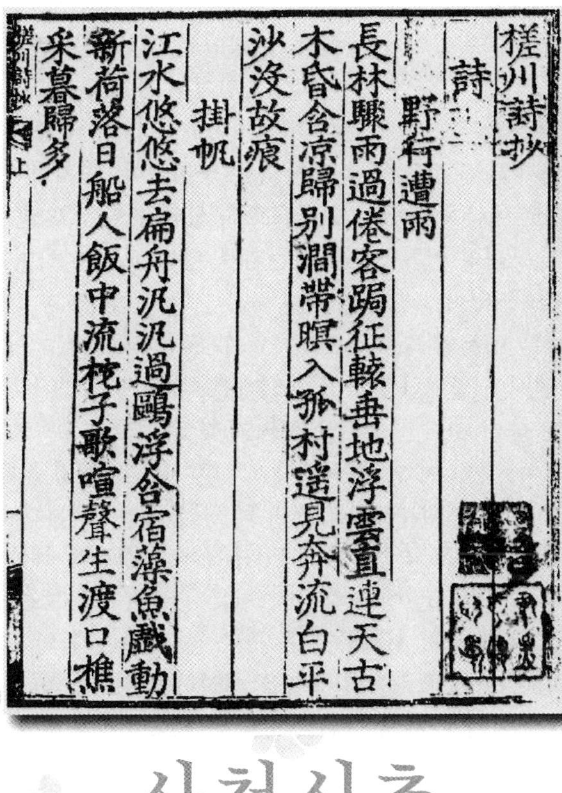

槎川詩抄

詩

野行遭雨

長林驟雨過倦客蹋征轅垂地浮雲直連天古木昏含凉歸別澗帶暝入孤村遙見奔流白平沙沒故痕

掛帆

江水悠悠去扁舟汎汎過鷗浮合宿藻魚戲動新荷落日船人飯中流橈子歌喧聲生渡口樵采暮歸多

槎川詩抄 上

사천시초

1. 저자

李秉淵(1671~1751)의 字는 一源, 號는 嶽下·白嶽·槎川이며 本貫은 韓山이다. 이병연은 1671년(肅宗 12) 4월 23일 태어났다. 태어난 곳은 서울로 추정된다. 이병연의 부친은 敦寧府 都正을 지낸 李涑이고 모친 豊山 洪氏는 泛翁 洪柱國의 장녀이다. 이병연은 牧隱 李穡의 12대손이고, 중시조 鳴谷 李山甫의 5대손이다. 이병연의 가문은 李山甫代 이래로 栗谷, 沙溪, 尤菴으로 이어지는 기호학파의 학문적 전통을 계승하였다. 특히 아버지 樹庵 李涑 代에 김창협, 김창흡과 같은 안동김문과 긴밀하게 교유하면서 이병연은 三淵 金昌翕과 사제관계를 맺게 되었다. 이병연의 외조부 홍주국은 月沙 李廷龜의 외손으로 시문으로 이름이 높았으며 큰외삼촌인 洪萬選은 『山林經濟』의 저자이고 둘째 외삼촌 洪萬迪은 『臨湖遺稿』의 저자로 后溪 趙裕壽가 畏友라 할 만큼 詩名이 높았다. 이모부가 되는 寤齋 趙正萬 또한 김창협, 김창흡 등과 친교가 깊었으며 시와 서예로 이름이 높았다. 시문으로 이름이 높았던 洪重耆, 洪重聖 또한 외가 쪽 친척이 된다. 한편, 이병연의 처가인 林川趙氏는 九峯 趙遠期, 一峯 趙顯期, 拙修齋 趙聖期 등과 같은 학자들을 배출한 집안인데 이병연의 처조부가 되는 조원기는 白軒 李景奭의 사위로 황해도 관찰사 등을 역임하였고 시문으로 이름이 높았던 인물이다. 이병연은 처조부 조원기를 중심으로 당대의 문장가들과 인척관계를 이루게 되는데, 조원기의 맏사위 申晥은 申靖夏, 申聖夏의 아버지이고, 둘째사위 申琢은 申弼夏, 申宅夏의 아버지이고, 셋째사위 愼爾憲은 愼無逸, 愼無咎의 아버지이며 넷째사위 金盛後는 金時敏의 아버지이다. 이처럼 이병연의 본가, 외가, 처가는 학술과 문장으로 이름이 높았던 인물들로 구성되어 있음을 알 수 있는데 이러한 가계적 조건은 이병연이 당대의 이름높은 문사들과 폭넓은 교유를 하며 시인으로 대성할 수 있게 하는 외적 조건이 되었다.

1696년 겨울, 석실서원에서의 강학을 기점으로 京居 翠麓軒으로 이사한 이병연은 1699년 29세의 나이로 생원시에 합격하였고 1704년 順陵參奉으로 관직생활을 시작하였다. 司圃署, 司䆃寺, 通禮院 등의 내직을 거쳐 1710년 5월 金化縣監으로 부임하였다. 김화현감 시절 스승 金昌翕과 1차, 부친 이속, 아우 李秉成, 벗이었던 鄭敾·張應斗와 2차로 금강산을 유람하였고 자신의 시, 정선의 그림, 師友의 題詞를 붙여 『海岳傳神帖』를 제작하였다. 金化縣監을 마치고 다시 내직을 역임하다 1720년 노론의 실각과 더불어 유배되었다. 英祖 즉위와 함께 복권되어 1725년 5월에 황해도 白川郡守로 부임하였고 임기를 마친 1730년 무렵 '槎川'이라는 호를 사용하기 시작하였다. 司僕寺, 禮賓寺 등의 내직을 역임하며 서울에 있던 시기에 이병연은 돌아간 스승 김창흡을 대신하여 김창협의 시와 師友들의 문집을 산정하였다. 1732년 6월에는 62세의 나이로 三陟府使로 부임하게 되었는데, 젊어서는 금강산을 노년에는 죽서루를 가까이 두게 된 이병연은 다른 문사들로부터 두 차례나 '吏隱'

의 영광을 입었다는 부러움을 받기도 하였다. 삼척부사를 마치고 서울로 돌아온 이병연은 더 이상 實職을 맡으려 하지 않았다. 1744년 9월 嘉善大夫로 陞資되고, 堂上官의 반열에 오르게 되었고 1750년 12월에는 漢城府右尹을 제수받았다. 그러나 1751년 1월 3일, 과분한 벼슬을 거두어 달라는 상소를 마지막으로 이병연은 세상을 떠났으니 향년 81세였다.

삼연 김창흡을 이어 京華 騷壇의 宗主로 인정받았던 이병연은 80여 생애 동안 삼만 수라는 방대한 詩作을 이루어 내었다. 하여 당대에 이미 '시는 李槎川, 그림은 鄭謙齋'라는 칭호가 붙을 만큼 詩名이 높았다. 후배 문사인 李德懋는 이병연을 '영조조 제일 시인'으로 高評하기도 하였다.

2. 편찬 경위

사천시 編刊의 내력을 살펴보면 다음과 같다.

80여 생애 동안 삼만 수라는 방대한 詩作을 이룬 것으로 전해지는 이병연은, 그러나 그의 평생의 力作들을 온전한 문집의 형태로 남기지 못하였다. 雪橋 安錫儆은 전집간행을 원하였던 이병연의 생각을 전하며 시 전체가 간행되어야 한다는 당위를 말하기도 하였고, 이병연의 손자뻘 되는 李泰永도 경상도관찰사로 재직하던 당시 『槎川集』 간행을 위한 교정을 준비하기도 하였다. 그러나 방대한 詩 전체를 문집으로 간행하기에는 현실적인 어려움이 많았던 것으로 보인다. 결국 이병연의 시는 選集의 형태로만 세상에 전해지게 되었다.

『槎川詩抄』는 洪樂純(1723~1782)의 발문에 따르면 門徒였던 金益謙이 1740년 燕京에 들어갈 때 중국의 문인들로부터 품평을 받기위해 이병연 스스로 뽑아놓은 1권의 抄本에 홍낙순이 약간 편을 더하여 1778년 평양에서 간행한 것으로 전해진다. 한편, 홍낙순의 발문에는 『槎川詩抄』에 앞선 抄本의 존재가 있었음을 언급하고 있는데, 이 초본은 제자였던 南肅寬이 이병연의 전체 시 가운데 대략 반 정도를 뽑아 만든 것이라 한다. 이 抄本은 『槎川詩抄』와는 별개로 몇몇 사람들에게 그 존재가 알려져 있었던 듯하다. 1832년 沈魯崇은 『槎川詩選批』를 만들 때 金祖淳이 이병연의 후손가에서 빌린 槎川詩全藁를 토대로 하였다고 하였는데, 이 때 참조한 槎川詩全藁는 이태영이 문집 간행을 위해 추린 草藁이거나 남숙관이 뽑아 놓았다던 抄本이 아닌가 추정된다.

『槎川詩抄』와는 별개로 『槎川詩選批』라는 선집도 전한다. 『槎川詩選批』는 1832년 목판본 『槎川詩抄』가 너무 소략하다고 여긴 심노숭이 앞서 언급한 槎川詩全藁를 토대로 시를 선발하고 批點을 찍은 필사본 시선집이다. 원래 上下 두 권에 741수의 시를 뽑아 두었는데 현재는 하권만이 국립중앙도서관에 전하고 있다.

3. 구성

『槎川詩抄』는 上, 下 2권으로 구성되어 있고 324題 463首의 시가 수록되어 있다. 시는 연대순으로 편차되어 있다. 한국학중앙연구원 장서각에도 계명대본과 동일판의『槎川詩抄』가 소장되어 있는데 계명대본에는 낙장된 홍낙순의 跋(1778년)이 온전히 실려 있다.

4. 내용

시의 대략적인 제재는 임지에서 접하게 된 산수와 그곳에 살던 향촌민의 삶, 詩友들과의 雅交, 관조적이고 성찰적인 자신의 심미적 일상에 관련된 것들이다. 이하에 제시한 시 전체의 제목을 살피면 이러한 면모를 짐작할 수 있을 것이다.

卷上

「野行遭雨」, 「掛帆」, 「曉發」, 「投披塘浦」, 「湖城曉角」(三首), 「夕投屯村墳菴」, 「望海」, 「入沔」, 「山行」, 「春雪曉起」, 「寒食歌」, 「送僧歸三角憑寄洪君則洪道長」, 「分栽隣竹次杜樊川韻」(二首), 「倚杖」, 「春雪」, 「水明樓雨中觀漲」, 「霜」, 「義成巖在萬丈峰左峭嶄萬仞臨眺數百里間」(二首), 「十日攜泰弟柳生入水落山路中遇白足出山者曰晦雲菴在近直取沙門路旣至兩生飢困不起余獨登陟至暮而歸」, 「迷路」, 「十五入平澤望海」, 「歸到所沙村村店頗安集」, 「石耳行」, 「蕩春臺下次杜律」, 「白雲臺」(四首), 「曉聞樵歌感懷五言一篇眎金秀才若虛」, 「八日獨在西廊」, 「一派笙歌自三淸洞過去」, 「十九同李正丈寅爀汝承成坤載大自高陽官衙歷入淸暉」, 「關王廟」, 「九盤」, 「月溪遷」, 「雜詠」, 「舍那寺」(二首), 「龍津」, 「子野號韻」, 「立春後與子野同次王摩詰集中韻」, 「二十七日同尋源頭瀑布」, 「凌虛臺」, 「文鶴山」, 「無題」, 「西澗源頭有瀑布絶高而尙無名之者」, 「十八日往水落山」, 「和君垂騎牛吟」, 「溪上次杜律」, 「渼陰雜詠」(二首), 「舟中雜詠」(四首), 「淸心樓次前韻」, 「獺川」, (二首), 「延豊雜詠」(十首), 「甓寺」, 「水鍾寺」, 「野中値雨」, 「題寢郎壁」, 「送滄浪屯監之行」(三首), 「鞦韆四十韻」, 「寄題老松亭次張主翁世舟韻」, 「朴淵瀑布」(三首), 「平山野行」, 「要洪兄」, 「贈別嶺南伯」, 「送別燕歧洪明府」, 「挽李秀才秀一」, 「大隱巖重次昔年韻」, 「角巾亭」, 「尋回龍寺遇調元」, 「無題」, 「玉流洞號韻」, 「野行」, 「讀巷老詩仍寄竹西子」, 「會葬桂陽感懷書示李載大」(二首), 「直中寄巷東」, 「寄韶莘」, 「奉送十三叔出宰聞韶縣」, 「昌道驛」, 「斷髮嶺」, 「摩訶衍」, 「萬瀑洞」(二首), 「正陽寺」, 「猿川」, 「哀朴原州」, 「道中」, 「早發由院」, 「江行」(二首), 「關王廟」(九首), 「白蓮庵 在雲磨山」, 「三釜淵」(二首), 「禾積淵」, 「蚕谷」, 「鶴嶺」, 「谷雲金公祠宇」(二首),「臥龍潭」,「梅月臺」,「不知庵」,「拜武侯畵像」,「華岳山」,「松風亭觀漲」(二首),「北寬亭」,「麥阪」(二首),「德津溟祭罷」,「松澗」,「花園」(七首),「偶題」(二首),「早發」(二首),「元防禦戰場」,「葛洞戰場」,「渡通溝」,「宿通溝」,「早發」,「道中」,「斷髮嶺値雨」,「萬瀑洞」(三首),「普德庵」,「內水岾谷中」,「隱身臺」,「圓通洞」,「正陽寺雜詠」(四首),「發新安驛」,「楸池嶺」,「金化途中次子平韻」,「昌道驛次弼文韻」,「正陽寺」(四首),「壁佛」,「觀鄭元伯霧中畵毗盧峯」,「出楡岾」,「三日浦」(二首),「門巖觀日出」,「循海雜詠」(二首),「侍中臺」(二首),「海程」(二首),「龍貢寺」,「谷雲雜詠」(二首),「贈元伯」,「述其言贈忍師」,「昭陽亭」,「寄酬洪君則兄」,「早發柳川」,「永保亭」,「寄汝彬」,「仙遊洞同士謙游次明律」,「靈珠寺出洞」,「山陽道中」,「別平澤申使君 弼夏」,「送朴士賓東遊」(二首),「竹山途中」,「宿忠州箭項村」,「念四到延豊」,「仙遊洞」,「華陽洞」,「十六往遊劒巖十七還」(二首),「奉別中表叔礪山公子赴燕」,「贈別李仁老出宰文義縣」,「申正甫挽」,「翠微臺呼韻元伯公美弼文鄭禹賓同」,「元堂寺次汝弼韻」,「贈別子直之伊川向楓嶽」,「朴先生東巖亭子歌」,「金先生布袍被偸歌」,「賦蛙聲」,「戱題」,「過隋城」,「馬忽失路走上危岸」,「素沙」

卷下

「松楸感懷」(二首),「途中雜詠」(三首),「松都」,「過臨津」,「金陵途中」,「西州途中」,「愍忠祠」,「狻猊驛」,「黃州新城」,「迎勅」,「夜行」,「過擺撥」,「山路」,「發金川」,「過虎山」,「贈恕卿」,「路中」,「出松都」,「出海倉」,「愁霖用放翁集韻」(二首),「送金書狀 應福 赴燕」,「角山發船」,「望見摩尼山一角」,「至月二日謁長寧殿」(三首),「泊昇天浦」,「曉發玉山」,「太古亭與元伯公美拈杜律韻」(二首),「夜來風雨又次奉茅洲」,「有小穿栽次朴公美示鄭元伯」,「圓明寺與洪德老酬唱」(三首),「午飯深谷書堂」,「宿來城鄭氏庄」,「碧城驟雨」,「向神光寺」,「銀川道中」,「渡螺川」,「發達倉」,「入海州」(二首),「海州夜發」,「入甕遷」,「水營」,「金溪村曉發」,「向牛峙」,「村人射會」,「泰安倉」(二首),「浦村」,「繩枕」,「三月十七往延州」,「達倉途中」,「見舍妹」,「又爲宜甫賦哀馬」(二首),「宿江陰朝發」,「發行」,「次栢堂」,「七夕同士陳拈唐律」,「秋夜屬半癡」,「盆梅」(二十首),「送梅」(十首),「余不能碁博傍觀各兩律」(四首),「日進及鄭后僑來次鄭生韻」(二首),「送芸窩洪兄赴郡」(三首),「金進士尊甫 信謙 內挽」,「黃花」,「元伯乘月登後崗獨坐作」,「心事」,「示德老要酬」,「爲尹浩而光天題畵」(二首),「題竹林七賢圖」,「元日」,「重陽後日南仲擧來訪半癡適出失鼎敍」,「吳伯玉瑗聞我山游追到相逢於太古亭」,「梅花五律」(五首),「次唐人韻贈也足翁」,「官齋雜詠」(七首),「桃源宰郵筒」,「萬里島」,「雙嶺中行」,「海程」(二首),「召公臺」(二首),「望洋亭」,「寒食途中」,「春望」,「仙嵯縣道中」(四首),「五臺山」(三首),「感舊」(二首),「越中行」,「竹嶺」,「堂皐觀日出」,「次贈權君還鄕」(二首),「即事」(二首), 「病後登樓」, 「譊罷下船」, 「士陳來會」, 「內集」(三首), 「向中臺」, 「武陵溪盤石」, 「黑岳寺」(三首), 「出山」(二首), 「室人生朝戲賦」, 「路中」, 「次士陳」, 「芚山觀海獵」(二首), 「佛影寺路中」, 「佛影寺」(二首), 「海」(二首), 「海門」, 「火飛嶺」, 「哀輿夫」(二首), 「大關嶺」, 「乙卯暮春念入往江陵反庫淸和初吉還」(二首), 「移席南樓」, 「馬蹇行留十七弟美伯」, 「題鄭上舍幽居」, 「陂岸逢金儋」, 「穿淵」(三首), 「黃池山」, 「後谷村」, 「火飛嶺」, 「贈北幕李元亮」(二首), 「村邑鷄犬行二篇」(二首), 「中底村舍曉發」, 「拜先山」(四首), 「路中」, 「大蓮秋興」(三首), 「次題朴汝厚 塾 蒼玉亭」(二首), 「路逢李民廷次韻」, 「我騎馬」, 「淸淮分路李生向板橋余向銅湖」, 「柳葉靑」, 「果川曉發」, 「哀愼谷山敬所 無逸」, 「莘老新僑依放翁律」, 「謝來訪」, 「鄭老日佐叩梩歌」, 「次李遂初春雪詩」, 「送任孺子之兎山」, 「夢得落葉落無數秋色遽如許足成」, 「立春」, 「送南德哉 有容 之任」, 「次莘老」, 「盆梅二十絶」, 「新年憶栢堂洪道陳」, 「前韻歎衰」, 「木屐先生歌」, 「題畵」(二首), 「梅竹同盆」, 「夜吟」, 「送鄭元伯之任巴陵」, 「太古亭次壁上韻」, 「拈繁字」, 「除夕放筆」, 「入春三日半癡厚哉履坤來小酒拈杜律」, 「送李君敬日躋再赴燕中」(二首), 「鄭重瑞再河挽」, 「送尹令士固 植 出濟州」, 「謝北伯過別」, 「得綃字」, 「次徐德由韻」, 「九年鷄」, 「送石峯後孫入越」, 「李金城 英輔 挽」

5. 가치

『槎川詩抄』는 삼연 김창흡 이후 조선후기를 풍미했던 경화노론, 나아가 경화사족의 문예지향적 창작의식의 일단과 模擬를 거부하고 자신이 오롯이 드러나는 개성적 시창작의 실제를 살필 수 있는 시선집이다.

또한 본서는 목판본으로 이미 『槎川詩抄』가 간행되었음에도 간행을 주도했던 홍낙순이 홍국영의 일족으로 '逆'으로써 몰락함에 따라 현전본이 매우 희귀하다.

아울러 앞서 언급하였던 『槎川詩選批』에는 『槎川詩抄』와 겹치는 시가 67題 107首인데 시 選拔의 同異를 비교하면 사천시의 보다 다양한 면모와 18세기 변화된 창작 양상의 일면을 확인할 수 있을 것이다.

[참고문헌]

김형술, 「사천 이병연의 시문학 연구」, 서울대 국문과 석사학위논문, 2006.
심노숭, 『孝田散稿』(연세대소장본) 및 『槎川詩選批』(국립중앙도서관소장본).

【김형술】

三峯先生集

鄭道傳(1337~1398) 著.

木版本. 1冊(零本) : 四周雙邊, 半郭 16.3×12.5㎝, 有界, 11行20字, 無魚尾 ; 22×16.2㎝.

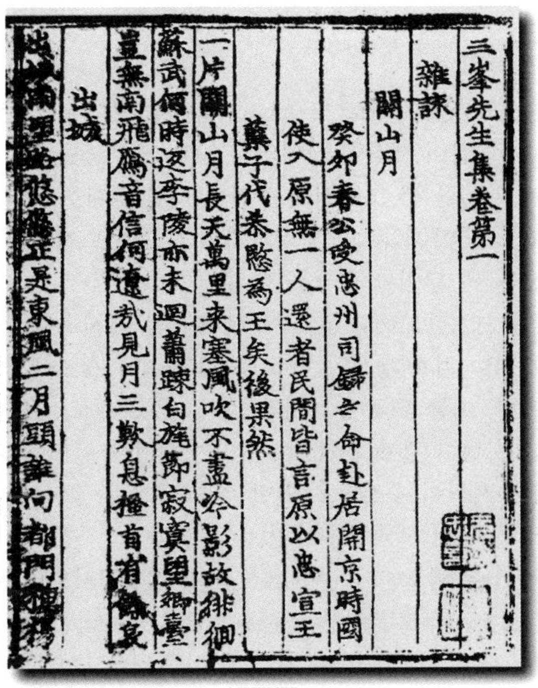
三峯先生集卷第一
雜詠
關山月
癸卯春公以忠州司録召命赴居開京時國
使入原無一人還者民間皆言原以忠宣王
孽子代恭愍爲王矣後果然
一片關山月長天萬里來塞風吹不盡冷影故徘徊
蘇武何時返李陵亦未迴蕭蹀白旄節寂寞望鄕臺
豈無南飛鴈音信何遼哉見月三歎息搔首有餘哀
出城
出城南望思悠悠正是東風二月頭誰向都門[illegible]

삼봉선생집

1. 저자

저자 鄭道傳의 본관은 奉化이고, 자는 曾吾, 宗之, 호는 三峯이다. 삼봉은 어려서부터 호학하였고, 李穡의 문하에서 鄭夢周, 李崇仁 등과 교류하고 강론하였다. 공민왕 11년(1362) 진사에 등제하여, 공민왕 12년(1363) 봄 忠州司錄에 임명된 후 典校副令, 祭酒, 成均館大司成, 密直副使, 政堂文學, 右軍摠制使, 平壤府尹 등을 역임하였다. 반원친명의 주장으로 羅州 會津縣으로 유배되었고, 이후 奉化, 甫州[현재의 醴泉], 光州 등으로 유배되기도 하였다. 공양왕 4년(1392) 7월에는 南誾, 趙浚 등과 李成桂를 추대하여 朝鮮을 개국하게 하였으므로 開國功臣 1등에 책훈되었다. 이후 判三司事, 同知貢擧, 東北面都宣撫巡察使 등을 역임하였다. 태조 7년(1398) 9월 왕자의 난에 靖安君(太宗)의 습격을 받아 횡사하였다. 사후 태종 11년(1411) 소급 적용하여 庶人이 되는 처벌을 받았고, 자손까지 禁錮되었다. 태종 16년(1416) 6월 자손의 금고는 해제되었고, 고종 8년(1871)에 와서야 정도전에게 文憲이란 시호가 추증되었다. 저술은 『監司要約』, 『經濟文鑑』, 『朝鮮經國典』, 『佛氏雜辨』 등이 있다.

2. 편찬경위

權近의 서문이 전하는 것을 토대로 『三峰集』이 처음 출간된 것은 우왕 만년으로 보는 학자도 있다. 문제는 이 간본이 세상에 전래되지 않고, 태조 6년(1397)에 간행하기 시작하였다는 四刻本의 범례만 있을 뿐 고려시대 출간에 대한 명확한 기록이 없다는 점이다. 또한 간행을 대비해 서문을 받아놓았으나 간행하지 못한 경우도 없지 않다. 그러므로 간행되었을 가능성만 열어놓을 뿐 단언할 수는 없다.

장자 鄭津이 「錦南雜詠」, 「錦南雜題」, 「奉使錄」 등의 시고를 모았고, 이를 成石璘이 정선하고 權近이 批點하여 저자 생시인 태조 6년(1397)에 原州에서 2권으로 간행한 것이 『三峰集』의 初刻本이다. 이를 洪武初本이라 한다. 평소 정도전은 시문을 스스로 기초하지 않고 구술하면 다른 사람이 필사하였는데, 원고가 마음에 들지 않으면 받아놓지 않은 경우가 많았다. 이때 다른 사람이 수장하고 있던 원고도 모아 정선하고 비점을 넣어 편찬한 것이다. 洪武初本으로 추정되는 낙질본이 있을 뿐이다.

그 뒤 세조 11년(1465)에 정도전의 증손 鄭文炯이 경상감사로 있을 때 초간본의 내용에 「經濟文鑑」, 「朝鮮經國典」, 「佛氏雜辨」, 「心氣理篇」, 「心問」, 「天答」을 합하여 안동부에서 간행한 판본이 6권본의 重刻本이다. 權近의 서문, 세조 11년(1465) 申叔舟의 서, 세조 11년(1465) 정문형의 발, 간행관계자 명단이 수록되어 있다. 이 판본은 완질이 전래되고 있다.

鄭文炯이 성종 18년(1487) 원주에서 추가로 120여장을 판각한 판목을 안동부 중판본에 합쳐 증보한 것이 8권본의 三刻本이다. 정문형은 성종 17년(1486) 강원도 관찰사로 부임하자 그동안 수집한 시와 부 100여 수와 「經濟文鑑別集」을 판각해서 추가한 것이다. 이 판본은 성종 18년(1487)에 쓴 정문형의 발문이 있다. 선조 18년(1585) 간행의 『攷事撮要』에 안동에 판목이 있는 것으로 기록되어 있다.

그 뒤 정조 15년(1791)에 정조의 명으로 삼간본의 필사본을 토대로 奎章閣에서 비점을 넣고, 주석하고 14권으로 편차해서 大邱府의 龍淵寺에서 목판으로 간행하였는데 이 판본이 四刻本이다. 이 책은 완질본이 통행되고 있다. 『攷事撮要』에는 "大丘 龍淵寺藏, 印紙 13牒"이라 기록되어 있고, 『鏤板考』에도 정조 15년(1791) 왕명을 받아 중간해서 대구 용연사에 수장하였고 인지는 13첩6장이라 기록되어 있다.

대구부의 용연사에서 판각한 판목이 122년 경과하여 版閣이 퇴락하였으므로 봉화정씨 문헌공종중이 판목을 선생의 사당에 보관하기 위해 1912년 道에 요청하여 1913년 경기도 평택시 진위면 은산리 廟庭으로 옮겼다. 이때 「賜諡敎旨」와 「致祭文」을 추가하여 1914년에 14권본으로 간행하였는데, 완질이 전래된다. 이 판목은 1986년 경기도 지방문화재 132호로 지정되었다.

본 해제본의 권두에는 권근의 서문만 있다. 서지적 특징을 통해 전반부는 초각 또는 중각판에서 인출된 것이고, 후반부는 삼각판에서 인출된 것으로 추정할 수 있다. 따라서 본 해제본은 임진왜란 이전에 간행된 삼간본으로 추정된다.

3. 구성

정조 15년(1791) 왕명으로 龍淵寺에서 재간한 사간본을 기준으로 하면 14권으로 구성되어 있다. 권1에는 賦 3수, 五言古詩 51수, 七言古詩 7수, 五言絶句 4수, 六言絶句 8수, 권2에는 七言絶句 73수, 五言律詩 62수, 七言律詩 20수, 詞 1수, 樂章 6수, 권3에는 疏 1편, 箋 3편, 書 4편, 啓 1편, 序 14편, 권4에는 記 14편, 說 6편, 題跋 6편, 傳 1편, 行狀 1편, 墓表 1편, 祭文 3편, 策題 2편, 銘 2편, 贊 1편, 권5에는 經濟文鑑 上, 권6에는 經濟文鑑 下, 권7에는 朝鮮經國典 上, 권8에는 朝鮮經國典 下, 권9에는 佛氏雜辨, 권10에는 心理氣篇, 心問, 天答, 권11에는 經濟文鑑別集 上, 권12에는 經濟文鑑別集 下, 권13에는 陣法, 拾遺, 권14는 附錄으로 事實, 敎告文, 諸賢敍述, 祭文이 수록되었다.

본 해제본은 권1의 1책만 남은 낙질본으로 권수에는 權近의 서, 申叔舟의 후서, 범례와 총목이 실려 있다. 시는 成石璘이 정선하고 權近이 비점한 것이다. 시는 시체별로 구분하고 각각의 시체는 고증을 통하여 창작순으로 배열하고 연기를 상고할 수 없는 경우에는 뺀 것이다. 이것은 구본이 「錦南雜詠」, 「錦南雜題」, 「奉使錄」이 시기별로 편집된 것과 크게 다른 점이다.

4. 내용

본 해제본은 권1로서 시만 수록되어 있다. 다시 세분하면 賦 3수, 五言古詩 51수, 七言古詩 7수, 五言絶句 4수, 六言絶句 8수이다. 시는 成石璘이 정선하고 權近이 비점한 것이다. 詩는 시체별로 구분하고 시기별로 편집한 것으로 「錦南雜詠」과 「奉使錄」에 수록된 시이다. 이들 시 대부분은 조선 창업 이전 불우한 시절에 쓴 것으로 비범한 문학적 재능을 보이고 있다. 은연중 암울하고 옹색한 분위기를 드러내고 있으나 「感興」, 「奉寄東亭」 등에서와 같이 유배를 떠날 때나 유배지에서 쓴 글에도 戀君이나 자신의 무죄를 신원하는 내용이 전무하다는 것이 특징이다. 그의 시에는 남녀간의 애정이나 여성을 주제로 한 시가 거의 없다는 것도 또 하나의 특징이다. 반면 「梅川賦」나 「石灘」에서와 같이 군자와 선비의 아름다움을 예찬한 시가 적지 않다. 역성혁명을 수행한 풍운아답게 호방하면서 날카로운 사회의식이 번득이고 있다.

우왕 11년(1385) 고려에 사신으로 왔던 周倬은 삼봉의 칠언시는 淸新溜亮하고, 오언시는 沈著簡古하다고 평하였다. 이는 수사를 극도로 배제하여 복고적인 시풍을 표현한 것으로 볼 수 있다. 申叔舟도 鄭道傳의 시는 高澹雄偉하고 문은 通暢辯博하다고 평하고 있고 있는데, 이는 남성적이 성향이 뚜렷함을 의미하는 것으로 보고 있다. 그는 선비는 현실 밖의 외물로서 존재하는 것이 아니고 載道之器로서 현실에 적극 참여하여 비판적 기능을 담당할 수 있어야 한다고 생각한 듯하다. 그것이 풍자의 형태로 나타나게 되었는데, 대표적 작품으로 「遠遊歌」를 들 수 있다. 그 목적하는 바는 현실의 개선이었는데 결국은 신왕조의 창업으로 나타났다고 할 수 있다. 조선 건국 이후의 「新都歌」, 「靖東方曲」, 「文德曲」 등의 악장시에는 창업의 약동하는 힘이 보인다.

5. 가치

본 해제본은 『三峰集』의 여러 중각본 가운데 三刻本이라 할 수 있다. 손상된 판목을 새로 보각하여 인출한 것으로 장30까지는 초각 또는 중각판에서 인출한 것이고, 장31부터는 삼각판에서 인출한 것으로 추정되어 『三峰集』의 판각과정을 헤아릴 수 있는 서적이다. 인출시기는 조선전기로 추정해볼 수 있겠다.

시는 당시의 감흥을 읊은 것인데, 그 문학적 재능과 사상을 나타낸다. 이 시가 간혹 역사적 사실을 증명하기도 한다. 이 책에 수록된 시 가운데 「置書籍鋪詩幷序」에서 학문함에 있어 서적의 중요성을 언급하면서 서적포를 설치하고 동활자를 만들어 경사자집 등 여러 서적을 인출해서 학문에 뜻을 둔 자가 시기를 놓쳤다고 한탄하는 것을 면하게 하고 싶다고 술회하고 있다. 이로서 서적포의 설치와 활자인쇄의 길을 터놓은 것을 증명하게 되는 것이다. 또한 「夢金尺」, 「文德曲」, 「受寶籙」에서는 조선 개국의 당위성을 노래하였는데, 개국에 협조한 사상의 일면을 보여주는 것이라 할 수 있다.

[참고문헌]

국립중앙도서관, 규장각 등 各圖書館 解題.
『高麗史』 서울: 景仁文化社, 1972.
奎章閣 編, 洪命熹 校訂, 『鏤板考』 京城: 大同出版社, 1941.
金宗鎭, 「鄭道傳 文學의 研究」, 『民族文化研究』 15, 고려대 민족문화연구소, 1980.
藤本幸夫, 『日本現存朝鮮本研究; 集部』 京都: 京都大學學術出版會, 2006.
『三峰先生文集』(初刻版/再刻版/三刻版/四刻版)
鄭廣淳, 「『三峰集』編刊考」, 『古書研究』 12호, 한국고서연구회, 보경문화사, 1995.
『太祖實錄』 서울: 國史編纂委員會, 1968.
『韓國의 冊版目錄』(上/下/補遺) 서울: 保景文化社, 1995.

【배현숙】

陽村先生文集

權近(1352~1409) 著, 權蹈(1387~1445) 編.

木版本. 1冊(零本) : 四周單邊, 半廓 : 26.0×17.3㎝, 有界,
10行20字, 注雙行, 黑口, 下向黑 + 內向二葉花紋魚尾 ; 36.0×22.4㎝.

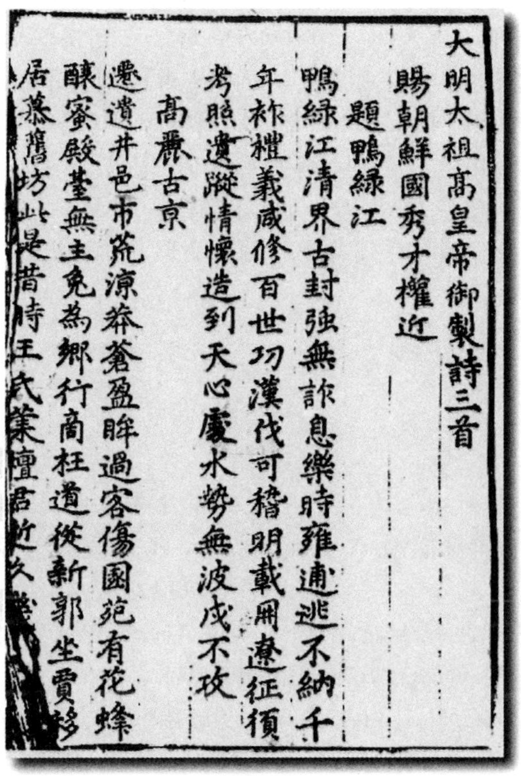

大明太祖高皇帝御製詩三首
賜朝鮮國秀才權近
題鴨綠江
鴨綠江淸界古封强無詐息樂時雍逋逃不納千
年祚禮義咸修百世功漢伐可稽明載冊遼征須
考照遺蹤情懷造到天心處水勢無波戍不攻
高麗古京
遷遺井邑市荒涼莽蒼盈眸過客傷國苑有花蜂
釀蜜殿臺無主兎爲鄕行商枉道從新郭坐賈移
居慕舊坊此是昔時王氏業檀君逝久

양촌선생문집

1. 저자

저자 權近(초명은 晉, 1352~1409)은 본관은 安東, 자는 可遠 또는 思叔, 호는 陽村이며, 시호는 文忠이다. 여말선초의 대학자이자 문인이며 정치인이었다. 李穡 문하에서 수학하면서 성리학을 연구하고 문예를 닦아 공민왕 17년(1368) 8월 成均試, 공민왕 18년(1369) 3월 館試에 제2명으로 합격하였다. 이후 신진관료로서 발돋움하기 시작하여 軍簿佐郎 知製敎가 된 후 左司議大夫 右文館直提學 등의 여러 관직을 역임하였다. 30대에는 친명과 친원의 논란이 있을 때 친명파의 편에 섰었다. 공양왕 1년(1389) 6월 門下評理 尹承順의 부사로 명나라에 갔다가 9월에 귀국하면서 정치적 수난이 시작되어 牛峯, 寧海, 興海, 金海, 淸州, 益州 등으로 유배되었다. 이 시기 연구에 몰두하여 『入學圖說』, 『易』, 『詩』, 『書』, 『春秋』의 淺見錄을 저술하였다.

태조 2년(1393) 2월 鷄龍山에 행행한 태조의 부름을 받은 후 成均館 大司成이 되고, 이후 여러 관직을 거치면서 신왕조에 적극 협력하였다. 그러나 왕조 교체에 미온적인 태도를 보였다고 하여 실권파 鄭道傳의 견제로 크게 기용되지는 못하였다. 이러한 혐의를 벗기 위하여 그는 原從功臣에 끼워 주기를 청원하기도 하고, 신왕조를 합리화하는 글을 쓰기도 하였다. 50대에는 判禮曹事, 集賢殿提學, 判內贍寺事를 역임하였고, 태종 9년(1409) 2월 14일 사망하였다. 태조 연간에는 거의 대부분의 정책이 정도전을 위시한 개국공신들이 세웠으나, 개국공신들이 몰려난 태종 연간에 이르러 권근은 중용되었다. 외교 표전과 문교정책수립의 책임을 맡게 되었을 뿐 아니라 국가의 문필을 잡아 조선시대 최초의 典文衡者가 되었다. 사후 '文忠'이라는 시호가 내려졌다. 세조대에는 補祚功臣左議政吉昌府院君으로 勳贈되었다.

2. 편찬경위

『陽村集』은 권근의 둘째 아들인 權蹈(후에 踶로 개명)가 부친의 시문을 모아 40권으로 편집한 것이다. 「陽村先生永嘉權氏世系圖」의 附註에 아들 넷의 당시 관직이 실려 있는데, 이를 통해 初刻本의 판각시기는 대략 세종 3년(1421)부터 세종 8년(1426) 사이로 추정된다. 초각본은 권수에 世系, 年譜, 目錄을 싣고, 다음에 명나라 태조의 어제시 3수를 수록하였다. 완질은 전하지 않고 낙질만 일부 전래된다.

重刻本은 현종 15년(1674) 10대손 權儔가 영남감사로 있을 때 저자의 외손인 晉州牧使 南夢賚와 협력하여 晉州에서 간행한 복간본이다. 이 중각본은 권두에 許穆의 重刊序, 목록, 연보, 어제시 3편이 실려 있다. 본집 40권은 편차와 내용이 초각본과 동일하다. 다만 世系는 제외되고, 年譜의 체제가 초각본과는 현저히 다르다. 낙질만 전래되고 있다. 영조

16년(1740)경 필사된 것으로 추정되는 『冊板置簿冊』에는 진주에 『陽村集』의 책판이 수장된 것으로 기록되어 있다.

三刻版은 진주의 중각본을 다시 복각한 것이다. 저자의 12대손인 權㯖이 숙종 44년(1718)년에 경상남도 峨林縣(居昌)에서 간행하였다. 이 판본이 통행본인데, 진주각의 복각판을 그대로 사용한 부분도 상당히 많이 확인된다. 이 삼간본은 완질로 전래되고 있다. 정조 4년(1780)경 필사된 것으로 추정되는 『冊板錄』에는 居昌에 책판이 수장된 것으로 기록되어 있다.

이 해제본은 광곽의 크기가 다른 판본에 비해 크고 판식도 다르므로 또 다른 판본으로 추정된다. 그런데 영조 6년(1730)에 필사된 것으로 추정되는 『慶尙道冊板』에는 淸道에도 책판이 수장되어 있었던 것으로 기록되어 있고, 순조 15년(1815)경 필사된 것으로 추정되는 『書冊目錄』에도 책판이 청도 紫溪書院에 수장된 것으로 기록되어 있다. 그렇다면 청도 자계서원판일 가능성도 있다.

3. 구성

『陽村集』은 40권이나 본서는 권1-권4만 남은 零本이다. 삼간본의 목차는 권1-권10 詩 980수, 권11-권14 記 45편, 권15-권20 序 66편, 권21 說 13편, 傳 3편, 권22 跋語 21편, 권23 銘 7편, 讚 8편, 祭文 13편, 권24 事大表箋 21편, 本朝箋文 16편, 권25-권26 本朝箋文 12편, 不允批答 3편, 辭職箋 1편, 箚子 3편, 啓本 1편, 권27-권28 疏語 23편, 권29 靑詞 14편, 권30 敎書 9편, 권31-권32 上書 12편, 권33 雜著 7편, 策題 6편, 권34 東國史略, 권35 東賢事略, 권36-권39 碑銘) 9편, 권40 墓誌 1편, 行狀 1편의 순으로 수록되어 있다. 본서는 이 가운데 권1-4 詩 부분이다.

권두에는 年譜, 目錄, 大明太祖高皇帝御製詩 3수가 있다. 「大明太祖高皇帝御製詩」 3수는 태조 5년(1396) 7월 정도전이 지은 표문이 불손하다하여 명이 송환하려 하자 정도전 대신에 사절을 따라 중국에 불려 갔는데, 이때 해명을 잘해 황제의 지극한 예우를 받고 文淵閣에 머물면서 24편의 시를 짓고, 하사받은 시이다. 『陽村集』에는 권두에 이 시 3수가 수록되어 있는데, 후손들이 이 시를 통해 매우 긍지를 느끼는 것으로 보인다.

4. 내용

『陽村集』 40권에는 詩가 980수, 文이 305수로서 정치·외교·사회·문화 등 거의 모든 부문이 망라되어 있다. 이 가운데 본 해제본은 권1-4의 낙질본이다. 권1에는 應製詩 30수가 실려 있다. 24수는 태조 5(1396)년 表箋 문제로 명나라와 외교관계가 어려워졌을 때 명나라에 사신으로 가서 황제의 명으로 지어 올린 것으로, 중국에 문명을 떨친 것이다. 먼저 지은 8수는 사신의 임무를 띠고 중국에 간 여정을 읊었고, 다음 지은 10수는 우리나라의 역사와 풍물을 읊었으며, 마지막으로 지은 6수는 명나라의 견문, 체험과 풍류를 읊었다. 중국을 높이는 사대와 우리나라 나름의 주체성을 적절하게 조화시켰다고 볼 수 있다. 나머지 6수는 귀국 후 조선건국을 찬미하여 지어 올린 天監, 華山, 神廟詩, 風謠, 崇華詩, 蘭竹章이다.

권2-4에는 55수의 시가 시체에 관계없이 실렸는데, 그중 次韻詩가 36수이다. 권근의 시는 詩卷, 祝賀, 感謝, 送別, 職務, 遊覽, 動植物, 飮食, 抒情으로 분류할 수 있다. 왕조교체기에는 공간의 차이와 직무수행과 유배라는 상황의 차이에서 기인하여 다른 성향을 나타내게 된다. 특히 중국사행의 체험을 읊은 시편에서는 현실지향의 성향을 볼 수 있고, 유배시에는 현실적 울분과 좌절로 진퇴존망을 심각하게 숙고한 것이다. 조선에 출사하여 순탄한 벼슬길에 있을 때는 모든 항목에 걸쳐 다양하고 많은 시를 남겼고, 諫官으로서의 직무를 읊은 편수가 많다. 특히 관각문인으로 활동한 시기는 악장과 응제시가 돋보이며 웅장화려한 시를 읊었다.

5. 가치

이 해제본은 알려진 판본 가운데 어디에도 속하지 않는다. 광곽의 크기가 다른 판본에 비해 크고 판식도 다르므로 또 다른 판본으로 추정된다. 아직 확인되지 않은 판본으로 淸道 紫溪書院版 목판본이 있다는 기록이 있으므로 이 판본의 확인이 필요하다. 본서의 뒷표지에는 題가 필사되어 있고, 그 말미에 “歲在靑猴[甲申]孟冬竹溪居士題”라 기록되어 있다. 이로서 갑신년 10월에 죽계거사가 표지를 보강한 것으로 볼 수 있다. 본문에 “主泗陽書堂”이란 묵색의 장서인이 있는 것으로 보아 泗陽書堂에 수장되었던 서적으로 보인다.

詩賦에는 권근의 自註도 적지 않게 실려 있어 작자의 의도를 알 수 있다는 점이 장점이다. 그의 시에 대해 金守溫이 중원에까지 진동하였다고 칭찬한 바 있고, 권근의 외손인 徐居正은 典雅, 溫醇, 또는 平淡, 溫厚하다고 평한 바 있다. 시는 당시의 감흥을 읊은 것인데, 그 문학적 재능과 사상을 나타낸다. 이 시가 간혹 역사적 사실을 증명하기도 한다. 특히 「送李史官伯由晒史海印寺」를 통해 고려조에 사관 李伯由가 해인사로 포쇄하러 갔음을 알 수 있고, 「送裵修撰晒史七長寺次韻」을 통해서는 문하생인 修撰 裵規가 竹山 七長寺로 포쇄하러 갔음도 알 수 있다. 이런 시는 당시의 역사적 사실을 연구하는데 도움이 될 것이다. 여말선초의 급격한 사회 변동에 직접 관여하였던 양촌의 활약과 문적은 당시의 사회 개편과정을 연구하는데 좋은 자료가 될 것이다.

[참고문헌]

국립중앙도서관, 규장각 등 各圖書館 解題.
『高麗史』 서울: 景仁文化社, 1972.
奎章閣 編, 洪命熹 校訂, 『鏤板考』 京城: 大同出版社, 1941.
藤本幸夫, 『日本現存朝鮮本研究; 集部』 京都: 京都大學學術出版會, 2006.
『陽村先生文集』(初刻版/再刻版/三刻版)
鄭廣淳, 「『三峰集』編刊考」, 『古書硏究』 12호, 한국고서연구회, 보경문화사, 1995.
『太祖實錄』 서울: 國史編纂委員會, 1968.
『韓國의 冊版目錄』(上/下/補遺) 서울: 保景文化社, 1995.

【배현숙】

只在堂稿

姜澹雲(생몰년 미상, 19세기) 著.

木活字本. 1冊(15張) / 四周雙邊, 半郭 22×15.4㎝, 有界, 10行20字, 上黑魚尾 ; 30.2×18.9㎝.

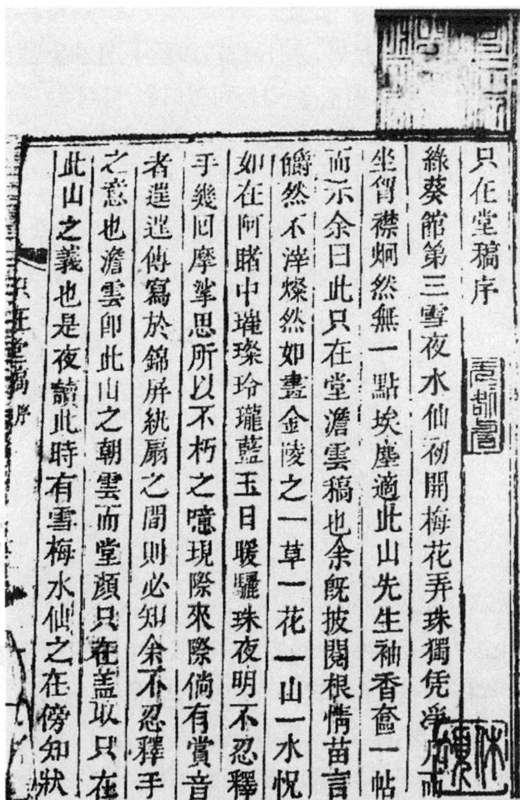

只在堂稿序
緣葵節第三雪夜水仙初開梅花弄珠獨凭
坐胷襟炯然無一點埃塵適此山先生袖香奩一帖
而示余曰此只在堂澹雲稿也余旣披閱根情苗言
皭然不滓燦然如畫金陵之一草一花一山一水恍
如在阿睹中瓏璨玲瓏藍玉日暖驪珠夜明不忍釋
手幾回摩挲思所以不朽之譩現際來際倘有賞音
者還逆傳寫於錦屏紈扇之間則必知余不忍釋手
之意也澹雲卽此山之朝雲而堂顏只在盖取只在
此山之義也是夜讀此時有雪梅水仙之在傍知狀

지재당고

1. 저자

姜澹雲은 1857년 무렵 태어나 1899년 이후까지 생존하였다. 호는 只在堂이다. 金海의 官妓 출신으로 구한말 중인층 문인이자 지식인이었던 此山 裵婰의 妾이 되었다. 시로 명성을 떨쳤다. 堂號 '只在堂'은 남편 배전의 호가 '此山'이므로 唐詩 구절 '只在此山中'을 염두에 두고 지은 것이다.

2. 편찬 경위

강담운을 '一心人'이라고 부른 배전이 서울에서 흥인군의 아들이자 고종의 사촌인 李載兢에게 강담운의 시를 보여주었다. 이를 계기로 1877년경 이재긍이 서울 綠葵館에서 강담운의 시집 『只在堂稿』를 간행하였다. 安光黙이나 尙友 등 필사본 『只在堂稿』에 서문이나 발문을 남긴 이들의 언급을 통해보면 종실이자 고종의 신임을 받았던 이재긍이 綠葵館에서 지방 교방 소속 관기 강담운의 시집을 간행하였다는 사실은 당시 화제가 되었던 듯하다. 사실 담운의 시집이 조선후기 정치사의 흐름 한 가운데에 있던 인물에 의해 간행되었다는 점은 기생 문집 간행의 역사나 그 의미의 국면에서도 유의할 부분이라 생각한다.

3. 구성

『只在堂稿』, 『只在堂小稿』는 모두 장편고시, 절구, 율시 등 한시로 구성되어 있다. 또 李載兢의 序, 安光黙의 跋, 尙友의 跋이 있다.

4. 내용

『只在堂稿』를 편찬하고 서문을 쓴 李載兢은 대원군의 셋째형이자 당시 영의정을 지낸 興仁君 李最應의 아들이다. 이재긍은 차산이 보여준 담운의 원고를 보고 "情을 뿌리로 하고 言을 열매로 하니 깨끗하여 때가 없고 곱기가 그림 같았다"고 하였다. 『只在堂稿』에는 담운이 이재긍에게 보낸 「又響李待敎惠賜樂天齋詩箋」이라는 시가 있다.

安光黙은 이재긍의 부탁을 받고 1877년 12월에 『지재당고』의 발문을 썼다. 안광묵은 담운의 시에서 "쇠를 두드리고 돌을 부딪치는 듯 쟁그렁 울리는 맑고도 강렬한 곡조, 검이

번득이고 별빛이 쏘는 듯 날카롭고 예리한 기세, 이슬이 날다 꽃에 떨어져 자욱이 퍼지고 노을이 달을 물들이는 듯 넘쳐흐르는 경계, 옥 같은 풀빛이 점점 짙게 흔들리고 짙푸른 바닷물이 넘실넘실 출렁이는 듯한 광채"를 주목하였다. 안광묵은 담운의 시에서 날카롭고 예리하고 충만한 시적 경계를 읽어냈다.

한편, 尙友라고 밝힌 인물은 담운의 시를 "音調溜溜, 一洗粉脂, 天姿嫣然, 如見其爲人"라고 표현하여 脂粉氣를 씻어낸 이미지로 읽었다. 동시에 상우는 담운을 기생으로 대우하고 희롱조의 어투를 보인다. 상우의 跋 뒤에는 '無號人 添足'의 시와 '蘇野'의 시가 두 수 붙어 있다. '無號人 添足'의 시는 녹규관에서 담운의 시를 편찬했다는 말을 듣고 『法言』도 장독덮개가 되는 세상인데 담운은 어떤 인물이며 어떤 말을 지었는가 묻는 내용이다. '蘇野'의 시는 남자의 마음은 좋은 글귀 따라 옮겨 간다고 하여 자신이 기생 담운의 시에 반했음을 표현하였다. 상우와 비슷한 농조로 담운을 표현하고 있다.

『지재당고』에는 담운이 「憶昔」, 「感懷」, 「述懷」 등 장편고시의 긴 호흡으로 기생으로서의 자신의 일생을 회고하는 모습이 있다. 담운은 통영에서 태어나 8세에 어머니와 함께 배를 타고 김해로 들어왔다. "분성(김해) 객관에 잘못 떨어져 句欄에 몸을 맡겼다"고 한 것으로 보아 김해로 들어올 때에 이미 그녀의 처지는 낙백한 신세였던 듯하다. 이렇게 8세에 기생이 된 담운은 15세에 머리를 올렸다. 그녀는 눈이 흩날리듯 아름다운 춤을 추고, 가던 구름도 걸음을 멈추게 할 정도로 노래를 잘 불렀다. 기생이 된 담운의 삶은 此山을 만나 또 한 번의 굴절을 겪는다. 담운은 "부용꽃 핀 물가에서 아름다운 배를 띄우고 놀고, 비단 주렴 드리운 연자루의 놀이에 참여하다가, 15세에 군자를 만나 머리를 올리고 평생을 칭칭 동여매듯 얽혀서 살리라" 생각했다. 그런데 차산은 일 년도 안 되어 담운을 떠나 멀리 서울을 떠돌았다. 담운은 이러한 곡절에 따라 換韻을 하며 자신의 일생을 절절하게 형상화하였다(「憶昔」).

차산은 담운을 위해 시집 간행을 주선하고 스스로 그 시집의 교정을 본 뒤 '一心人 裵此山校'라고 하여 자신의 마음을 보였다. 지금 남아있는 『지재당고』도 이러한 차산의 노력에 의해 이루어진 것이다. 그들의 관계는 분명 여타의 남성과 기생첩의 모습에서는 보기 드문 양상으로 주목할 만하다. 차산이 서울로 떠난 것은 과거를 보기 위함이다. 차산이 처음 과거를 보러 서울로 떠날 때는 담운도 그에게 청운의 꿈을 이루라고 격려를 하였다(「送山郎赴試臨江賦別」). 그런데 차산은 십 년이 되어도 돌아올 줄을 몰랐다. 담운은 그 차산을 마냥 한결같은 마음으로 기다릴 수 없었다. 그의 시집 도처에서는 처음의 격려가 원망으로 바뀌어 나타난다. 「雙蝶」, 「嘲山郎醉頹」, 「秋夜寄長安」 등의 시는 담운의 차산에 대한 시선이 모호하게 변화하고 있음을 보여준다. 차산은 담운의 머리를 올려주고 금방 서울로 떠나간 뒤 오래도록 돌아오지 않아 담운을 무척이나 괴롭혔다. 실제로 차산과 머리를 올리고 난 뒤의 담운의 생활은 이별의 연속이었던 듯하다. 5언 26행의 고시 「述懷」시는 서울로 떠난 차산에 대한 정감과 담운의 소외의식을 집중적으로 형상화하였다. 그리하여 『지재당고』에서 담운은 오랜 세월동안 차산을 기다리며 '정형화된 사랑', '관습적인 사랑'의 주체를 보여준다. 이때의 명기 담운의 삶은 여느 양반과 기생첩에게서 발견되는 관계와 별반 다를 바가 없어 보인다. 이러한 시상은 담운의 시 곳곳에 보인다.

담운은 34수의 연작시 『金陵雜詩』에서 금릉 사람들의 삶을 끊임없이 자신의 삶과 교차시킨다. 그가 『金陵雜詩』에서 끊임없이 금릉 사람의 일상을 주시하고 다시 자신의 삶으로 되돌아오는 것은 자신의 삶의 고립감을 극복하려는 몸짓으로 보인다. 그 바탕에는 외로움과 고독감 그리고 가족을 향한 동경이 있었던 듯하다. 가부장제의 외부에 던져진 기생첩의 소외된 삶이 선연하게 드러난다. 그래서 담운은 『只在堂稿』에서 시든 꽃이 떨어지는 모습과 자신의 삶에 대해 薄命이라는 표현을 자주 한다. 「暮春」은 꽃이 아름다움을 한껏 발하는 듯하더니 밤바람에 금방 지고 마는 허약함을 묘사한다. 담운은 꽃과 자신이 같은 모습임을 깨닫는다.

담운의 시집에는 동료 기생의 삶이나 금릉 사람들의 일상이 매우 사실적으로 형상화되어 있다. 이 시적 대상은 그의 작품의 반 수 이상을 차지한다. 그래서 『只在堂稿』에는 翠香, 翠艶, 玉葩 등 담운이 불러주는 기생의 이름이 다수 등장한다. 그들은 단순히 이름만으로 존재하는 것이 아니라 각 개인의 삶의 곡절과 함께 절절한 형상으로 존재한다. 특히 담운의 시에는 동료 기생의 삶을 날카롭게 관찰하고 그 현실을 비판적 어조로 형상화하는 모습이 보인다. 담운은 그의 벗 취향이 병으로 어린 딸을 잃자 취향을 대신하여 곡을 하며 7언 절구 6수 연작시로 輓詩를 짓는다. 동료 기생의 어린 딸의 짧았던 생애와 그 어미의 애간장 끊어지는 애동과 비분이 24행의 긴 호흡 속에 애절하게 펼쳐진다(「代翠香哭女」). 그는 동료 기생들의 삶을 통해 강한 정감의 연대를 체득한다. 담운의 시에는 기생으로서의 자신의 애환보다도 자신의 동료인 다른 기생들의 삶을 매우 곡진하게 형상화한 것이 많다. 그녀는 한식날, 아리땁고 고운 자태와 노래 소리로 사랑을 차지했으나 죽은 뒤에는 아무도 찾아보지 않는 동료 기생 翠艶의 무덤을 찾아가 7언 절구 3수 연작시로 추모하며 그리움을 토로하기도 한다(「南山寒食哭翠艶墓」). 또 13살날 어린 기생이 교육을 받고 相思歌를 부르는 모습을 보고 감회에 젖기도 한다(「竹枝詞」). 물론 담운의 다른 기생의 삶에 대한 관찰이 비분과 강개로만 형상화되는 것은 아니다. 담운은 일본 수신사의 행차가 있어 역참에 나가는 기생 翠香을 보고 그녀의 부채에 시를 주어주기도 한다(「聞有日本修信之行謾吟一節題趁站妓翠香團扇」). 그 내용은 "원컨대, 동해로 흐르는 물이 / 도도하게 바다로 흘러 드니 / 바람과 파도가 평탄한 길처럼 / 탈 없이 배를 보호했으면"이라고 하여, 수신사의 행차가 무사히 바다를 건너기를 기원하는 내용이다. 기생들도 나랏일에 대해 보통 백성들과 다름없는 기원을 하고 있음을 보여준다.

5. 가치

只在堂 姜澹雲(생몰년 미상)은 조선시대를 관통해온 관기제도가 점점 느슨해지다가 이제 그 막을 내리려하던 19세기 후반기, 김해에 살았던 기생으로 此山 裵婰(1843~ 1899)의 첩이 된 인물이다. 현재 담운의 생몰년은 정확히 고증할 수가 없다. 다만 1857년쯤 출생하여 1899년 차산이 죽은 이후까지 생존하였던 듯하다. 그리하여 그녀는 1894년 갑오개혁과 함께 조선시대의 관기제도가 허물어지는 모습을 지켜보았을 듯하다. 배전은 바로 대원군시대의 野史를 기록하여 이름이 높은 『近世朝鮮政鑑』(朴齊炯 著)에 評을 쓴 문인이다.

배전은 서울에서 흥인군의 아들이자 고종의 사촌인 李載兢에게 강담운의 시를 보여주었고, 이를 계기로 이재긍은 강담운의 시집 『只在堂稿』를 간행하였다. 이때가 1877년경이다. 安光黙이나 尙友 등 『只在堂稿』에 서문이나 발문을 남긴 이들의 언급을 통해보면 종실이자 고종의 신임을 받았던 이재긍이 綠葵館에서 지방 교방 소속 관기 강담운의 시집을 간행하였다는 사실은 당시 화제가 되었던 듯하다. 담운의 시집이 조선후기 정치사의 흐름한 가운데에 있던 인물에 의해 간행되었다는 점은 기생 문집 간행의 역사나 그 의미의 국면에서도 유의할 부분이다.

지금까지의 기생 문학의 연구는 주로 詩話나 詩選, 야담이나 소설 등의 기록을 통해 이루어졌다. 기생의 삶과 문학을 직접적으로 살필 수 있는 문집이나 기타 자료가 매우 적었기 때문이다. 그런데 담운의 시집은 19세기말 地方 敎坊 소속 官妓의 내면 의식과 삶을 직접적인 목소리로 생생하게 들을 수 있다는 점에서 당대 기생의 삶과 문학을 이해할 수 있는 중요한 통로가 되리라 생각한다. 또한 강담운의 시집 『只在堂稿』를 통해 조선시대의 마지막 관기의 한 사람이었던 담운의 의식과 행로의 한 국면을 살펴 조선시대의 관기의 삶과 한시작가로서의 기생의 문학을 이해하는 실마리를 찾을 수 있다.

6. 기타

계명대에는 강담운의 시집으로 4종이 전한다. 목활자본 『只在堂稿』 1종 외에 나머지 3종은 필사본이다. 尙友의 跋 有無를 제외하면, 네 본 모두 목차, 순서, 내용은 동일하다. 목활자본은 매우 희귀하여 부산대와 개인소장본 정도가 확인되고 있으며 필사본은 류탁일 교수 소장본이 알려져 있다.

[참고문헌]

박영민, 「姜澹雲, 名妓의 내적 성찰과 悲憤의 서사」, 『우리어문연구』 20집, 우리어문학회, 2002.

박영민, 「<금릉잡시>의 대립구도와 그 의미」, 『한국고전여성문학연구』 7집, 한국고전여성문학회, 2003.

강담운 저 이성혜 역, 『그대 그리움을 아는가』, 보고사, 2002.

이성혜, 「지재당 강담운의 시세계」, 『동양한문학연구』 18집, 동양한문학회, 2003.

김종철, 「차산 배전 연구(一): 생애와 사상을 중심으로」, 『한국학보』 47집, 일지사, 1987년 여름.

【박영민】

眞逸遺稿

成侃(1427~1456) 著.

木板本. 4卷1冊 : 左右雙邊, 半郭 19.4×13.3㎝, 有界, 11行20字, 黑口, 內向黑魚尾 ; 26.3×15.9㎝.

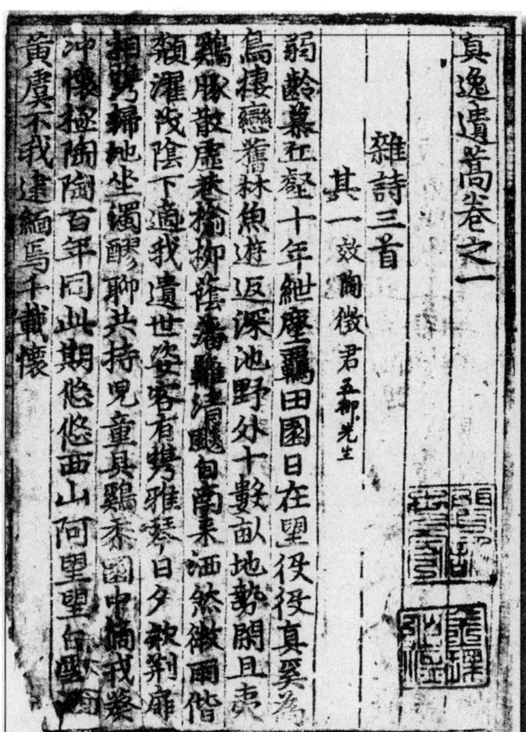
眞逸遺藁卷之一
雜詩三首
其一 效陶徵君五柳先生
弱齡慕丘壑十年紲塵羈田園日在望役役眞奚爲
烏棲戀舊林魚遊返深池野外十數畝地勢閑且夷
雞豚散虛巷楡柳蔭藩籬清飇自南來洒然微雨偕
濯濯茂陰下適我遺世姿客有携雅琴日夕扣荊扉
相携歸地坐獨酌聊共持兒童具雞黍園中摘我葵
沖懷極陶陶百年同此期悠悠西山阿望望白雲
黃虞不我逮緬焉千載懷

진일유고

1. 저자

成侃(1427~1456)의 자는 和仲이고 호는 眞逸齋이며 본관은 昌寧이다. 그의 집안은 역대 고위 관직을 지낸 문벌 세가였다. 고조부 汝完은 창녕부원군을 지냈으며 증조부 石㙫은 대제학을 지냈다. 또 조부 揜은 동지중추부사를 지냈으며 아버지 念祖는 지중추부사를 역임하였다. 어머니는 順興安氏로 세 아들 가운데 두 번째이다. 형은 安齋 成任이고 아우는 虛白堂 成俔으로 이들은 다 조선전기 이름을 떨친 문인이었다.

성간은 어릴 때부터 법도에 얽매이지 않고 분방하였으며 호협한 기개를 지녔는데 "심지가 磊落하여 길게 휘파람 불고 하늘을 보고 말하기를 '남아로 세상에 태어났으니 응당 郭子儀와 李光弼의 사람됨을 본받아야 할 것이지 어찌 세상의 자질구레한 사람들을 본받을 것인가?'라고 하였다.(성현 「진일선생전」)"라는 기록에서 잘 알 수 있다. 그 결과 그는 공부에 크게 뜻을 두지 않았다. 그러다가 13세 때 태도를 바꾸어 학문을 시작하였고 2년 뒤 15세에 진사시에 합격하였다. 성간은 총명함이 남보다 뛰어나 한번 보면 모두 기억하여 잊어버리지 않았다. 또 뜻을 돈독히 하고 학문에 힘씀에 밤을 낮삼아 옷을 벗고 잠자리에 든 적이 없었다. 그리하여 四書, 六經, 諸子, 百史에 정통하고 천문, 지리, 의약, 복서, 서화, 산술에까지도 모두 통달하였다(「家狀」). 그후 23세까지 백형 성임과 함께 산사로 옮겨다니면서 공부에 몰두하였고 아울러 시도 많이 지었다.

24세에 부친상을 당하였다. 26세에 백형 등 여러 사람과 함께 명산을 유람하고 많은 시를 지었다. 또 이때 기행문을 지었다고 하는데 현존하는 문집에는 전하지 않는다.

27세에 문과에 제3인으로 급제하여 典農直長에 제수되었다가 조금 후 집현전 박사가 되었고 28세에 집현전 수찬이 되었다. 그는 집현전에 들어간 이후로 좌우에 있는 고서를 밤낮으로 읽어 모든 책을 독파하였는데 집현전 동료들이 書淫傳癖으로 기롱하였다.(서거정 『筆苑雜記』) 이때 날마다 뭇 선비들과 시를 수창하였으며, 국가의 制敎가 그의 손에 이루어진 것이 많았으니 「五禮序」, 「訓鍊館射廳記」, 「成均館記」 등이 그것이다. 30세에 사간원 좌정언에 임명되고 간관의 입장에서 사육신을 주멸하는 것에 대해 하례하는 「賀誅叛臣箋」을 지어 올려 반신을 매도하였다. 그러나 그는 사간원 좌정언에 부임하지 못한 채 그해 7월에 병으로 세상을 마쳤다.

2. 구성

본서는 4권 1책으로 구성되어 있는데, 이승소의 발문이 1458년에 지어진 것이고 서거정의 서문과 성현의 「家狀」은 모두 1467년에 지었으므로 간행 연대는 1467년 이후일 것으로 생각된다.

목차의 구성은 다음과 같다. 앞에는 서거정의 「서문」과 성현이 지은 「家狀」이 있다. 권1, 2, 3은 모두 시이다. 권4는 賦, 序, 記, 傳, 箋 등이 실려 있는데, 그 제목은 「新雪賦」, 「悶雨賦」, 「五禮序」, 「九日登高詩序」, 「送李秀才序」, 「送梵師遊方序」, 「遊冠岳山北岩記」, 「訓鍊館射廳記」, 「成均館記」, 「病中雜說」, 「書剛中詩藁後」, 「慵夫傳」, 「賀誅叛臣箋」이다. 뒤에는 이승소가 지은 「발문」이 있다.

3. 내용

4권으로 구성된 이 책은 권1부터 권3까지 모두 시인데 古詩, 樂府, 絶句, 律詩, 詞 등 총 107제 241수가 실려 있다. 시는 저작연대, 장르, 내용 등 일정한 기준에 의거하여 편집된 것이 아니라 古風과 5·7언 절구, 율시가 아무런 체계 없이 뒤섞여 있다. 그러나 대략 내용별로 간추려보면 권1에서는 조정에 있으면서 지은 대각문학의 성격을 띠는 시가 많이 실려 있으니 「祀太廟後宴」, 「賀封世子詩」, 「待漏院」, 「禁中」, 「中宮立春帖字」, 「玉堂」, 「宮詞四詩」 등이 그것이다. 권2에서는 自然事物과 人事를 서술한 「淸江曲」, 「美人行」, 「採蓮曲」, 「老人行」, 「戰場行」, 「惡風行」, 「餓婦行」 등 주로 의고체 악부시가 많다. 권3에서는 인사를 서술한 「寄徐剛中」, 「寄任子深」, 「寄盧正郞」 등 寄詩가 많이 실려 있다. 성간의 시를 한마디로 논평하기는 어려우므로 역대 제가의 평으로 대신한다. 이승소는 발문에서

> 沖然히 조화롭고 울연히 펼쳐 舜임금과 上天의 음악이 울림에 봉황이 거동하고 짐승이 춤을 추며, 창해가 넓고 아득함에 용이 소리치며 악어가 울부짖는 것과 같으니 진실로 和仲이 시를 지음이 기이하다. 배운 바가 넉넉하며 함양한 바가 크고 공부함이 익숙하며 마음씀이 애썼음을 볼 수 있다.

라고 하여 성간의 문학이 대각의 성향을 지니고 있음을 말하였다. 許筠은 『惺叟詩話』에서

> 우리나라 시인 중 고시를 본받은 자가 없었다. 성화중이 顔延之 陶淵明 鮑照 三家의 시법을 깊이 체득하였으며 여러 小絶句는 당나라 악부체를 체득하였으니 이 사람이 있으므로 말미암아 이 방면에 적막함을 면할 수 있었다.

라고 하여 성간이 우리나라에서 고시와 악부체를 잘 체득한 유일한 사람이라 하였다. 任璟은 『玄湖鎖談』에서

성간의 시는 학이 靑田에 날고 봉황이 丹穴에 깃든 것과 같다.

고 하여 삶의 굴레를 탈피하여 眞虛에 심취했음을 말하였다.

성간이 평소 교유한 사람은 김수온, 서거정, 이승소, 강희맹, 노사신, 임원준, 이파, 김수녕 등 당대의 명사들인데(성현 「가장」) 그의 문집에는 대각문인인 이들과 주고받은 시가 많이 실려 있다. 이들 중에 특히 서거정과는 막역한 사이로 나이는 7년 차이가 나지만 서로 주고받은 시가 제일 많을 뿐만 아니라 서·발문 등도 부탁에 의하여 짓기도 하였다. 그러므로 양인은 단순한 교유관계의 차원을 넘어서 있는데, 특히 서거정의 시풍이 성간에게 얼마나 많은 영향을 끼쳤는가도 중요한 관심거리이다.

권4에 실린 여러 편의 글들은 제목 아래 간략한 설명을 붙이자면 다음과 같다.

「新雪賦」는 1452년 임신년에 신설이 내린 것을 계기로 눈이 내리는 정경을 시작으로 눈에 관련된 역대 시문의 전고, 추위를 겪는 민생의 슬픔, 그리고 당시 임금의 성덕을 노래하였는데, 빈객과의 문답 형식을 빌어 읊었다.

「閔雨賦」는 1436년부터 시작된 기근과 가뭄으로 인하여 민생을 염려하는 심정과 비가 내리기를 간절하게 바라는 걱정스러운 심회를 읊은 것이다.

「五禮序」는 세종대왕이 집현전 신하들에게 명하여 五禮 즉, 吉禮, 凶禮, 軍禮, 賓禮, 嘉禮의 조항을 만들어 반포하게 한 것에 대한 서문이다. 오례를 편집한 까닭과 함께 후세에 예를 보고 정치를 알고자 하는 사람이 반드시 여기에서 참고해야 할 것임을 말하였다.

「九日登高詩序」는 중양절에 작자의 형제가 정필대, 하응천, 이윤보, 강경순과 함께 晉나라 孟嘉의 龍山故事[1]를 본받아 자기 집 서쪽의 산에 올라 풍류를 즐기고 여러 사람이 함께 聯句를 지은 것에 대한 서문이다. 또한 스스로 10수의 시를 짓는다고 했는데, 이 때 지은 시는 권2에 보인다. 이 시의 제목에 붙여진 주를 통하여 이 때가 1446년이었음을 알 수 있다.

「送李秀才序」는 작자 종숙의 생질인 李庚이 그의 외숙이 중국에 사신가는 행차에 따라가기 전에 작자에게 사신 행차에 따라가 책을 널리 구하겠다는 뜻을 밝히고 송서를 지어달라는 부탁을 받고 지은 것이다. 이에 대해 작자는 이경에게 “책을 구함에 있어서 성인의 경서를 보아서 먼저 대체를 세울 것인가? 아니면 한쪽만 얻어서 만족하여 더 이상 바람이 없을 것인가?”라고 반문하면서 스스로 결정할 것을 요구하였다.

「送梵師遊方序」는 작자가 일찍이 천보산에서 승려들과 노닐 때 시에 능한 梵上人을 알

---

1) 孟嘉는 桓溫의 參軍으로서 신임이 있었는데, 환온이 중양절에 용산에서 주연을 베풀었을 때 참여했다. 바람이 불어 맹가의 두건이 땅에 떨어졌으나 맹가는 몰랐는데, 환온이 좌우의 사람들에게 말하지 말게 하고 그의 행동을 보고자 하였다. 맹가가 한참 후 변소에 간 동안 환온이 그 두건을 취하여 그 자리에 두고 孫盛에게 명하여 조롱하는 글을 지어 맹가의 좌석에 붙여 두게 하니, 맹가가 돌아와 보고 곧바로 화답했는데 그 글이 매우 아름다워 모두 찬탄했다.(『晉書』 「孟嘉傳」)

게 되었는데, 상인이 사방으로 유람하기에 앞서 일시의 사대부들이 남긴 시 두루마리를 가지고 와서 서문을 써주기를 부탁하면서 송서를 부탁한 것에 응하여 지은 것이다. 마지막에는 산하풍토의 기이함과 民物世故의 변화 등을 상인이 돌아올 때 상세히 물을 것이라는 당부를 곁들였다.

「遊冠岳山北岩記」는 관악산에 더위를 피하여 산 북쪽의 암석이 험준한 곳에 노닐고 심회를 적은 것이다. 거대한 산림과 빼어난 계곡을 만나서 이전에 흉중이 막혀서 풀리지 않던 것이 홀연히 풀리는 것에 대한 산수의 도움을 莊子의 말을 통하여 믿을 만하다고 하였다.

「訓鍊館射廳記」는 당시 임금의 명으로 무예를 익히기 위한 訓鍊館 射廳의 전말을 기록한 것이다. 태조가 훈련에 관한 일을 발휘한 사실과 태종이 훈련관을 창건한 전말, 훈련의 법도, 그리고 당시 임금이 계승한 사적을 말하였다.

「成均館記」는 성균관의 경영, 설계, 규모, 제도에 대하여 기록하였다.

「病中雜說」은 혹자가 의술에 대하여 물은 것에 답하는 내용이다. 군자는 미연에 보고 위태하지 않을 때 방비하는 大中至正의 도리를 말하였다.

「書剛中詩藁後」는 서거정의 시고에 대한 발문인데, 서거정의 시풍이 豪邁하고 老健하여 雄傑한 章句로 우뚝하게 섰으니, 당시에 유약한 기골로 모방만 일삼는 무리들이 흉내낼 수 있는 것이 아니라고 평하였다.

「慵夫傳」은 이름을 알 수 없는 게으른 인물인 慵夫가 부지런한 인물인 勤須子를 만나 드디어 부지런한 일생을 마치게 된다는 내용이다.

「賀誅叛臣箋」은 수양대군이 단종을 폐위시키는 쿠데타가 일으키자 집현전 학사들이 세조를 몰아내려는 모의를 하였으나 작자는 여기에 동참하지 않고 諫官의 입장에서 사육신을 주멸한 것에 대해 하례하는 글이다.

성간의 문장에 대해서는 서거정은 서문에서 다음과 같이 평하였다.

> 和仲은 문장에 있어서 기른 바가 이미 깊고 안목이 이미 높아 마음에 근본하고 문사에 발현한 것이 高古하고 沖澹하며 溫厚하고 雅贍하여 울연히 일가를 이루어 옛 문장대가의 풍취가 있다.

4. 가치

본서는 1467년에 작자의 형 성임이 유고를 수집하여 목판으로 간행한 초간본 뿐인데, 현재 국내에는 계명대학교 도서관과 고려대학교 만송문고, 국외에는 일본 천리대학 도서관 今西文庫에 소장된 것이 확인될 뿐 다른 곳에서는 찾아 볼 수 없는 희귀본이다. 또한 앞에서도 밝혔지만 성간이 평소 교유한 사람은 김수온, 서거정, 이승소, 강희맹, 노사신, 임원준,

이파, 김수녕 등 당대 문단의 명사들이며, 그의 문집에는 대각문인인 이들과 주고받은 시가 많다. 이를 근거로 한다면 성간의 시인으로서의 위상을 짐작할 수 있으며, 그러한 점에서 이 자료는 조선전기 문인의 시학과 시풍을 살펴보는데도 매우 중요한 가치를 지닌다.

5. 기타

본서의 원본은 매우 희귀하기 때문에 일반 독자나 연구자가 자료로 이용하기 어려운 실정이므로 1977년 성균관 대학교 대동문화연구원에서 간행한 『이조명현집』(제2집)과 1988년 한국고전번역원에서 간행한 『한국문집총간』(제12집)에 영인본으로 소개된 자료를 이용할 수 있다. 그리고 1994년에 계명대학교 한국학연구원 국역총서(1)로 국역본을 간행한 것이 있기도 하다.

【김홍영】

惕若齋先生學吟集

金九容(1338~1384) 著; 金明理 編.

木板本. 2卷1冊 : 四周雙邊, 半郭 17.9×12.4㎝, 有界, 12行17字, 註雙行, 下向黑魚尾; 23.1×16.8㎝.

척약재선생학음집

1. 저자

金九容(1338~1384)의 字는 敬之이고, 號는 惕若齋이며 본관은 安東이다. 어려서의 이름은 齊閔이다. 僉議中贊 方慶의 현손이며, 上洛君 昴의 아들이다. 외가에서 자라며 외조부 及菴 閔思平에게 수학하였다. 이러한 사실은 『惕若齋先生學吟集』에 실려 있는 鄭道傳의 序文에서 "敬之의 外祖父 及菴 閔思平은 詞學을 잘하였는데 특히 唐律에 뛰어났고, 益齋 李齊賢과 愚谷 鄭子厚 등 여러 公들과 함께 唱和하였다. 敬之는 아침저녁으로 곁에서 外祖父를 모시면서 눈과 귀로 직접 보고 듣고 느낌을 감발하여 스스로 체득한 것이 더욱 많았다."고 한 언급과 金明理의 「先君惕若齋世係行事要略」에서 "先君께서는 外祖 及菴 閔思平의 집에서 성장하셨다. 어려서 好學함을 알았고, 성장하여서는 士林에 노니셔서 그 이름이 中外에까지 들렸다."고 언급한 내용을 통해 확인할 수 있다. 16세에 진사가 되고, 18세에 등제하여 德寧府注簿를 지냈다. 공민왕 16년(1367) 성균관이 중건되고 나서 民部議郎 겸 成均直講이 되어, 鄭夢周·朴尙衷·李崇仁 등과 함께 성리학을 일으키고 후학의 훈화에 노력하였다. 우왕 1년(1375) 三司左尹으로 있을 때, 鄭道傳 등과 함께 北元에서 온 사신의 영접을 반대하여 竹州로 귀양갔다. 뒤에 驪興으로 옮겨졌는데 그곳에서 강호에 노닐며 거처하는 곳을 六友堂이라 이름하고 시와 술로 날을 보냈다. 1381년 풀려나와 左司議大夫가 되고, 이듬해 成均館大司成·判典校寺使가 되었다. 우왕 10년(1384)에 行禮使가 되어 명나라로 갔는데 私交를 했다는 죄목으로 요동에서 체포되어 南京으로 압송되었다. 禑王代에 北元과 수교를 재개함에 따라 對明관계는 악화되었고, 이후 明은 고려에 사신을 파견하지 않고 요동을 차단하여 고려 사신을 구금하는 사건이 여러 번 있었다. 결국 김구용은 明 太祖의 명으로 雲南 大理衛에 유배되던 도중 瀘州 永寧縣에서 병사하였다. 그는 시가와 문장에 뛰어났다. 李穡은 그를 가리켜 "붓을 대면 구름이나 연기처럼 뭉게뭉게 시가 피어나온다."고 했다. 『東文選』에 그의 시 8편이 실려 있는데, 그 가운데 특히 「武昌」시가 유명하다. 許筠은 『惺叟詩話』에서 '淸贍'이라고 김구용의 시에 대한 총체적인 평가를 하고 구체적으로 「感懷」 두 수 중 그 두 번째 수와 「武昌」을 싣고 있다. 그리고 申緯는 「東人論詩絶句」에서 "桃花關 밖 하늘가 바라보니, 大別山은 푸른데 봄날 저무네. 붓으로 써내려감에 연기와 구름같은 金惕若, 牧隱으로 하여금 재주 탄상케 했네."라고 그의 시를 찬탄하였다. 저서에 『惕若齋先生學吟集』이 있다.

2. 편찬경위

『惕若齋先生學吟集』은 이제까지 세 번 간행된 것으로 보이는데, 본 해제본은 金九容의 둘째 아들 金明理가 정종 2년(1400)에 간행한 初刊本 本集에 해당한다. 初刊本은 金明理

가 편찬하여 晉陽牧使로 나갔을 때 관찰사 趙璞의 협조를 얻어 간행한 것이다. 2권2책의 木版本으로 저자의 遺稿를 모은 本集과 저자와 교유한 사람들의 시문을 모은 外集으로 편찬되어 있다. 河崙과 鄭道傳의 序와 李穡의 跋, 그리고 편자인 金明理의 「先君惕若齋世係行事要略」은 本集 卷首에 수록되어 있다. 본 해제본은 本集 卷首尾와 外集이 落張되어 있다.

『惕若齋先生學吟集』이라는 書名은 『周易』 乾卦 九三爻辭의 '君子終日乾乾, 夕惕若, 厲無咎'에 근거한 '惕若'이라는 金九容의 齋號에서 비롯한 것이다. 이 爻辭는 위태한 위치에 처해 있는 군자는 항상 戰戰兢兢하는 태도로 위태함을 막으면 비록 위험하긴 하지만 과오를 범하지 않게 됨을 의미하는 것으로, 金九容이 '惕若齋'로 號를 정한 것은 당대의 정세에서 자신의 位相을 명확히 파악하고 儒者로서 군자다운 삶을 살아갈 것을 명시한 것이라고 추측해 볼 수 있다.

3. 구성

上下 2권 1책으로 구성되어 있다.

1) 惕若齋先生學吟集 卷之上

卷上은 전체 33장이다. 가장 먼저 실린 작품은 「贈僧」이고, 그 뒤에는 창작 시기 순서에 따라 모두 184題가 실려 있는데 이는 현전하는 重刊本 卷上에 실려 있는 작품과 순차가 거의 동일하다. 그러나 중간본 卷上에는 모두 202題가 실려 있으니 작품 수에 있어서 두 판본 사이에 차이를 보인다. 중간본 권상에 가장 먼저 실린 작품은 「朴判書菊磵」이고, 그 뒤의 12題가 이 해제본에는 없으니 이 해제본 맨 앞에 落張된 부분이 있음을 알 수 있다. 아울러 중간 부분에 있는 「金郊驛重送」은 詩題만 있고 작품은 실려 있지 않으며, 중간본에 있는 「暮秋夜期達可不至」, 「寄李存吾」, 「送韓糾正赴任忠州」, 「過忠州韓判官不在留一絶爲戲」, 「西掖夜直」, 「送達可翰林從軍韓政堂幕」 등의 여섯 작품이 이 해제본에는 실려 있지 않다. 그리고 이 해제본의 「主上殿春帖子」와 「誥院宴呈達可丈」이 중간본에는 「殿春帖子」와 「浩院宴呈達可丈」으로 되어 있으며, 「約子安不至」 두 수와 「題子安觀物齋」, 「呈丹崖」, 「寄呈太子山」, 「贈李敏道」, 「松溪下院」, 「忠州贈崔中顯」 등의 편차가 중간본과 다르다.

2) 惕若齋先生學吟集 卷之下

卷下는 전체 28장이고, 맨 앞에 실린 「宿法興寺寄河廉使」를 비롯하여 모두 142題가 창작 시기 순서에 따라 실려 있다. 이는 현전하는 중간본 卷下에 실려 있는 작품과 순차가 동일하다. 다만 중간본 卷下에는 모두 196題가 실려 있으니, 卷上과 마찬가지로 이 해제본에는 落張된 부분이 있음을 알 수 있다. 중간본과 비교해 볼 때 낙장된 부분은 「呈柳簽書源」으로부터 「望歸州城」까지의 54題이다. 이 가운데 「將赴雲南泝江而上寓懷錄呈給事中兩鑄撫三位官人」부터 맨 마지막에 실려 있는 「望歸州城」까지는 1384년 行禮使가 되어 명나라에 갔다가 그곳 大理衛에 유배되던 도중 瀘州 永寧縣에서 병사할 때까지 지어진 작품들이다. 아울러 이 해제본에는 김구용이 유배생활 7년 만에 소환되어 재등용된 직후에 지은 「寄鄭判書宇」가 詩題만 있고 작품은 실려 있지 않다.

4. 내용

卷上에는 공민왕 8년(1359)~우왕 4년(1378) 사이에 창작된 작품들이 실려 있다. 이 시기는 김구용의 나이 22세~41세에 해당하는 때이다. 후반부에 실린 「送江陵廉使韓中書」까지가 김구용의 첫 出仕期에 지어진 작품들이고, 그 뒤 「寄忠州韓判書」부터 나머지 작품들은 1375년 이후 竹州 유배기에 지어진 것들이다. 출사기에 지어진 작품들 가운데에는 「已亥年紅賊」, 「辛丑年紅賊」, 「開天山中辛丑年作」, 「臘日有感」, 「松京曉望」 등과 같이 신진관료로서 나라의 환란에 대한 강개한 심정과 근심을 표현한 것이 있는가 하면 「壬寅二月陪安東府使登映湖樓」, 「赴官上行宮有作」, 「醉題」, 「街上有感」 등과 같이 신진관료로서 나라와 사회, 그리고 자신의 미래에 대한 긍정적인 전망을 드러낸 것도 있다. 여기에 실린 유배기에 창작된 작품들은 「延昌秋夜」, 「寄遁村」 등과 같이 정치현실에서 소외된 불우한 자아의 형상을 표현한 것과 「示張及先輩」와 같이 淸靜하고 한적한 공간에서 자신의 불우한 처지에 대한 내면의 고뇌를 극복해보고자 하는 심정을 형상화한 것이 주를 이룬다.

卷下에는 우왕 4년(1378)~우왕 10년(1384) 사이에 창작된 작품들이 실려 있다. 이 시기는 김구용의 나이 41세~44세에 해당하는 때이다. 전반부에 있는 「寓朴秘監本宅以詩寄呈」까지가 卷上에 이어 驪興 유배기에 지어진 작품들이고, 그 뒤 「醉中」부터 나머지는 1381년 이후 再登用期에 지어진 작품들이다. 여기에 실려 있는 유배기 작품들 가운데에는 「遣興寄達可子安」, 「寄遁村詩累篇次韻錄呈」 등과 같이 자연 속에서의 흥취와 自樂의 정서를 형상화한 것이 많다. 재등용기에 지어진 작품들은 150여 수가 되는데 「四月十日入職省廬」, 「又題唐律有感」, 「寄忠州李使君」 등과 같이 禑王의 悖政이 극에 달한 당시의 정세에서 諫官으로서 느끼는 자괴감과 정치현실에서의 이상 실현의 좌절을 형상화한 것이 대부분이다.

金九容의 시에서 주목할 만한 점은 李穡이 『惕若齋先生學吟集』 跋文에서 "金九容의 詩法이 그의 外祖 及菴 閔思平의 영향을 받아 '造語平澹, 用意精深'하다."고 평한 것처럼 平澹한 시어 속에 깊은 뜻을 담고 있다. 우왕 1년(1375) 그가 유배된 직후에 지은 「有寄」는 이러한 면을 잘 보여주는 작품이다.

5. 가치

현재 尙州 趙誠穆氏 所藏本(보물 제1004호)은 金九容의 둘째 아들 金明理가 정종 2년(1400)에 晉陽牧使로 재직할 때 관찰사 趙璞의 협조를 얻어 2권 2책의 목판본으로 간행한 初刊本이다. 이 초간본은 저자의 遺稿를 모은 本集과 저자와 교유한 사람들의 시문을 모은 外集으로 편찬되어 있다. 外集은 부록으로 白文寶, 李穡, 鄭夢周, 鄭道傳, 李達衷, 田祿生 등 김구용과 가깝게 교유했던 인물들이 齋號인 惕若齋에 대해 쓴 說·贊·箴·銘 등이 실려 있다. 강릉도 안렴사로 나갔을 때 諸人이 지어 준 送詩 그리고 李穡이 지은 送序가 실려 있다. 送詩는 많은 부분이 마모되어 있으며, 이색의 序에는 『牧隱集』과 對校한 小註가 붙어 있다. 後刷本으로서 本集 卷首尾와 外集이 落張되어 있고 자획이 많이 刓缺되어 있다.

현재 서울대학교 규장각, 국립중앙도서관, 연세대 중앙도서관 등에 소장되어 있는 판본은 金九容의 17세손 金相元이 그의 종숙 秉湜 등과 함께 고종 21년(1884)에 초간본을 底本으로 하여 重刊한 것이다. 이 중간본은 2권2책의 活字本으로 鄭煥堯 및 金相元이 쓴 序와 許傳이 쓴 跋이 卷首에 추가되었고, 『輿地勝覽』 등의 문헌과 對校한 小註가 붙어 있다.

현재 성균관대학교 중앙도서관에 소장되어 있는 판본은 1964년 永川 藥隱亭에서 중간본을 底本으로 하여 3권 1책의 石印本으로 三刊한 것이다.

본 해제본은 卷下가 시작되는 부분에 '通善郡晉陽大都護府判官兼勸農兵馬團練判官男 明理編'이라는 표기가 있는 것으로 보아 1400년에 간행된 初刊本임을 알 수 있다. 本集 卷首尾와 外集이 落張되어 있으나 初刊本 本集의 형태를 보여주는 중요한 판본이다. 중간본과 시 편차가 다른 부분이 보이고, 「送郭九疇檢校」 앞에 '律詩'라는 시 형식을 밝히고 있는 것이 눈에 띈다. 부분적으로 缺字가 있긴 하나 글자가 선명할 뿐만 아니라 가장 먼저 판각된 판본이므로 중간본 이후의 판본을 비교 검토하는 데 좋은 자료라고 할 수 있다.

[참고문헌]

『惕若齋學吟集』(韓國文集叢刊6), 민족문화추진회, 1990.
『惕若齋學吟集』(『高麗名賢集』4), 성균관대학교 대동문화연구원, 1987.
『韓國文集叢刊解題』1, 민족문화추진회, 1991.
『奎章閣韓國本圖書解題續集』 集部2, 서울대학교 도서관, 2002.
김진경, 「惕若齋 金九容의 詩世界 硏究」, 고려대학교 국문과 석사학위논문, 1996.
성범중, 『惕若齋 金九容의 文學世界』, 울산대학교 출판부, 1997.

【김진경】

靑坡集

李陸(1438~1498) 著, 李嶮 編. 固城, 中宗 7(1512)

木板本, 2卷1冊, 四周單邊, 半郭 17.7×13.4㎝. 有界.
11行15字, 下向黑魚尾. 26×16.6㎝.

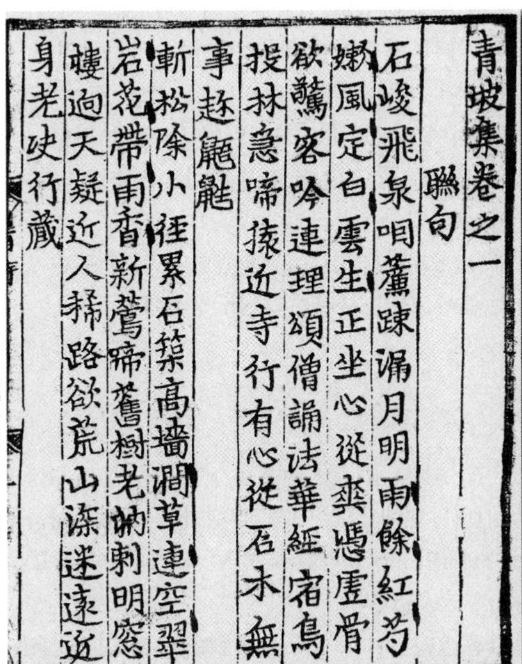
青坡集卷之一
聯句
石峻飛泉咽薰踈漏月明雨餘紅芍
嫩風定白雲生正坐心從爽憑虛骨
欲驚客吟連理須僧誦法華經宿鳥
投林急啼猿近寺行有心從石木無
事趁龐艖
斬松除小徑累石築高墻㵎草連空翠
岩花帶雨香新鶯啼舊樹老衲刺明窓
螻迴天疑近人稀路欲荒山深迷遠近
身老决行藏

청파집

1. 저자

李陸(1438~1498)의 字는 放翁, 號는 浮休子 및 青坡이고, 本貫은 固城인데, 세종 조에 좌의정을 역임한 容軒 李原(1368~1430)의 孫子이다. 父는 문과에 등제한 후 敦寧府正에 이른 李塀(1420~1486)이고, 母는 延日人 鄭保의 따님으로서 圃隱 鄭夢周의 증손녀가 된다.

저자는 1438년에 서울 青坡洞에서 태어났으며, 22세가 되던 1459년에 生員·進士試에 입격하였고, 1462년에 智異山을 유람하며, 斷俗寺 등지에서 3년간 수업을 하였다. 27세가 되던 1464년에 溫陽 親試文科에 장원으로 급제하여 成均直講에 超授되었고, 2년이 지난 후 拔英試에서 2등으로 등제하였다. 1467년에는 왕명으로 安孝禮 등과 都城을 尺量하여 地圖를 제작한 바 있고, 그 이듬해에 文科重試 乙科에 합격하여 世子文學 宗學司誨가 되고 藝文應教를 겸하였다. 이어 사헌부 장령, 掌隷院 判決事, 성균관 대사성, 공조참의 등을 역임하였다.

39세가 되던 1476년에는 『鐵城聯芳集』을 編輯하여 刊行하였고, 이듬해에 충청도관찰사가 된 후 이조참의, 斷訟都監提調, 兵曹參知, 형조참의, 경상도관찰사, 漢城府右尹, 형조참판, 강원도관찰사 등을 역임하였다. 53세가 되던 1490년에는 예조참판으로 正朝使가 되어 중국을 다녀왔으며, 다시 병조참판, 형조참판을 역임하였다. 연산군 1년(1495)에는 告訃請諡請承襲副使가 되어 재차 중국을 다녀왔고, 이어 경기관찰사, 대사헌이 되었으나, 폐비 尹氏의 追崇을 반대하여 사직되다. 그러다가 61세가 되던 1498년에 병조참판을 지내다가 그 해에 졸하였다. 그 후 戊午史禍로 관작이 삭탈되었다가 1499년에 復官이 되었으며, 成俔이 碑銘을 지었다.

成俔은 「青坡碑銘」에서 "公은 群書에 博通했으며 역사에 더욱 뛰어났다."고 평하였으니, 李陸은 특히 歷史意識이 강한 사람이라 할 것이다.

2. 구성

저자의 『청파집』은 燕山君 때에 芸閣에서 간행하려 하였으나, 흉년으로 인해 간행되지 못하였다. 이에 挹翠軒 朴誾이 다시 편찬을 하던 중 갑자사화(1504년)로 박은이 被禍되자, 저자의 遺集도 함께 佚失되었다.

그 후 집안에서 보관하고 있던 저자 少時의 詩軸 약간 편과 「劇談」1帙을 二男 李崨이 찾아내어 繕寫한 후, 1512년에 경상도 固城에서 목판본으로 간행한 것이 초간본이다.

본 해제본인 계명대학교 소장본은 초간본으로 2권 1책으로 구성되어 있다. 권수에 姜渾의 序가 있고, 다음에 成俔이 쓴 「青坡碑銘」을 실었으며, 卷1에는 詩를, 그 다음 卷에는

'卷' 表示를 하지 않은 「靑坡劇談」을 실었다. 권1에 실려 있는 詩는 118편인데, 篇名은 다음과 같다.

卷1 : 「聯句」, 「奉贈晉州牧使」, 「贈伯勝」, 「在斷俗寺偶吟」, 「在八鎭城次先祖韻」, 「偶吟」, 「矗石樓」, 「偶吟」, 「奉酬薛水使韻」, 「奉贈晉州牧使」, 「寄友」, 「贈天悟老衲」, 「示伯勝等」, 「示貞父等」, 「奉贈尹經歷淡叟」, 「贈朴敎授孟智」, 「續蘭亭會詩」, 「始下頭流遙寄尹亞使」, 「題頭流天王峯下石窟」, 「題佛日寺文昌公崔致遠所遊處也」, 「自斷俗移義林寺寺在八鎭縣西」, 「奉酬鄭敎授成良韻」, 「細泉」, 「次閔佐郎韻」, 「寄伯勝」, 「偶吟」, 「符堅得王猛」, 「呼韻」, 「偶吟」, 「奉贈固城崔太守有臨」, 「贈友」, 「遣興」, 「雪」, 「遙贈叔度」, 「遠烟」, 「呼韻」, 「贈遠前二句在星州途上作後二句登第後作」, 「謝水使薛公贈劒」, 「別貞父」, 「贈別」, 「遣興」, 「又」, 「僧房」, 「偶吟」, 「盆城懷舍弟」, 「題廣州壁上此後乃登第後作」, 「銀杏」, 「安邊路中有感」, 「次咸興仙景樓韻」, 「在安邊偶吟」, 「贈貞父」, 「華陽亭」, 「寄晉山諸友」, 「喜伯勝中生員進士漢城試」, 「金化郡次稼亭韻」, 「甲申春僕中狀頭藩仲以詩賀之明年乙酉藩仲亦中狀頭僕遂和前韻以賀之」, 「駕鶴樓次圃隱韻」, 「次于後韻」, 「送日本僧」, 「雨晴」, 「朴淵」, 「松都」, 「稚栢」, 「漁父」, 「鍾美村舍次世蕃韻」, 「初聞李施愛陷北路」, 「遣興」, 「贈京極殿使老衲」, 「北征」, 「感古」, 「北征」, 「故書案司直遷葬挽章其壻宗室嘉林令請之」, 「戊子夏累月留宿禁中恩許也」, 「感古」, 「贈國華」, 「老松次益城諸先生韻」, 「次世蕃韻」, 「贈叔度」, 「聞許士謌罷水原通判」, 「題圖扇」, 「送晉州崔通判」, 「妻祖母安氏挽章」, 「遣興」, 「題日本僧崇悅詩軸」, 「成磬叔母夫人挽章」, 「示弟陌」, 「乞藥崔國華」, 「大殿春帖字」, 「大殿迎祥詩」, 「墜馬寄本府諸僚」, 「李中樞藩中大夫人秦氏挽章」, 「奉贈朴觀察使楗二十一韻」, 「癸巳之春我家君出守槐山予以久闕定省云云」, 「次忠州東軒韻」, 「次陰城韻」, 「送李參判克墩士高赴京十二韻」, 「謝古安南都護見訪」, 「西江觀水戰戲」, 「咸昌縣次先祖韻」, 「寄晉牧尹子濚淺叟」, 「次矗石樓韻」, 「夜半聞毛山笛」, 「次眉叟韻」, 「次洪同知翁字韻初崔寧城以翁爲詩凡若干首以贈洪徐達城及諸文士咸和之」, 「賀徐尹兩郎中復拜持平右兩公皆吾判決時郎官故有戲語」, 「遣興」, 「偶吟寄于後」, 「送朴君嚴覲親平安之介州」, 「爲人求薦詩」, 「世祖大王國忌」, 「靑坡四興」, 「寄景會仲素兩紫薇」, 「冬雨歎十八韻乙未冬也」, 「奉贈欽差副使張瑾」, 「登義州統軍亭」, 「過平壤」, 「賀玄都承旨德璋」, 「走筆示永叔」

한편 『청파집』의 간행본을 살펴보면 3종이 있다. 초간본이 나온 이후에 2권 1책의 목활자본으로 간행된 再刊本이 있는데 이 책은 초간본 체제와는 다르게 편성되어 있고, 光海年間에 간행된 것으로 추정되며, 현재 서울대학교 규장각에 소장되어 있다. 내용을 살펴보면 卷1은 詩이고, 卷2는 文이다. 권2에 수록된 文 22편의 편명을 들어보면 「智異山記」, 「遊智異山錄」, 「五行說」, 「日本國賴忠使送師川首座請僧景轍字圓行字說」, 「義犬說」,

「猫相舐說」, 「三異說」, 「送日本僧聖津首座還國詩序」, 「送成聃年序」, 「司僕將先生案序」, 「友于亭序」, 「京城雜詠後序」, 「蓮亭序」, 「送人序」, 「送慶尙左道軍容使朴議政詩序」, 「風月亭詩集序」, 「金子固詩軸序」, 「送南評事序」, 「鐵城聯芳集序」, 「續蘭亭會序」, 「李公墓碣銘」, 「問對」 등이다. 그러나 이 책에는 「청파극담」이 실려 있지 않다.

그 후 철종 4년(1853)에 후손 李魯善이 초간본을 중심으로 내용을 증보, 재편하여 晉州에서 2권 1책의 목판본으로 간행한 것이 三刊本이다. 이 책의 卷首題는 『青坡李先生文集』이고, 권말에는 '晉州重刊'이라 표기되어 있다. 이 晉州重刊本은 권수에 目錄과 姜渾 및 權大肯의 序가 있고, 권1은 詩와 雜著로 나누었으며, 詩는 초간본에 비하여 「泛舟遊大同江」(3수), 「次金公之岱義城縣板上韻」, 「竹西樓」, 「驪川淸心樓」, 「許李臺」 등 7수가 증보되어 있다. 雜著에는 「頭流山錄」과 「朴淵瀑布記」가 실려 있는데 「朴淵瀑布記」는 초간본의 「青坡劇談」에 들어 있던 내용을 독립하여 편성한 것임을 알 수 있다. 권2에는 「劇談」을 수록하였는데, 내용을 다시 睿鑑, 記實, 摭異, 度量, 貞烈, 聰明, 明驗, 占驗, 朝服, 衣裳, 飮食, 醫方, 技用, 權術, 滑稽 등 15개의 主題를 설정한 후 내용을 刪改하여 수록하였다. 附錄에는 成俔이 쓴 「青坡碑銘」이 들어 있고, 권말에는 李嶮의 「後識」가 있다.

3. 내용

이 『청파집』의 권1에는 詩 118篇(142수)이 실려 있다. 내용은 1462년 이후 3년간 智異山에서 修學하면서 유람하던 시기에 지은 것을 비롯하여 과거급제 후 관직생활에 이르는 시기에 지은 작품이 수록되어 있다.

권2에는 「청파극담」이 실려 있는데 전체 96편으로 구성되어 있으며, 내용은 사회, 문화와 관련된 것이 많다. 그런데 1853년에 간행한 『청파집』 晉州重刊本에 실려 있는 「청파극담」을 살펴보면 전체 96편 가운데 15편이 삭거되었고, 내용을 취한 81편 가운데서도 내용을 산개한 것이 29편이나 되어 과반수가 변개된 사실을 알 수 있다.

한 예로 『청파집』 초간본의 「청파극담」 내용 가운데 權擥과 韓明澮의 방탕한 행위를 기록한 것이 있다. 그 내용은 권람의 집에 鍾이라고 하는 예쁜 계집종이 있었으나 夫人이 무서워 감히 가까이 하지 못했는데, 이 사실을 알고 한명회가 계책을 세웠다. 즉 한명회는 권람의 병을 고친다는 구실로 그를 남의 집에 나가 있게 하고는 槐花湯을 그의 몸에 발라 황달에 걸린 것처럼 꾸몄다. 그리고 권람의 집에 찾아가 병의 내력을 말하고 鍾의 어미를 설득하여 뜻을 이루게 했다는 이야기다. 초간본의 한 대목을 인용하여 『청파집』 진주중간본과 비교해 본다.

韓(明澮)이 들어가 權(擥)을 보고 나와서 鍾의 어미에게 울며 말하기를, "내 친구는 죽겠구나.” 하니, 종의 어미 또한 우는지라, 한이 말하기를, “내가 병을 낫게 하는 약을 알고는 있지만 감히 말할 수는 없다.” 하니, 종의 어미가 말하기를, “나의 주인께서 살아만 난다면 무슨 약이든 쓰지 않겠습니까.” 하므로 한이 말하기를, “이 병은 다른 병이 아니라, 종을 생각만 하고 가까이할 수 없으므로 그 勞證이 되어 맥이 가늘고 힘이 약하여 졌으니 얼마 안가서 죽을 것이다. 어미는 어찌 딸자식만 생각하고 부인에게 이야기하여 주인의 생명을 살리지 않는가.” 하고는, 다시 눈물을 흘리며 탄식하다가 이어 말하기를, “모름지기 같이 자지 않고 다만 보기만 해도 족히 心中에 맺힌 원한을 풀 수 있으리라.” 하니, 어미가 오랫동안 잠자코 있다가 말하기를, “형편이 이렇게 되었으니 어찌할꼬.” 하고는 드디어 부인에게 고하고 서로 의논하고 좋은 날을 가리어 권람의 처소에 종을 보내게 되었다.2)

초간본에는 한명회가 계책을 달성하고자 鍾의 어미에게 울면서까지 대화하는 모습은 물론, 士族으로서 신분이나 체면을 생각하지 않고 저속한 언동도 서슴없이 하는 모습을 그대로 표현하였다.

그런데 진주중간본에는 밑줄 친 부분과 같이 한명회가 鍾의 어미에게 탄식하며 대화하는 내용이나 저속한 말들이 삭거된 것이다. 또 택일하여 보냈다는 기록도 삭거되었으므로 조선후기의 풍속이 조선전기보다 노비의 신분이 한층 더 비하된 사실을 알 수 있다. 이 내용이 權文海의 『大東韻府群玉』에도 실려 있는데, 다음과 같이 요약하여 설명하고 있다.

韓이 문병을 하고 울면서 말하기를 “내 친구는 죽겠구나. 맥이 가늘고 힘이 약해졌으니 얼마 안가서 죽을 것이다. 부인께서는 어찌 한 여자로서 주인의 생명을 살리지 않습니까.” 하니 부인은 드디어 좋은 날을 가리어 婢로 하여금 그를 구하게 하였다.3)

『대동운부군옥』에 의하면 한명회의 대화 상대자는 鍾의 어미가 아닌 권람의 夫人이므로, 신분상 동격으로 올린 셈이다. 권문해는 退溪 李滉의 문인이므로 ‘文以載道’적 문학관의 입장에서 기술한 것이라고 본다. 이러한 현상은 詞章 위주의 문풍에서 道學 위주의 문풍으로 이행되던 16·17세기 이후의 시대상이 반영된 것이라 하겠다.

---

2) 李陸, 『靑坡集』(목판본, 1512년), 「劇談」, “韓入見權 出而泣謂鍾母曰 吾友亡矣夫 鍾母亦泣 韓曰吾 知所以已病之藥 但未敢言耳 鍾母曰苟吾主得生 何藥之不可施也 韓曰此病無他 以念鍾而不得親 有此勞證 脉微氣弱 朝夕當絶 母何愛一女子 不以告夫人 以活乃主之命乎 復揮泣太息因曰 不須同寢 只可使之相見 足解心中結滯耳 母嘿然良久曰 事勢至此 爲之奈何 遂告於夫人相與定議 擇吉送鍾於權所.”

3) 權文海, 『大東韻府羣玉』(목판본), 권6, 65頁, “韓問病泣曰 吾友亡矣 脉微氣弱 朝夕當絶 夫人何爲一 女子不活乃主之命乎 夫人遂擇吉 婢以求之.”

4. 가치

계명대학교 동산도서관에서 소장하고 있는 이륙의 『청파집』은 초간본으로써 가치가 있다. 이 책에 실려 있는 「청파극담」은 비록 歷史書로서의 체계적인 성격을 지니지는 못했지만 저자의 현실인식을 담은 史書인 것은 분명하다. 이륙에 대해서 成俔은 '역사에 더욱 뛰어났다'고 평할 사실에 비추어 볼 때 단편이긴 하지만 「청파극담」은 주목할 만한 책이라 하겠다.

『청파집』의 異本을 살펴보면 초간본 외에 광해연간에 간행한 목활자본과 철종 조에 간행한 진주중간본 등 모두 3종이 간행되었다. 그런데 『청파집』의 내용에 있어서는 초간본을 중심으로 후기에 간행한 晉州重刊本의 내용과 서로 비교해보면 변개한 사실이 두드러지게 나타남을 알 수 있다.

따라서 이륙의 『청파집』은 초간본과 목활자본, 진주중간본 등 3종의 異本을 다시 종합하여 비교 연구한다면 저자에 대한 개인 연구 뿐 아니라, 조선 전기의 문풍과 그 시대상까지 구명할 수 있을 것이라 하겠다.

[참고 문헌]

李陸, 『靑坡李先生文集』 목판본 2권1책, 晋陽, 1853년.
李陸, 『靑坡先生文集』 목활자본 2권1책, 17세기, 규장각 소장본.
張仁鎭, 「靑坡劇談 연구」, 『한문학연구』 4집, 계명한문학회, 1987.

【張仁鎭】

冲庵集

金淨(1486~1520) ; 金天宇 編.

木板本. 1冊(零本) : 四周單邊, 半郭 25.3×16.3㎝, 有界, 10行20字, 黑口, 內向黑魚尾 ; 34.5×21.0㎝.

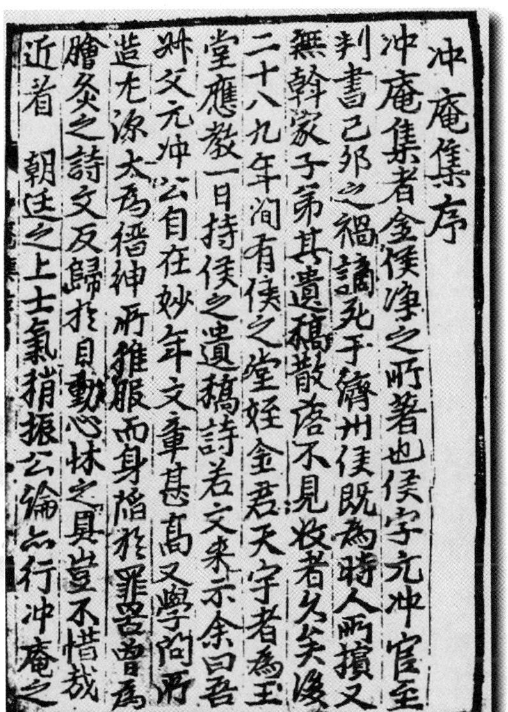

冲庵集序

冲庵集者金侯淨之所著也侯字元冲官至
判書己卯之禍謫死于濟州侯既為時人所擯又
無幹家子弟其遺稿散落不見收者久矣後
二十八九年間有侯之堂姪金君天宇者為玉
堂應教一日持侯之遺稿詩若文來示余曰吾
從父元冲公自在妙年文章甚高又學問所
造尤深太為搢紳所推服而身陷於罪罟曾為
膾炙之詩文反歸於自動心怵之具豈不惜哉
近者 朝廷之上士氣稍振公論亦行冲庵之

충암집

1. 저자

저자인 金淨(1486~1521)의 字는 元冲이고 號는 冲庵·孤峯이며 본관은 慶州이다. 成宗 17년(1486), 아버지 戶曹正郎 金孝貞과 어머니 金海 許氏 사이에서 태어났다. 출생지는 忠淸道 報恩 聲足里이다. 그는 어려서부터 학문에 전념하여 鷄足山 法泉寺, 三角山 淸凉寺, 九屛山 孤峯精舍 등에서 講學하였고 31세 때에는 俗離山 兜率菴에서 性理書에 깊이 침잠하였다. 『師友淵源錄』에 의하면 그는 金宗直의 문인인 辛永僖에게 학문을 전수받았다고 하나 확실치 않다. 孤峰精舍에서는 崔壽峸, 具壽福과 함께 강학하였고 湖堂에서는 朴祥, 蘇世讓 등과 賜家讀書하였다. 특히 趙光祖와는 道義로써 깊이 사귀어 여러 사람들의 기대를 모았다. 그에게 수업을 받은 제자로는 金鳳祥, 金顧來, 崔汝舟, 그리고 종질인 金天富, 金天宇 등이 있다.

그는 22세 때 別試 文科에서, 23세 때에는 文臣庭試에서 모두 壯元함으로써 司諫院 正言, 弘文館 修撰, 弘文館 校理 등에 제수되었다. 24세 때에는 內需司 長利와 忌辰齋를 혁파하라고 건의하였다가 軍職으로 체직되었고, 25세 때에는 모친의 봉양을 위해 忠淸道 都事를 자청하기도 하였다. 특히 朴祥과 함께 愼氏 復位 上疏를 올렸다가 報恩에 유배된 것은 그의 宦歷에서 특기할 만한 일이다. 32세 때 弘文館 副提學으로 조정에 돌아온 그는 都承旨를 지냈고 司憲府 大司憲과 刑曹判書 등의 지위에 올랐다. 중종 14년(1519) 11월, 己卯士禍가 일어나 錦山에 유배되었다가 다음 해 濟州에 移配되었으며, 중종 16년(1521) 10월에 賜死되었다. 그의 시호는 처음에 '文貞'이었는데 뒤에 '文簡'으로 바뀌었다. 그는 道學에 조예가 깊었고 시문, 글씨, 그림에 모두 능하였으며, 저술로는 『冲庵集』이 전한다.

2. 구성

저자가 타계한 지 거의 30년이 다 되어 그의 堂姪 金天宇가 冲庵의 遺稿를 모아 申光漢에게 刪定하고 편차를 잡아줄 것을 부탁하였는데 김천우의 사망으로 인하여 간행되지 못하였다. 그 후 公州牧使 許伯琦가 자신이 따로 모은 유고와 신광한이 소장하고 있던 원고를 합하여 本集과 外集으로 나누고 이를 明宗 7년(1552)에 간행하였다(초간본). 임진란이 일어나자 報恩 儒生들이 문집 판본이 유실될까 염려하여 속리산에 옮겨 보관하였는데, 그 뒤 판목이 더러 유실되고 글자가 떨어져나간 것이 많아 선조 33년(1600)에 판목의 결손된 부분을 보완하고 없어진 부분을 다시 깎아 문집의 판본을 복원하였다. 이 해제본은 명종 7년에 이루어진 初刊本 本集의 권1, 2에 해당된다.

맨 앞에는 申光漢이 서술한 「冲庵集序」가 있다. 그 뒤로는 시 작품을 대체로 창작 시기

순으로 실고 있는데 권1(40장)과 권2(11장)로 구성되어 있다.

1) 권1

권 1에 가장 먼저 실린 작품은 중종 10년(1515) 겨울에 창작한 「十四日朝 吾儕四友 聯轡歷問安子之疾 夕到士毅家 路中風冷甚 是夕 席竹林下痛飮 竹林凡三席 亦三移就之 夜月雪風 森爽砭骨 迭醉復醒 最後墻內小丘有兩竿 尤蕭散孤絶 士毅云 竹下乃古墳 古人云 奈此泉下人 今日烏可不飮云云 余醉甚不省 遂撤席同就小茅舍宿 明朝席上 記昨宵古墳之言 余偶吟一絶 書小紙 掛于竹梢 酹酒墳上云」이고, 그 뒤에는 창작 시기 순에 따라 「題徵詩卷」부터 「奉和昌世使君用工部韻贈啓彦兼以見寄之作」까지 45제의 작품이 실려 있다. 이는 현재 유통되고 있는 중간본 권2 후반부에 실려 있는 작품 46제와 순차까지 동일한데, 다만 중간본 권2의 마지막에 실려 있는 「次義之韻」이 없다. 그 뒤에는 중간본 권3 前半部에 실려 있는 시작품 「次珍富驛亭韻」부터 「卽事」까지 90제가 동일한 순서로 실려 있다.

2) 권2

권 2는 주로 제주에 유배되어 창작한 작품들을 실은 「海島錄」과 창작시기를 알기 어려운 작품들을 모은 「聞見錄」으로 구성되어 있다. 「海島錄」의 첫 작품으로는 중종 15년(1520)에 창작한 「有寄」가 실려 있고 「聞見錄」 처음에는 「次淸風亭韻」이 실려 있는데, 이는 중간본 권3의 후반부와 일치한다. 다만 중간본 권3의 마지막에 실려 있는 「無題」가 없다.

3. 내용

권 1의 앞부분에는 冲庵이 愼氏 復位 上疏를 올린 후 보은에 유배되었을 때 창작한 작품들이 실려 있다. 여기에는 「落花嘆」과 같이 자신의 신세를 한탄한 작품이 실려 있는가 하면 「蛙詩」와 같이 당대 관료들을 비판한 작품들도 실려 있다. 또 「村犬」과 같이 충직한 신하의 도리를 강조한 작품이 있는가 하면 道學的 志向을 노래한 「夜雪」, 「感寓」와 같은 작품들이 있다. 권 1의 후반부에는 금강산을 유람하면서 창작한 작품이 실려 있는데, 隱逸의 삶에 대한 동경을 노래한 「萬瀑洞贈道能師」와 도학정치의 이상을 노래한 「題叢石亭」 등이 주목할 만하다. 또한 조정에 복귀한 뒤에 창작한 작품들도 실려 있다. 어두운 당대 현실에 대한 근심을 노래한 「愁霖」, 정치적 이상의 좌절을 노래한 「感懷」 등은 당시 시인의 심정을 잘 전하는 작품들이다. 권 2는 기묘사화가 일어난 후 珍島, 濟州에서 지은 작품들(「海

島錄」)과 창작 시기를 알 수 없는 작품들(「聞見錄」)이 배열되어 있다. 『海島錄』에는 인생에 대한 회한을 노래한 「渡碧波口號」와 가족에 대한 정을 노래한 「贈弟別」, 그리고 견정한 정신에 대한 지향을 노래한 『題路傍松』 등이 실려 있어, 정신적인 고통을 겪고 있는 시인의 내면을 선명하게 드러낸다. 「聞見錄」에 실린 작품들은 대체로 창작 시기를 알기 어려울 뿐 아니라 충암의 작품인지도 확실하지 않다.

충암 시에서 주목할 만한 점은 앞에서 살핀 바와 같이 道學의 理想을 드러낸 작품들이 하나의 작품군을 형성한다는 사실이다. 금강산을 유람하면서 창작한 「題叢石亭」(권1)은 도학의 경세이상을 빛의 이미지로써 드러낸 대표적인 작품이라 할 수 있다. 충암 시는 또한 당시풍의 작품이 많이 등장한다는 점에서도 주목할 만하다. 당대에는 해동강서시파의 작품을 비롯하여 宋詩風의 시가 크게 유행하고 있었는데, 충암은 奇遵, 朴淳 등과 함께 唐詩風의 작품을 다시 창작하여 詩壇에 새로운 변화를 일으켰다. 금강산 유람에서 창작된 「贈釋道心」(권1)은 그 대표적인 작품이라고 할 수 있다. 금강산 비로봉을 오른 뒤 하산하는 광경을 시화한 이 唐詩風의 작품에서는 시인의 호기로운 기상을 잘 느낄 수 있다.

4. 가치

우선 이 해제본은 임란 이전의 판본이라는 데 의미가 있다. 중간본, 삼간본, 사간본 등 『충암집』은 여러 차례 간행된 바 있지만 조선전기의 판본으로서는 이 해제본과 규장각에 있는 『충암외집』이 남아 있을 뿐이다. 더욱이 이 해제본은 初刊本 本集으로서는 현재까지 밝혀진 유일본이다. 따라서 이 책은 초간본에 충암의 시집이 어떤 체재로 실려 있는지를 시사해준다. 즉 이 해제본의 권1과 권2에, 중종 10년(1515) 보은에 유배된 이후 창작된 시부터 제주에 유배되어 賜死되기까지 지은 작품들이 실려 있는 것으로 보아 초간본 본집에 실린 시집은 이 두 권의 시집으로만 이루어져 있을 가능성이 크다. 이런 사정을 감안하면, 중간본 권2의 앞부분에 실린 시와 동일한 작품들을 싣고 있는 규장각 소장 초간본 외집(零本)은, 중간본의 권1에 실려 있는 시들이 일실된 零本으로 볼 수 있다. 이러한 점은 중간본이 초간본의 편차만을 조정한 것이라는 중간본 발문 기록에 의해 뒷받침 된다. 그리고 이 해제본은 글자가 선명할 뿐만 아니라 가장 먼저 판각된 판본이므로, 판목이 일부 유실되고 글자가 刓缺되어 새로 보수한 중간본 이후의 판본을 검토하는 데 좋은 자료라고 할 수 있다.

5. 기타

『충암집』은 이제까지 최소한 네 번 이상 간행된 것으로 보인다. 初刊本은 공주목사 許伯

琦가 자신이 수집한 충암의 유고와 신광한이 소장하고 있던 원고를 합하여 명종 7년(1552) 공주에서 本集과 外集으로 간행한 것이다. 이 판본은 임진왜란으로 일부가 유실, 결락되자 선조 33년(1600)에 改補하여 추쇄한 바 있다. 重刊本은 증손 金聲發이 인조 14년(1636) 錦山에서 외집의 작품을 창작시기에 따라 본집에 편차시켜 5권 5책으로 만든 것이다. 현재 국립중앙도서관, 서울대학교 규장각, 성균관대학교 중앙도서관, 연세대학교 중앙도서관에 소장되어 있다. 三刊本은 1947년에 후손 金秉熙·金基興이 기존 문집 5권에, 9세손 金商協이 간행한 연보 2권을 합하여 7책으로 간행한 것이다. 石印本으로 현재 고려대학교 중앙도서관에 소장되어 있다. 四刊本은 후손 金洪萬이 삼간본을 저본으로 하되, 『조선왕조실록』의 기사를 채록하여 연보를 보충한 것으로 역시 石印本이다. 현재 초간본은 서울대학교 규장각에 외집 1책이 소장되어 있을 뿐인데, 이 해제본은 초간본 本集의 일부분을 보여주는 중요한 판본이다.

[참고문헌]

『冲庵集』(한국문집총간 23), 민족문화추진회, 1988.
『한국문집총간해제』1, 민족문화추진회, 1991.
『규장각 한국본 도서해제』 集部2, 서울대도서관, 1980.
『선본해제』Ⅳ, 대한민국국립중앙도서관, 1973.
金烋, 『해동문헌총록』, 학문각, 1969.
유호진, 「冲庵 詩의 道學的 局面」, 『한국한문학연구』 17, 한국한문학회, 1994.

【유호진】

虛庵遺藁

鄭希良(1469~?) 著.

木板本. 3卷1冊 : 四周雙邊, 半郭 22.5×15.4㎝, 有界, 11行18字, 大黑口, 內向黑魚尾 ; 27.5×19.0㎝.

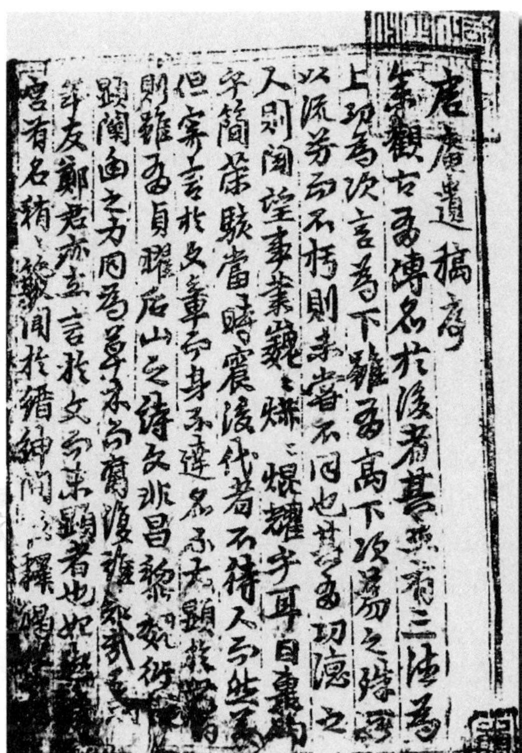

허암유고

1. 저자

저자인 鄭希良(1469~?)의 字는 淳夫이고 號는 虛庵이며 본관은 海洲이다. 예종 1년(1469) 아버지 철원부사 鄭延慶과 어머니 慶氏 사이에서 태어났다. 聰敏博學하고 文藝에 뛰어났다고 한다. 성종 23년(1492) 生員試에 장원으로 합격했다. 성종 25년(1494) 성종 승하 후 宮庭에서 齋를 올리기 위해 佛事를 행하는 것의 부당함을 논하는 疏를 올려 이듬해 1월 海洲로 유배되었다.

연산군 1년(1495) 增廣文科 丙科에 급제, 다음 해(1496) 藝文館檢閱이 되었으며, 金銓·申用漑·金馹孫·南袞·洪彦忠·朴誾 등과 함께 湖堂에 뽑혀 賜暇讀書하였다. 연산군 3년(1497) 藝文館待敎가 되었고 魏徵이 唐 太宗에게 올린「十漸疏」를 본받아 10條의 임금의 德에 대한 상소를 올려 禁中의 일을 極言하였다. 연산군 4년(1498) 藝文館奉敎에 이르렀으나, 7월 戊午士禍에 연루되어 亂言을 알고도 고하지 않았다는 죄목으로 杖 100, 流 3000리의 처벌을 받고 義州에 유배되었다가 연산군 6년(1500) 金海로 이배되었다.

연산군 7년(1501) 1월 모친상을 당하였고, 9월 放免되었다. 방면된 뒤 高陽郡에서 모친의 묘를 지키다가 병으로 인해 豊德縣 종의 집에서 寓居했는데 연산군 8년(1502) 단오날 祖江에 自沈하였다. 江邊에서 그의 옷만 발견되었을 뿐 시신을 찾아내지 못하여 가족은 그의 遺衣만을 묻고 장례를 치렀다. 史臣은 『연산군일기』에 다음과 같이 기록하였다.

> "어떤 이는, '甲子士禍가 일어날 것을 미리 알고 물에 빠져 죽은 것이다.'하고, 어떤 이는, '거짓 미쳐 세상을 피하며 지금도 살아있다.'고 한다."

이것은 당시 사람들의 정희량의 최후에 대한 여러 추측이 난무함을 반영한 것으로 정희량의 遁迹이후 행적에 관한 떠도는 이야기가 野史稗說에 기록되어 전해지고 있기는 하나 사실 여부는 확인할 수 없다.

연산조 新進士類의 일원이었던 정희량과 교유했던 인물로 曹偉, 李荇, 南袞, 朴誾, 成重淹, 洪彦忠 등을 들 수 있다. 저술로는 의주와 김해 유배 당시 지은 詩를 李堣와 金士衡이 편집·간행한 『虛庵遺藁』가 전한다.

2. 구성

『虛庵遺藁』의 卷頭에 저자의 문집을 출간한 李堣의 「虛庵遺稿序」가 있다. 권1부터 권2까지는 義州 유배지에서 지은 詩이며, 권3에 金海로 移配된 후에 지은 詩가 있다. 시기를 추정할 수 있는 작품들은 대체적으로 창작시기 순서로 배열되어 있다. 각 권의 구성을 민족문화추진회 韓國文集叢刊에 수록된『虛庵遺集』(이하 三刊本)과 비교하여 살펴보기로 한다.

1) 권1

권1은 31장으로「平沙落鴈」부터「得希剛書」까지 104題 147首의 詩가 실려 있다. 본 해제본 권1의 첫 작품은「平沙落鴈」인데, 이와 달리 三刊本의 권1 첫 작품의 詩題는「瀟湘八景」이다. 해제본에는「平沙落鴈」과 이후 7首, 즉「遠浦歸帆」,「漁村落照」,「山市晴嵐」,「洞庭秋月」,「瀟湘暮雨」,「烟寺暮鍾」,「江村暮雪」이 각각 배열되어 있는데 三刊本은 이 8首의 시를 묶어「瀟湘八景」이라 題하고 각각의 詩題를 詩 끝부분에「右平沙落鴈」과 같은 형태로 詩題를 제시하였다.

권1의 10번째 작품인「有懷十二友」는 12首로 이루어진 연작시로 첫 首가 "我愛南士華, 異體同骨肉…"이다. 三刊本은 첫 首가 "我愛朴仲說, 肝膽如霽月…"이며 "我愛南士華, 異體同骨肉…"은 다섯 번째로 순서가 바뀌어져 있다. 三刊本 간행 당시 후대인의 南袞에 대한 부정적인 인식이 반영되어 의도적으로 시의 순서를 바꾼 것으로 보인다.

권1의 26번째 작품「寄京洛知己」 다음에 27번째 작품이「奉呈梅溪先生」인데, 三刊本은 두 작품 사이에「送擇之朝燕」이란 작품이 삽입되어 있다.

권1의 75번째 작품의 詩題가「塞雪」인데 三刊本에는「寒雪」로 되어 있다. 첫 구가 "塞天政寂寥"이므로 詩題는「塞雪」이 맞다. 三刊本 간행 과정에서 발생한 오류로 보인다.

2) 권2

권2는 18장으로「偶詠」부터「題短月驛」까지 65題 93首의 詩가 실려 있다. 해제본은 三刊本과 권2의 첫 번째 작품은 같으나 마지막 작품이 다르다. 三刊本 권2의 마지막 작품은「得仲說惠詩」이다.

3) 권3

권3은 24장으로「登鳥嶺」부터「賀士衡登第」까지 100題 111首의 詩가 실려 있다.「賀士衡登第」이후에 배열된 두 작품「龍灣送曹叔度赴燕京」「題加川院壁」은 원 목판본에 있는 시가 아니라 이 해제본을 소장했던 누군가가 저자의 시로 추정되어『謏聞鎖錄」에 실려 있는 것을 옮겨 적은 것이다.

해제본은 三刊本과 권3의 첫 번째 작품은 다르나 마지막 작품은 같다. 三刊本 권3의 첫 번째 작품은「題曦陽山白臺」이다.

3. 내용

권1과 권2에는 정희량이 연산군 4년(1498) 무오사화에 연루되어 義州로 유배된 이후에 지은 詩가, 권3에는 연산군 6년(1500) 金海로 移配된 이후에 지은 詩가 대부분을 차지한다. 권1과 권2에는 義州로 유배된 이후의 절망감과 고독한 심경을 토로하는 작품과 많다. 「偶吟」·「有感」과 같은 제목의 작품 뿐 아니라 가장 많은 수를 차지하는 次韻詩와 벗에게 부치는 시들 대부분이 유배지에서 느끼는 고독·울분·자조·비애가 점철되어 있다. 「憶寓庵揖翠」와 「醉歌」에서 자신이 才名을 지녔음에도 시대를 만나지 못해 낙척한 것이라는 울분을 토로하는가 하면, 「次仲敬示余之作」과 「偶書」에서는 자신의 疎慵한 성품 때문에 비참한 신세로 전락한 것이라 자조하였다. 「有感」에서 그는 자신을 무리에서 낙오된 기러기에 비유하였는데 그의 詩에서 반복적으로 등장하는 '斷鴈'은 유배지에서의 그의 심경을 표현해주는 대표적인 意象이다.

金海로 移配된 이후에 지은 詩 작품이 대부분인 권3에는 義州 유배지에서 지은 시에서는 찾아볼 수 없었던 매화와 대나무에 대한 애정어린 시선과 관심이 나타나 주목할 만하다. 「題南遷後錄」·「瓶梅」·「對竹」·「臘日書事」와 같은 작품에서 정희량이 매화와 대나무의 맑고 고고한(淸高)한 내면적 자질을 추구하고 지향했음을 알 수 있다. 또한 불공평한 운명과 비참한 현실로 인한 절망감을 술, 귀향에의 꿈, 장자적 처세관을 통해 망각하고 극복하고자 하는 의식 세계가 표출된 작품들이 있다. 그 중에서 「混沌酒歌」는 豪氣롭고 奔放한 기상과 飄逸한 情趣가 표출된 그의 대표작이라 할 만하다.

4. 가치

이 해제본은 임란 이전의 판본인 초간본이라는데 가치가 있다. 초간본은 본 해제본 외에 고려대학교 만송문고와 성암고서박물관에 소장되어 있다. 임란 이전의 초간본은 稀少性 측면에서 가치가 있을 뿐만 아니라 詩題나 詩語 및 연작시 배열 순서에 있어서 저자의 처음 의도를 파악할 수 있는 중요한 자료적 가치가 있다. 같은 초간본인 고려대학교 만송문고본과 비교해본 결과 같은 판본임을 확인할 수 있었다. 다만 만송문고본의 경우 권1의 「上梅溪」와 권3의 「吟公檢池題退庵」의 數行의 글자를 아예 판독할 수 없는데 비해 본 해제본은 글자가 선명하여 판독하기 어려운 부분이 전혀 없다.

5. 가치

이 해제본은 중종 6년(1511) 靑海君 李堣가 강원도 관찰사로 부임한 후 저자가 義州와 金海 유배지에서 지은 詩篇을 구하여 東原(강릉)府使 金士衡과 함께 3권 1책으로 편집하고 목판본으로 간행한 初刊本이다. 그 후 임진란으로 판본이 귀하게 되자 傍孫 鄭造가 1621년 초간본의 편차에 따라 목활자로 重刊本을 간행하였다. 중간본은 현재 서울대학교 규장각과 국립중앙도서관에 소장되어 있다. 三刊本은 1897년 11세손 鄭光淑 등이 흩어져 있는 자료를 수집·보충하여 續集 3권을 편성하여 原集과 함께 목활자로 간행한 것이다. 三刊本 原集에는 목록을 첨부하였고 詩의 일부 편차를 달리하였으며 後孫 鄭光淑·鄭鴻錫·鄭冕錫이 跋을 썼다. 현재 서울대학교 규장각, 국립중앙도서관, 장서각 등에 소장되어 있다. 민족문화추진회가 영인한『虛庵遺集』은 이 三刊本을 底本으로 한 것이다. 四刊本은 저자의 15세손 鄭英根이 11세손 鄭光炎 家에서 遺集 2권을 얻어내고 이것을 14세손 鄭宗夏·鄭宗殷 형제 등이 儒林의 도움으로 1940년 鉛活字로 증보 간행한 것이다. 이때 續集은 前刊本 권 2~3의 수록내용을 축약하여 1권으로 편성하고 새로 虛庵祀宇 관계록 등을 모아 1권을 增補하여 原集 3권 續集 3권 합 2책으로 간행하였다. 현재 고려대학교 중앙도서관 국립중앙도서관에 소장되어 있다.

[참고문헌]

『虛庵遺稿』, 고려대학교 만송문고 소장본.

『虛庵遺集』(韓國文集叢刊 18), 민족문화추진회, 1988.

『韓國文集叢刊解題』 1, 민족문화추진회, 1991.

『燕山君日記』

『奎章閣韓國本圖書解題』 集部2, 서울대학교도서관, 1980.

김연수, 「虛庵 鄭希良의 自我 認識과 意識 志向」, 『어문논집』 43호, 민족어문학회, 2001.

【김연수】

一、筆寫本

家稿

趙載遇(1709~1762) 著.

筆寫本. 1冊(零本): 四周單邊, 半郭 22.8×16.5㎝.
烏絲欄, 10行 20字, 無魚尾; 32.5×20.8㎝.

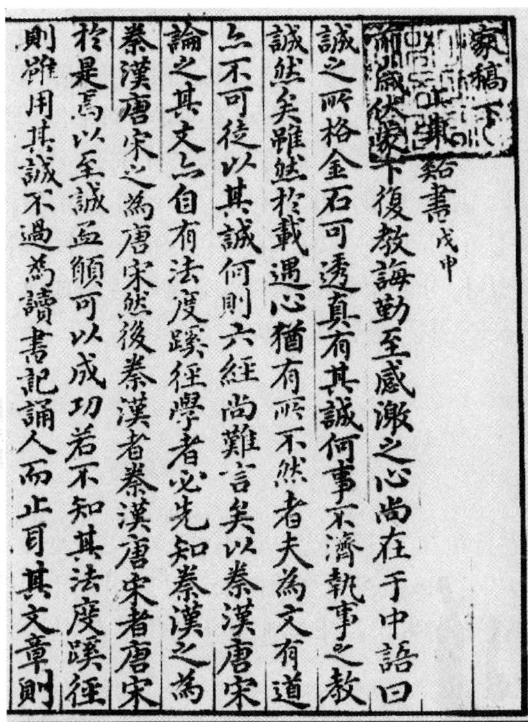
家稿 下

書 戊申

下復教誨勤至感激之心尚在于中語曰
誠之所格金石可透眞有其誠何事不濟執事之教
誠然矣雖然於載遇心猶有所不然者夫爲文有道
亦不可徒以其誠何則六經尚難言矣以秦漢唐宋
論之其文亦自有法度蹊徑學者必先知秦漢之爲
秦漢唐宋之爲唐宋然後秦漢者秦漢唐宋者唐宋
於是焉以至誠亟傾可以成功若不知其法度蹊徑
則雖用其誠不過爲讀書記誦人而止耳其文章則

가고

1. 저자

趙載遇(1709~1762)는 숙종 35년(1709) 6월 19일 漢城府 庶尹을 지낸 哲命(1681~1744)과 延安李氏 사이의 4자 2녀 중 장남으로 태어나 영조 39년(1762) 9월 15일 54세를 일기로 卒하였다. 본관은 豊壤, 자는 會之, 호는 陶村이다. 고조부는 監役 珉(1575~1650, 판서 珩의 형)이며, 文翰으로 이름난 相鼎(1631~1720)과 司馬試에 장원한 大壽(1655~1721)는 그의 증조, 조부이다. 조모 達城徐氏는 영의정 徐文重(1634~1709)의 딸이다.

孝純王后의 부친 鶴巖 文命(1680~1732)과 歸鹿 顯命(1690~1752), 東谿 龜命(1693~1737)과 판서 遠命(1675~1749) 등을 배출한 그의 집안은 조선후기 대표적 벌열 가문 중의 하나로 손꼽힌다. 이들은 정치적으로, 문학적으로 모두 주목을 요하는 인물들로 조재우의 從叔이며 族父이다.

1735년(영조 11) 進士試에 장원한 그는, 1740년 健元陵 參奉을 시작으로 이후 繕工監奉事, 尙瑞院 直長, 掌樂院 主簿, 懷德縣監 등을 거쳐 全州判官을 끝으로 벼슬살이를 마쳤다.

그는 당대 문장으로 명성을 떨쳤던 동계 조귀명을 스승으로 삼아 글을 배웠다. 동계 또한 그를 아껴 字를 지어 주었고(『東谿集』 권5 「會之字說」), 집안의 걸출한 인물로 장래를 기약하였다. 또한 그는 막내아우 載道와 더불어 강마하며 학문을 익혔으며, 문장으로 이름난 水南 李彛章, 承旨 林象元, 李匡會 등과 道義로써 교유하였다.

출중한 재주로 집안의 기대를 받았지만 名利에 연연하지 않고 謙約한 생활로 일생을 보내 '학문을 좋아하고 독실히 실천하는 君子'라는 칭송을 받았다고 아들 尙鎭(1740~1820)은 그의 生平을 요약하였다. 상진이 公卿의 지위에 올라 左贊成에 추증되었으며, 墓誌銘은 三從姪 重鎭이, 墓表는 아들 상진이 지었다.

2. 구성

필사본인 『家稿』는 卷首題가 '家稿 下'로 되어 있는 것으로 보아 원래 上下 2책인 것으로 추정된다. 『家稿 下』가 1728년 이후 연대순으로 모두 산문이 실려 있는 것으로 미루어 『家稿 上』은 모두 詩이거나 詩와 雜著가 함께 있지 않을까 추정된다. 『家稿 下』의 전체 목차는 다음과 같다.

「上東谿書 戊申」·「續昌黎擇言解 己酉」·「書龍眠畵簇後」·「題左抄後」·「亡妹遺事」·「答林弟彦春書 辛亥」·「祭豊陵叔父文 壬子」·「祭外從兄仲亮文 癸丑」·「次憫己賦」·「韓平叔光世哀

辭」·「祭宗兄瑞輿公文」·「詰塊文」·「草堂記 甲寅」·「奉別伯父守安邊序」·「梳匣銘 乙卯」·「夢記」·「祭仲父墓文 丙辰」·「兒女壙誌」·「送希古兄棲陶湖序」·「尋族祖軍器寺正公去思碑記 丁巳」·「醒睡記」·「祭乳母文」·「祭再從叔士心氏文」·「書筆帒後」·「家藏擊蒙要訣後敍」·「魯仲連遺燕將書辯」·「題書算」·「祭東谿文」·「題鏡匣文 戊午」·「答吳壽輿書」·「祭伯舅文」·「清澄淵祈雨祭文」·「西臺山祈雨祭文」·「社稷壇祈雨祭文」·「題横枕」·「金進士仲鼎哀辭 己未」·「祭知敦寧大父文」·「答侍直堂叔書 辛酉」·「答敬大兄書」·「祭李進士義漸文」·「申孺人哀辭 壬戌」·「古畵硯記」·「祭外妹李淑人文」·「答敬大兄書」·「祭尹妹文 癸亥」·「祭岳丈文」·「祭季尹文 甲子」·「上右相叔父 丙寅」·「尹羅州勉敎子東旭哀辭」·「祭季嫂申孺人文」·「祭李庶姑文」·「與申景晦書」·「從妹尹孺文妻孺人趙氏行狀」·「題梳貼 戊辰」·「題歸鹿叔父悼玄久兄詩後」·「筆筒記」·「朴聖問行錄 己巳」·「告亡弟祝文」·「亡弟進士家狀」·「祭亡弟文之文」·「祭敬夫兄文 辛未」·「永慕庵記 甲戌」·「社稷壇祈雨祭文」·「蒼巖祈雨祭文」·「祭伯從嫂韓氏文 戊寅」·「豊沛館重修記 辛巳」·「社壇祈雨祭文」·「清凉山祈雨祭文」·「報謝祭文」·「月淵祈雨祭文」·「書李姪廷幹贈別詩帖後」·「完府椽房改建上樑文」·「題安隱峯師友簡牘後」·「仲父遷葬時祭文」·「季父密陽府君墓誌文 壬午」·「季母淑人光州金氏墓誌文」·「從兄墓誌銘」·「書李思仲世系後 戊辰」

3. 내용

앞서 언급하였듯이 『家稿』는 일반 문집과는 달리 연대순으로 작품이 나열되어 있다. 1728년(영조 4) 저자 나이 20세부터 1762년(영조 38) 54세로 생을 마칠 때까지의 작품들이다. 다만 제일 뒤 「書李思仲世系後 戊辰」는 후일 따로 추가된 듯하다. 『家稿』는 저자가 직접 편정한 것으로 추정되는데 한 해에 하나의 작품이 있는가 하면, 어느 해에는 훨씬 많은 작품들이 있다. 모두 78편의 작품이다. 작품과 내용은 다음과 같다.

「上東谿書 戊申」는 저자의 스승인 동계 조귀명에게 올린 편지이다. 동계가 저자에게 문장은 至誠血願의 노력이 있으면 성취할 수 있다고 하였고(『東谿集』권10 「答載遇書」), 이에 대해 저자는 문장을 잘 짓는 것은 정성을 얼마만큼 들이느냐의 여부에 달려 있는 것이기도 하지만, 그것에 앞서 어떻게 방향을 잡아야할 지의 法度蹊徑을 알아야 하는 것이 더 중요한 것이 아니냐고 반문하였다. 명말의 문장가들이 至誠血願으로 문장에 치력했지만 끝내 古人의 法度蹊徑을 얻지 못해 勦贋하다는 비난을 받은 경우가 그 단적인 예라고 하며, 우선 法度蹊徑을 알고 난 뒤 다음으로 치성을 하는 것이 순서일 것이라고 주장하였다.

「續昌黎擇言解 己酉」는 제목대로 韓愈의 「擇言解」의 내용에 저자의 생각을 덧붙인 것이다. 군자의 말은 모두 善言이라 따로 擇言을 요구하지는 않지만, 그러나 시기에 적절한 말이 아니면 화를 당할 수 있으니 조심해야 한다고 경계한 것이다.

「書龍眠畵簇後」는 이웃집에 龍眠居士(宋 李公麟)가 그린 용 그림 족자가 있는데, 이를 두고 많은 사람들은 용면거사의 작품이 아니라 하였지만, 저자는 용면거사의 작품이기에 신의 보호를 받아 지금에까지 전해오고 있는 것이라고 변론한 글이다.

「題左抄後」는 『左傳』의 문장이 '精神光華', '敍事簡嚴', '言語奇古'하여 그것을 좋아해 손수 90여 章을 베꼈다고 하였다.

「亡妹遺事」는 庚子年(1720)에 태어나 불과 8살의 나이로 요절한 막내 여동생의 모습을 그린 글이다.

「答林弟彦春書 辛亥」는 고종사촌 林象元(1709~1760)에게 답한 편지이다. 임상원이 20년 넘은 친구로서 저자에게 正言讜論을 구하였으나 저자가 성실히 대답해 주지 않았다고 오해한 것에 대해(『三一錄』 권5 「呈內兄書 趙公載遇」) 해명하면서 자신은 그것을 감당할 수 있는 바가 아니라고 사양하였다.

「祭豊陵叔父文 壬子」은 豊陵君 趙文命을 위한 제문으로 代作이다.

「祭外從兄仲亮文 癸丑」은 어릴 때부터 함께 지낸 외사촌 仲亮의 죽음을 슬퍼하며 지은 제문이다.

「次憫己賦」는 족숙 趙啓命(1708~1737)이 자신의 신세를 한탄한 한유의 「憫己賦」를 본떠 자신의 가난을 탄식하는 모방작을 지은데 대해, 자신의 처지를 극복하고 뜻을 더욱 독실이 가질 것을 주문한 글이다.

「韓平叔光世哀辭」는 일찍이 辭賦로써 이름나 1729년 진사시에 합격하였으나, 1732년 불과 25세의 나이로 요절한 韓光世에 대한 애사이다.

「祭宗兄瑞興公文」은 서흥부사를 지낸 재종형 趙載健에 대한 제문이다.

「詰塊文」은 저자가 어릴 때부터 앓아온 塊病을 나무라는 글로, 한유의 「送窮文」의 형식을 모방하였다.

「草堂記 甲寅」는 己亥年(1719)부터 집 없이 終南山과 淸溪 사이를 이리저리 떠돌던 저자의 식구들이 戊申年(1728)에 后川의 동쪽에 집터를 잡고 살게 된 것을 서술한 글이다. 草堂 三間을 지어 형제들이 흩어지지 않고 함께 공부하며 어울리게 된 것을 기뻐한 것도 잠시, 몇 달이 지나 좀 더 나은 집을 원하는 자신들의 변해가는 모습을 보고 이를 경계하는 내용이 담겨있다.

「奉別伯父守安邊序」는 평안도 안변수령으로 가는 백부 趙錫命(1674~1753)를 전송한 글로, 백부의 명리에 초연한 자세와 벼슬살이에서의 참다운 진퇴를 칭송하였다.

「梳匣銘 乙卯」는 조부 止窩 趙大壽의 손때가 묻은 빗통을 다시 찾게 되어 생전에 빗통을 사용하던 조부의 모습과 그와 관련된 추억을 회상한 글이다.

「夢記」는 저자 나이 19세 되던 1727년 초겨울에 꿈을 꾸게 되었는데 내용은 孔子가 子

路를 부르며 성인의 학문은 냇물과 같아 결국에는 넓고 깊은 바다에 흐른다는 가르침을 옆에서 들은 것이었다. 27세 되던 1735년, 한유의 글을 읽다가 비로소 그 뜻이 학문에 나아가는 순서를 가르치고 자신을 면려한 것이었음을 깨닫고 자신을 살펴보는 계기로 삼는다고 하였다.

「兒女壙誌」는 24세에 처음 딸을 얻어 '아비 되기에 부끄럽고, 아비가 되어 기쁘다'고 '愧喜'라 이름 지었지만 천연두로 불과 5살의 나이로 생을 마감한 딸에 대한 기록이다.

「送希古兄棲陶湖序」는 재종형 載淵(載浩의 아우)이 陶湖의 歸樂亭에 살겠다고 하여 저자가 그에게 써 준 글이다. 귀락정은 종숙 趙景命(1674~1726)의 別業으로 저자와 재종형 趙載望(字 泰如)이 함께 공부했던 장소이다. 조재망과의 옛 추억을 떠올리며 그가 자신에게 면려했던 말을 회상하며 재연에게 주어 면려한다고 하였다.

「尋族祖軍器寺正公去思碑記 丁巳」는 부친 趙哲命과 함께 종증조 趙相槩의 善政去思碑를 찾아 나선 시말을 적은 것이다.

「醒睡記」는 비석을 찾고 난 뒤 엿새 지난 날 낮잠을 잠깐 자고 일어나 보니 한낮의 하늘과 구름 그리고 주위 환경이 너무도 아름다운 모습을 이루어 이를 완상하느라 잠이 완전히 깨어났다는 이야기를 적었다.

「祭乳母文」은 유모 金氏의 사후 5년째 기일에 올린 제문이다.

「祭再從叔士心氏文」은 재종숙 趙啓命에 대한 제문이다. 조계명은 동계의 지기지우였다. 출중한 문장으로 기대를 받았으나 30이라는 짧은 생으로 마감하여 동계는 그를 애통해하는 제문을 지었다. 계명의 문집인 『南谷遺稿』는 아주 적은 분량으로 『東谿集』에 附集되어 전한다.

「書筆帒後」는 붓을 담는 용기는 여러 종류가 있지만 가지고 다니기엔 모두 불편하여 저자가 옛 제도를 본떠 위는 둥글고 아래는 모나며 속은 넓게, 그리고 입구도 넓게 하여 사용하기에 편리하도록 만들고는 '筆帒'라 명명하였다고 적었다.

「家藏擊蒙要訣後敘」는 1630년 始林君 李世俊에게 內賜된 『擊蒙要訣』이 외손녀인 洪氏 夫人(저자의 증조모)에게 전해지게 되었고 이후 저자의 집안에 가장되게 되었으니, 이 책을 통해 후손들은 홍부인의 유덕을 생각하고, 또 학문에 정진하라는 당부의 말을 적었다.

「魯仲連遺燕將書辯」은 노중련이 燕나라 장수에게 준 편지에 대한 변론으로, 그 편지는 高論을 좋아하는 노중련 같은 사람의 作이 결코 될 수 없으며, 齊나라 장수 田單이 만든 것이거나 아니면 그 수하가 만든 것이라 주장하였다.

「題書算」은 독서는 내 마음과 書算이 함께 구비되어야 하니, 어느 한 쪽에도 치우치지 말고 있는 듯 없는 듯하는 그 사이에 둘을 두라고 하였다.

「祭東谿文」은 스승을 잃어버린 슬픔이 759자에 곡진하게 담겨 있는데, 저자는 동계의 문장을 '遒宕簡鬱'하다고 하였다.

「題鏡匣文 戊午」은 거울의 본체는 밝은 것이지만 늘 닦지 않으면 돌보다 못한 것이니 부단히 닦아야 함을 강조하였다.

「答吳壽興書」는 珍山에 사는 吳壽興이란 사람이 그가 지은 易說과 雜著를 저자에게 보여주며 평을 구하였던 바, 易에 대해 아는 바 없다고 사양하였으며, 다만 문자 운용에 있어 古文의 궤법에는 조금 어긋나는 것이 있다고 조언을 해 주었다.

「祭伯舅文」은 어려서 부모를 잃은 어머니의 형제들을 큰 오빠로서 정성껏 돌보았으며, 저자를 친 조카처럼 가르쳐 주었던 큰 외숙 李浤을 애통히 그려내었다.

「淸澄淵祈雨祭文」·「西臺山祈雨祭文」·「社稷壇祈雨祭文」는 모두 부친의 임소인 珍山에 있을 때 부친을 대신해 지은 글이다.

「題櫝枕」은 궤침에 쓴 짤막한 글이다.

「金進士重鼎哀辭 己未」는 어릴 때부터 외가에서 공부한 金重鼎(字 子厚)에 대한 추억을 회상하며 쓴 글이다. 「祭知敦寧大父文」은 백부를 대신해 지은 제문이다.

「答侍直堂叔書 辛酉」는 大志를 가지고 自修하여 矯俗해주기를 바라는 당숙의 편지에 대해 志와 修는 그렇다손 치더라도 矯俗은 감당할 수 있는 바가 아니라고 겸손히 답장한 것이다.

「答敬大兄書」는 與俗同光하라는 권유에 避名養德하여 安心立命하겠다는 내용으로 재종형 趙載浩(1702~1762)에게 답변한 글이다.

「祭李進士義漸文」은 50여년 靜潔自修한 李義漸에 대한 제문으로 부친을 대신해 지었다.

「申孺人哀辭 壬戌」는 李正甫의 아내인 申氏의 賢淑한 婦德을 서술해 놓았다.

「古畵硯記」는 古畵硯의 形色, 出處에 대한 느낌과 생각을 서술한 글로, 외사촌 徐進修가 永平 金華山 石窟에 유람 갔다가 얻은 벼루돌이라 하였다. 아우 載道가 銘을 지었다.

「祭外妹李淑人文」은 閔樂洙의 처 李氏에 대한 제문이다.

「答敬大兄書」는 재종형 조재호가 聖上의 본지를 오해하여 성균관 유생들과 처지를 함께하는 것은 사리에 맞지 않다고 충고한 내용이다.

「祭尹妹文 癸亥」은 尹東昇에게 시집간 사촌 여동생에 대한 제문이다.

「祭岳丈文」은 高士의 삶을 살았던 장인 鄭錫老에 대한 제문이다.

「祭季尹文 甲子」은 기대를 걸었던 종제 載任이 18세로 요절하자 이를 애통해하는 마음을 1,275자의 장문으로 나타내었다.

「上右相叔父 丙寅」는 과거에 응시하지 않은 것에 대한 변론으로 先考의 상을 지낸 것이 얼마 되지 않았고, 또 과거는 다음 기회에 얼마든지 응시할 수 있다고 하였다.

「尹羅州勉敎子東旭哀辭」는 尹勉敎의 아들 東旭에 대한 애사이다.

「祭季嫂申孺人文」은 막내 제수 申氏, 「祭李庶姑文」은 庶姑 李氏에 대한 제문이다.

「與申景晦書」는 申嘻에게 보낸 글로 짤막한 안부편지이다.

「從妹尹孺文妻孺人趙氏行狀」은 尹東星의 아내이며 저자의 사촌 여동생의 행장이다.

「題梳貼 戊辰」은 빗에 써 놓은 짤막한 글로, 머리털은 잘 다스려 가지런하게 하고 마음은 잘 길러 한시도 잃어서는 안 됨을 말하였다.

「題歸鹿叔父悼玄久兄詩後」는 歸鹿 趙顯命이 18세로 요절한 조카 載運을 애도하는 시를 남긴 것을 저자가 열람하고서 종형 재운과 관련된 주위의 견문을 적어 후일의 자료로 삼는다고 하였다.

「筆筒記」는 팽나무라 전해지는 고목의 한 가지가 부러져 쓸모없던 것을 저자가 다듬어 필통을 만들었고, 이를 통해 천하의 材器는 잘 배양하고 주조하는 데에 달려있다고 하였다.

「朴聖問行錄 己巳」은 代作으로 가까이는 夫婦에서 父子兄弟朋友에 이르기까지 勉勉篤實하였던 朴師得(1650~ 1669)에 대한 기록을 모았다. 박사득은 潘南人으로 西溪 朴世堂의 증손자며 白石 朴泰維의 長姪이다. 文藝가 夙達하여 西堂 李德壽에게 '文辭爾雅 若蛙音中聽韶', 宋寅明에게 '今之王勃'이란 칭찬을 들었으며, 사후 趙龜命, 樗村 李廷燮이 애석함을 나타내었다.

「告亡弟祝文」은 막내 아우 趙載道(1725~1749)를 위로하는 告文으로 죽음 이후 무덤을 만들고 종숙 顯命에게 묘지문을 얻어 埋石하기까지 모두 4편의 글이다.

「亡弟進士家狀」은 조재도를 가장 가까이서 지켜보았던 형으로서 아우의 죽음을 애통해하며 직접 견문한 것을 적었다. 조재도의 자는 文之, 호는 忍庵. 6세 때 豊陵君 趙文命에게 자신은 두 개의 마음을 지니고 있는데 하나는 讀書, 하나는 出遊라고 하였다. 이 말대로 그는 평생 立志好學을 독실히 하여 유가 경전은 물론 仙·佛·諸子百家에 이르기까지 두루 열람하였으며, 금강산 일대를 유람하며 승려들과 논변하였다. 문장에 능하여 10세에 조귀명에게 나아가 수업을 받았다. 동계의 명으로 「採薇論」을 지으니 동계가 손수 비점을 치며 '穀梁體'라고 칭찬하였다. 23세에 사마시에 합격하였으나 居喪 중 병이 나 25세의 나이로 생을 마쳤다. 10대에 지은 시에 대해 동계는 '三百篇遺音'이라 평하였다. 「四書記疑」를 지었다고 하는데 현전여부는 알 수 없으며 큰형 재우가 편집한 것을 1781년 조카 尙鎭이 간행한 『忍庵遺稿』 5권 2책이 전한다.

「祭亡弟文之文」은 조재도의 사후 2주년을 맞아 애통한 마음을 1,788자의 장문에 담아내었다.

「祭敬夫兄文 辛未」은 趙榮翼에 대한 제문이다.

「永慕庵記 甲戌」는 부친의 뜻을 이어 永同 楓川에 있는 墓舍를 완공하고 선조들을 기리는 마음을 가지자는 글이다.

「社稷壇祈雨祭文」·「蒼巖祈雨祭文」은 또한 앞서 기우제문과 마찬가지로 부친의 임소인 珍山에 있을 때 부친을 대신해 지은 글이다.

「祭伯從嫂韓氏文 戊寅」은 온갖 어려움을 겪으면서도 굳건히 큰 집을 지켰던 형수 韓氏에 대한 제문이다.

「豊沛館重修記 辛巳」는 전주의 풍패관을 중수하고 지은 글이다.

「社壇祈雨祭文」·「淸凉山祈雨祭文」·「報謝祭文」·「月淵祈雨祭文」·「完府椽房改建上樑文」은 모두 전주 판관으로 있을 때 지은 글이다.

「書李姪廷幹贈別詩帖後」는 조재우의 형제와 楨甫가 옛날 珍山에서 讀書歌吟하며 즐거운 한 때를 보냈는데 세월이 흘러 정보의 아들이 그 때 남겼던 증별시첩을 들고 와 보여주기에 당시의 감회를 떠올리며 적는다고 하였다.

「題安隱峯師友簡牘後」는 隱峯 安邦俊(1573~1654)이 師友 간에 주고받은 편지들을 후손을 통해 열람하고는 저자가 직접 첩을 만들어 돌려주면서 후손들에게 선조들의 높은 풍모를 배울 것을 주문하고 있다.

「仲父遷葬時祭文」은 저자가 전주에 있으면서 중부의 무덤을 선조의 무덤이 있는 영동에 옮기며 지은 글이다.

「季父密陽府君墓誌文 壬午」은 계부 趙集命(1691~1754)에 대한 묘지문인데, 몸이 여위어 동계가 그의 小眞을 보고 '瘦鶴'이라 하였으며, 그의 시를 두고 동계와 귀록은 '唐韻'이라 칭하였다 한다.

「季母淑人光州金氏墓誌文」은 集命의 四配인 光州金氏에 대한 묘지문이다.

「從兄墓誌銘」은 종형 趙載運(1696~1713)에 대한 묘지명으로 재운의 자는 玄久, 석명의 아들, 관찰사 韓配周의 사위이다. 저자의 아우 載道와 더불어 가문의 촉망 받는 인재였으나 요절하였다. 조부 大壽가 제문을, 종숙부 顯命이 시를 지어 애통해 하였다.

「書李思仲世系後 戊辰」는 李景伋의 성품과 생활에 대해 간략히 언급하였다. 이경급의 자는 思仲, 관향은 全州이다. 저자의 三世客이라 하였고, 아우가 傳을 지었다고 하는데 확인되지 않는다.

4. 가치

본서는 우선 미간행본 유일 필사본이라는데 일차적인 가치가 있다. 더구나 저자가 직접 편집, 정서한 手稿本으로 추정되어 더욱 가치가 있다고 하겠다. 그리고 저자와 그의 집안이 조선후기 벌열가, 특히 소론의 핵심으로 활동하였던 바 소론계 문인들의 일 동향을 파악하는데 유용한 자료가 되리라 본다. 비록 저자의 집안과 관련된 글이 대부분이지만 소론계 문사들의 글들이 후대로 내려오면서 상대적으로 많이 일실되어버린 점을 감안한다면 본서는 소론계 문사들의 문집을 발굴, 복원하는데 일정한 기여를 할 것이다. 더 나아가 영조대 문인들의 문학적 동향과, 18세기 초반 문학사의 한 공간을 채워줄 수 있는 주요 자료로서 자리매김 할 수 있을 것이라 기대된다.

5. 기타

앞서 언급하였듯이 본서가 『家稿 下』인 점을 본다면 『家稿 上』이 분명히 존재하였을 터이고, 만약 이 책이 현전한다면 조속한 발굴을 기대해 본다. 이를 통해 18세기 초 文章行誼로 세상에 이름났던 한 문인의 온전한 모습과 그 구체적 문학 활동이 파악될 수 있을 것이다.

【임규완】

可齋先生文集

權明佑(1722~1795) 著.

筆寫本(稿本). 8卷4冊 : 四周雙邊, 半郭 19.8×15.7㎝, 有界(烏絲欄), 10行20字, 無魚尾 ; 30.8×20.1㎝.

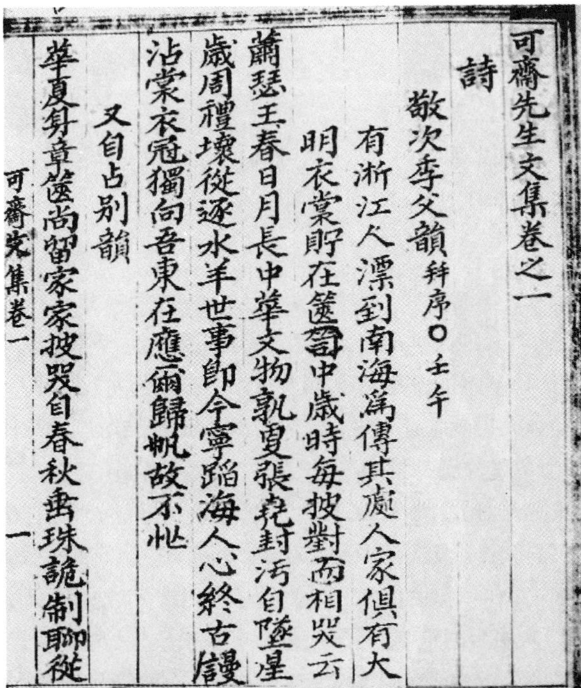
可齋先生文集卷之一

詩

敬次季父韻 幷序○壬午

有淅江人漂到南海漏傳其處人家俱有大明衣裳貯在篋笥中歲時每披對而相哭云

蕭瑟王春日月長中華文物亂更張堯封汚自墜星歲周禮壞從逐水羊世事卽今寧蹈海人心終古饅沾裳衣冠獨向吾東在應爾歸帆故不忙

又自占別韻

華夏身章篋尚留家家披哭自春秋壺珠詭制聊從

可齋先集卷一　一

가재선생문집

1. 저자

權明佑(1722~1795)는 본관은 安東, 자는 子淵, 호는 可齋이다. 초명은 褒이다. 경종 2년(1722) 護軍을 지낸 縉과 禮安李氏 사이의 장남으로 태어나 正朝 19년(1795) 2월 23일 74세의 일기로 卒하였다. 고조부는 郡守를 지낸 權搏, 증조부는 宣教郎 權燈이며 조부는 이름난 문인인 屛谷 權榘(1672~1749)이다.

3~4세에 시를 지을 줄 알았고, 15세에는 詞章을 즐겨하지 않고 도학 공부를 하였다. 21세에 과거시험을 포기하고 산사에서 도학에 전념하였다. 1749년 조부 병곡이 죽자 유고를 수습하여 大山 李象靖(1710~1781)에게 가져가 교정을 받았는데, 이 때 그의 제자가 되었다. 1788년에 正祖가 1728년 李麟佐의 난에 억울하게 피해당한 사람을 조사할 때 조부 권구의 무고함을 기록하여 올려 임금으로부터 칭찬을 받았다. 1789년에 안동 권씨 족보를 만들 때 총책임자였는데, 한결같이 지극히 공변된 마음으로 처리하였다고 한다.

평생 벼슬을 하지 않고 은거하며 학문에 전념하였는 바 詞章의 글은 거의 없고 劄錄, 記疑와 같은 잡저와 행장·제문·상량문 같은 실용문이 대부분이다.

2. 구성

본서는 일반 문인들의 문집과 같이 완전한 체제를 갖추고 있다. 즉 詩, 書, 記, 跋, 行狀, 祭文 등 다양한 장르가 실려 있다. 전체 목차는 다음과 같다.

卷之一 詩

「敬次季父韻幷序 壬午」, 「又自占別韻」, 「次沙谷壽席韻四首 李萬益」, 「西笑日安訥甫敏修病裏贈別祝我點額未及和卒困而歸遂次其韻四首」, 「敬次家大人霽谷八景 乙酉」, 「次玉聲彦還山韻 丙戌」, 「擬挽金九思堂樂行 丁亥」, 「次贈裵汝賢維喆留別除夕兩韻幷序 戊子」, 「輓金仲儒景瀗四首」, 「次李孝述曾胤卦體韻二首 己丑」, 「次訥甫韻幷序」, 「柳秀夫用訥甫韻投我遂次贈」, 「次金震遠櫟窩雜詠」, 「贈谷城宗人泰德 辛卯」, 「輓河來遠龍國」, 「次李行觀孝瞻新居韻」, 「同諸友重次前韻」, 「又次軸中韻二首」, 「李同知重牢宴韻壬辰」, 「輓懶拙齋李先生山斗」, 「敬次季父韻 癸巳」, 「輓鄭仲進在淵」, 「輓趙子淳相贇」, 「輓金仲淳有源 乙未」, 「龜潭書堂次密庵先生韻幷序」, 「次笙潭書堂韻」, 「又次書堂重修韻」, 「又次書堂十二景韻」, 「奉呈金聖文光憲二首」, 「次呈聖文韻幷序」, 「輓瑞雲堂宗丈正模」, 「次南湖兄裵贈別韻」, 「輓金聖文 己巳」, 「次金善吾養根養素堂韻二首」, 「中臺文會示善吾二首」, 「廣興文會示善吾三首」, 「輓李君輔尙慶幷序六首」, 「詠六友呈訥甫幷序」, 「又」, 「臘暮滯于河上與秀夫唱和四首 丙午」, 「輓崔百弗輿遠」,「輓李表兄師迪八首」,「陵齋呈權幼則範祖二首」,「屛院重修韻二首」,「輓金德中龍普」,「輓李德吉弘績」,「輓南湖兄 戊申」,「輓李小山光靖 己酉」,「輓尹伯高僩」,「次白巖金先生海上韻 庚戌 二首」,「輓權幼則 辛亥 二首」,「輓柳叔文道源」,「謹所次權其天思浩韻 壬子」,「和申君維贇錦水歌九絶」,「又和上元踏橋韻二首」,「次權退之昌愈權萬休宅孚權時明永唱酬韻三首」,「書齋夜雨次金晋吉泌慶韻幷序」,「又次晋吉二首」,「晋吉夜誦四箴有感以示」,「步杜草堂薄暮韻」,「又步晨雨韻」,「贈別晋吉」,「輓金叔見龍在」,「書懷示晋吉」,「敬次家大人偶吟韻 乙亥」,「輓金和國彦燮」

卷之二

書:「擬與李大山先生」,「與蔡樊巖相公濟恭」,「與柳孟熙宗春」,「與朴天休申慶」,「與李逸昇鎭東」,「與李逸昇」,「答李逸昇」,「與疏廳諸友」,「與趙□□顯道聖際運道聖紹述道」,「與趙聖紹」,「答趙聖紹」,「答柳叔文道源」,「答柳叔文」,「答安訥甫」,「與金克夫弼衡」,「與金中立道行」,「答權其天」,「與權其天」,「與權伯審應度」,「答權來鳳韶」,「與李穉道埦」,「答權士初爾復」,「答權□□爾鳳權彝叙東範」,「答金希曾震遠」,「與權□□七紀」,「與洛淵會中」,「答陵洞會中」,「重答陵洞會中」,「與陵洞會中」,「答權季善馨復」,「答鄭仲進」,「答趙器仲載道」,「答趙器仲」,「與柳天叙川休」,「與柳士鉉台佐」,「與安子居爾宅」,「答舍弟亘萬尙佑」,「與亘萬」,「寄孫兒琮」

卷之三

行狀 :「正憲大夫行知中樞府事兼五衛都摠府副摠管懶拙齋李先生行狀」,「伯舅成均生員下枝李公行狀」,「宗簿寺副正竹林權公行狀」,「處士守吾齋安公行狀」,「杏堂金童子遺事」

卷之四

行狀 :「王考府君屛谷先生行蹟」
祭文:「豊巖里社栗園李先生奉安文丙午」,「花川里社謙庵柳先生奉安文」,「雲溪里社方潭權先生奉安文」,「孤竹書院忠貞公籠巖金先生奉安時告由文 庚戌 爲本孫作」,「竹林權公立社時告墓文 爲本孫作」,「孤山李先生改立石告由文 己酉」,「懶拙齋先生墓時祀常用祝文 甲寅 爲申城同門稧儒生作」,「祭懶拙齋李先生文 壬辰 爲里塾儒生作」,「祭大山李先生文 壬寅」,「祭安訥甫文 壬子」,「祭鄭仲進文 甲午」,「祭李叔擎文 癸卯」,「祭仲父文 癸未」,「祭季父文 戊戌」,「祭舍弟文 壬子」,「李幼瑞入宅祭神文 代作」,「祭龍井文 壬辰 伯舅葬事時」

卷之五

記:「可齋記」,跋:「書權蔚珍公記實後」,上樑文:「箕山精舍上樑文」,「原塘書室上樑文」,雜著 :「讀大學箚記」,「拙齋集校正記疑」

卷之六

雜著 : 「讀原道」, 「栗谷書記疑」, 「論韓久菴四七說」, 「論明齋集」, 「記聞」

卷之七

雜著 : 「答禮安豊基文」, 「通近喦書院文」, 「通各院文 栗園里社時」, 「通太師廟文」, 「通太師廟文」, 「權沃川訟寃文壬辰爲本孫作」

卷之八

附錄 : 「家狀」, 「輓詞」, 「祭文」
金道和의 「可齋墓碣銘」

3. 내용

권1에는 67제 170수의 詩가 실려 있다. 임오년(1762)에 지은 「敬次季父韻 幷序 壬午」를 시작으로 임자년(1792)에 지은 「書懷示晋吉」까지 저작 연대순으로 배열되어 있다. 그 중에 작품 수가 많은 시를 보면, 「次金震遠櫟窩雜詠」은 20수이며, 「又次書堂十二景韻」은 12수이며, 「輓李君輔尙慶幷序六首」, 「詠六友呈訥甫幷序」, 「又」는 각각 6수씩이다. 또 「輓李表兄師迪八首」는 8수이다. 시집 끝에「敬次家大人偶吟韻 乙亥」과 「輓金和國彦燮」등 두 작품이 부록처럼 붙어있다. 「敬次家大人偶吟韻乙亥府使釀鄕禍侵辱某某家故云」은 1755년에 지은 것으로 시집에 실린 어떤 작품보다도 시기적으로 가장 빠름에도 불구하고 제일 뒤에 위치하고 있다. 이유는 미상이다. 또 「輓金和國彦燮」은 저작 연대를 알 수 없는 장편 만시이다. 본서에 실린 전체의 시 중 절반 이상 만시이고, 단순히 경치를 읊거나 음풍농월한 시는 거의 없다. 이러한 현상은 詞章을 중시하지 않고 道學에 전념하여 실용문을 중시한 저자의 학문적 성향의 결과로 보인다. 그의 시에 대하여 "沖澹함을 위주로 하고 綺麗한 자태가 전혀 없다."고 평가한 金道和의 말은 이를 뒷받침한다.

권2에는 39편의 편지가 실려 있다. 大山 李象靖(1710~1781), 樊巖 蔡濟恭(1720~1799)을 비롯하여 당시 학자들에게 준 편지가 실려 있고, 마지막에 동생 權尙佑와 손자 權琮에게 보내는 편지가 있다. 이 편지들은 당시 학풍의 성향과 저자 자신의 학문적 성격을 파악할 수 있는 좋은 자료이다.

권3과 권4에는 6편의 행장과 17편의 제문이 실려 있다. 6편의 행장에는 懶拙齋 李山斗(1680~1772) · 下枝 李象辰(1710~1772) · 竹林 權山海(1403~1456) · 守吾齋 安敏修(1724~1791)에는 행장으로, 杏堂 金童子는 遺事로, 조부 屛谷 權榘는 行蹟으로 각각 명명하여

서술되어 있다.

祭文은 다시 奉安文과 告由文 그리고 제문으로 구성되어 있다. 봉안문은 豊巖里社의 栗園 李珙(1533~1612), 花川里社의 謙庵 柳雲龍(1539~1601), 雲溪里社의 方潭 權杠(1567~1626), 孤竹書院의 籠巖 金澍에 관한 것이다. 그 외에 竹林 權山海의 告墓文, 孤山 李惟樟(1624~1701)의 改碣 告由文, 懶拙齋 李山斗의 常用祝文이 있다. 제문으로는 懶拙齋 李山斗, 大山 李象靖에 대한 제문 등 10편이 있다.

권5에는 記文과 跋文 각각 한편씩과 두 편의 상량문이 실려 있다. 「可齋記」는 자신의 호 可齋에 대한 기문이고, 「書權蔚珍公記實後」는 울진 권공의 실기에 대한 발문이다. 두 편의 上樑文은 箕山精舍와 原塘書室에 대하여 각각 지은 것이다. 권5와 권6에 실린 잡저는 저자의 학문적 역량을 볼 수 있는 곳이다. 「讀大學箚記」는 『大學』을 읽으면서 의문점과 자기의 생각을 기록한 것인데, 처음인 經1장에서 마지막 傳10장까지 두루 언급하고 있다. 「拙齋集校正記疑」는 저자의 외고조부 柳元之(1598~1678)의 『졸재집』을 교정하면서 의심나는 것을 기록한 것인데, 脫誤條, 誤解條, 商量條로 나누어져 있다. 저자는 『주역』의 상수학에 관한 저술을 남기지 않았다. 그러나 『졸재집』에서 의문시 되는 내용에 자기의 견해를 피력한 것이 모두가 『주역』 상수학에 관한 내용이다. 이런 것을 보면 권명우가 이 방면에도 상당한 조예가 있었던 것으로 생각된다. 그러므로 이 작품은 『졸재집』을 보는데 꼭 필요할 뿐만 아니라 저자의 상수학을 파악하는데 매우 중요한 자료이다. 「讀原道」는 韓愈의 「原道」에 대하여 논의한 것이고, 「栗谷書記疑」은 李珥(1536~1584)의 『율곡집』의 편지에서 의심나는 것을 논술한 것이고, 「論韓久菴四七說」은 韓百謙(1552~1615)의 四七論에 대하여 논설한 것이다. 「論明齋集」은 尹拯(1629~1714)의 문집에 대한 논의한 것이다. 「記聞」은 저자가 평소에 주위에 들어보고 경험한 여러 가지 이야기를 17조항에 걸쳐 서술해 놓은 잡록이다.

권7에는 5편의 통문이 실려 있다. 「答禮安豊基文」은 花川書院에 유운룡과 함께 柳元之를 배향해야 한다는 내용을 예안과 풍기의 유림에게 보낸 것이다. 「通近嵒書院文」은 洪汝河(1621~1678)가 편찬한 『麗史彙纂』을 판각해야 함을 주장한 글이다. 「通各院文」은 李珙의 栗園里社를 만들 때 각 서원에 보낸 통문이고, 「通太師廟文」은 시조 태사 權幸의 사당에 대한 통문이다. 「權沃川訟冤文」은 옥천군수 權希仁이 임진왜란 때 의병장으로 공을 세웠음에도 불구하고 인정받지 못하고 있는 원통함을 하소연하는 글이다.

권8에는 附錄으로 후손이 지은 권명우의 「家狀」이 실려 있다. 그 뒤를 이어 金弼馨이 권명우에 대하여 지은 「輓詞」를 시작으로 16편의 만사가 실려 있고, 역시 金弼馨이 권명우에 대하여 지은 「祭文」을 시작으로 17편의 제문이 실려 있다.

권8에서 벗어나 따로 金道和(1825~1914)의 「可齋墓碣銘」이 마지막에 붙어 있다. 이것은 아마도 문집이 다 편집되고 난 뒤에 늦게 이루어진 묘갈명을 제일 뒤에다 부기한 듯하다.

위에서 본 바와 같이 『가재집』에 실려 있는 글은 실용문인 행장과 제문 그리고 통문이 많고 또 저자의 학문의 성향과 역량을 볼 수 있는 편지와 잡저가 대부분이다. 때문에 문집의 체제도 일반 문집과는 달리 詩와 書 다음에 바로 행장과 제문이 나오고 記와 跋 그리고 잡저는 뒤에 위치하고 있다. 김도화가 "권명우의 문은 辭達을 중시하였고 奇健한 격식을 숭상하지 않았다."고 하였던 것은 이런 맥락에서 이해된다. 또 김도화가 "권명우가 星曆, 地理, 陰陽, 易數에도 박통하였지만, 실력을 감추고 드러내지 않았다."고 말한 것처럼 이 방면에는 저술이 거의 없다.

4. 가치

본서는 우선 미간행 유일 필사본이라는데 일차적인 가치가 있다. 18세기 영남 지방에는 대산 이상정의 학풍이 성행하였는데, 대산의 제자였던 권명우의 학문적 성향도 여기에서 크게 벗어나지 않으리라 생각된다. 따라서 본서를 통하여 당시 영남 지역의 학문적 성향을 재차 확인할 수 있을 것으로 기대한다. 한편 잡저에 실린 「栗谷書記疑」, 「論韓久菴四七說」, 「論明齋集」등의 글은 이이의 편지, 한백겸의 사칠론, 윤증의 문집에 대하여 논의한 것이다. 따라서 저자가 영남지역을 넘어서 기호학파의 학문에 대하여 어떠한 생각과 견해를 가지고 있는가를 이런 글을 통하여 알 수 있을 것으로 기대된다.

5. 기타

본서는 앞으로 간행하기 위한 초고본으로 정리한 듯하다. 따라서 글 중간 중간에 ( )로 묶어 표시하여 놓았고 또 오자를 상란에 표시하였는데, 이것은 아마도 책을 간행할 때 ( ) 부분은 삭제하고 오자는 고치라는 말일 것이다. 그렇게 되면 더욱 완전한 책이 될 것이다.

【송희준】

覺軒遺稿

張儔(1771~1832) 著.

筆寫本. 2卷2冊 : 四周無邊, 半郭 25.5×17.7㎝.
有界, 13行 26字 ; 33.8×21.8㎝.

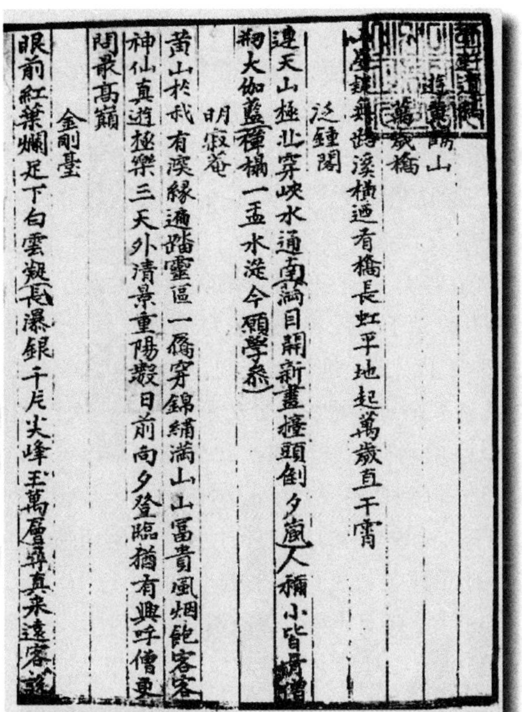

각헌유고

1. 저자

張儔의 생애는 그의 손자 張福樞(1815~1900)의 『四未軒文集』 권11에 수록된 「祖考覺軒府君家傳」에 자세하다. 장주의 본관은 玉山, 초명은 壽星, 자는 老如로 旅軒 張顯光의 6대손이다. 1771년(영조 47) 4월 1일 星州 角山里에서 태어났다. 본디 趾馨의 소생이나 趾穆에게 입계하였다. 평생 관직에 나아가지 않았으며, 산수유람을 좋아하여 국내의 명승을 두루 다니며 제영을 남겼는데, 人口에 회자되었다고 한다. 1832년(순조 32) 1월 25일 세상을 떠났다. 前配는 坡平 尹檍의 女, 後配는 善山 金光泂의 女이다.

2. 구성

제1책

詩：萬歲橋, 泛鍾閣, 明寂菴, 金剛臺, 白雲菴, 靈雲菴, 次金友來吉 泰敎 韻(以上「遊黃鶴山」), 上朝陽閣次圃隱先生板上韻, 東都懷古, 東海路上, 宿東江院, 宿玉山院, 登溪亭板上韻, 贈別李叔賚, 次季方仰如斷酒韻, 見晩菊有感, 夜坐强吟, 采菊種盆, 輓平窩鄭戚兄 焞, 書歎, 敬次伯氏寫懷韻, 送伯氏遊錦山次季方韻, 贈舍季病枕, 續吟一絶勉季方調病, 雨夜憶錦山行事, 暮歸近村呼妻酌酒, 偶吟示季方. 除夜自悼, 元朝排悶, 悼亡, 輓再從侄起彦 瀷, 輓吳山三從兄丹城丈, 閒居雜詠, 卽事, 歲暮書感, 謹次李月沙勸酒篇, 更步勸酒韻作喚醒篇, 謝李友晉卿杖屨委訪 錸, 雪夜懷晉卿, 歲暮書懷, 贈碁客, 立春, 除夕, 新歲, 人日, 呈武伯金老丈 希龍, 秋日獨酌次石洲韻賦古詩二首, 鵝林道中, 遊黃梅山, 輓可谷宗丈 敬穆, 輓尹戚兄子一氏 宅心, 輓大浦李丈 敏謙, 代人輓, 輓中山黃姊兄 耳老, 輓霞堂李上舍戚丈 鼎五, 代人輓, 輓魯谷從兄 壽極, 輓月峰次丈, 輓聘君月峯處士, 拈高字韻贈李友晉卿, 次蓀谷韻贈別瑞應, 輓金士貞氏 邦弼, 次石洲韻呈李丈國文氏 東明, 更拈春字韻贈別, 己巳以寒旅兩先生請廡事治疏詣闕而余以本孫同參此行亦斯文之盛事也遂次疏首趙丈士貞氏韻, 行到鳥嶺或言牛腹洞在處山云故戲賦一絶, 到樓巖次李友景行韻, 到南漢城又次景行韻, 燈夕登南山觀眺, 十五夜小雨新晴月色微雨泮人金得抱琴入內自彈自歌時族從道濬 泂 早睡姜戚能仁不來獨坐戲咏, 行中別章, 次姜戚能仁鏡湖精舍韻, 輓平皐姜令 碩龜, 又 代作, 歲暮書感, 伯氏驚我白髮贈以一律遂卽和, 拜呈內從兄前川呂翁 宜奎, 更次屛谷韻以呈, 雨夜次屛谷韻以呈, 更用知字韻以呈, 又次月沙集韻以贈, 戲呈前川翁, 更次月沙韻以呈, 次前川翁述懷韻, 幽居卽事, 荷谷途中吟月沙韻, 送季君之東都次月沙韻以寄, 戲前川翁早寢, 贈竹, 竹答, 贈梅, 梅答, 謾詠次月沙韻, 每飯以蔬飧爲悶則前川翁遂爲詩解之故續而和之, 次前川翁贈伯氏韻, 又拈閒字贈前川翁, 角里八景次月沙韻, 題八景後, 晩起, 謝再從侄茂卿渻雨中再訪, 留客圍棊, 次前川翁客久韻, 夜向昏, 歎衰, 詩酒吟, 白鷗, 次稼亭遣興韻贈前川翁, 送伯氏與前川丈往遊木城, 舟巖, 次前川翁歸字韻, 惜別前川翁, 與李晉卿拈月沙一松石洲三集中韻共賦, 吾輩所著若干篇而始以悲秋慨世之辭終於待人滯雨之意滿園花木獨見漏於吟哢之中甚非詩人口氣花木能無怨乎以梧梅分韻遂成二絶, 構呈晉卿歸橐, 次放翁幽居自歎韻呈伯氏案下以丐季君同和亦不遇意也, 上元夜與晉卿討話贈詩, 窮居書歎, 時當盛寒生契冷淡而獨有小婢短僮內外服役能溫羹煖突使眠食頗穩故喜賦二律, 連日無客心氣蕭索强賦一律, 敬次先祖掌令公仁風樓韻以示諸宗, 除夜次樂天韻, 夜臥擁衾, 和呈李致器老兄 鍍, 往樹村呈呂翁少眉 宜一 前川兩從兄, 次晉卿箴字韻, 和崔丈孟觀氏 箕鎭, 和呈李晉卿, 輓鄭査兄子昇 日烋, 輓李丈馨之氏 東馩, 自憤, 自寬, 次呈李正言夢汝 鏵, 治疥疾自歎, 貧歎, 病歎, 課兒有感, 失牛, 見官吏催租有感, 憫飢婢, 戒乞客, 懷道濬, 懷晉卿, 冬夜偶吟 次樂天韻, 兄弟各坐賦詩使小兒掌牋往來則彼皆欣然聽從往往有傳誦句其亦以此爲勝事耶笑吟一律, 眼病, 齒病, 耳病, 脚病, 送魔, 士用民樞到岐陽請與相會故伯季同往翌暮待歸, 窮居滋味三十韻, 家叔與族從聖賓 復 滯雨來留而吾則以病各坐不得同話遂賦一律, 寄呈從兄, 季君往修處人事戲咏以示, 哭瞻窩鄭丈 墣, 不治垣屋, 伯氏催詩甚急故余每走筆以呈乃更戲賦一律, 自遣, 感懷, 教諸子, 近日酒思頗切而村荒市遠不得一飮乃效樂天勸酒謠體以何處難忘酒不如來飮酒命篇而和其韻, 題十四篇後, 夜無眠, 早起, 送客, 效堯夫首尾吟體以寓後學景慕之意, 題首尾吟後, 三昆同和各成一軸頗覺病懷稍寬或因出遊或因接應漸至解惰不勝慨然乃以兩首詩示意而强之, 悼亡, 農家六味, 題農家六味後, 閒翁四事, 題閒翁四事後, 苦寒, 寒夜書懷, 村人來饋酒餠詩以謝之, 閒事 次樂天韻, 愁, 懷前川翁, 懷瑞應, 大興寺, 神仙巖, 覓牛, 族侄士深瀗 喪耦未幾又哭小娘主饋無人備嘗艱苦見而憫之以詩相慰, 明日將遠行而風威尙梢雪意且豪故遂愁賦一律, 鵝林道中, 元朝, 立春日與諸友別, 輓玉洞李丈 昌運 , 哭蘇湖從兄, 哭道濬, 次南崖姜德操韻 鳳欽, 輓金公行叔氏 夔, 過瑟嶺, 贈良洞諸友, 値風還留, 滯雪獨坐, 次李參奉平廬韻 鼎敬, 次蒼廬李上舍士溫氏 鼎基, 走筆次南廬李上舍望道氏 鼎儼, 戲呈學圃李馨叔 鼎會, 學圃翁以無饌不善飯爲恨故以詩示意, 輓結城尹丈 宅誠, 奉和梅湖權丈復如氏, 浦上會贈鄭弼善際勛兄 僑, 贈浦上諸友, 戲呈鄭上舍東翰兄 羽相, 用前韻敬贈勛兄, 喜抱孫, 月夜與諸友訪雲巖鄭主人 天烋, 和贈際勛兄, 代輓崔上舍 南復, 暮春與碧李僉友遊孔巖舊墟, 病風自嘆, 病中四苦, 苦雨, 伏枕吟病, 寄贈浦上諸友, 秋懷次長溪韻, 祭前川翁, 立春日題隣居朴生壁, 除夕, 元朝寫願, 族從長翁以白面冒險委訪因與酬唱, 長翁性拙訥每於稠坐中輒俛首緘口見甚無味故人皆以王椽譏之今就叩則果不痴矣戲贈一絶, 悶雨, 喜晴, 搆呈長翁, 上巳作小會於山間, 次長翁韻, 次仰如上巳韻, 次梅字韻, 次伯氏聽雨韻贈長翁, 朝晴, 野棠花, 石榴花, 贈別長翁, 見長翁欲行旋止戲贈, 次仰如韻, 午睡, 又自述示長翁, 次瑞應藥名贈示, 暮春李益如 相謙 致哭晉卿三老兄以杖屨見訪因與酬唱, 聯句酬唱, 贈棄谷再從兄 壽弼, 和棄谷韻, 述懷以呈, 用數詩體更呈, 兩兄一弟各離東西獨臥吟病尤覺無聊强賦一律以呈棄谷從兄, 愁雨强吟以示, 和呈廬字, 月夜得八音歌以呈, 兼呈玉連環體, 雨夜呈回文體, 搆呈夕陽閒詠, 夜臥書懷, 雪夜搆呈棄谷, 次易卦寄示韻, 和咄咄歌, 和賀抱孫, 自吳山木城優遊七八日而歸歸卽病伏還復寂寞樣强賦一律, 歲晩, 人日, 次茂里李章璐四明客, 輓霞堂李禹瑞, 立春, 輓金而善氏, 上元雪夜次權丈復如氏韻, 族從明叟 緕 投書索詩故構呈近體二律, 歎病勢數添數間, 送兒邀醫, 開戶對山, 住杖臨園, 呼兒對碁, 誘妻嘗酒, 次伯氏韻寄長翁, 農雨及時而閱旬不晴故苦賦一律, 病中偶吟, 立春, 贈鳳鳴山人申潁老 永躋, 和姑字, 余於竹石不能無慨而乃以新詩意淸之語阿好而慰解之又拈贈難韻困辱病者豈意潁老之賢有處惡少之風耶續成二律以爲一哄云耳, 鳳鳴山人寄前韻六首因以和之兼呈雜體二首近體一律, 又和見贈韻, 棲鳳問答, 和權花隱公晉氏 時度, 和崑圃丈申叔冏氏 周戾, 花隱從兄弟與吳山三老見訪因携遊於隱仙洞壓搆成二律以識其事, 次花翁韻, 矢村客中奉邀尹小心士剛氏 東埜, 因和小心白蓮帖韻, 和心蘇亭重建韻, 次呈棄谷, 賀李進士穆如 周甫 重建大興齋, 寄贈鳳鳴山人二十韻並四韻二首, 枝村途中, 贈枝下主人, 謝鳳鳴山人來訪, 四禽言, 次潁老黃瀑韻以示, 贈族孫省伯 錫愚, 累年病蟄之餘作東都之行跨馬登道不覺快活乃賦, 與黃上舍叔璜 潘老 偕行抵宿院北趙丈家, 琴湖渡頭, 朝陽閣, 次香窩李丈韻, 待黃上舍, 次呈香窩, 更搆前韻兼示拙韻以求和, 次李友恥翁送酒韻 岳祥, 恥翁送酒有竊飮之譏故又走筆卽次, 次南廬李丈前字韻, 兼次重九韻復呈拙韻, 與諸友遊東江, 次香窩聞喜韻, 待元順李兄戲贈 健祥, 與黃上舍登武無邊樓, 贈蒼廬翁, 次香窩別章, 次恥翁別章, 見叔璜東都懷古乃賦一律, 效樂天憶江南體, 見伯季南遊錄因次其韻, 合江亭, 轅門, 挽河亭, 贈鳳鳴山人, 續次鳳鳴山人春帖韻, 哭棄谷從兄, 歲暮書感, 除夕述懷, 元朝, 輓申公國賓氏, 留贈尹小心, 輓鳳西李戚丈, 輓李上舍春叔氏, 輓楡谷李上舍從兄岡祿, 輓李戚士見, 次李恥翁見寄韻, 次鳳鳴山人所寄諸作, 續贈古詞一篇責留期不訪, 苦雨, 喜晴, 次鳳鳴干支韻, 哭宋寅丈象直旅櫬, 數日前別李晉卿申永老悵懷未已又當中秋夜色蕭條甚矣曉坐觀月因賦一律以示數友, 輓李黙軒丈席 萬運, 又代輓, 輓外從兄少眉翁, 次鳳鳴所示韻, 歲暮書感, 雪夜曉坐, 伯氏與星鄕僉老向作松谷之遊又會伊院予以病不得同參爲呈一律以示話席, 雪月夜和贈成友聖瞻, 贈權昌遠 永壽, 哭李上舍致器氏, 悲蟄中手無佩刀用處甚難而再從侄淸如哀 浛 解贈一刀故因和唐詩韻以示, 哭李友應善普運, 輓石門李孟協氏, 所居覺軒與伯氏墓所坐臥相望故感作一律以道悲抱, 夢覺歎, 輓良洞李丈敬五氏 憲敎, 冬至夜記夢, 翌夜記夢, 次季君述懷韻, 雪夜懷潁老寄贈, 酒後獨坐無聊與季君上小岡强賦, 鳳鳴山人余心契也而隔嶺相望每有人遐之歎古人之以雲龍不相逐爲恨者良以是耶遂作短律數章以付新婦之便而使新婦爲致處意云爾, 次族從穉謙用前韻告別, 贈別權花隱從昆及金來吉申植汝 宅定, 獨坐度日, 季君在幼時親意欲使經痘而見伯氏陪先君出避則輒呼泣隨之以致平生畏道是亦命也自癸丑之後當奔竄之擧尤不任孤露之感至於今春百般棲遑一倍踽踈而且山菴峽村無非陳迹人情安得不愴傷耶各坐

馳想强賦一律寄示, 卽和季君所寄韻, 生朝早起開戶望兄山有感, 安山影幀有感, 湖齋倦應, 潁老自廣陵觀百花洞而來傳古孝子南崗李公遺事因示所唱韻走筆卽和, 以忌疾梗路不得遊覽故悵然而歸路中口號, 慕遠堂講會席酬唱, 贈權花隱, 五月晦日文會席拈韻, 和族從士用悼亡韻, 鳳鳴先有幾日同會之約而畏炎未赴以詩示意遂共和, 鳳鳴尾示安山之作余雖先有所搆不可無和故强步, 輓荊谷金公聲如氏, 次鳳鳴所示韻並呈拙律二首, 洗心亭會席拈韻, 自歎, 秋夜聽雨, 金陵道中, 新溪別席寄贈江坪諸益, 爲見子婦疹後面往金陵道中得回文及近體, 贈壽南, 訪江湖諸友皆出外故留詩以歸, 往見省谷新婦贈査兄金聖彦 哲儒, 長夏淋雨中雜詠三十韻, 懷士用示意, 懷族從士克 壡 諸君三十三韻, 哭外從兄呂君幹氏 宜薰, 和晩翠亭韻, 遊三洞錄(7언절구 23수, 1823년), 附 迭唱錄(不知山下遇許君善 述, 馬上口號, 君子溪, 贈遯坪河君檍, 九日松亭會, 登千佛山, 九光樓賞楓, 紅霞門外待同伴, 走筆和嘲同伴, 落帽臺和唐人韻, 未見見菴悵然有吟, 心蘇亭與士剛氏乖逢因賦一絶, 次枕流亭板上韻, 猿鶴洞次四樂亭板上韻, 搜勝臺次退老韻, 次某里齋韻, 噴雪潭, 四仙臺, 水望嶺, 宿尋眞洞龍湫菴, 盤松亭噴玉潭, 戲贈槐翁晉卿, 花林洞次光風樓板上韻, 月淵, 謹呈一松亭主人, 走筆次主人韻, 次君子亭板上韻, 龍湫, 詠歌臺, 下山, 心蘇亭下與二友分路因次槐翁進退韻, 牛首山路懷同伴, 族從士應 琡 述道 錫元 方向伽倻修道等處而歷訪故戲贈), 代輓朴公華國, 輓李參奉平廬丈, 次香窩李丈壽席韻, 又次排律十五韻, 輓梅湖李仲賓氏 觀運, 代輓崔生益紹, 輓李君有煥, 鏡陽祠會席與諸友拈韻走筆, 輓武夷李從兄 輝東, 輓李亨叔, 輓李可運, 次香窩丈贈別韻, 走筆和鳴村金安之, 仙源道中口號, 次士應韙川亭韻, 長夜無寐偶吟, 夜坐書歎, 哭孫友雲瞻 濩東, 又 代從兄作, 哭呂君奉祖, 傷孫女玉鑾子, 人日懷潁老, 南山門丈漢重犖宴韻, 暮春吳南諸族及隣近老伴十四人齊訪弊廬作數日之話因拈樂天韻共賦, 次蓀谷韻留別諸友, 槐翁詩以成崆峒聖瞻爲騷壇大將云故戲和以示, 宿病又添强賦, 以桑貴無利人皆棄蠶於野因有感, 和鳳鳴所贈何時一樽酒韻, 又和涵碧樓韻, 輓申公 宅周 氏, 輓申公 光孝 氏, 哭霞江李河瑞 溶, 秋晩書懷, 中秋上澣與浦上僉益期會半途故與季君同往新谷馬上以唐人詩十年今始同分韻得五絶以示同伴, 更以難分處夜中分韻以致惜別之意, 開谷集中拈瞻字韻共賦以別, 更用前韻寄鄭弼善際勛以致不忘之意, 贈竹翁, 貧家雇奴.

제2책

詩 : 丙戌春帖, 輓妹兄鄭瑞應, 贈金谷朴聚五稚章, 遊頭流山錄(7언절구 34수, 1826년), 附 迭唱錄(伊洛亭夜坐分韻, 龍淵寺午憩, 瑜珈寺盤松板上韻, 巴山途中分韻, 與槐翁聯句, 茅谷座上次槐翁韻, 謹次先輩韻以付李正容呈茶翁, 馬山浦, 觀海亭次板上韻, 走筆次晩樂齋韻, 次東岳韻贈勝山主人, 見槐翁遲留不發戲贈, 廳湖醉吟, 過慶林祠, 矗石樓板上韻, 宿仁川, 踰牛峙, 過岳陽, 過花開以四月花開麥已秋分韻, 雙溪寺, 上神凝古墟, 七佛, 下山, 雙溪滯雨, 出洞, 過錄事巖, 過蟾津嘲槐翁求蓴, 凌波亭板上韻, 宿高節,

過遯洞龍淵亭, 過鹿峙, 再宿仁川, 走筆次崔聖尹見贈韻, 召南路寄仁川主人, 赤壁舟中, 留九平書感, 古縣途中, 黃溪瀑, 碧寒亭次重修韻, 次修老板上韻, 涵碧亭, 宗澗途中, 高陽途中分送槐翁口號以別, 獨宿安院店, 和舍季墻東小堂韻), 重陽日與申潁老數三人登金烏山, 藥師殿, 候望臺, 採薇亭敬次先祖韻, 和李正言夢汝韻, 輓金丈武伯氏, 哭尹小心士剛氏, 輓李友亨伯 以豊, 哭李査兄晦之氏 東爀, 和成幼中 時魯, 輓湖隱姜公履和氏, 輓香窩李公士仰氏, 輓崑圃申公周康氏, 江海錄(7언절구 39수, 1829년), 附 迭唱錄(花山途中, 仙源道中, 東都懷古, 贈龍菴主人, 次龍菴元韻, 次佛國寺板韻, 贈松亭主人, 贈華山尹上舍, 贈鷗亭主人, 登鷗江院樓, 走筆次華山主人見寄韻, 九日泛舟太和江登三山, 龍堂道中, 梵魚寺道中, 萊府偶吟, 永嘉亭次同伴韻, 沒雲臺, 過鄭墓, 降仙臺, 夜望臺, 溫井, 萊城和別同來二友, 踰九法嶺, 鵲院卽景, 翌曉, 印谷津頭遇雨, 走筆次贈孫義兼, 更步前韻贈琴皐主人, 琴皐次樊巖韻以示主人, 與琴皐翁步訪箭川因登月淵臺, 鰲亭共賦, 更以俚語集成一律催琴翁還故, 與諸友臨江以別, 院谷店强吟, 珠巖曉起悼亡, 八嶺, 過梅湖有感, 犯夜歸家), 輓東湖孫公 奎東, 哭金友聖弼 希躍, 輓族從士應, 除夜强吟示兒輩, 元朝次季君韻, 次示玉巒申叔彦病枕, 贈少年, 少年答, 輓李友汝弼, 輓李友自彦, 輓李友景祖, 次南廬丈韻贈李子中 在貞 之任, 次贈權聚瑞 星度, 贈石川李正言 覲吾, 敬次晦齋韻責李支伯 履祥 負約, 汶亭聯句, 鰲山會用前韻共賦, 晩樂齋得巡字以呈座上, 燈夕, 鏡陽與諸友酬唱, 翌日去修廣陵人事回路復鏡陽以留, 伏次鑑湖贈先祖韻示契友呂直道 學祖 僉兄, 苦夏, 輓南山門丈, 立春途中, 輓權花隱公晉氏, 哭養拙齋宗丈, 輓咸安李査濟謙 禹臣, 次族從夢賚湝甲宴韻, 又次甲年生男韻, 次槐翁韻以示病苦, 甲朝述懷, 自慰, 哭族從明叟, 哭三從侄穉謙, 輓南廬李丈望道氏, 菊秋姜友舜三 龍欽 委訪病枕因留共賦.

文 : 祭芝厓鄭公文, 祭李公勉而文, 祭鄭査兄子昇文, 祭金姻叔聲如氏文, 祭亡兄文, 祭金君光瑞文代從兄氏, 祭李公仲賓文, 祭金公武伯氏文, 祭亡子婦文, 李上舍 周晉 大興齋舍上樑文, 大興齋開基文代本孫作이 실려 있다.

附錄 : 부록은 저자를 위한 輓章과 祭文이다. 만장의 작자는 李鼎基, 李在衡, 李鍊, 李東迪, 黃眉老, 李亨鎭, 張守初, 姜龍欽, 李鼎久, 李鏵, 張錫元, 李鼎三, 姜履武, 權晉度, 李翰臣, 張墪, 呂學祖, 姜輔淳, 黃獻老, 姜體淳, 李厦祥, 李鐔, 金徹儒, 張有源, 張漼, 金泰敎, 張好樞, 張錫愚, 宋能謙, 李章益, 張鳳祥, 李昌益, 張頤燮, 宋弼秉, 呂達行, 張秉源, 張堯燮, 朴漢元, 張啓樞, 張翰遠, 朴漢亨이다. 제문의 작자는 張重如, 張翿, 張瀪, 張湋, 張瀪, 張滅, 張佐樞, 張趾馥, 張民樞, 姜輔淳, 金徹儒, 黃浩善, 鄭周永, 張啓樞, 鄭仁器, 李鍊, 鄭夏澔, 申永躋, 李準祥, 黃大鉉, 申大應, 鄭崙休·鄭山休, 金奎赫, 李之祥, 李華運, 張翿, 張湝, 金泰敎, 鄭仁岳, 鄭仁華, 李躋運이다.

3. 내용

본서는 1책에 詩 474題, 2책에 시 138제와 문 11편, 그리고 부록이 실려 있다. 시의 분량은 적지 않으나 문은 대부분 제문으로서 시에 비해 零星한 편이다. 저자의 시문은 이 책으로 정리되기 이전에 이미 상당수가 일실되었던 듯하다. 앞서 언급한 장복추의 기록에 따르면, "평소 지은 수창시, 만시, 제문 등은 대부분 거두지 않고 버렸기에 남아 있는 것이 약간 편에 불과하다(平日唱酬輓祭等作, 多棄不收, 今所存只若干篇)"고 하였기 때문이다.

시는 대부분 주변인과의 수창시, 만시 등 의례적인 작품들이며, 時事를 제재로 삼은 작품은 거의 보이지 않는다. 다만 특이한 것은 <東遊錄>, <遊三洞錄>, <遊頭流山錄>, <江海錄> 등의 小題가 붙은 일련의 연작시이다. 이 연작시들은 대부분 20여 수가 넘는데, 그 중 <遊頭流山錄>의 제10수를 예시한다.

卄日(註：是日行三十里)催登待變亭	20일, 재촉하여 待變亭에 올랐는데
漁帆商船匝洲汀	고깃배와 상선이 모래섬을 둘러쌌네
回頭月影臺前石	고개 돌려 月影臺 앞의 바위를 보니
欲問崔仙雲杳冥	최치원을 찾고 싶으나 구름만 자욱하네

註：馬山에 가서 노닐었다. 산수가 빼어나고 선박이 많아 참으로 장관이었다. 저녁에는 檜院에서 묵었는데, 회원에는 寒岡과 眉叟 두 선생을 배향하였는데, 규모가 매우 성대하고 강산이 극히 아름답다. 위에는 孤雲臺가 있으나 험준하여 오를 수 없다(往遊馬山, 山海之勝, 舸艦之盛, 眞壯觀也. 暮宿檜院, 院享寒岡眉叟兩先生, 院貌甚盛, 江山極佳, 上有孤雲臺, 而峻不可登)

이 연작시의 서두에는 여정의 개략을 기록한 짧은 서문이 있고, 이어서 위와 같이 날짜별로 그날의 견문을 정리하여 시화하였으며, 세부적인 여정을 주석으로 부기하였다. 그 상세함이 遊記와 다름없을 정도이다. 다만 주석의 상당부분은 편집자에 의해 刪削하도록 표시되어 있다. 시를 통해 세부적 여정에 담지 못한 감회나 경관에 대해서는 이어지는 附 迭唱錄에 담고 있다.

이밖에 이 책에는 字句의 교정을 표시한 부분이 다수 보이며, 작품을 선별한 흔적도 있으므로 간행을 준비하는 과정에서 만들어진 초고본으로 여겨진다. 다만 책의 체재로 보건대 저자 사후 상당한 기간이 지난 뒤 편집된 것으로 보인다. 이 책의 말미에는 발문 한 편이 수록되어 있는데, 이를 통해 이 책의 편자를 짐작해볼 수 있다.

王考府君께서는 병이 위독해지자 갑자기 일어나 의관을 정제하고 씻을 물을 준비하라 하시고는, "우리 형님 噤軒公은 玉京의 仙官으로 있는데, 이제 香案을 떠나 塵界로 내려와서 나와 함께 금강산을 유람하려고 하셨다. 그런데 그 수레가 木城의 申潁老 집에 이르러 굴대가 부러져 오지 못하셨다. 그래서 나에게 '衣耀還鄕錦, 香殘去國花'라는 시를 보내고는 가만히 서서 내가 오기를 기다리고 계신다. 나는 그분을 따라 금강산으로 들어갔다가 玉京으로 가겠다."라고 하시더니 곧 세상을 떠나셨다. 그날 밤 신영로가 꿈을 꾸었는데, 두 府君이 앞서거니 뒤서거니 찾아오셨기에 손을 잡고 기뻐하다가 잠에서 깨어났는데, 다음날 아침 부고가 왔다고 한다. 아, 이것은 참으로 기이한 일이다. 금헌공의 精靈이 오랜 세월이 지난 지금에도 아직 사라지지 않았으며, 우리 王考의 定力이 죽음을 앞두고도 어지러워지지 않았구나. 돌아가시던 날에도 마치 세상에 계시던 때처럼 서로 어울리셨으니, 맑고 깨끗한 기운이 서로 감응하여 그러한 것이 아니겠는가? 이것은 불초한 내가 직접 본 것이니, 돌이켜보면 서글픈 생각이 든다. 우선 권말에 기록한다.

저자를 王考라 지칭한 것으로 보아, 이 발문을 쓴 사람은 저자의 손자이다. 그런데 이 발문의 내용은 장복추의 기록과 일치하는 부분이 있는 것으로 보아, 이 책은 장복추에 의해 정리된 것으로 추정된다.

4. 가치

이 책은 대부분이 시로 이루어져 있는데, 일상적인 사물과 사건, 유람을 제재로 지은 특이한 작품이 더러 보이므로 18세기 후반~19세기 초반 향촌 사족의 생활상과 향촌 사회의 모습을 엿볼 수 있다. 또한 이 책은 문집 편찬을 준비하는 과정에서 편찬된 초고본으로서, 자구의 교정, 시문의 선발, 그리고 欄外에 추가된 사항 등을 통해 저자의 시문이 문집 편찬 과정을 거치면서 어떻게 선별되고 정리되는지 파악할 수 있다.

【백승호】

過齋先生遺稿

金正默(1739~1799) 著.

筆寫本(稿本). 10卷5冊 : 四周單邊, 半郭 22.2×16.8㎝, 有界(罫版), 11行22字, 上二葉花紋魚尾 ; 30.3×21.5㎝.

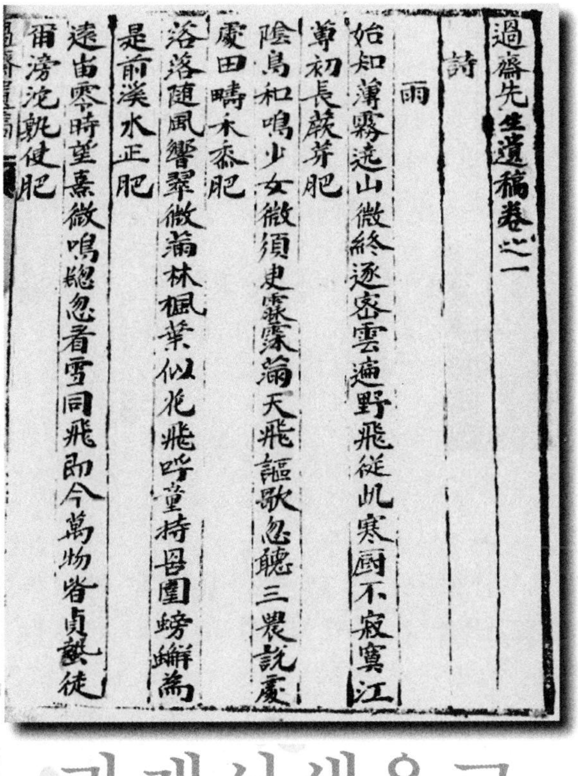
過齋先生遺稿卷之一

詩

雨

始知薄霧遶山微終逐密雲遍野飛從此寒厨不寂寞江
鄉初長蕨芽肥
陰鳥和鳴少女微須臾霖霂滿天飛謳歌忽聽三農說處
處田疇禾黍肥
落落隨風響翠微滿林楓葉似花飛呼童持畚園塍薪爲
是前溪水正肥
遠峀零時望裏微鳴颸忽看雪同飛即今萬物皆貞秋徒
爾滂沱亦健肥

과재선생유고

1. 저자

金正默(1739~1799)의 초명은 斗默, 자는 而運, 호는 過齋 또는 貞村, 본관은 光山이다. 부친은 金偉材이고 어머니는 坡平尹氏이다. 어려서 『三國誌』에 잠심하여 여러 번 읽어서 문리가 크게 통하였고 기억력이 매우 뛰어나 눈으로 보면 잊지 않는 총명을 지녔다고 한다. 1752년에 소요가 일어나 사람들이 두렵게 생각하였을 때 14세의 어린 나이였으나 자신의 가문은 국가의 世祿을 먹는 집이므로 국가와 명운을 함께 해야한다고 하였으니, 그 器量과 義勇을 상상할 수 있다.

辛壬士禍 이후로 부친이 은거하니 또한 따라서 과거에 응시하지 않았다. 1776년 부친상을 당하고, 1780년에 관찰사가 '경학이 밝고 행실이 청결하다(經明行潔)'는 것으로 천거하여 돈녕부 참봉에 제수되었으나 부임하지 않고 곧이어 대신의 천거로 다시 이 직책에 제수되었다. 1784년에 조정의 선발로 인하여 사헌부지평 겸 경연서연관에 제수되었으나 상소하여 사직을 청하였다. 1785년에 長子의 상을 당하여 기년복을 입었는데, 혹자가 그것이 失禮임을 의심하자 『宋子大全』의 내용을 예로 들어 답하였다. 1786년 이후로는 선영 아래 머물면서 두문불출하고 원근에서 배우기를 청하는 사람을 일체 물리쳤다. 風濕의 질환이 고질이 되었는데 고요히 요양하는 가운데 韓元震(1682~1751)의 『南塘集』 가운데 栗谷 李珥(1536~1584)와 尤庵 宋時烈(1607~1689)의 本旨에 어긋나는 내용을 취해서 조목마다 논변하여 8편을 만들었다. 이 무렵 과재의 학문적 본령은 전적으로 율곡과 우암에 바탕을 두고 있어서 유학의 정맥을 율곡으로 파악하고, 『宋子大全』에 대해서는 宋時烈이 『朱子大全』에 『朱子大全箚疑』를 지은 것처럼 자신도 『宋子大全箚疑』를 짓고자 하는 뜻을 품었다.

1798년 겨울에 묵은 병이 갑자기 위독하여 이듬해 1799년 1월 7일에 세상을 마쳤는데 향년이 61세이다. 과재의 사후에 門人 宋穉圭(1759~1838)가 「行狀」을 짓고, 宋秉璿(1836~1905)이 「墓誌銘」을 지었다.

2. 구성

본서는 10권 5책인데, 권1 詩, 권2 書 疏, 권3~10 雜著, 권11 祭文 墓誌 傳의 순서로 되어 있다. 목차에 따라 제목을 소개하면 다음과 같다.

권1 〈詩〉

「雨」, 「七夕」, 「雉」, 「李黃磵永運適黃磵鑿池種蓮自號靑蓮翁云」, 「李黃磵書壁立字以贈余」, 「拜石谷墓」, 「送別申時叔在應」, 「壬子夏避癘寓內之宅斯百從每日暮同賦一詩以錄之非寄興也乃課小兒也然時移年邁將小兒者以白髮黃馘重見此錄於古紙之中其有不愴然而感油然而愛敦親之思者乎然則此詩也亦足以興同住者 裕伯無忝斯百內之酉興興順曾述無忝之子好述斯百之子利達內之之子快麟謂余年老僉勸識其首」, 「喜贈族子在精」, 「偶閱前儒文集次韻奉示宋奇玉」, 「次首尾吟」

권2 〈書〉〈疏〉
「上伯氏花灘公書」, 「寄從子在達書」, 「答安元直在黙書」, 「答問目」, 「答或人問目」, 「答韓子彭述謨書」, 「答宋奇玉穉圭書」, 「答閔易之百師書」, 「答宋雲章煥龍書」, 「答金好直德養書」, 「答尹明儉問目」, 「答李益珍別紙」, 「辭書筵官疏」, 「再擬疏」

권3 〈雜著〉
經書辨答補遺: 「論語」

권4 〈雜著〉
經書辨答補遺: 「大學」

권5[1] 〈雜著〉
經書辨答補遺: 「中庸」

권6 〈雜著〉
南塘集箚辨: 「寒水齋先生行狀辨」

권7 〈雜著〉
南塘集箚辨: 「人心道心說辨」, 「心說辨」

권8 〈雜著〉
南塘集箚辨: 「性說辨」

권9 〈雜著〉

1) 목록에는 「中庸」이 한 권에 실려 있으나 실제로는 두 권으로 나누어져 있다.

南塘集箚辨: 「未發坤復辨」, 「精粗本末辨」

권10 〈雜著〉

南塘集箚辨: 「鬼神說辨」, 「禮說辨」

권11 〈祭文〉〈墓誌〉〈傳〉

「祭亡室孺人黃氏文」, 「祭亡子婦鄭氏文」, 「祭亡子在孝文」, 「祭李君致繪英耆文」, 「祭閔易之百師文」, 「祭閔亨之百履文」, 「孺人平山申氏墓誌銘」, 「雪崗孟公墓誌銘」, 「達城徐公墓誌銘」, 「贈司僕是寺申公墓誌銘」, 「學生申公墓誌銘」, 「處士李君墓誌銘」, 「拙菴申公墓誌銘」, 「子婦鄭氏墓誌」, 「忠孝人騎保金應立傳」

3. 내용

권1 詩는 5, 7언 고시 · 5, 7언 절구 · 6언 절구 · 5, 7언 율시 형식의 작품이 12제 144수 실려 있다. 이 가운데 작자의 시적 역량을 알 수 있는 작품은 「次首尾吟」 119수인데, 이는 송나라 학자 邵康節의 「首尾吟」에 차운한 것으로서 '接友'로부터 '尙友'에 이르는 다양한 주제를 읊었다.

권2에는 편지와 疏가 실려 있다. 편지는 「上白氏花灘公書」를 비롯하여 18편이 실려 있다. 각 편지의 요지는 대략 다음과 같다.

「上伯氏花灘公書」: 백씨에게 올리는 편지로서 冠禮 문제와 관련하여 字를 어떻게 정할지에 대해 논하였다.

「寄從子在達書」: 조카 在達에게 鄕祀 문제를 의논한 편지이다.

「答安元直在黙書」: 자신이 안으로 가정의 가르침을 지키지 못하고 밖으로 붕우의 책려에 부응하지 못하므로, 安在黙에게 頂門一鍼의 가르침을 바란다는 내용이다.

「答問目」: 목록상에는 독립된 제목으로 되어 있으나 실제로는 앞의 편지에 속한 別紙에 해당한다.

「答或人問目」: 혹자가 『周易』의 程傳 本義와 『中庸』에 대하여 물어온 것에 대해 답한 것이다.

「答韓子彭述謨書」: 韓述謨에게 마음의 體와 用에 대하여 논한 것이다.

「答宋奇玉穉圭書」: 山神祭의 饌品에 대하여 논하고, 근간에 『中庸』을 읽는 가운데 의심스러운 대목이 많은데 함께 읽어 질정하지 못함이 한스럽다는 뜻을 宋穉圭에게 말한 것이다.

「答閔易之百師書」: 목록상에는 答書로만 되어 있으나 실제로는 閔百師에게 답하고 보낸 편지 9편이 있다. 논한 문제는 禮說, 伯夷 太公의 兩是, 蘇東坡와 程子, 動靜의 幾微, 人心과 道心, 動靜語默의 사이에 심성을 살피고 의리를 분변하는 문제, 菜田을 가꾸며 朱子書를 읽는 자신의 생활 등에 대하여 말하였다.

「答宋雲章煥龍書」: 宋煥龍에게 『紫陽遺訓』이라는 책을 보내주어 다행이라는 말과 함께 혼사를 앞두고 四柱를 적어 보내니 길일을 택하여 보낼 것을 당부하였다. 혼수 문제에 관해서도 논하고 오직 혼례를 잘 이루기만 바란다는 뜻을 말하였다.

「答金好直德養書」: 金德養에게 근간에 읽는 책과 하는 공부는 무엇인지에 대하여 묻고 독서는 모름지기 가혹한 獄吏가 獄事를 다스리듯이 하여 궁극을 탐구해야만 실제로 얻음이 있고 그렇지 않으면 소용이 없다고 하였다.

「答尹明儉問目」: 尹明儉이 大學의 세 조목, 無極 太極, 五行之生에 대하여 물어온 것에 대하여 답한 것이다.

「答李益珍別紙」: 『주역』의 先陰後陽과 대학의 先終後始에 대한 李益珍의 질문에 대하여 답한 것이다.

疏는 「辭書筵官疏」와 「再擬疏」 2편인데 書筵官에 제수된 후에 사직을 청하는 내용이다.

권3부터 권10까지는 모두 雜著인데 크게 經書辨答補遺(권3~5)와 南塘集箚辨(권6~10)으로 구분된다. 經書辨答補遺에 해당하는 것은 『論語』, 『大學』, 『中庸』을 설명한 것이 있다. 『論語』는 原文, 集註, 小註 전반에 걸쳐서 자신의 按說을 제시하였다. 『大學』은 朱子의 大學章句序, 經文, 傳文, 章句, 小註 전반에 걸쳐 자신의 按說을 제시하였다. 『中庸』은 讀法, 朱子의 中庸章句序, 원문33章 가운데 19章까지의 내용에 대하여 우암 송시열과 남당 한원진의 견해를 소개하고 아울러 자신의 按說을 제시하였다. 「南塘集箚辨」에 해당하는 것은 남당의 저작 가운데 「寒水齋先生行狀」, 「人心道心說」, 「心說」, 「性說」, 「未發坤復」, 「精粗本末」, 「鬼神說」, 「禮說」 등에 있어서 율곡과 우암 本旨에 어긋나는 내용을 취해서 조목마다 논변한 것이다.

권11은 祭文, 墓誌, 傳이 실려 있는데 각 편의 요지는 대략 다음과 같다.

「祭亡室孺人黃氏文」: 작자의 부인 황씨에 대한 제문인데, 부인 생시에 참된 君子 賢婦가 실정과 다르게 비난받기도 하는 실태에 대해 논의하며 애통해한 적이 있었는데 그에 대해 작자는 부인 황씨의 어진 행적은 끝내 민멸되지 않을 것임을 말하여 죽은 부인에 대해 애정을 드러내고 있다.

「祭亡子婦鄭氏文」: 작자의 며느리 정씨에 대한 제문인데, 생전 며느리의 고운 성품과 단아한 용모를 떠올리며 죽은 며느리를 그리워하는 시아버지의 사랑이 엿보인다.

「祭亡子在孝文」: 죽은 아들에 대한 2편의 제문이 있다. 죽은 아들에 대한 슬픔을 나타내는 과정에서 단지 죽은 아들에 대한 개인적인 감정을 앞세우기 이전에 아들의 후학자들이 학문의 도움을 받지 못할 것에 대한 아쉬움을 드러내고 있다.

「祭李君致繪英耈文」: 李英耈에 대한 제문이다. 致繪는 그의 字이다. 그의 죽음에 대해 주자의 말을 인용하여 함께 노는 즐거움이 끝남을 슬퍼하고, 치회의 상에 마침 작자의 아들이 병에 걸려 가지 못한 것에 대해 미안함 마음을 나타내었다.

「祭閔易之百師文」: 閔百師의 죽음을 애도하는 제문인데, 만년에 학문을 좋아하여 義理의 근원처에 명백한 점을 말하고 이어서 윤리가 무너진 세상에 의지할 대상이 없이 홀로 남은 슬픈 심정을 말하였다.

「祭閔亨之百履文」: 閔百履에 대한 제문으로, 그의 형 閔百師와 친분이 있음으로 인하여 하여 제문을 지었다. 세상 사람들은 驕淫과 骫骳에 빠져 있는 것에 반해 그는 자신만의 지조를 지니고 정직하게 살아 온 것에 대해 찬양하고 있다.

「孺人平山申氏墓誌銘」: 참의 申思運의 딸에 대한 묘지명이다. 신미년(1751)에 태어나 28세에 병사하였다. 을유년(1765)에 작자의 재종제 孝直에게 시집갔다. 작자와 작자의 부인 황씨는 효직 부부를 비롯한 가족 모두와 오랜 친분관계를 유지해 남다른 厚誼가 있음을 말하고 신씨 죽음에 대한 애통함을 나타내었다.

「雪崗孟公墓誌銘」: 孟欽中(1728～1794)에 대한 묘지명이다. 어릴 적부터 아주 영리하고 효성이 지극하였으며 뛰어난 문재에 대한 찬양으로 일관하고 있다.

「達城徐公墓誌銘」: 徐富修(1746～1781)의 묘지명이다. 辛壬 무고사건에 직접 간여하여 임금에 대한 충성심을 보였고, 후에 전쟁에 대비하여 명철한 두뇌와 뛰어난 식견으로 뭇 사람들의 신임을 얻었으며 陰陽·醫卜·堪輿 등 다방면에 재주가 뛰어났음을 기술하였다.

「贈司僕寺申公墓誌銘」: 申忔(1591～1660)의 묘지명이다. 광해군 폐모사건 이후 과거공부를 버리고 은거하여 經史를 탐독하여 지냈으나, 당시 '金墉의 禍'(왕실의 내분)가 일어나자 포의의 신분으로 앞장서 母子의 大倫을 밝혔다. 花山의 九潭江 초가에서 지내며 淸陰 金尙憲과 망년우로 지냈다.

「學生申公墓誌銘」: 申鎬(1676～1705)의 묘지명이다. 30세로 요절한 申鎬가 학문과 기량을 충분히 다하지 못했음을 애통해 하였다.

「處士李君墓誌銘」: 李英耈(1754～1782)에 대한 묘지명이다. 20세에 과거시험을 치뤘으나 시험에 도움을 주고자 하는 이가 있어 공은 자신의 뜻이 아니다하여 그로부터는 과거공부에 전념하지 않았다.

「拙菴申公墓誌銘」: 申思億(1705～1792)의 묘지명이다. 忠臣으로서 신망이 두터웠으며 지극한 효성으로 이름났다. 光海君의 不倫으로 인해 과거공부를 단념하고 은거하여 淸陰 金尙憲과 함께 지냈다. 辛壬의 禍가 일어났을 적 세도가 날로 타락해 짐을 개탄하여 인륜을 바로 잡는데 기여하였다. 그 외에도 시세가 불리할 때마다 正道를 내세우며 바른 말을 하여 옳지 못한 정치를 바로잡는 데 주력하였다.

「子婦鄭氏墓誌」: 자부 정씨에 대한 묘지이다. 기묘년(1759)에 태어나 임인년(1782)에 세상을 마쳤다. 婦道가 올곧아 시부모 모시는데 어긋남이 없었으며 시아버지보다 며느리가 일찍 죽어 한스러워 하는 시아버지의 사랑을 나타내었다.

「忠孝人騎保金應立傳」: 懷德에 사는 金應立에 관한 전이다. 자신의 노쇠함은 뒤돌아보지도 않고 아버지를 지극히 모셔 임금에까지 그 효성이 알려졌고, 효종의 상에 沃川 九節山에 들어가 초막을 지어 곡을 하여 이전에 성은을 입은 것에 대해 답례를 하는 등 부모에 대한 효성과 임금에 대한 충심을 찬양하여, 김응립의 이와 같은 행실이 후세에 길이 전해지길 바랐다.

4. 가치

이 문집은 1928년에 연활자본으로 正本이 간행되기 전의 稿本이다. 편제상에는 다소 온전하지 못한 점이 있으나 정본의 원래 모습을 지니고 있는 필사 유일본이라는 것에서 그 가치가 인정된다. 그리고 특히 雜著 가운데 「經書辨答補遺」과 「南塘集箚辨」은 조선후기 經學과 心性說 연구에 있어서 율곡과 우암 학맥의 견해를 파악할 수 있는 매우 중요한 자료로 판단된다.

5. 기타

이 문집은 正本을 간행하기 전의 稿本인 만큼 兩本 사이에 교정을 거치는 과정에서 발생하는 내용상의 變改 유무 및 정도를 확인하는 작업이 이루어지고 난 뒤에 작자의 학문 문학에 대한 본격적인 연구가 가능할 것이다.

【김홍영】

觀潭集

金敎賀(1856~1932) 著.

筆寫本. 4卷2冊 : 四周雙邊, 半郭 21.3×15.7㎝.
有界, 10行 20字, 上下向二葉花紋魚尾 ; 29.7×20.3㎝.

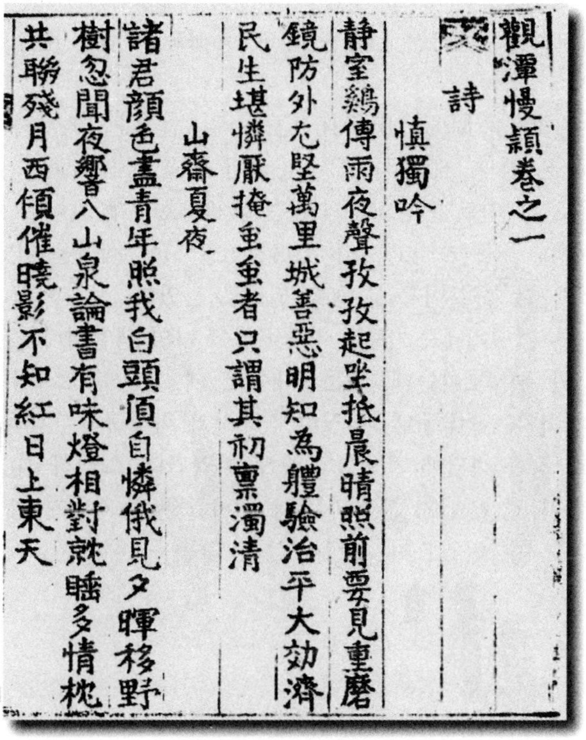
觀潭慢頴卷之一
詩
愼獨吟
靜室鷄傳雨夜聲孜孜起坐抵晨晴照前要見重磨
鏡防外尤堅萬里城善惡明知爲體驗治平大効濟
民生堪憐厭掩垂垂者只謂其初禀濁淸
山齋夏夜
諸君顏色盡靑年照我白頭須自憐俄見夕暉移野
樹忽聞夜響入山泉論書有味燈相對就睡多情枕
共聯殘月西傾催曉影不知紅日上東天

관담집

1. 저자

본서에는 저자를 알 수 있는 아무런 기록이 없다. 따라서 본서의 내용을 검토하여 저자를 밝히고자 한다. 우선 宋秉濬, 崔益鉉 등의 죽음을 두고 지은 시가 있는 것으로 보아, 저자가 구한말의 인물임을 알 수 있다. 본서에는 「李或山贊卿 承洙 輓」 7수가 실려 있는데, 李承洙의 『或山集』 卷4 「附錄」의 輓詞에 이 시의 제 2, 5, 7수가 金敎賀의 作으로 되어 있다. 따라서 이 책의 저자가 金敎賀임을 알 수 있다. 또한 『혹산집』 권2에는 이승수가 김교하에게 보낸 「答金慶朝 敎賀」라는 편지가 수록되어 있으므로, 김교하의 字는 慶朝임을 알 수 있다. 이밖에도 본서에 실린 「輓黃進士梧堂 章玉 在瓚 並小序」(권2) 2수 중 제 1수가 黃在瓚의 『梧堂遺集』 「附錄」 輓詩에 慶州 金敎賀의 作으로 실려 있다. 이로써 김교하의 본관이 경주임을 알 수 있다. 이 점은 신라 미추왕, 문무왕, 경순왕의 위패가 있는 경주 崇惠殿을 방문하여 지은 「丁酉謁崇惠殿有感」(권3)에서, "서른 여덟 분의 왕이 멀리 근원을 여니, 포의의 후손이 사당에 와서 알현하네(三十八王啓遠源, 殿庭來謁布衣孫)"라고 하였으니, 저자는 경주김씨가 분명하다. 그리고 「宗君霞石士亨 仁植 晬韻 並小序」(권2)에 "霞石翁은 우리 齊肅公의 19대 奉祀孫이다(霞石翁卽我齊肅公十九世祀孫也)"라고 한 것으로 보아, 김교하는 齊肅公 金稛(?-1398)을 派祖로 삼는 慶州金氏鷄林君派의 인물이 분명하다.

이상의 사실을 토대로 『慶州金氏鷄林君派大同譜』(경주김씨계림군파대동보편찬위원회, 1991)를 조사해 본 결과, 계림군파에서 분파된 司直公派 淸道門中에 金敎賀라는 인물이 보인다. 『대동보』에 따르면 김교하의 자는 敬條, 호는 觀潭이며 丙辰(1856) 11월 6일생으로 京城先聖廟直員을 지내고 壬申(1932) 5월 11일 세상을 떠났다. 부친 邦熙의 4남 중 장남이며, 아우 敎常의 아들 正杓를 후사로 삼았다.

본서의 「初度日有感」(권2)에는 "丙年 겨울 6일이 나의 생일이다(歲之丙月之冬日之六, 是我初度也)"라는 언급이 보이는데, 이는 『대동보』에 실린 김교하의 생년월일과 정확히 일치하므로 본서의 저자는 『대동보』에 실린 김교하가 확실하다. 『대동보』에 字가 敬條로 되어 있는 것은 음이 같은 까닭에 발생한 착오로 여겨진다. 그러나 이상의 사실 외에는 저자에 대해 알려진 바가 없다. 단지 본서에 수록된 시를 통해 저자가 영남 일대의 樓亭에서 지인들과 어울려 자주 수창하였으며, 활발한 詩社 활동을 전개하였다는 사실을 확인할 수 있다.

2. 구성

본서는 서문을 제외하면 모두 詩이다. 권1에 121제 155수, 권2에 133제 159수(이상 1책),

권3에 170제 221수, 권4에 30제 57수(이상 2책) 총 454제 592수가 실려 있다. 권1의 표제와 판심제는 '觀潭慢潁'이며, 권2~4는 모두 '觀潭集'으로 되어 있다. 2책 표지에 '昭和八年月日'이라 필사되어 있는 것으로 미루어 보아 필사시기는 1933년으로 추정된다. 저자 사망 직후 저자의 원고를 정리하는 과정에서 편찬되었을 가능성이 높다.

1책의 권두에 서문에 해당하는 「理潭自序」가 실려 있다. 주인인 저자가 두 사람의 客과 문답하는 내용으로 되어 있다. 理潭은 본디 주인이 사는 곳의 伊潭이라는 지명에서 따온 것인데, 첫 번째 객이 주인이 말하는 이치란 어떤 이치이기에 이런 명칭을 빌어 참람하게 이름지었는지 따지니, 두 번째 객이 못과 그 주변의 사물을 관찰함으로써 천지자연의 이치를 깨달을 수 있다고 논박하였다. 그러자 주인이 우연히 지명을 따서 이름지은 것일 뿐 그저 유유자적하며 일생을 마치고자 하였을 뿐이라고 대답하는 내용이다. 각 권의 내용은 다음과 같다.

觀潭慢潁 卷1 詩

愼獨吟, 山齋夏夜, 偶吟, 次安分韻, 欲花, 泉齋叙懷 五首, 半月, 酬遠人, 泉齋偶題 三首, 日出, 上元望月, 贈諸同遊, 崔叔賢徐石止來訪寒食日, 李舜成 鳳熙 來訪, 孫處亞 宅錫 輓, 暮歸 七絶, 咏蓮塘, 盧小訥致八 相稷 留別, 盧正言致三 相益 大訥晬韻 二首, 申文叔晬韻, 芸齋韓丈舜若 尙儁 雨中見訪, 留牧山崔翰擧 升述 家, 崔甥雲福帶寅兒而牧山見贈, 戲答牧山老妓詩, 寒食日會于泉洞齋, 角南陽村齋池塘韻, 咏春水方生, 山泉齋餞春, 次龍山齋韻 三首, 和張素隱公訥 龜相 夢故鄕思歸, 庚戌除夕, 立春, 贈麗澤契中, 安生晬韻 名不記, 李或山贊卿 承洙 輓 七絶七首, 山泉齋餞春, 韓子仲輓 五言律, 鵲巢 七絶, 燈火, 申晩山忠伯 泰珪 韓芸齋韓素谷九月九日來訪, 艮齋田先生 寓 入君山島, 淵齋宋先生 秉濬 兄弟死義 五言律, 勉菴崔先生 益鉉 在日島死義, 李敬章來訪, 徐光瑞輓, 崔牧山去遼時見贈和之, 獅孫海寅去遼因以前韻次贈 二首, 次孫允卿 世和 永思齋原韻 三首, 慶山南有河圖洞以圖字爲全韻, 聞全歸堂會中韻作 堂主徐福汝氏秉山, 與冠童携酒登東山, 泉齋韓芸齋崔艮菴淑賢 楨三 來訪, 三聖山臺韻, 徐載典翫松原韻, 一塑朴敬現晬韻, 十月苦雨, 三月晦日會于寄泉齋, 咏桐花, 四月初八日會于晩守亭, 孤山齋同韓芸齋吟, 尼山齋韻, 立春, 梧堂黃進士章玉 在瓚 見訪作, 同李贊卿吟, 韓芸齋立春寄韻, 在舊庄和諸友, 尼山齋新成有感, 觀瀾樂乎臺韻, 鼠形沙硯滴 二首, 咏冠, 火爐 孤山齋韻, 咏鷄, 和餞春韻, 偶吟, 慈仁觀瀾復壇韻 二首, 酬牧山崔翰擧 時兒子正佑有醫病之效耳, 晦石崔參奉道成 煥瑀 晬韻, 芝田孫丈景緯 基繪 挽, 三月二十八日會于慶興寺, 四月會于聖巖山舊校洞淸澗洞, 又十七日會于藍川, 權儀若 鳳模 晬韻, 和鄭舜八 華述 咏虱, 槐梧亭韻, 玉川齋與申晩山徐耘溪公輔 錫甫 崔艮菴淑賢李或山贊卿吟, 同黃進士章玉徐林史能白吟 二首, 送黃章玉後與徐能白吟, 和徐公甫崔淑賢老松韻, 和徐公甫崔淑賢吟硯, 輓鄭丈聖可, 尼山齋與芮輔成吟, 除夕 甲辰, 韓芸齋舜若晬韻, 酬牧山 四首時有長女窀穸之哀耳, 輓鄭孝元 致原, 鄭亭七 璣淵 來訪, 安忍窩韻, 輓韓舜明 二首, 輓黃丈孟有 萬祚, 輓韓興瑞, 輓金致玉, 輓朴巨濟聖章 炳容, 輓鄭處士 代作, 輓鄭佑善 五音, 挽鄭處士致中, 輓鄭載享, 晩山申丈生朝韻, 輓李致善 秉久 松圃 七絶五首, 文慶祐飮藥水, 鄭裕和晬韻, 漆谷有華齋韻 主李秉珪致淳, 李公雙孝韻梅菊軒龍湖兄弟, 守軒李公 義山 殉節, 次三足臺韻, 山泉齋四月一日, 順昌亭韻 亭主全而瑞, 次土齋李上舍 根海振九 新成土齋韻 二首, 禹成汝晬韻, 月淵齋韻, 立春日宿華山李後軒 士兼 庄, 成判書 守慶 壬辰殉節于晋州立神道碑時韻, 老驥, 立春 乙卯, 贈韓海沙, 夜有客吟.

觀潭集 卷2 詩

春旱後雨 五絶, 和人梧柳梅竹韻 四首, 江閣早秋, 次硯山道統祠 韻祠在晉州奉孔子朱子安子晦軒, 又咏梅花, 金剛山 四首, 臘月八日 甲寅七絶, 又九日夜, 又十日, 日人伐堂前梧桐, 寒潭明月, 與齋中諸生, 暮春夜坐與諸子吟, 春晩, 晴日山齋, 三月晦日齋居, 藏書几, 咏筆, 咏墨, 咏紙, 吟硯滴, 咏硯池, 和夏夜行舟, 咏火爐, 氷川, 返照, 山巖, 美材 二首, 贈鷄林詩社 三首, 印巖, 南川解氷, 贈盧小訥相稷致八入西間島時 二首, 次鶴樵亭韻 亭在英陽, 呈辛亥唫社 二首, 次方奎煥亡父晬韻 二首, 記夢 誤出或山集, 市 誤出或山集, 硯山道統祠韻 祠在晉州孔子朱子安子晦軒五絶, 次辛亥唫社蝸屋逐身移韻, 春服旣成 三首, 孝子負米圖, 錦江舟橋, 輓朴君善, 六言弄吟, 除夕, 又次栢洞小除韻, 李文叔 昌燁 別去後五日見訪, 晩山申丈忠伯 泰珪 次朱詩十二辰韻戱贈聊和一笑, 東都宗人賢汝 敎黙 來訪鄭安叔 宅逑 又乘暮來留値雨夜作, 又夜作, 暮春山齋, 月夜李文叔以親癠急赴而來, 暮春與齋中諸子 二首, 鶴陰齋 齋主崔艮菴淑賢, 江村漁火, 七月晦夜風雨凄凄獨坐無眠次鄭舜八 華逑 鄭安淑五行八音韻, 贈和牧山西行 疊出, 吟燈火, 金致洪晬韻, 思節閣韻 慈仁谷蘭崔氏先祖, 雨中妓, 春風苦寒思友人, 申翰之晬韻, 明倫堂, 四月八日會于道田, 又九日會于泉洞後石澗, 南川梨林逢諸同遊日暮, 桑麻經雨, 枕下鳴泉, 金城山栗林, 綠陰小酌, 遠重陽近小春 與客吟, 雨中與齋中諸子, 與牧山偶吟 三首, 正月十五日望月, 初度日有感並小序, 楊柳吟, 和春潮帶雨晩來急, 吟火輪車詩 二首, 咏網巾, 與鄭安淑會于栢泉朴潤文家, 又呈栢泉諸友東方旣白韻, 輓韓芸齋舜若 尙儁並小序, 輓黃進士梧堂 章玉 在瓚 並小序二首, 宗君霞石士亨 仁植 晬韻 並小序, 輓秋水玄孝善 箕采, 輓李處士聖仲, 聖巖山古事 二首, 山泉齋歲暮叙懷, 角巖 角巖巖名, 吟風神, 次存思齋韻, 次勝芳齋韻, 次道巖齋韻 在星州權松溪遺墟二首, 冬夜有感 二首, 又齋居感興, 又冬夜思鄕, 泉齋夜雨, 泉齋醉吟, 角山田園樂, 自歎吟, 述懷 二首, 十月望夜, 又旣望夜作, 旣望後夜, 懷故山, 山居, 咏燈, 山居, 思親, 花風苦寒, 泉齋醉吟, 咏懷, 歎世, 有懷吟 二首, 至月一日, 山居, 讀書有感, 見初月有思, 有懷, 示齋中諸子 二首, 懷鄕夜坐 二首, 贈別修軒崔正言羲吉 鉉弼並小序, 山居, 擬登高望遠, 十一月望夜月食, 閒居, 夜起吟, 山居, 十一月閒夜, 又夜坐, 泉洞齋與鄭安淑崔元汝朴允文崔慶允吟, 謝李文淑

觀潭集 卷3 詩

又道巖齋修稧韻, 東谷齋開硏, 慶興寺與晦石崔道成 煥瑀 孫處一及村老同往吟, 和潘龜見 東雒 潘鴻瑞 東翼 贈詩, 臥柳, 吟烟臺, 遯山李丈能白 文黙 來訪, 吟鵲巢, 咏竹, 山齋閒居, 閏月, 青山返照, 閒居有感 二首, 聞獨立有感, 輓徐明彦, 次夾石鄭敬汝晬韻, 四月旣望宿林堂洞與徐舜執 鎭一 玄伯猷 相麟 同至于桂陽洞留別, 朴閏明晬韻, 登江樓 漢詩募集二首, 五月二日游九日山園, 次素隱張公訥 龜相 進甲韻, 次巚山李禹範 錫極 韻, 角山齋與禹善若吟, 李琪彦晬韻, 薛弘儒侯壇所韻, 君子亭講會用杜詩韻, 太西菴祠板移安松川, 暮春開硯, 老柳, 孤山齋講會韻, 次人送鶖巢韻, 大洞李文伯晬韻, 次白都事回昏韻, 松川祠廟韻, 雨中卽事, 葛旨李老人晬韻, 梁漢兼 在奎 晬韻, 輓李參奉敬章 載馹, 泉洞開硯, 和錦江風景韻 二首, 杏壇講會, 和老松韻, 秋水, 老僧, 三綱閭, 返照, 聽蟬, 綠圃堂韻, 上方鄭主事 德彦 晬韻, 淸道詩社新竹韻, 愼追齋韻 齋主鄭元七, 朴竹圃 乃華 晬韻, 李石梧 敏俊 孝行韻 善山禮谷, 金谷野叟亭, 次慕遠亭韻 慈仁駕日李氏亭, 觀燈, 壬戌三月晦日社洞餞春會行鄕飮酒禮夜吟題曰春歸不賦送春詩, 又觀燈, 豊山與崔翰擧芮精玉朴榮玉金明進酬吟, 次慕雲齋韻 九邑蔣氏墓閣在義城騰雲山下沂水之上二首, 次蓼慕亭韻 主人安龜遠應瑞, 次芝山楊氏兩世旌閣韻 進士楊春發祖與叔, 次大聖別廟落成時詠仲秋明月韻, 求齋旌閭閣韻, 玉陽齋雨中孫明國 亮熏 見訪, 次抱玉亭韻 亭主號岩岩申處士, 金議官晬韻二首, 梨洞孫都事挽, 伊江院講堂落成韻 二首, 丹楓 三首, 蔣德七晬韻, 次人碧嶂晴雪韻, 歎世作, 輓崔定賢 灝東, 次滄庵亭韻 在龍宮驪江李氏先亭, 輓金仁五 俊珪, 池山旌閣韻 楊進士春發祖與伯父兩世, 謁鷄林君祠廟有感, 再從弟子善晬韻 時在西澗島, 次曺妹兄源一喜雲晬韻, 次慶州李氏花樹亭韻 亭在淸道冷亭今高樹洞, 具五見 然璪 新家韻, 崔都正龍敎 栢樵 晬韻 二首, 挽楊夏彦 廷禹, 杏壇講社韻, 孤山齋庭揖禮時酬吟, 崔栢樵晬讌後二日別大邱崔郡守 克昌, 晩山申丈忠伯 泰珪 挽, 春禽 四首, 漁翁, 布穀 二首, 二南朴老人晬韻, 蔣舜可晬韻, 丁酉謁崇惠殿有感, 夾石齋開硯 四月八日, 次嶺南樓板上韻, 次道南齋韻 並小序, 山齋待晴, 細雨, 花砌, 道東齋壇所韻, 桃花, 輓見山裵永淳 東鎬, 花園怪石, 穿井, 道東齋壇所韻, 春柳 二首, 春雨 六首, 林隱亭, 道東齋, 待雨, 長松, 麥嶺, 麥秋望野, 次人晬韻, 彰節書院落成韻 在寧越郡七首, 輓李敬寬 徹和, 輓李丈敬集 在洪, 烏梅肉霖雨腐棄收取餘實, 忍庵李公甫晬韻, 吳德謙晬韻, 螢火 大邱文友館三首, 密城君壇所韻 三首, 君子亭韻, 次大東詩壇秋聲韻 二首, 次華城吟社秋鴈韻 二首, 次詩社漁翁韻, 次人梅花韻 四首, 臘日, 輓宗丈老人, 山寺 二首, 春意, 輓鄭聲遠 奭述, 輓艮庵崔進士淑賢 楨三, 詩壇隱士韻 三首, 次人聽鶯韻 三首, 春鷰 三首, 瀋陽詩社餞春韻, 輓鄭敬文, 蟬, 輓朴都事文兼

性珣, 蟋蟀, 輓遯菴李丈能白 文默, 次人父母俱在琴瑟偕音子孫衆多設晬韻, 二從敎賢寓中華開原縣有華溪韻次之, 華陽吟社積雪韻 二首, 瀋陽冬梅韻 三首, 豊年樂 大東社二首, 次二如亭韻 在早谷二首, 慕印亭韻 主秦善葵, 輓耘溪徐處士公甫 錫輔二首, 贈別翠竹趙敬賚 弼夏 還抱川庄, 默窩郭處士孝行褒旌蔚山尺旨洞, 次同志人古木韻, 早谷書塾滯雨憶安性瑞 絶句, 明日又滯雨尙敬齋, 秋夜留新芳齋, 又用前韻贈鄭生 在煥, 瀋陽吟社新凉韻三首, 秋日用社詩寒食韻和諸同遊, 碧樹凉生, 輓徐誠彦, 觀海, 酒, 記夢吟 戊辰元朝, 月夜相思, 夜雪興難乘, 雪中梅, 古松 三首, 感慕亭 亭在義城孫氏辛氏兩家先祖避難地.

觀潭集 卷4 詩

又感慕亭韻, 安洛隱 炳喜 崔遯山 斗鉉 借四季花見贈, 春鴈 三首, 次安仁齋 四首, 芸圃韻大邱東村, 次人梅花韻 二首, 安致文晬韻, 次錦岩韻 在宜寧大夫亭主薛光杓, 布穀 二首, 白鷺 三首, 秋夜 二首, 又山寺韻, 草心亭韻 亭主金星圭號草亭居士在長城東山洞並四景六首, 又東山洞 並四景五首, 次草亭居士 星圭 回甲韻五十六句, 石圃韻, 次洗硯韻, 大東詩壇新秋 三首, 和默欄朴花七蠅缸韻 七絶三首, 義谷訪鄭石川滯雨 五音, 敬次烏臺韻, 四從君信猷晬韻, 次石圃韻 主鄭聖一二首, 次儉山齋韻, 線陰漸長, 氷鯉, 四月重旬日會于道東齋, 五月一日又會于悠然齋, 次密城大君壇所萬雲齋韻 二首, 錢 三首.

3. 내용

본서에 수록된 시를 통해 저자가 鷄林詩社, 辛亥唫社, 淸道詩社, 華城吟社, 瀋陽詩社, 大東詩壇 등 다양한 시사에 참여하였음을 알 수 있다. 그리고 蘆谷, 琴湖 등 慶尙左道의 지명이 자주 등장하는 것으로 보아, 저자와 수창한 이는 대개 영남 지역에서 활동한 인물들로 파악되는데, 이들 가운데 문집을 남긴 것으로 확인되는 이들이 적지 않다.

수록된 시는 대부분 칠언율시이며, 저자 만년의 작품이다. 그중 주류를 이루는 것은 樓亭詩와 詠物詩이다. 누정시는 저자가 영남 지역의 여러 누정에서 지인들과 酬唱한 것인데, 그 위치와 주인이 주석으로 부기되어 있다. 이러한 예로 徐福汝의 全歸堂, 李秉珪의 有華齋, 全而瑞의 順昌亭, 李根海의 土齋, 崔淑賢의 鶴陰齋, 安龜遠의 蓼慕亭, 薛光杓의 大夫亭, 金星圭의 草心亭 등을 들 수 있다. 詠物詩가 유난히 많은 점도 특기할 만 하다. 鳥獸草木 및 일상의 기물을 소재로 삼은 전통적인 영물시는 물론이거니와, 시장(「市」), 담배(「吟烟臺」), 술(「酒」), 돈(「錢」), 기차(「吟火輪車詩」) 등을 소재로 삼은 영물시는 매우 특이한 소재로서 당시 사회상을 반영하고 있다. 이 중 한 수 「錢」(권3)을 예시한다.

一物無常百道行	하나의 물건이 무상하게 온갖 길로 다니니
幾人以敗幾人成	몇 사람이 그것으로 망하고 몇 사람이 그것으로 성하였나
益莫益於謙受益	이익은 겸양하며 받는 이익보다 더 이익되는 것이 없으니
茅宮揖讓天下輕	요순은 초가집에서 읍하고 사양하여 천하를 가볍게 여겼네
損莫損於滿招損	손해는 가득차서 초래하는 손해보다 더 손해되는 것이 없으니
瓊宮貪欲火中生	화려한 궁궐에서 탐욕을 부려 그 속에서 불이 일어났네
貪廉在我貧富命	탐욕과 청렴은 나에게 달려 있고 가난과 부귀는 천명이니
莫利錢財害心情	돈과 재물이 마음을 해치는 것 이롭게 여기지 말라

물질이 지배하는 세태에 대한 비판과 훈계가 담긴 시다. 이러한 의식은 여러 곳에서 찾아볼 수 있는데, 「泉齋醉吟」에서는 "세상의 욕심은 돈과 함께 흘러가고, 오랑캐 먼지는 화륜거와 잇닿았구나(世慾同流金貨幣, 蠻塵相接火輪車)" 하였고, 「思親」에서는 "삼천 리 나라에 사람은 어디 있나, 수전노와 오랑캐가 위세를 부리네(三千里國人何在, 錢虜土蠻揔是豪)"라고 하였다. 전통적 관념에 입각한 저자가 급격히 산업화가 진행되고 있는 당시 사회상을 매우 부정적으로 바라보았음을 알 수 있다. 이밖에 「聞獨立有感」 등 日帝 치하의 현실에 대응하는 작품을 통해 당시 구한말 영남 지역 지식인의 내면을 엿볼 수 있다.

4. 가치

본서는 구한말 영남 지역에서 활동한 전통적 지식인이 남긴 시집이다. 여기에 수록된 시를 통해 당시 지역 사회의 인물 및 詩社, 그리고 누정의 현황과 소유주를 확인할 수 있다. 또한 본서에 수록된 다양한 종류의 영물시는 산업화로 말미암은 전통적 윤리 관념의 실종과 배금주의의 만연 등 당시 세태를 잘 반영하고 있다는 점에서, 급격한 사회 변화에 대해 당대 향촌 지식인층이 어떠한 의식을 가지고 있었는지 살펴 볼 수 있으므로 의미 있는 자료이다.

[참고문헌]

『慶州金氏鷄林君派大同譜』, 경주김씨계림군파대동보편찬위원회, 1991.
李承洙(1857~1912), 『或山集』, 목활자본 4권2책, 국립중앙도서관 소장본.
黃在瓚, 『梧堂詩文集』, 석판본(1963년) 4권2책, 경인문화사 한국문집총간.

【장유승】

癯翁集

姜世文(1738~1802) 著.

筆寫本. 3卷1冊. 四周雙邊, 半郭 21.6×15.5㎝, 烏絲欄, 11行20字, 無魚尾 ; 30.4×18.8㎝

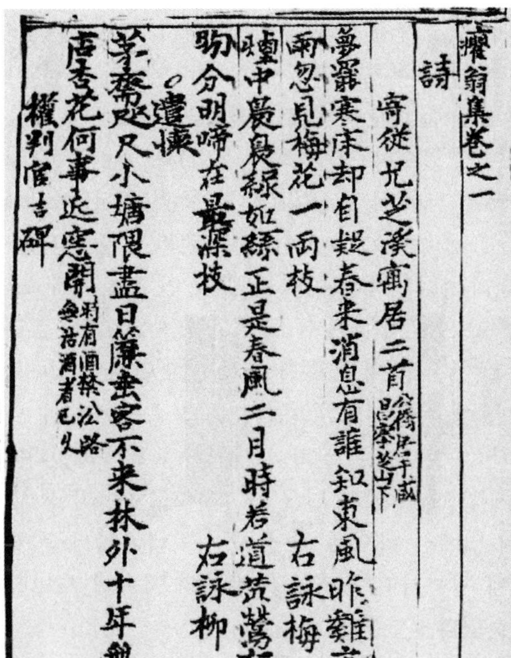
癯翁集卷之一

詩

寄從兄芝溪寓居二首 公僑居于咸昌孝芝山下

夢罷寒床却自疑春来消息有誰知東風昨夜亭
雨忽見梅花一兩枝　右詠梅

墟中叢裊綠如絲正是春風二月時若道黃鶯有情
物分明啼在最深枝　右詠柳

○遣懷

茅齋這尺小塘限盡日簾垂客不来林外十年無酒
店杏花何事近窓開 時有酒禁沿路無沽酒者已久

權判官吉碑

구옹집

1. 저자

姜世文의 字는 士郁, 호는 癯翁, 본관은 晉州다. 경상도 聞慶에 대대로 거주한 것으로 보인다. 강세문이 지은 「祖考進士府君行狀」·「先考處士府君行狀」과 서발문을 중심으로 그의 가계와 행적을 기술해 본다.

진주강씨 강세문의 계보는, 조선초에 姜淮仲(호 通溪)은 벼슬이 大提學에 이르렀는데, 고려의 구신으로 여러 번 조정에서 불렀으나 전왕조에 대한 뜻을 잃지 않았다. 姜詗은 대사간으로 근무 중에 죽었으나 중종이 등극후 이조판서에 추증되었다. 아들 姜永叔(別提)은 아버지 대사간공과 같은 날 화를 당하였다. 이의 아들은 澤,溫이다. 택의 아들은 士翼이요, 온은 아들은 士孚이다. 士翼의 아들은 讚과 績(임진난에 運餉의 공으로 부호군에 제수됨)이다. 姜績이 姜士孚(王子師傅 : 無子)에게 양자로 들어가 姜弘胤(좌승지에 추증됨)을 낳았는데, 백부 姜讚에게 양자로 들어갔다. 이가 姜櫍의 증조부이다. 姜珖(無子)를 낳았으나 아들이 없어 아우 姜珞의 장자 姜碩經을 후사로 삼았다.

姜碩經은 眞城 李信哲의 따님(퇴계5세손)에게 장가들었으나, 아들이 없어 아우 姜碩師의 次子를 후사로 삼았는데, 이가 강현(姜木+賢, 자 文叔 : 강세문의 조부)이다. 강현은 1747년에 60세로 돌아가셨는데, 문경의 道德洞 乙坐에 장사지냈다. 配는 宣城 김씨 挺萬의 따님으로, 일찍 돌아가셨고, 繼配 興陽 이씨 亨至의 따님인데, 3남 2녀를 낳았으니, 姜必燁 姜必爀 姜必炯이요, 따님은 金潤身에게 출가하였다. 姜必燁은 2남1녀로, 아들은 姜世忠(문장이 우아하여 儒望이 있었으나 장수 하지 못함)과 姜世孝(요절함)요, 따님은 金勉儒에게 출가하였다. 姜必爀은 4남3녀로, 姜世文, 姜世濟(요절), 姜世隣, 姜世岐(양자로 감)요, 따님은 曹明翼, 申仁, 鄭鏠에게 출가하였다. 姜世文의 아들은 姜胤欽이다.

姜世文은 어릴 때부터 科體를 지어 神語가 많아 인구에 회자 되었는데, 과거에 합격하지 못하자 과거를 포기하고 오로지 韻學에 몰두하였다. 漢·魏·晉으로부터 唐나라에 이르기까지 自然스러운 시를 뽑아 손수 써서 수천 번을 읽으면서도 싫어하지 않았다. 또한 산수의 유람을 좋아하였는데, 산수에서 느낀 자연함을 작품에 나타내고 있다. 그의 작품을 대부분 유람하면서 지은 작품이며, 이로 인하여 자연함을 터득하였다. 만년에 귀가 멀었는데, 그가 말하기를, “귀머거리는 문득 남의 말을 듣고자 하는데, 말을 어찌 반드시 들어야 하는가? 들으면 선악이 나의 입에서 나오게 되어 시비를 남에게서 듣게 된다. 나는 이제 마음에 귀머거리가 되고 혀에 귀머거리가 되어 無何有의 고을에 노닐면서 귀머거리였던 것을 시에 쌓을 뿐이다.”고 하였다.

작자가 교유한 인물을 살펴보면, 족제 姜世白(淸之, 號 皓鄰 : 1748~1824), 趙錫獻(士閱, 號 芝田), 李之默(稚用), 李敬儒(德懋), 李揵儒(汝豪), 鄭宗魯(士仰), 柳琏(士極), 鄭鏠(公信), 族弟 姜世綸(文擧), 李昌發(齡汝), 申鼎五(和卿), 張尹燮(殷弼), 申光進(士鈺),

崔宗爕(君相), 姜世靖(明初), 南漢朝(宗伯) 등이다.

2. 편찬경위

『癯翁集』은 1권과 2권은 詩, 3권은 書·記·祭文·行狀·雜著로 구성되어 있다. 정확한 편찬 연대를 알 수 없으나, 서발문에 기록된 것으로 판단해 보면 순조 연간에 편찬된 것으로 보인다. 권수에는 1810년 夏至에 族弟 姜世白이 쓴 서문과 1803년 5월에 쓴 東野老農의 서문(「癯翁遺稿敍」)이 있으며, 권말에는 신미년(1811)에 쓴 鄭宗魯의 발문이 있다.

『癯翁集』의 편찬 경위는 정확하지 않으나, 서발문의 내용을 토대로 살펴보면 다음과 같다. 우선 권수에 있는 族弟 姜世白의 서문을 보면, "나(강세백)는 어려서부터 늙을 때까지 그와 교유가 쇠하지 않았다. 작품을 지으면 문득 나에게 품평을 요구하였다. 돌아가시기 전날 나에게 亂藁 2책을 부탁하면서 말하기를, '그대가 취사선택하시게.'라고 하였다. 아! 이것은 마지막 말씀이었다. 드디어 품평하여 그의 아들(姜胤欽)에게 주었는데, 아들이 또 서문을 요구하기에 사양할 수 없었다."고 하였다. 이 사실로 보면 강세문이 직접 지은 시문 2책을 강세백이 품평하여 편집하고 서문을 쓴 것임을 알 수 있다. 이 서문을 쓴 시기가 1810년이다. 그런데, 1803년에 쓴 東野老農의 서문에는, "공이 돌아가신 뒤 2년에 그의 從姪 姜尙欽(師彦)君이 공이 지은 작품 1책을 모아 와서 나에게 보였다. 나는 읽어보고 가려 뽑아 完稿를 만들었다.……古詩, 近體, 絶句 모두 160여수를 얻어 『癯翁遺稿』라고 하였다."라고 하였다. 또한 1811년에 쓴 鄭宗魯의 발문에도, "그의 족제 晧隣(淸之)이 이미 시로써 만사를 지었고, 또 이 卷에 서문을 지어 칭찬하고 인정하며 애도하는 뜻이 말밖에 넘쳐난다."라고 하였다. 이것으로 보면, 조카 강상흠이 모은 시집은 모두 시만을 모은 유고이고, 書·記·祭文·行狀·雜著의 내용이 없었다는 것을 알 수 있다. 따라서 이 『癯翁集』은 아들 姜胤欽이 姜世白으로부터 받은 유고와 강상흠이 모은 시집을 정리하여 완성한 것으로 추정할 수 있다.

3. 구성

『癯翁集』은 3권 1책의 필사본으로, 1권과 2권은 詩, 3권은 文이다. 3분의 2가 시다. 1권에는 121제 151수, 2권에는 113제 136수의 시가 실려 있다. 3권에는 書 1편(「答南宗伯書」), 記 5편(「遹追齋記」·「曦陽山白雲臺記」·「伽倻山記」·「東江夜泛記」·「東遊海上轉至鷄林故都記」), 祭文 3편(「祭芝溪從兄文」·「祭尊丈文」·「祭族祖文(代季父作)」), 行狀 2편

(「祖考進士府君行狀」·「先考處士府君行狀」), 雜著 1편(「養鶴說」)이 있다.

4. 내용

권별로 내용을 살펴보면 다음과 같다. 권1-2의 시는 교유와 일상생활에서 느낀 감회를 읊은 것이 많다. 작자는 산수 유람을 매우 좋아하여 유람 중의 감회와 경물을 읊은 연작시가 많다. 작자가 유람하면서 읊었던 작품을 대강 살펴보면 다음과 같다. 「甲長山雜詠 六首」·「淸谿山」·「俗離山」·「東江汎舟」·「田家十二首」·「西湖途中 二首」·「大伽倻懷古」·「重游黃嶺寺」·「東都懷古」·「二陵有感 三首」·「過沙伐故都」·「東江八詠」 등이 있다. 그밖에 몇 수의 만사가 있다. 작가와 절친하게 지냈던 族弟 姜世白은 강세문의 시에 대하여 "得於自然", "淸曠超爽"하다고 평가하였으며, 동야노농의 서문에는 "淸疎孤高 嘐嘐自得", "文章固餘事耳"라고 하였으며, 정종로의 발문에는 "대부분 천기가 절로 움직이는 데에서 나왔으며, 종종 세속을 끊고 허공으로 가서 孤陽의 절조가 있다."고 하였고, 또 "病鶴警露之鳴 古松吟風之聲 同歸於自然"이라고 하였다. 이로 보면 강세문은 시에 평생 마음을 쏟아 자득하여 일가를 이룬 특출한 시인으로 평가되는 것 같다.

3권의 「答南宗伯書」는 산수 유람을 갈 수 없다는 南漢朝의 편지에 대하여 이번 기회가 아니면 다시 기약하기 어려우니 같이 유람하기를 권유하는 내용이다.

「遹追齋記」: 강세문의 6세조의 祠版을 이미 합사하고 별도로 사당이 있었는데, 지역이 습기가 많고 세월도 오래되어 신묘년(1771) 봄에 땅을 정하여 이건하였다. 세 칸의 사당과 齋宿(遹追齋)할 곳을 새로 지어 옮기는 것을 아뢰고 낙성한다는 내용이다.

「曦陽山白雲臺記」: 문경의 희양산은 봉우리가 빼어나고 물도 맑다. 봉암사 백여보 쯤에 몇 길이나 솟은 대가 있는데, 옛날 고운 최치원이 놀던 곳이라 한다. 신묘년 가을에 강세문이 이곳에 혼자 놀러갔다 술을 마시고 시를 지은 내용을 적은 것이다. 읊은 내용은 다음과 같다.

白雲來兮 山欲冥	흰 구름 오니 산은 어두워지려하고
飮松醪兮 宜醉復宜醒	솔 막걸리 마시니 마땅히 취하였다 다시 깨네.
白雲歸兮 山更寂	흰 구름 돌아가니 산은 다시 적막하니
崔仙一去而不返兮 誰與同其樂	최고운이 한 번 떠나가 돌아오지 않으니 누구와 그 즐거움 함께하랴!

「伽倻山記」: 경인년 鄕試를 치고 돌아가던 길에 가야산에 들어가 紅流洞과 隱仙臺등 여러 곳을 구경하다 해 지는 줄도 모르다가 해인사에 들어가 유숙하고 다음날 부처와 최고

운의 영정을 구경하고 黃店峴을 넘어 성주의 雙溪寺로 향하였다는 내용을 기록하고 있다.

「東江夜泛記」: 8월9일 강세문이 몇 사람과 약속하여 道南書院에서 飛鸞津으로 내려가면서 그 사이의 경관을 짧게 기록하고 있다.

「東遊海上轉至鷄林故都記」: 평소 동남쪽을 유람할 뜻을 가졌었는데, 신해년(1791) 가을에 드디어 출발하여 의성에 이르렀으나 癘氣 때문에 다시 돌아왔다가 2년 뒤 계축년 가을에 동생 德有, 아들 胤欽과 유람을 떠나게 되었다. 경유한 곳을 살펴보면, 梧里坊, 柴里, 涑水書院, 丹密, 道湖, 比安, 桃李院, 藏待書院, 龜山, 九芝山, 氷溪, 橫溪里(永川), 臨皐書院, 慶州 霞谷, 玉山書院, 安康, 興海, 漆浦, 東江書院, 鳳凰臺, 仁山書院, 浮雲里, 浩然亭, 銀海寺, 新寧, 義興, 軍威, 良谷, 比安, 道湖, 집으로 모두 30일 간의 여정이었으며, 17수의 시를 지었다고 하였다.

「祭芝溪從兄文」: 종형제 중 맏이였던 芝溪에 대한 제문이다. 작자가 어릴 때부터 따르며 훈계를 받기도 하고 같이 시를 짓기도 하며 절친하게 지냈던 사이였다.

「祭尊丈文」은 저자와 같은 마을에 살았던 어른에 대한 제문이다. 이름과 자는 알 수 없다. 다만 학덕과 인품이 뛰어났던 것으로만 파악될 뿐이다.

「祭族祖文(代季父作)」은 집안 어른에 대한 제문으로 계부를 대신하여 지은 것이다.

「祖考進士府君行狀」은 저자의 할아버지의 행장으로, 이름은 櫕(1688~1747)이요, 자는 文叔이다. 진사였다.

「先考處士府君行狀」은 저자의 아버지 행장으로, 이름은 必嫌(1720~1782), 자는 汝大, 호는 思庵이다.

「養鶴說」: 어떤 사람이 두 마리의 학을 얻어 거문고를 연주하며 춤추게 하는 내용인데, 학의 성품은 닭이나 거위와 같지 않아 인간에게 길들여 질 수 있는 것이 아닌데, 어쩌다 사람에게 잡혀 구경꺼리가 됨을 안타까워하고 있다.

5. 가치

본서는 우선 미산행본 유일 필사본이라는데 일차적인 가치가 있다. 더구나 저자가 생전에 직접 편집하여 족제인 姜世白에게 품평을 요구한 것으로, 아마 手稿本으로 추정되어 더욱 가치가 있다고 하겠다. 그리고 저자는 大司諫 姜詗의 후손으로, 族叔 姜樸과 함께 南人에 속한 선비로서, 남인계 문인들의 동향을 파악하는데 유용한 자료가 되리라 본다. 또한 기행시가 많이 있어, 특히 가야산이나 경주 지역의 당시 상황을 이해하는데 유용한 자료로 보인다.

【남춘우】

歸巖謾錄

李元禎(1622~1680) 著.

筆寫本(自筆稿本). 2冊 : 四周無邊, 無界,
11行21字, 上二葉花紋魚尾 ; 27.0×19.3㎝.

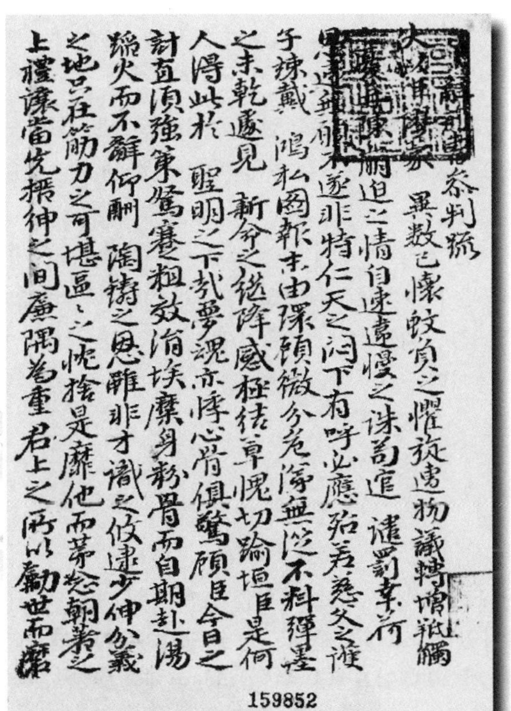

귀암만록

1. 저자

李元禎(1622~1680)의 자는 士徵, 호는 歸巖, 본관은 廣州로 고려 때 判典校寺事를 지낸 李集의 후손이다. 그는 1622년(광해군 14) 漆谷 泗陽村에서 李道長(1604~1644)과 安東 金氏 사이에서 태어나 1680년(숙종 6) 70세에 黨禍로 별세하였다. 조부 石潭 李潤雨(1569~1634)는 寒岡 鄭逑의 문인으로, 문과 급제하여 이조참의를 지냈으며, 부친 洛村 李道長 또한 문과 급제하여 부응교를 지냈다. 모친 안동 김씨는 판중추부사를 지낸 金時讓(1581~1643)의 딸이다.

이원정은 1652년(효종 3) 증광문과에 갑과로 급제하여 이후 벼슬을 시작하였다. 1656년 說書에 제수되었고, 史局에 薦入되어 翰林이 됨으로서 조부와 부친에 이어 三世가 翰苑에서 붓을 잡는 영광을 누리게 되었다. 1657년 典籍에 제수되어 병조좌랑, 정언, 지평, 시강원문학을 거친 뒤 전주판관, 장성부사를 역임하였다. 1659년(현종 즉위년) 서장관으로 청에 다녀왔고, 이후 강릉부사, 동래부사, 전주부윤, 광주부윤, 공조참판 등을 역임하였다. 1670년 사은부사로 다시 청에 다녀왔다. 1673년 도승지에 오르고, 연이어 형조참판·도승지·예조참판에 제수되었다. 2차 예송논쟁에서 남인이 주도권을 잡은 이후 그는 형조참판, 대사간, 형조판서 등을 거쳐 대사헌·호조판서에 제수되는 등 권력의 핵심에 있었다. 1680년(숙종 6) 이조판서로 재임할 당시 庚申大黜陟이 일어나자 이에 연루되어 楚山으로 유배되었다가 다시 불려와 杖殺되었다. 1689년 己巳換局 이후 남인이 재집권하면서 신원되어 영의정에 추증되었으나 직후 정국의 변화에 따라 추탈되기도 하였다. 시호는 文翼이다.

그의 생애에 대해서는 손자 李世瑗이 쓴 「家狀」과 蔡濟恭이 쓴 「神道碑銘」에 상세하게 기술되어 있다. 그의 生平의 대략에서 알 수 있듯이 그는 현종·숙종 대에 활약했고, 특히 예송논쟁 이후부터 경신대출척에 이르기까지 남인의 핵심 인물로서 정국의 변화에 따라 부침을 거듭한 인물이다.

2. 구성

앞서 언급한 「家狀」과 「神道碑銘」에는 "저술한 바 『星山誌』, 『歸巖漫錄』, 『增修鄕約』 등이 집안에 갈무리 되어있다."고 기록하고 있어 『歸巖漫錄』이 그의 정치적, 문학적 면모를 확인할 수 있는 중요한 자료임을 알 수 있다. 현재 그의 시문은 자필고본인 『私稿』·『雜稿(등록번호159847)』·『雜稿(등록번호159851)』·『歸巖漫錄』과 문집을 편찬하기 위해 정서한 『귀암집』 그리고 목판본 『귀암선생문집』(10권 5책)과 1937년 간행 목활자본 『귀암

선생문집』(12권6책)이 남아있다. 이들 사이의 관련성에 대해서는 『귀암집』 해제를 참고하고 여기서는 『歸巖漫錄』에만 한정하여 살펴보기로 한다.

『歸巖漫錄』은 현재 자필고본으로 행초서로 기록된 『歸巖漫錄』 二, 『歸巖漫錄』 三 두 책만이 남아있고, '漫錄'이라는 명칭 그대로 일정한 형식이나 체계를 갖추지는 않았다. 『歸巖漫錄』 二, 三이 있는 것으로 보아 『歸巖漫錄』 一이 있었음이 분명하다. 다만 四 이후의 책이 있었는지는 미상이다. 『歸巖漫錄』 一은 『歸巖漫錄』 二, 三에 전혀 언급되지 않은 供辭, 緘辭, 獻議, 諭書, 箋, 呈文과, 언급은 되어 있지만 상대적으로 적게 수록된 詩, 書, 序, 記, 祭文, 등이 다양하게 수록되었을 것으로 추정할 수 있다.

다른 곳엔 없고, 『귀암만록』에만 실려 있는 작품으로는 「使子龜命代奠李奉叔文」·「野無遺賢賦」·「以大司憲論事疏」·「金吾論事箚」·「都目後辭吏曹判書疏」·「崇陵節祀時所見箚子」·「吏判時罷職還收後辭疏」·「再疏」·「都目後辭吏曹判書疏」·「再疏」·「和鄭生韻(2)」가 있다.

작품 수가 많지 않아 목록 전체를 수록하고자 한다. 다음과 같다.

『歸巖漫錄 二』

「辭刑曺參判疏」·「刑曺參判待罪疏」·「吳秀才始甲挽」·「孝宗大王遷陵挽」·「崔佐郎永世挽」·「祭崔佐郎永世文」·「以刑曺參判因物議辭疏」·「辭都承旨疏」·「擬辭都承旨再疏(遷陵日迫近不果上)」·「辭都承旨疏」·「牌不進後再疏」·「趙秀才挺宇挽」·「三疏」·「李僉知忠民挽」·「李應教有相挽」·「祭鄭領議政太和文」·「姜金浦頊挽」·「金判官仁文挽」·「兵曺參判乞暇疏」·「國恤後百官請復常膳啓」·「祭益平君洪得箕文」·「重題悟上人詩軸」·「松鶴軒詩稿序」·「利川客館記」·「羅都事袗挽」·「戶曺參判時該司陳弊疏」·「崇陵國恤百官請復常膳啓」·「柳鎭安元之挽(西厓先生之孫也)」·「辭嘉義賞資疏」·「與尹持平鑴論禮部儀禮書」·「寒岡鄭先生神道碑移建跋」·「李右相浣挽」·「顯宗大王挽」·「辭備局堂上疏(乙卯正月)」·「趙參判壽益挽」·「洪伯源挽」·「問天下國家同事而異效者」·「問士之成就有二塗焉」·「問心者事之體事」·「上許領相書」·「代星州儒生請改文穆公謚法疏」·「崇祿大夫判中樞府事兼判義禁府事知經筵春秋館事世子左副賓客諸道體察使荷潭金公家狀」·「原州高麗國子進士元天錫右贊成鄭宗榮贈領議政韓百謙書院賜額祭文(代人作)」·「先妣貞夫人金氏行狀」·「京山志序」·「問自古帝王之迭興」·「問政令之際有緩有急」·「愚伏奉安祭退溪先生文」·「祭愚伏先生文」·「昌寧書院請額疏」·「爲一家儒生答沃川滄洲書院文」·「爲一家儒生通沃川三溪書院文」·「問智愚賢不肖之著於外」·「代嶺伯金子長乞遞疏」·「先考贈嘉善大夫吏曹參判兼同知經筵義禁府春秋館成均館事弘文館提學藝文館提學五衛都摠府副摠管行通訓大夫弘文館副應教知製敎兼經筵侍講官春秋館編修官府君家狀」·「通訓大夫行禮曺正郎孫公墓碣銘」·「昌原大都護府使郭公墓碣銘」·「使子龜命代奠李奉叔文」·「僖陵參奉蔡公墓碣銘」·「洛川裵先生墓碣銘幷序」

『歸巖漫錄 三』

「通訓大夫行司諫院司諫羅公行狀」·「沙斤察訪康公墓碣銘幷序」·「分兵曹佐郎蔡公墓碣銘幷序」·「張生員海挽」·「辭大司諫疏」·「大司諫應旨疏(丁巳)」·「親祭祈雨文」·「辭大司憲疏」·「都承旨辨謗疏」·「再疏」·「辭備局有司堂上疏」·「大司諫辨誣疏」·「大司諫避嫌」·「鄭參判晳挽」·「校理金公墓誌銘幷序」·「辭大司成疏」·「辭刑判疏」·「檜淵書院請額星州儒疏」·「辭兼大司成疏」·「再疏」·「乞遞刑曹判書疏」·「辭判尹疏」·「野無遺賢賦」·「以大司憲論事疏」·「河謙齋奉安祭文」·「大菴朴先生文集序」·「祭季父直長府君文」·「辭戶曹判書疏」·「戶曹判書待罪疏」·「辭工曹判書疏」·「神懿王后元敬王后廟主改題議」·「金吾論事箚」·「大司憲避嫌」·「辭吏判疏」·「都目後辭吏曹判書疏」·「祭李承旨同揆文」·「崇陵節祀時所見箚子」·「六臣廟奉安祭文」·「辭吏曹判書疏」·「辭弘文館提學疏」·「吏判時罷職還收後辭疏」·「再疏」·「乞解贊畫使疏」·「辭吏曹判書疏」·「乞解贊畫使再疏」·「都目後辭吏曹判書疏」·「再疏」·「辭判義禁府事疏」·「陞品後請解贊畫使箚」·「到理山踰牛嶺」·「五月到理山配所」·「送金吾郎韓君押配還京二首」·「遠懷二弟」·「長兒辭遞洪州來首謫居」·「踰牛場嶺」·「板幕嶺」·「吹沙嶺」·「古理山」·「端午」·「流頭」·「梨峴」·「石藏棧」·「獐項大小峴」·「直洞嶺」·「家僮來傳諸札」·「李上舍謫路歷訪」·「家僮治任告歸」·「庾生錫侯與郡妓有娠而別悲啼終日觀者流涕聞而有感」·「金僉知餽西苽」·「次李上舍見寄韻」·「和鄭生韻」·「又」·「挽都司藝愼與」·「挽金校理璁」·「上伯父書」·「孤村墓碣」·「送北使序」·「詩」

3. 내용

『歸巖漫錄』 二 · 三에 수록된 내용을 항목별로 살펴보면 詩(23제 25수), 輓詞(18), 疏(45), 題議(1), 啓(4), 箚子(3), 雜著(3), 策文(5), 序(5), 書(3), 跋(1), 記(1), 祝文(5), 祭文(7), 墓碣(7), 墓誌(1), 行狀(2), 家狀(2)이 남아있다.

저자가 17세기 남인을 대표하는 핵심인물인 바 문학적인 측면을 살펴볼 수 있는 자료보다는 저자와 교유했던 인물들의 면면을 확인할 수 있는 輓詩나 祭文, 정치적 면모를 확인할 수 있는 疏나 啓, 箚子가 대부분을 차지하고 있다. 특히 내용의 대부분을 차지하고 있는 疏의 경우 병으로 인해 직분을 수행할 수 없다거나, 재주와 능력이 부족하여 자리에 걸맞지 않기에 체직되기를 바란다는 내용이 대부분이다. 전체를 일별할 수는 없고 주목되는 몇 가지를 살펴보고자 한다.

우선 1677년에 올린 「大司諫應旨疏(丁巳)」는 당대 현실에 대한 인식의 일단을 엿볼 수 있다는 점에서 주목된다. 저자는 民心의 向背와 國勢의 安危가 다음 10가지를 크게 變通하는데 달려 있다고 강조하였다. 요약하자면 '訓鍊別隊의 精抄軍 및 각 衙門의 軍官, 各

營의 匠人을 먼저 혁파하여 이들로 하여금 군역을 피해 도망가거나 죽거나, 군역에 종사하는 노인과 어린 사람들을 대신하게 하여 어려운 백성의 피폐함을 풀어줄 것', '각 軍門의 牙兵은 일정한 인원과 법식을 둬서 수효를 늘리는 일, 예를 들어 신설된 體府처럼 實效는 없고 虛名만 있는 것을 없앨 것', '각 衙門의 屯田을 없애 地部로부터 그 세입을 거두고, 각 아문은 거둔 바의 곡식을 몇 해의 중간치와 비교해 일정한 수효를 정한 다음 그 아문에 공급하게 할 것', '司僕寺에 소속된 諸島를 모두 없애 地部에 돌려주고, 太僕이 일상으로 지급하는 料布를 쓰게 될 경우 地府로부터 마련해 제목을 붙여 나눠줄 것', '여러 宮家와 衙門의 鹽盆과 漁梁을 지부에 돌려줄 것', '베와 무명의 품목은 國典에 따라 5升 25尺의 규정을 두어 백성의 곤궁함을 풀어줄 것', '각 읍에서 쌀을 매매하는 것(糶糴)을 정해진 수효에 따를 것', '西北路의 糶糴도 정해진 수효를 두어 이익과 손실로 백성을 곤궁하게 하는 일이 없도록 할 것', '嶺南지역도 전라도와 충청도가 대동법을 행한 것을 따르게 하되 다름이 없게 할 것', '남한산성에 留守府를 설치하여 兵民의 정사를 兼管하되 한결같이 강화도의 예를 따를 것' 등이다. 이 중에서 없애야 될 것이 5가지, 마땅히 세워야 할 것이 5가지인데, 體府廳을 없애는 것과 영남에서 大同法을 시행하는 것이 각기 그 첫째임을 강조하였다. 구체적 時務 방안이 담겨져 있고, 특히 대동법은 다음해 곧바로 영남에서 시행되었다.

같은 해에 올린 「乞遞刑曹判書疏」의 경우 南人의 핵심에 있는 저자의 입장을 잘 드러내고 있는데, 효종을 嫡長으로 삼아 종묘의 적통을 잇는 것이 禮義에 합당함을 주장하고, 송시열의 의론을 따르는 자들은 不忠 · 不義하여 黨만 알고 君이 있음을 모르는 자들이라고 신랄한 비판을 가하였다.

散文에서 또 주목되는 것이 「爲一家儒生答沃川滄洲書院文」과 「爲一家儒生通沃川三溪書院文」이다. 옥천지역에서 당시 정권을 장악하고 있던 남인과 긴밀한 관계를 맺고자 1675년에 훼철된 삼계서원을 다시 세우면서 기존에 모시던 郭詩 · 全彭齡과 함께 寒岡 鄭逑를 祭享하고자 하는 논의가 있었다. 그래서 당시 정국을 주도하던 남인의 실력자 중 한 사람인 저자에게 그 의견을 묻자, 지역 여론을 모은 다음에 신중하게 결정할 것을 권고한 내용이다.

詩의 경우 23제 25수가 남아있다. 대부분 경신대출척 때 평안북도 楚山으로 유배 가는 도중에 쓴 작품들로 유배지로 가는 여정의 험난함과 성은에 대한 기대, 그리고 가족에 대한 그리움이 잘 드러난다. 곁을 따르던 노복을 떠나보내는 허전한 마음과 가족에 대한 그리움이 잘 드러난 시 「家僮治任告歸」를 소개한다.

二僕治行拜告歸	두 노복이 떠날 준비를 하고 돌아간다고 하니
殊方心事轉依依	絶域에서의 心事 도리어 아쉽기만 하네.

裁封短札情難盡	짧은 편지를 잘라 밀봉하니 마음은 다하기가 어렵고
黙數長程意亦微	묵묵히 긴 여정을 헤아려봄에 뜻이 또한 은미하네.
百折急灘人畏涉	백 굽이 세찬 여울 사람들은 건너기 두려워하고
千尋危棧鳥疑飛	천 길 위태로운 棧道는 새마저도 날기를 염려하네.
南還應對妻孥問	남쪽으로 돌아가 아내와 자식의 물음에 응대하게 되거든
須說容華減昔肥	부디 얼굴이 예전보다 못하다고만 하게.

4. 가치

귀암 이원정과 관련된 문집 초고본의 대부분은 현재 계명대학교 동산도서관에 소장되어 있다. 본서는 그 중에 하나로 저자의 자필초고본이라는데 그 가치가 있다. 다만 『歸巖漫錄 三』의 맨 뒷부분 「送北使序」의 뒤에 첨가된 「詩」의 아래에 '似是抄節所載而依本書之'라는 말이 있고, 필체가 조금씩 다른 부분이 있는 것으로 보아 혹 후대에 추가된 부분도 있는 듯 하다.

17세기 중후반 남인의 핵심에 있었던 저자의 위상에 비해 지금까지 학계에서는 본격적인 논의가 전혀 이루어지지 않은 감이 있다. 『귀암만록』에 대한 본격적인 검토가 이루어진다면 저자의 학문과 교우관계, 정치 활동의 면모와 함께 상대적으로 논의가 적었던 이 시기 남인의 동향을 파악하는 데에도 일조할 것으로 본다.

5. 기타

현재 『歸巖漫錄』 二 · 三이 남아있어 분량상 몇 책이 더 남아있을 가능성이 있기에 조속한 발굴을 기대해 본다. 그리고 앞서 언급한 『私稿』·『雜稿』·『雜稿』와 함께 문집 편찬을 위해 정서한 『귀암집』 定稿本, 목판본 『귀암선생문집』, 목활자본 『귀암선생문집』 상호간의 면밀한 대조와 검토를 거친다면 작품과 저자의 전모를 확인하는데 큰 도움이 되리라 본다.

【이상동】

歸巖集

李元禎(1622~1680) 著.

筆寫本(定稿本). 三冊(零本) : 四周雙邊, 半郭 22.4×16.3㎝, 有界. 10行20字, 上二葉花紋魚尾 ; 31.5×21.2㎝.

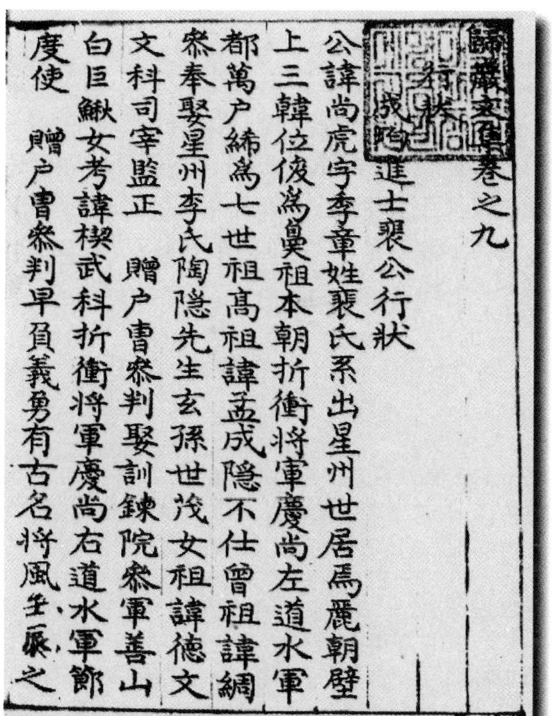
歸巖文集卷之九
行狀 戊申 進士裵公行狀
公諱尚虎字李章姓裵氏系出星州世居高麗朝壁
上三韓位俊爲奠祖本朝折衝将軍慶尚左道水軍
都萬户綈爲七世祖高祖諱孟成隱不仕曾祖諱綢
參奉娶星州李氏陶隱先生玄孫世茂女祖諱德文
文科司宰監正 贈户曹參判娶訓鍊院參軍善山
白巨鰍女考諱楔武科折衝将軍慶尚右道水軍節
度使 贈户曹參判早負義勇有古名将風壬辰之

귀암집

1. 저자

앞의 『歸巖謾錄』 해제 참조.

2. 구성

『歸巖集』은 문집을 간행하기 전의 정고본의 형태로 현재 三, 四, 五책의 영본 3책이 남아있다. 三은 권5, 6, 四는 권7, 8, 五는 권9, 10이다. 권5에는 獻議·論書·箋·呈文·書, 권6에는 雜著·序·記·跋, 권7에는 祭文, 권8에는 墓碑·墓碣·墓誌·碑陰, 권9, 10에는 行狀이 있다. 이러한 체제와 내용은 직후에 간행된 『歸巖先生文集』(10권 5책)에 거의 변동 없이 그대로 반영되었다.

앞의 一, 二책이 없는데 三, 四, 五책이 간본 『歸巖先生文集』과 거의 차이 없음을 보건데 一, 二책 또한 간본의 체제와 대부분 일치하리라 본다. 즉 一은 권1, 2로 詩와 疏, 二는 권3, 4로 권3에는 箚·啓辭·緘辭·獻議·論書·箋·呈文·書, 권4에는 雜著·序·記·跋이 수록되었을 것으로 추정할 수 있다.

현재 『歸巖先生文集』은 두 종류의 간본이 전하고 있다. 앞서 언급한 간년미상의 10권 5책 목활자본과 1937년 후손들이 누락된 내용 및 만사·제문 등의 부록을 추가하여 12권 6책의 목판본으로 간행한 것이 그것이다(1993년 경인문화사 한국문집총간으로 영인). 본서가 간행 직전의 정고본이기에 간행 후 널리 읽혀졌을 10권 5책 간본과의 비교도 흥미로울 듯 하다. 三, 四, 五책의 각 권에 실린 내용의 목차를 정리하면 다음과 같다.(밑줄 친 부분은 10권5책의 간본에 누락된 작품임.)

『歸巖集 三』

(歸巖文集卷之五)

獻議 : 「神懿王后元敬王后廟主改題議」·「書筵講義」

諭書 : 「諭議政府右議政許積」·「諭議政府領議政鄭太和左議政洪命夏」

箋 : 「代方伯大殿卽位陳賀箋」

呈文 : 「代長城井邑人民呈備邊司文」·「呈禮部文」·「柒谷府民呈巡察使文」·「代柒谷地主報巡使弊瘼一款」·「星州士民呈備邊司文」

書 : 「與尹持平鑴論禮部儀禮書」·「與許尙書積書」·「上伯父書」·「答洪都憲重普書」·「與許尙書書(辛丑)」·「與元承旨萬石書」·「與方伯閔暐如熙書(壬寅四月十一日)」·「與許尙書書(壬寅四月十五日)」·「與許尙書書(壬寅六月六日)」·「與畿伯論賑恤事目」·「上許領相積書」

(歸巖文集卷之六)

雜著 : 「鬼神者二氣之良能說(說書時月課)」·「爲宗族儒生答沃川滄洲書院文」·「爲宗族儒生通沃川三溪書院文」

序 : 「送北使序」·「送友人上舍生權泰如歸漢城序」·「禁苑迎春圖契屛序」·「禁中除夜圖序」·「燕行契屛圖序」·「題悟上人詩軸序」·「上枝洞契案序」·「東湖泛舟契軸序」·「玉河舘契軸圖序」·「松鶴軒詩稿序」·「京山志序」·「大菴朴先生文集序」

記 : 「架山城重修記」·「狎鷺亭記」·「兩山軒記」·「工曹郎舍重創記」·「永思亭記」·「伊川東軒重修記」·「利川客舘記」

跋 : 「書朴君同庚稧卷後(代舍弟作)」·「趙松堂文集跋」·「寒岡鄭先生神道碑移建跋」

『歸巖集 四』

(歸巖文集卷之七)

祭文 : 「親祭祈雨文」·「原州山城故忠臣金悌甲賜祭祈雨文」·「代地主架山巖祈雨祭文(壬辰)」·「原州高麗國子進士元天錫右贊成鄭宗榮贈領議韓百謙書院賜額祭文(代人作)」·「硏經書院愚伏配享時先告退溪先生文」·「祭退溪先生文」·「祭愚伏先生文」·「河謙齋奉安祭文」·「六臣廟奉安祭文」·「關王廟移建開基祝文」·「祭寧海府使都公文」·「祭李東湖竹+舒文」·「祭裵藤菴處士尙龍文」·「全州李節婦致祭文」·「祭李進士亨連文」·「祭閔大司憲文」·「祭李丹城文」·「祭李參判敏求文」·「祭吳判書挺一文」·「祭閔大司憲應恊墓文」·「祭兵曺判書徐公自邇必遠文」·「祭永安尉洪公柱元文」·「祭李參判延年文」·「祭洪右相重普文」·「祭尹判官遇甲文」·「祭崔佐郞永世文」·「祭鄭領議政太和文」·「祭李左議政慶億文」·「祭益平君洪得箕文」·「祭李承旨同揆文」·「祭外舅浣石亭李公遷葬時文(甲午)」·「祭蔡都事先容文」·「祭內舅郡守金公文」·「祭內弟金都事秋萬文(癸丑)」·「祭宗叔李公道益文」·「祭宗叔李統制道彬文」·「祭從弟元祚文」·「祭伯父都事府君文」·「祭亡弟士膺文」·「祭季父直長府君文」·「新恩祭考墓文」·「祭始祖遁村先生墓文」·「祭先祖參議公墓文」·「祭先祖觀察使公墓文」

(歸巖文集卷之八)

墓碑 : 「同知中樞府事文公墓碑銘」

墓碣 : 「都摠都事蔡公先容墓碣」·「贈戶曺參判文公墓碣銘」·「成均生員李公墓碣銘幷序」·「處士金公檝墓碣銘」·「通訓大夫行禮曺正郞孫公處愼墓碣銘」·「昌原大都護府使郭公弘址墓碣銘」·「禧陵參奉蔡公先見墓碣銘」·「洛川裵先生紳墓碣銘幷序」·「沙斤察訪康公應哲墓碣銘幷序」·「分兵曺佐郞蔡公楙墓碣銘幷序」·「孤村李公心弘墓碣」

墓誌 : 「通訓大夫行積城縣監李公之馨墓誌銘」·「校理金公瞻墓誌銘幷序」

碑陰 : 「首露王碑陰(代許觀察積作)」·「始祖墓碣重建陰記」

『歸巖集 五』

(歸巖文集卷之九)

行狀 : 「成均進士裵公行狀」·「贈議政府領議政謚文康公行議政府右參贊旅軒張先生行狀」·「光州李氏三賢行狀」·「通訓大夫行司諫院司諫羅公行狀」

(歸巖文集卷之十)

行狀 : 「崇祿大夫判中樞府事兼判義禁府事知 經筵春秋館事 世子左副賓客諸道體察使荷潭金公家狀」·「先妣貞夫人金氏行狀」·「先考贈嘉善大夫吏曹參判兼同知 經筵義禁府春秋館成均館事弘文館提學藝文館副應敎知製 敎兼 經筵侍講官春秋館編修官府君行狀」

3. 내용

『歸巖集』의 내용은 서울대학교 규장각 등에서 이미 상세한 해제를 하여 그 내용이 대부분 알려져 있다. 그래서 중복을 피하여 여기서는 간본에 누락된 몇 개의 작품들을 소개하고자 한다. 이 이외에 누락된 것은 대부분 代作이다.

「與許尙書積書」: 저자가 살고 있는 漆谷 지역의 糶糴이 실정에 부합하지 않음을 지적하고 합리적으로 실정에 맞게 조정해 달라는 글이다. 특히 架山山城의 米穀과 관련하여 수송, 관리하는 사람은 적고 곡식의 양은 많기 때문에 除耗給官 하기를 청하고 있다. 또한 除耗의 분량에 대해 언급하며 담당자로서 다시 한 번 생각해주기를 바란다는 내용이다. 내용 중에 戊戌年(1658, 효종9) 언급이 있는 것으로 보아 1659년 또는 1660년에 쓴 편지인 듯 하다.

「與許尙書書 辛丑」: 땅을 두고 田民과 書院간의 송사가 생긴 일에 대해 의견을 개진하였다. 고을 수령인 부사의 판결이 몇 번의 교체로 인해 이리저리 달라져 시비가 분명하지 못하므로 원안을 보고 흑백을 가려 달라고 청하였다. 1661년(현종2) 40세 때의 편지이다.

「與方伯閔暐如熙書 壬寅四月十一日」: 경상감사로 있던 閔熙(1614~1687)에게 준 글로 作米船運은 留布로 변통하는 것이 좋겠다고 하였다.

「與許尙書書 壬寅六月六日」: 1662년(현종 3) 동래부사 재직 시에 쓴 편지다. 왜구들이 부산에서 장사로 쌀을 거두어 들여 이익을 취하고 나라의 동정을 살피는 일에 대한 위험성과 왜관 이설문제에 대해 진지하게 의견을 개진하였다.

「與畿伯論賑恤事目」: 경기감사가 기록한 賑恤節目을 읽고 올해의 荒政은 田結을 중하게, 戶口를 가볍게 하여 예년과 같은 실수를 반복하지 말자고 건의한 내용이다.

「上許領相積書」: 人事 문제와 萬科 설치의 부당함을 말하고 있다. 근일에 빈번하게 일어나는 순서를 밟지 않은 갑작스러운 승진은 바람직하지 않는 결과를 초래했음을 조광조 등 역대의 사례를 들어 설명하였다. 그리고 武科에서 너무 많은 인원을 뽑을 경우 고려 때 정중부의 난과 같은 일을 걱정하지 않을 수 없고, 이들이 科名을 얻게 될 경우 爵祿을 기대할 것인데 작록을 얻지 못할 경우 반드시 국가를 원망하는 마음이 생기게 되어 국가의 기강을 흔들게 된다는 것이다. 殿試의 법도를 엄격하게 적용해 남용하지 않고 믿음을 주는 것을 그 대안으로 제시하였다.

「送北使序」: 1678년(숙종 4) 청나라 사신이 옴에 42일 동안 그들을 접대한 사신으로서 전송할 때 써준 글이다. 이 글은 王士禎의 『池北偶談』 속에 있는 글을 채록하였다고 부기되어 있다.

「禁中除夜圖序」: 權大運(1612~1699)이 자신의 조부가 남긴 「禁中除夜圖」에 대해 一言을 구하였고, 이에 저자는 '溫故知新 悟往追來'하자고 다짐한 글이다. 1656년(효종 7) 병조의 관원들과 除夕의 모임을 가졌을 때의 기록이다.

4. 가치

본서는 비록 零本이지만 문집을 간행하기 직전의 定稿本이라는 점에서 우선적인 가치를 부여할 수 있다. 公刊을 위한 최종 선별이었지만 실질 간행에 부쳐서는 글자 및 일부 작품들을 다시 刪削하였다는 사실을 확인할 수 있다. 따라서 문집 간행 과정 및 그 과정의 고심처를 살펴보는데 도움이 되는 자료가 될 것이다.

귀암 이원정은 조선후기 정치사에서 중요한 위치에 있는 인물이다. 즉 붕당의 정쟁이 가장 치열하였던 현종, 숙종 연간 영남 남인으로서 영도적인 위치에 있었던 인물이었으며, 또한 그는 17C후반 영남에 대동법을 처음 시행한 인물로도 주목할 만한 인물이다. 바로 이러한 활동을 구체적으로 살펴볼 수 있는 자료로서 본서는 의미가 크다고 할 수 있다.

5. 기타

귀암 이원정의 간행 문집에 대해서는 앞서 언급한 바 있다. 현재 계명대학교 도서관에 이원정과 관련된 저술이 여러 종 전한다. 정고본으로서의 본서를 비롯하여 『歸巖謾錄』 3책, 『私稿』 1책, 『雜稿(등록번호 159847)』 1책, 『雜稿(등록번호 159851)』 1책, 『歸巖先生文集附錄』 1책이 그것이다. 본서와 『歸巖先生文集附錄』을 제외하고는 모두 이원정의 장서인이 있는 자필초고본이다. 작품이 가장 많이 수록된 1937년 중간본은 이러한 초고를 바탕으로 10권 5책의 초간본을 증보한 것이다.

계명대 소장 이원정 저술의 각 책의 목록을 제시하고, 12권 6책의 중간본과 비교하면 아래와 같다.

『歸巖謾錄』

앞의 해제 참조.

『私稿』(밑줄 친 부분은 12권 6책의 중간본과 비교해 빠진 작품임)

「代長城井邑人民疏」·「代長城井邑人民呈備邊司文」·「奉戶部許尙書書」·「禁苑迎春圖契屛序」·「禁中除夜圖序」·「觀乎天文以察時變解」·「鬼神者二氣之良能說」·「狎鷺亭記」·「兩山軒記」·「祭裵處士尙龍文」·「挽李井邑維楨」·「挽姜承旨大遂」·「代方伯大殿卽位陳賀箋」·「與綾州牧使李星徵辨謗書」·「慈殿請復常膳廷請啓辭」·「答洪都憲重普書」·「呈禮部文」·「問易傳曰漸進也」·「全州李節婦致祭文」·「辭遞掌令疏」·「成均進士裵公行狀」·「燕行契屛圖序」·「掌令避嫌」·「權察訪以伋挽」·「祭伯父都事府君文」·「祭舅氏郡守金公文」·「上許尙書書辛丑」·「呈觀察使啓」·「羅正郞子尙挽」·「與元承旨萬石書」·「上元右相書辛丑」·「與方伯閔暐如書壬寅四月十一日」·「上許尙書書壬寅四月十五日」·「上許尙書書壬寅六月六日」·「吳山不知巖兩書院請額疏」·「祭亡弟士膺文」·「接慰官就掌時供辭」·「前任長城事就掌時供辭」·「前任東萊事就掌時供辭」·「戚叔韓鎏挽」·「宋座首時振挽」·「曹悌昌挽」·「宋鄕丈曦挽」·「代舍弟作」·「以笠岩查覈御史吳斗寅書啓被推緘辭」·「祭李進士亭連文」·「祭宗叔李公道益文」·「同副承旨被彈後辭疏」·「牌不進待罪疏」·「再度牌招詣闕門疏」·「代表叔乞遞嶺伯疏」·「代舍弟書朴君同庚稧卷後」·「代表叔嶺南陳弊啓」·「再莅完山有感而作(2-1)」·「南金城一星挽」·「全州府尹時推考緘辭」·「祭閔大司憲文」·「代人辭職疏」·「又」·「李經歷廷望挽」·「右副承旨被推後請獨被推勘疏」·「右副承旨辭疏」·「刑房承旨時啓辭不果上」·「右副承旨辭疏」·「李府尹禬挽」·「李丹城鉅公挽」·「祭李丹城文」·「羅同知會丈緯素挽」·「姜判官圾挽」·「辭忠淸道觀察使疏」·「以刑官時事被斥申辨疏」·「以忠淸監司因物議辭疏」·「再疏」·「三疏」·「崔咸陽文活挽」

『雜稿』(등록번호159847) (밑줄 친 부분은 12권 6책의 중간본과 비교해 빠진 작품임)

「送友人權泰如歸漢城序」·「祭聘君文」·「與金興海辨錄書」·「代星山地主常平倉序」·「嶺南儒疏」·「代伯父祭朴生員明胤文」·「代從弟啓禎祭崔比安地緯文」·「代漆谷地主架山岩祈雨祭文」·「通道內陳疏辨誣期會文」·「嶺南儒生不赴擧後自明疏」·「架山城重修記」·「賀從曾祖孤村公老職序」·「都寧海挽」·「祭寧海府使都公文」·「李僉知令丈篛挽」·「無故逐吏賦」·「壬辰代地主架山岩祈雨祭文」·「新恩不得謁聖後待罪疏」·「都摠都事蔡公墓碣」·「漆谷府民壬辰陳弊疏」·「諫院灾異箚子」·「寒竹亭記」·「衣錦尙絅賦」·「說經重席賦」·「新恩祭考墓文」·「代舅

氏挽丁校理彦璧」·「漆谷府民呈巡察使文」·「祭李僉知令丈篈文」·「挽李正郎爀丈」·「挽李龍宮大圭」·「祭從祖蔡都事文」·「聘君遷葬時祭文」·「挽呂參奉孝周」·「祭李德長文鎭文」·「問天地之心」·「從弟元祚小祥祭文」·「挽郭生宜昌戊子」·「漆谷報巡使弊瘼一款」

『雜稿』(등록번호159851)(밑줄 친 부분은 12권 6책의 중간본에 수록되었고 나머지는 모두 누락된 작품임)

賦, 策, 論과 『주역』과 『춘추』, 『서경』에 대한 저자의 의문점이나 견해 등을 수록하고 있다. 전체가 행초서로 되어 있으며, 문집에는 대부분 빠져있다. 저자의 학술적 수준을 엿볼 수 있는 자료이다. 「書義愼厥身修思永」에 이어 松林寺 同接의 명단이 수록되어 있다. 저자를 비롯하여 李道敏, 李元祿, 李延禎 등 칠곡 송림사에서 함께 공부한 16명의 명단과 字, 生年이 적혀있으며, 일원인 李榮世의 글씨라고 되어 있다. 아마도 과거를 통해 본격적인 仕宦의 길로 들어서기 이전의 작품인 것으로 추정된다. 대부분 저자의 작품이지만, 몇몇 작품은 제목 아래에 人名이 있는 것으로 보아 저자의 것이 아니고 다른 사람의 작품을 옮겨 놓은 것으로 보인다.

「不肯草表」·「推印不受」·「驚鵝混軍聲」·「綠陰芳草勝花詩」·「天不以地有惡木而廢發生」·「易義豶豕之牙」·「時勢」·「易義碩果不食」·「錢幣」·「治亂」·「問子之所愼齋戰疾云云」·「問天地之道可一言而盡云云」·「科目取士」·「問君子素其位而行云云」·「問道性善言必稱堯舜云云」·「問不爲臣不見云云」·「易義鴻漸于陸其羽可用爲儀」·「易義辨上下定民志」·「春秋義刻桓宮桷」·「易義冥升利于不息之貞」·「祭從兄文」·「關王廟移建開基祝文」·「代伯父挽宗祖李公推迪」·「易義黃裳元吉」·「易義不表匕鬯」·「日中見斗(義)」·「易義愼言語節飮食」·「易義歸妹天地之大義」·「易義已事遄往」·「易義王三錫命」·「公論」·「代季父挽金敎官光繼」·「代季父祭從叔李座首道隆文」·「代挽鄭參奉惟塾」·「代許監司績製首露王碑陰」·「代季父祭金敎官光繼文」·「祭從叔李公道頤文」·「曆象」·「裵孟明挽二首」·「岳飛班師論」·「易義藉用白茅」·「從叔李公道隆小祥祭文」·「易義鳴鶴在陰其子和之」·「易義係小子失丈夫」·「易義甘臨」·「易義康侯用錫馬蕃庶晝日三接」·「易義先號咷而後笑」·「易義憧憧往來朋從爾思」·「易義卽鹿無虞」·「易義喪羊于易」·「易義納約自牖」·「睦監司挽」·「宗祖蔡佐郎祭文」·「挽郭德?」·「祭宗祖掌隷院司議李公元雨文」·「裵度抑諫官勿劾考官論」·「伊尹放太甲論」·「請罷觀燈賦」·「魏徵不願爲忠臣論」·「易義匪其彭」·「問子曰無爲而治者其舜也云云」·「問子謂韶盡美矣又盡善也云云」·「問子使漆彫開仕云云」·「侍御擡輦賦」·「移柱零陵寺賦」·「同題」·「命賜黃菊歌賦」·「題詩紅葉賦」·「易義除戎器戒不虞」·「易義信及豚魚」·「書義愼厥身修思永」·「書義鳳凰來儀」·「書義王敬作所」·「書義疾風雷雨不迷」·「易義往蹇來譽」·「書義大雷電以風」·「詩義不大聲以色」·「禮義玉不琢不成器」·「書義惟天地父母萬物」

『歸巖先祖文集附錄』

146명의 만사 161수가 수록되어 있다. 李鳳徵, 柳命堅, 睦林一 등 후대 문집에 수록되지 않은 인물도 36명에 달한다.

【이상동】

洛下集

鄭錫儒(1689~1749이후) 著.

筆寫本. 東裝1冊 : 四周白邊, 無界, 10行20字 ; 24.7×15.7㎝.

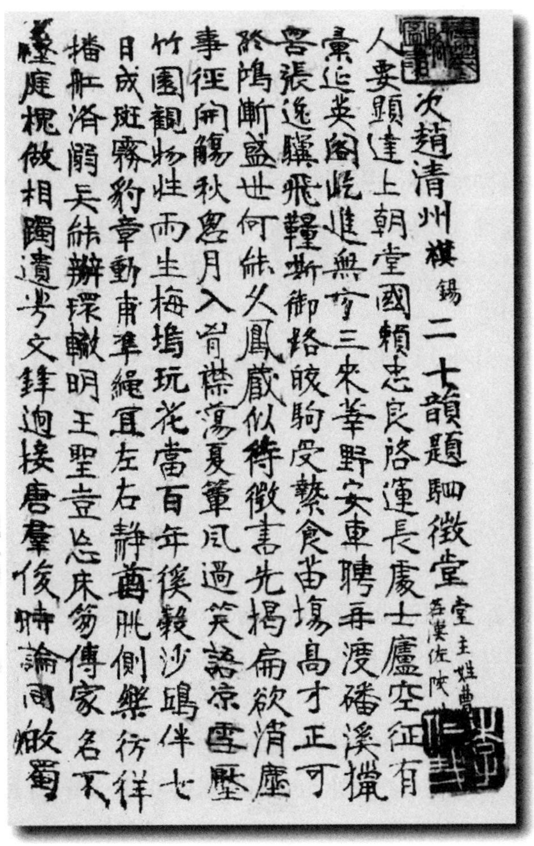
次趙清州模錫二十韻題駟徵堂
人要顯達上朝堂國賴忠良路運長處士廬空征有
彙延英閣屹進無方三來華野安車聘再渡磻溪攬
害張逸驥飛韁斷御路皎駒受縶食苗塲高才正可
於鳴斷盛世何能久鳳藏似待徵書先揭扁欲清塵
事徑開觴秋思月入背襟蕩夏筆風過笑語涼雲壓
竹園觀物性雨生梅塢玩花當百年後殺沙鷗伴七
日成斑霧豹章動甫準繩宜左右靜商朏側樂彷徉
播舡滄濶長能辨環轍明王聖豈忘床笏傳家名不
墜庭槐做相躅遺芳文鋒迥接唐群俊辯論周徵蜀

낙하집

1. 저자

鄭錫儒(1689~1749이후)의 사적은 상세하지 못하다. 英祖 13년(1737) 別試에 丙科 3등으로 합격하였다. 『국조문과방목』을 통해 파악하는 것이 거의 전부이다. 字는 季直, 본관은 東萊, 거주지는 星州, 曾祖父는 鄭彦友, 祖父는 鄭昌業, 父는 鄭弘鎰, 外祖父는 申瀏다. 이익의 『성호사설』을 통해 정석유가 察訪을 지냈던 것을 확인할 수 있다.

교유 인물로는 趙祺錫(字 來慶, 官 府使), 李玄輔(1679~1745, 자 德升, 官 江原監司), 李喆輔(1691년생, 字 保叔, 號 止菴, 官 吏曹判書), 黃翼再(1682~1747, 자 再叟, 호 白華齋, 『華齋集』이 있음), 崔應徵(자 士淸, 官 江界府使), 趙錫命(1674~1753, 字 伯承, 호 墨沼), 趙駿命(1677～1732, 자 愼汝), 李萬敷(1664～1732, 자 仲舒, 호 息山), 趙顯命(1690～1752, 자 稚晦. 호 歸鹿, 『歸鹿集』[1]이 있음), 趙文命(1680～1732, 자 叔章, 호 鶴巖. 『鶴巖集』이 있음), 柳弼垣, 休侃上人, 李潤甫, 趙道壽 등이 있다.

2. 구성

『洛下集』은 不分卷 1책(71장)의 필사본으로, 시와 산문이 구분 되어있지 않고 서로 섞여 편집 되었다. 각 작품에 간지가 없어 창작 년도를 추정할 수 없고, 또한 편집의 기준을 알 수 없다. 필체의 일관성을 보아서는 한 사람이 필사한 것으로 보이나, 저자가 직접 기록한 수고본인지는 미상이다.

전체 구성을 살펴보면 시가 117題 194首이고, 傳 1편, 書 8편, 序 3편, 記 3편, 祭文 1편, 祝文 2편, 啓 1편이다.

3. 내용

시가 가장 많은 분량을 차지하고 있는바, 우선 시에 대하여 살펴보면 다음과 같다.

첫 번째 특징으로, 장편시가 많다는 점이다. 「一百韻上趙修撰」, 「詩三十韻」, 「龍門歸僧」 등 여러 편이 있다.

두 번째 특징은 次韻詩 내지 酬酌詩가 많다는 점이다.

세 번째 작자의 거주지 蓬萊 및 부산 등 여러 지역의 풍광을 읊은 시가 많다. 대표적으로 「蓬萊雜詠七首」, 「海雲臺二首」, 「金井山城二首」 등이 그것이다.

---

1) 『歸鹿集』에 정석유와 唱酬한 聯句詩가 보인다.

네 번째로 꿈속에서의 일을 기록하고 지은 몇 편의 記夢詩가 보이는 것이 특징이다.

작자가 오륙도 이름의 유래에 대하여 설명하고 있는 「五六島」라는 시 한 수를 소개한다. 긴 서문과 함께 이 시가 실려 있다.

恠底海中島	괴이하도다 바다 속의 섬이
胡爲五六名	어찌 하여 오륙도가 되었는가
群峦叢屹立	여러 봉우리는 함께 모여 우뚝한데
一嶼勢低撑	하나만 형세가 아래에서 버티고 있네
水落重三出	썰물이 되면 여섯 개가 되고
潮生半十成	만조가 되면 다섯 개가 되네
隨波時隱見	물결 따라 수시로 숨었다 나타나니
奇異筆難評	기이하여 붓으로 설명하기 어렵구나!

다음으로 산문 작품의 목록은 다음과 같다.

「金色猫傳」, 「上趙修撰書」, 「改菴記」, 「白華齋序」, 「晩悟齋序」, 「五竹軒記」, 「上趙巡相書」, 「與金都事書」, 「上金大司憲書」, 「祭李進士(蒙呂)文代朴進士昌新氏作」, 「高靈社稷壇祈雨祭祝文」, 「萊州使君淸恩君韓侯(配夏)生祠堂祝文」, 「上蓬萊府伯朴公丈啓」, 「上萊州伯朴公丈書」, 「上息山李處士丈」, 「答李進士亨萬」, 「升室記」, 「上息山齋書」, 「蓬萊酬唱錄序」

각 작품의 내용은 대략 다음과 같다.

「金色猫傳」: 숙종이 침전에 고양이 한 마리를 키웠는데, 숙종이 병환이 들자 고양이도 살 뜻이 없는 듯하였고, 승하하시자 슬피 부르짖으며 뛰고 피눈물을 흘렸고, 고기를 주어도 먹지 않고 7일 만에 죽었다. 이에 의롭게 여겨 사람처럼 예를 치러 묻어 주었다는 다소 긴 내용의 작품이다.

「上趙修撰書」: 수찬이었던 趙文命(1680~1732)에게 올린 편지로, 조문명을 알게 된 것이 과거에 급제한 것보다 좋다고 하며 일백운의 시를 지어 올린다는 내용이다.

「改菴記」: 姜祖烈의 改菴堂에 대한 기문이다. 이 당호의 의미는 앞으로 살펴 스스로 새롭게 한다는 뜻이다.

「白華齋序」: 黃翼再(1682~1747)의 齋舍인 白華齋 주변의 풍광을 10수의 시로 읊고 난 뒤에 쓴 서문이다. 황익재의 자는 再叟요, 호는 白華齋이다. 황익재가 백화산 선영의 아래 집을 짓고 편액을 백화재라 하였다. 황익재는 黃喜의 10대손으로, 좌승지 鎭夏의 아들이다. 1702년(숙종 28) 식년문과에 급제하여 權知副正字, 병조좌랑 등을 거쳐 평안도사를 지냈다. 『華齋集』이 있다.

「晩悟齋序」: 鄕丈 朴泰初의 所居인 晩悟齋에 대한 서문이다. 신축년(1721)에 썼다. 사

람의 虛靈한 知覺을 거울에 견주어 光明을 깨닫고자 한다는 뜻으로, 늦게 깨달아도 늦은 것이 아니라고 하였다.

「五竹軒記」: 崔應徵의 별장에 대한 짧은 기문이다. 세속적이지 않고 덕을 숭상한다는 의미로 해석하고 있다.

「上趙巡相書」: 趙巡相에게 나아가 한번 뵙고 자신이 알려지기를 원한다는 것과 안부의 내용을 겸하고 있다.

「與金都事書」: 정석유가 김도사를 방문하였으나 만나지 못한 아쉬움을 서술한 후 김도사가 감독한 일선의 과장에서 뽑힌 선비들이 옳지 못하였다는 것과 고을에 제방을 쌓아 백성들을 이롭게 해달라는 내용을 담고 있다.

「上金大司憲書」: 가난한 작자의 백부를 대구의 屯所에 차출하여 생활할 수 있게 해 달라는 내용의 편지이다.

「祭李進士(蒙呂)文 代朴進士昌新氏作」: 進士 李蒙呂에 대한 제문으로, 進士 朴昌新을 대신하여 지었다. 이몽려에 대해서는 상세히 알 수 없고, 제문에 나타난 사실로 보면 재주가 있었으나 49세로 죽은 것에 대한 애통함이 나타나 있다.

「高靈社稷壇祈雨祭祝文」: 기우제 때 지은 제문으로 아주 짧은 문장이다.

「萊州使君清恩君韓侯(配夏)生祠堂祝文」: 동래부사였던 韓配夏(1650~1722)에 대한 생사당 축문이다. 동래부사로 있을 때 금정산성의 中城을 쌓고 將臺·軍器庫 등의 시설을 보충하였다고 한다.

「上蓬萊府伯朴公丈啓」: 동래부사에게 자기를 알아 달라는 내용의 계문이다.

「上萊州伯朴公丈書」: 동래부사에게 자신의 억울한 일을 해결해 달라는 내용이다.

「上息山李處士丈」: 식산 李萬敷에게 쓴 편지로, 식산 문장에 대해 高評한 뒤 가르침을 달라는 내용으로 이루어져 있다.

「答李進士亨萬」: 李亨萬이 보내준 시에 대하여 고맙다는 내용의 편지다.

「升室記」: 식산 이만부의 升室에 대한 기문이다.

「上息山齋書」: 식산 이만부에게 작자의 서재인 '習飛齋'에 걸어둘 序記와 篆額을 청하는 내용이다.

「蓬萊酬唱錄序」: 1749년작으로 봉래부사 조공이 부임한 다음해 봄에 시회를 열었는데, 접위사 홍공이 참석하였고, 작자도 참석하였다. 이 때에 지은 시를 모아 조공이 「蓬萊酬唱錄」이라 명명하고, 작자가 서문을 쓰게 된 것이다.

4. 가치

본서는 우선 미간행본 유일 필사본이라는데 일차적인 가치가 있다. 그리고 작자는 영남 지역에 주로 거주하면서, 교유한 인물들이 소론계 문사들이 많은 것으로 보인다. 따라서 영남 문인의 동향, 소론계 문사들의 동향이나 문집을 발굴, 복원하는데 일정한 기여를 할 것이며, 나아가 영조대 문인들의 문학적 성향과, 18세기 초반 문학사의 한 공간을 채워줄 수 있을 것이라 판단된다. 작자가 거주하였던 것으로 보이는 蓬萊 지역의 풍광에 대하여 읊은 시가 많을 뿐 아니라 부산 지역 등에 대한 유람시도 많아 의미 있는 자료라 판단된다.

【남춘우】

南涯詩史

姜鳳欽(朝鮮) 集說.

筆寫本. 2卷1冊 : 四周無邊, 無界,
17行28字, 無魚尾 ; 28.2×19.0㎝.

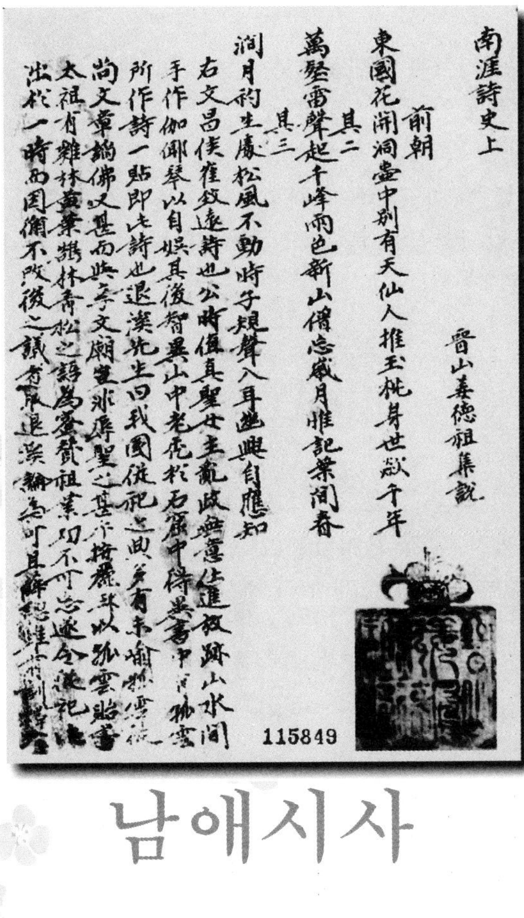
南涯詩史上

晉山姜德祖集說

前朝

東國花開洞壺中別有天仙人推玉枕身世獻千年

其二

萬壑雷聲起千峰雨色新山僧忘歲月惟記葉間春

其三

澗月初生處松風不動時子規聲入耳幽興自應知

右文昌侯崔致遠詩也公時值眞聖女主亂政無意仕進放跡山水間

手作伽倻琴以自娛其後隱異山中老死於石窟中得異書中[illegible]孤雲

所作詩一貼即此詩也退溪先生曰我國從祀之典多有未[illegible]孤雲[illegible]

尙文章諂佛又甚而與享文廟豈非辱聖之甚耶按麗史以孤雲貽書

太祖有雞林黃葉鵠林青松之語爲密贊祖業功不可忘遂令從祀此

出於一時而因循不改後之議者取退溪論爲可且薛聰雖[illegible]

남애시사

1. 저자

상권 1장-a에 '晉山姜鳳欽德祖集說'이라 명시한 것으로 보아, 저자는 姜鳳欽으로, 본관은 晉山, 字는 德祖이다. 생몰년은 미상이다.

강봉흠은 1794년 旨冊(1721～1785)의 문집 『盅虛大師遺集』에 서문을 쓴 일이 있다. 지책은 호가 盅虛이며, 雙運錦華의 法을 이었다. 『충허대사유집』은 2권1책으로, 刊年 未詳本이 전한다. 序는 李承延(1789)·李敬儒(1789)·丁範祖·姜鳳欽(1794)이, 跋은 春窩主人(1797)이 썼고, 이름을 밝히지 않은 이가 行狀(1789)을 엮었다. 서문을 쓴 李承延, 李敬儒, 丁範祖가 모두 남인인 것으로 보아 강봉흠도 남인계 문인이었으리라 추정된다. 또한 강봉흠은 이 『남애시사』에서 南夏正의 『桐巢漫錄』을 많이 인용하는 한편, 영조 때 남인 계열의 시인인 姜樸과 姜必愼을 마지막에 수록하였다. 이 사실로부터도 강봉흠이 남인 계열의 문인이었음을 짐작할 수 있다.[1)]

그리고 黃皤老의 『白下先生文集』(奎15586)에 보면, 저자가 시사를 결성하여 당시의 文人인 姜世白, 李敬, 姜世綸, 姜世揆, 姜鳳欽, 趙承洙, 李升培 등과 形勝地를 찾아다닌 사실을 확인할 수 있다.

『南涯詩史』에 수록된 기사의 하한선으로 볼 때, 이 책의 저자는 1794년 旨冊의『盅虛大師遺集』에 서문을 쓴 남인 문인이라고 추정할 수 있다.

또한 李植의 시에 관한 1조의 끝에 이식의 5세손 李秉模가 '今 領相'이라 하였다. 李秉模(1742~1806)의 자는 彝則, 호는 靜修齋로, 1794년 우의정이 된 후 좌의정을 거쳐 1797년 영의정이 되었다. 따라서 강봉흠이 『南涯詩史』를 편찬한 것은 1797년부터 1800년 사이의 일이라고 추정된다.

2. 구성

『南涯詩史』는 신라 崔致遠·王巨人과 고구려 乙支文德부터 조선 영조 때 姜樸·姜必愼(호 慕軒)에 이르기까지, 군왕과 여러 시인들이 지은 시 가운데 시대의 상황과 정치적 사건의 배경을 알 수 있는 한시를 소개하고, 역사서·문집·야담·시화 및 행장·묘지문 등에

1) 한편, 진주 강씨 문중의 자료에 의하면, 字가 舜翊, 호가 海隣인 姜鳳欽이 별도로 존재하였다. 이 사람은 충신 起龍의 후손, 用湜의 아들이며, 蔭仕하여 영덕군수를 지냈다. 규장각 한국학연구원에서 정리한 『公文編案』 47책(奎18154) 가운데 47책의 제11호 문건은 "前盈德郡守 姜鳳欽이 訴狀을 올려, 盈德郡의 1895년 公錢 중에서 그가 挪用했다고 하는 1,463兩 2戔 8分은 1896년 5월부터 10월까지의 녹봉인바, 郡衙에 있지 않아 空官으로 처리하였으나 그 때는 匪類가 군의 여러 관아를 점령하여 부득이 관아에 있을 수 없었다고 하므로, 前盈德郡守 姜鳳欽의 免官前 봉급을 특별히 전액 지급하여 公錢의 虛留를 일소하게 해달라는 제15호 報告書"라고 한다.

서 관련 일화를 적출한 뒤, 작가의 略傳을 부기하여 엮은 책이다. 또한 外國人으로서 명나라 李如松, 安南人 阮莊, 回回國人, 遼東人 林本裕 등의 시를 부록으로 실었다.

姜鳳欽이 각 시대별로 선정한 시인의 명단과 출전을 살펴보면 다음과 같다.

南涯詩史 上

(1) 삼국시대

신라 崔致遠 :『鵝洲雜錄』
신라 王巨人 :『東史』
고구려 乙支文德 :『東史名賢錄』
신라 東京老人 :『東史名賢錄』

(2) 고려

高麗人 告姜邯贊詩 :『東史名賢錄』
安裕 :『東史名賢錄』
麗時寡女 :『麗史』
李穀 :『詩話』
金得培 :『詩話』
崔沖 :『名臣錄』
李資賢 :『名臣錄』, 李滉 「過淸平山有感」
李存吾 :『麗史』
鄭夢周 :『鵝洲雜錄』『海東樂府』 合錄
權適 :『東人詩話』
李穡 :『東人詩話』
姜淮伯 :『東人詩話』
李穡 :『鵝洲雜錄』
李穡 :『松窩雜說』
吉再 :『箕雅』『寶鑑』 合錄
金齊海 :『海東樂府』
元天錫 :『象村集』
姜通亭公 :『濯纓集』
姜淮季 :『家牒』
鄭夢周 :『家牒』
趙云仡 :『商山志』
徐甄 :『國朝寶鑑』

(3) 조선 태조

康憲王 :『列聖御製』

(4) 태종조

恭定王 :『列聖御製』

朴安臣 :『四佳詩評』

姜碩德 :『名臣錄』

(5) 세종조

莊憲王 :『列聖御製』

讓寧大君 :『寶鑑』

魚變甲 :『東閣雜記』

李【鄭之誤】以吾 :『魚氏族譜』

崔倬 :『東人詩話』

(6) 문종조

恭順王 :『國朝寶鑑』

(7) 단종조

純定王(純定安莊景順大王) :『國朝寶鑑』

成三問 :『東閣雜錄』

朴彭年 :『東閣雜記』

李塏 :『東閣雜記』

河緯地 :『海東野言』

兪應孚 :『東閣雜記』

金時習 :『眉翁淸士傳』『淸江詩話』合錄

金時習 :『東人詩話』

成聃壽 :『海東野言』

(8) 세조조

惠莊王 :『列聖御製』

申叔舟 :『東閣雜記』

李石亨 :『海東樂府』

徐居正 :『東閣雜記』『東人詩話』合錄

朴元亨 :『思齋摭言』

安平大君 :『大東詩林』

姜希顔 :『仁齋家狀』

(9) 성종조

康定王 :『列聖御製』
許琮 :『箕雅』『寶鑑』合錄
孫舜孝 :『箕雅』『海東野言』合錄
金宗直 :『東人詩話』
金宏弼 :『秋江冷話』
金宗直 :『秋江冷話』
南孝溫 :『愚伏集』
鄭汝昌 :『寶鑑』
曺偉 :『思齋摭言』
金馹孫 :『秋江師友錄』
權五福 :『商山誌』
李胄 :『東人詩話』
洪裕孫 :『東人詩話』
崔敬止 :『秋江冷話』
江潚 :『東人詩話』
尹孝孫 :『芝峯類說』
金宗直 :『寄軒家乘』
魚世謙 :『東閣雜記』

(10) 연산조

燕山主 :『寶鑑』
鄭誠謹 :『墓碣』
鄭希良 :『箕雅』『寶鑑』合錄
鄭希良 :『思齋摭言』
洪貴達 :『花山甲子錄』
李荇 :『龍泉談寂記』
李深源 :『寶鑑』
李希輔 :『東人詩話』

(11) 중종조

恭僖王 :『御製』
鄭光弼 :『東閣雜記』「行狀』合錄

金淨 :『東人詩話』
金淨 :『海東野言』
金湜 :『己卯黨籍補』
金安國 :『丙辰丁巳錄』
金安國 :『丙辰丁巳錄』
金安國 :『丙辰丁巳錄』
李耔 :「陰厓行狀」
奇遵 :『思齋摭言』
朴遂良 :『牙洲雜錄』
崔壽城 :『稗官雜記』
朴公達 :『稗官雜記』
柳雲 :『東閣雜記』
申潛 :『己卯諸賢錄』
鄭士龍 :『東人詩話』
鄭士龍 :『東人詩話』
申光漢 :「企齋行狀」
蘇世讓 :『東詩選』『芝峯類說』
金大有 :『己卯黨籍補』
朴英 :『海東野言』
李彦迪 :『石潭遺事』
康惟善 :『掛一錄』
徐敬德 :『童蒙筮告』
張應斗 :『東人詩話』
文繼昌 :『東閣雜記』
成守琛 :『童蒙筮告』
趙昱 :『松窩雜說』
金安老 :『芝峯類說』

(12) 명종조

李滉 :『石潭遺事』本集 合錄
李滉 : 本集, 『東閣雜記』, 『澤堂集』
曺植 :『童蒙筮告』『眉叟集』
曺植 :『石潭遺事』, 『澤堂集』
金麟厚 :『童蒙筮告』

金麟厚 :『退溪集』
盧守愼 :『野譚』
盧守愼 :『澤堂集』
金溪範 : 行狀
成運 :『寶鑑』, 本集
成運 :『西厓雜記』
姜士尙 :『寄軒家乘』
金守宏 :『墻東漫筆』
李珥 :「貞靖公謚狀」『東岡集』『己丑記事』『荷潭破寂錄』『澤堂集』
李後白 :『海東野言』『石潭遺事』
尹潔 :『荷潭雜錄』
安命世 :『撫松小說』
林亨秀 :『童蒙筮告』『東閣雜記』
林德齡 :『丙辰丁巳錄』『詩話』『眉叟淸士傳』
鄭礥 :『眉叟淸士傳』
權應仁 :『墻東漫筆』
姜極誠 :「墓表」
洪暹 :『芝峯類說』
無名氏 :『接倭歷年考』
金眉壽 :『商山誌』

南涯詩史 下

(13) 宣祖朝

昭景王(宣祖) :『芝峯己丑錄』
朴淳 :『童蒙筮告』,『寶鑑』
鄭澈 :『石潭野史』
鄭澈 :『西厓雜記』
鄭澈 :「重峯辨誣疏」
李陽元 :『海東野言』
金宇顒 :『蒼石集』,『眉叟集』
李潑 :『己丑錄』
吳祥 :『申象村相臣傳』,『聰明瑣錄』,『眉叟集』
林悌 :『靑野謾集』

姜緖 :『蘭谷遺事』
姜緖 :『澤堂集』
鄭介淸 :『思得錄』
李大源 :「碑銘」
鄭汝立 :『己丑記事』
徐起(호 孤靑) :『眉叟集』
朴枝華 :『詩話』
柳克新 :『詩話』
白光勳 :『安邦俊己丑錄』
柳成龍 :「行狀」,『石潭野史』,『眉叟集』
柳成龍 : 本集
金誠一 :『荷潭破寂錄』
李廷龜 :『辨誣錄』,『寒臞雜錄』
李好閔 :「行狀」
李元翼 :『蒼石集』
李恒福 :「孤山國是疏」
李恒福 :「柳敎官後常辨誣疏(肅宗庚午)」
趙憲 :「重峯所懷疏」,『畸菴集』,「重峯辨誣疏」
郭趪 :「本傳」
沈喜壽 :「重峯年譜」
沈守慶 :『詩話』
鄭之升 :『詩話』
黃廷彧 :『耕一錄』,『寶鑑』
車雲輅 :『詩話』
無名氏 :『芝峯類說』
吳億齡 :『買還問答』
尹安性 :『寶鑑』,『芝峯類說』
姜綖 : 本集
洪宗祿 :『寄齋日記』
楊士奇 :「重峯辨誣疏」
崔慶昌 :『詩話』
權韠 :『聰明瑣錄』
河受一 :『晉陽誌』
金容 :『詩話』

河應臨 :『詩話』

梁亨遇 :『國朝榜目』

權韠 : 本集

李達 : 本集

(14) 光海朝

廢世子袏 :『聞見錄』

鄭蘊 :『詩話』

李德馨 :『蒼石集』

李恒福 :『寶鑑』, 本集

曺友仁 :『詩話』

權韠 :『詩話』

鄭仁弘 :『墻東漫筆』

李明漢 :「孤山國是疏」

龜川君睟 :『名臣錄』

沈大孚 :『聰明瑣錄』

李植 :「澤堂家錄」

(15) 仁祖朝

李貴 :「延陽行狀」(龍洲撰)

鄭蘊 :『江都錄』

金尙容 :『江都錄』

金尙憲 :「行狀」

吳達濟 :『江都錄』

洪翼漢 :『江都錄』

無名氏 :『丙子錄』

崔鳴吉 :「明谷疏」

崔鳴吉 :「明谷疏」

李敬輿 :「明谷疏」

張維 :『墻東漫筆』,「碣銘」

鄭經世 :『蒼石集』

李埈 :「行狀」

朴長遠 :「碑銘」

柳夢寅 :『墻東漫筆』

(16) 孝宗朝

宣文王(孝宗) : 출전미상
蔡得沂 :『君臣言志錄』
權緦 :「行狀」
無名人 :『韓臞雜錄』

(17) 顯宗朝

尹善道 : 출전미상
申厚載 : 출전미상

(18) 肅宗朝

元孝王(肅宗) :『寶鑑』
許穆 :「年譜」,『墻東漫筆』
許穆 :『墻東漫筆』
李元禎 ; 本集, 華人『池北偶談』
朴泰輔 : 本集
蔡彭胤 :『墻東漫筆』
宋時烈 :『孤山集』,『寶鑑』,『桐巢漫錄』
睦天任 :『桐巢漫錄』
李潛 :「碣銘」

(19) 景宗朝

金昌集 :『寶鑑』

(20) 英宗朝

朴履文 :『桐巢漫錄』
無名子 :『桐巢漫錄』
姜樸 :『聰明瑣錄』
姜必愼(慕軒) : 本集,『墻東漫筆』

(21) 外國

명나라 李如松 :『東人詩話』
安南人 阮莊 :『聰明瑣錄』
回回國人 :『芝峯類說』
遼東人 林本裕 :『桐巢漫錄』

강봉흠이 인용한 문집 가운데는 『蒼石集』과 『孤山集』이 들어 있다.

『蒼石集』의 저자는 李埈(1560~1635)이다. 본관은 興陽, 자는 叔平, 호는 蒼石으로, 柳成龍의 문인이며, 선조 때부터 인조 때에 이르기까지 남인 세력의 여론을 주도하였다. 1611년(광해군 3) 鄭仁弘이 李滉과 李珥를 비난하자 그에 맞서다가 벼슬을 버리고 고향으로 돌아갔다가, 1623년 인조반정으로 정국이 바뀌자 다시 교리로 등용되었다. 인조 초 李貴 등 반정공신을 비롯한 서인 집권세력이 광해군의 아들 廢世子를 죽일 때, 은혜로운 처벌을 적극적으로 주장하다가 철원부사로 밀려났다. 또 1624년(인조 2) 서인 세력이 선조의 아들인 仁城君 珙을 죽이려 하자 남인으로서 반대의견을 주도하였다. 『蒼石集』의 原集 18권은 저자의 형 李坱이 편차하고 繕寫한 定稿本을 바탕으로, 17세기 초, 18세기 중엽에 목판으로 간행되었다. 續集 8권은 후손 時健 등이 1909년 別集草稿에서 뽑아 편차하여 활자로 간행하였다. 『남애시사』의 저자 강봉흠은 목판본 원집을 이용한 듯하다.

『孤山集』은 李惟樟(1625~1701)의 문집이다. 이유장의 자는 夏卿이고, 호는 孤山·磨崖 등등이며, 본관은 全義이다. 安東 출신으로 李滉의 학문을 私淑하였다. 향리에 묻혀 학문에 힘썼다. 단군 이후의 사적을 간추린 『東史節要』를 편찬하였다. 문집 『孤山集』은 1775년에 原集 8권, 附錄 2권, 합 5책이 목판으로 간행되었다. 고려대학교 중앙도서관에 소장되어 있으며, 한국고전번역원 한국문집총간126의 영인본은 이 목판본을 저본으로 삼았다.

한편 강봉흠은 다수의 만필을 활용하였는데, 특히 『桐巢漫錄』, 『聰明瑣錄』, 『墻東漫筆』을 적극 인용하였다.

『桐巢漫錄』은 畿湖南人의 인물인 南夏正(1678~1751)이 지은 黨論書이다. 朋黨의 문제를 通史的 체제로 정리한 최초의 책이라고 일컬어진다. 1740년대의 사건들에 대한 서술이 있는 것으로 보아 南夏正이 말년에 편찬한 것으로 추정된다. 현재 규장각에는 2권 2책의 필사본, 8권 4책의 목판본, 3권 2책의 신식활자본이 있고, 국립중앙도서관에는 3권 2책의 필사본이 있다. 각 판본에는 모두 南夏正의 제자인 朴思正이 1779년(정조 3년)에 지은 跋文이 붙어 있다. 朴思正의 跋文에 따르면 南夏正 歿後 자신의 스승이기도 한 南夏正의 季子인 壄의 지시로 원래는 先後가 바뀌거나 사건이 중복된 채 3책으로 되어 있던 것을 바로잡아 2권의 책으로 만들었다고 한다. 그렇다면 규장각본 2권 2책이 원본에 가깝다고 하겠으나, 소론의 입장에서 본문을 부연하거나 비판한 按說이 細註의 형태로 붙어 있어, 원본 그 자체는 아니라고 한다.

『聰明瑣錄』은 姜樸(1690~1742)이 편찬한 것인 듯하다. 李光庭이 평양감사 蔡濟恭에게 보낸 서신에 이 만록이 강박의 것임을 알 수 있게 하는 언급이 있다.2) 유통된 기록을

2) 『小山先生文集』 권2 書「與關西伯蔡」爲鄕中士林作○乙未). "卽伏見菊圃姜令公遺文, 賴閤下主張之功, 得以刊行於世. 此老文章志業, 便不沒沒於方來, 爲可賀, 而閤下所以報知己之感, 亦無待於後世之子雲也. 甚幸甚盛. 三復莊誦之餘, 有不能無礙於賤見者, 『聰明瑣錄』 中二條, 於西厓·梧里兩先生言行事實. 大相抵捂. 已與

달리 찾아보기 어렵다.

그리고 강봉흠이 여러 곳에서 인용한 『墻東漫筆』은 달리 유통 기록을 찾을 수가 없어서, 서지사항을 확인하지 못하였다.

한편 강봉흠은 『寶鑑』을 많이 인용하였다. 『寶鑑』의 편찬은 세조가 1457년(세조 3) 修撰廳을 두고 權擥·申叔舟 등으로 하여금 태조·태종·세종·문종 4조의 세칭 『四朝寶鑑』을 간행하게 하여 이듬해 완성한 것에서 발단한다. 1684년(숙종 10)에 이르러 李端夏 등이 선조 1대의 사적을 정리하여 『宣廟寶鑑』 10권을 만들었고, 1730년(영조 6)에는 李德壽 등이 숙종 1대의 사적을 편찬하여 『肅廟寶鑑』 65권을 완성하였다. 그러다가 1782년(정조 6) 趙璥 등이 정종·단종·세조·예종·성종·중종·인종·명종·인조·효종·현종·경종 및 영조의 보감편찬에 착수, 이미 완성된 『사조보감』·『선묘보감』·『숙묘보감』을 합한 『국조보감』 68권(별편 권이 있음)을 완성하였다. 그 뒤 1847년(헌종 13) 趙寅永·鄭元容 등이 정조·순조·익종의 보감을 편찬, 이듬해 『三朝寶鑑』 완성하여 『국조보감』 82권(이 밖에 별편 10권이 있음)을 이루었다. 1908년(융희 2)에는 李容元 등이 규장각에서 헌종·철종의 보감을 편찬하기 시작해서 이듬해 완성함으로써 『국조보감』은 총 90권 28책으로 되었다. 강봉흠이 참고한 『寶鑑』은 곧, 1782년에 이루어진 『國朝寶鑑』 68권을 가리키는 듯하다.

또한 강봉흠은 『東人詩話』를 여러 곳에서 인용하였으나, 이것은 徐居正 편이 아닌 별도의 시화집이다. 상세한 서지사항은 아직 밝혀내지 못하였다.

3. 내용

강봉흠이 편찬한 『南涯詩史』의 내용 및 서술방식을 살피기 위해, 李植의 시를 인용한 1조와 崔鳴吉의 시를 인용한 1조를 예로 들어 보기로 한다.

(1) 李植 시를 인용한 1조

投璧曾看按劍猜, 傾城何必强苦媒. 丘原自有忘機地, 鉛槧祠非潤草才.
偶到竹林叨禮數, 却勝蓮幕齒儓陪. 世間榮悴誰料理, 且喜春風入酒杯.
右李澤堂植詩也.
壬戌年間, 余因事上京, 在墨洞岳叔宅, 忽報廣昌來到, 蒼黃避入, 則廣昌入見岳叔曰 : “李佐郎, 何避我?”不得已出見. 盖其客鄭碩俊, 先已在座, 入來時, 又問門外鞍馬之誰某

姜友必岳甫有所往復, 而竊念此集主幹終始之功, 專在於閤下, 則不得不仰關隷人之聽.”

也. 廣昌極致歎曰, “如此上京時, 何不一來相見也?” 答云 : “常時無上京之事. 雖以不得已事, 暫或上來, 僮馬羸悴, 不遑人事. 一家親知, 弔慰之禮, 亦或闕焉. 以如此踪跡, 一入大監宅, 則人必不爲泛看. 謂曰, ‘李某亦不能終耐, 出入廣昌宅’云爾, 則雖無所干於大監, 何以自明?” 瞻有無聊之色. 以溫言答之曰 : “公言是矣. 世道浮薄, 固如此.” 仍謂岳叔曰 : “今日來此, 適遇李佐郎, 爲一日騷壇之會, 則誠一勝事. 主家仍陳盛具, 終日飮樂, 使鄭碩俊執筆作七律七首.” 皆欲傳衣鉢等意, 贈我一律, 猜字韻. 將成落句時, 拓窓曰 : “月已昇矣.” 卽呼曰 : “新月娟娟照把盃.” 箇諸作有若卽座所作, 而觀其氣色, 則欲辦此事. 預爲制作. 先遣鄭生, 又探座客. 我之來, 似亦已聞而來矣. 其日, 東岳不爲酬唱, 夜間盡次韻, 翌朝書送, 余只次猜者一首, 以送. 瞻又欲以製述官啓請之意, 語余. 余措辭辭之. 仍問我所欲, 答曰 : “無已則欲得一薄縣, 養親, 而此亦有妙理得之云. 祠不敢望矣.” 瞻曰 : “唯唯. 自知之. 然吾輩則雖不用其法, 而亦能除吏矣.” 曰 : “何以言之.” 答曰 : “直爲內達則許之矣.” 余笑而不更擧. 瞻仍曰 : “頃者上遊後苑, 有御製詩, 以泥金, 書毛段, 下使次韻以進. 臣亦寫毛段.”不問之語, 如是發, 說此, 不諱通內等語. 盖其時瞻, 下勢孤弱, 上權亦減, 故自矜恩數之重, 以自重聲勢. 至於有妙理等語, 亦不爲之發明, 吾亦知之云. 其君其臣, 可謂窮極矣. [澤堂家錄]
按, 公字汝固, 德水人. 容齋荇玄孫. 登第, 官至吏判, 子端夏, 文, 領相. 孫畬, 文, 左相, 五世孫, 秉模, 文, 今領相.

李爾瞻이 李植을 만나 唱酬를 유도하여 그 내면을 탐색하였다는 고사이다. 시가 정치적 맥락에서 대단히 중요한 기능을 하였다는 사실을 잘 보여준다.

그런데 강봉흠은 이 조항에서 李植의 본집 즉『澤堂集』이 아니라「澤堂家錄」을 인용하였다. 전근대시기의 家錄은 故人의 일화집으로서 삶의 자세, 타인과의 교제, 역사적 사건 등을 생생하게 전해준다. 강봉흠은 대화문을 적절히 절록하여, 李爾瞻의 전횡과 몰락의 조짐을 부각시킬 수 있었다. 또한 일화를 충분한 길이로 인용함으로써, 시의 역사적 맥락을 이해할 수 있도록 하였다.

(2) 崔鳴吉 시를 인용한 1조 : 【 】은 원래의 출전에 있으나,『남애시사』에서 생략한 부분임

雲海微茫落照間, 眼穿何處覓蓬山. 張騫槎路仍多阻, 徐市樓船久未還.
易被秋風欺白髮, 難從仙竈借紅顔. 年來無限傷心事, 窮巷蒼苔獨掩關.
右崔遲川詩也.
丁丑講和之後, 臣祖請以計窮力盡, 屈意圖存【狀】, 別具一咨, 抵陳都督弘範, 冀得轉聞皇朝, 而慮或未達,【白于上】欲以密价更通皇朝. 令平安兵使林慶業求得一僧名獨步【者, 曾以事入中國, 頗知事情, 且解華語. 遂具咨文付送, 獨步】抵洪都督承疇, 以冀一徹於皇聽. 凡三次往來而始得回咨, 略曰 : ‘貴國一段【苦情】, 天人共鑑, 卽爲轉達天聽, 則惻念遐方, 甚爲勤切. 貴國歷世貞順, 勞不可泯. 雖暫迫時勢, 見窘於虜, 中朝文武, 方切齒軫念, 豈復忍督過? 安心協力, 以效桑楡.’【又曰 : ‘賢王以英明之姿, 遭陽九之會, 胡馬猖獗, 荐食屬藩, 而我不能整師翦滅, 此乃貴藩之刧數也. 貴藩世效忠順, 一朝行成於虜, 勢窮力屈, 莫可如何.' 此亦聖明之所心惻也.】惟此送僧一事, 臣祖主之, 而【又】與故名臣申景禛李景奭鄭太和姜碩期李明漢等相議同事. 太和時按關西, 實主裝送. 臣祖罷官家居. 不禁匪風之思, 作詩以寄之. 而事涉機祕, 爲時大諱, 故【依比興托言之體】以懷仙詞爲題【‘爲題’作‘題之’】.【其詩曰 : ‘雲海微茫落照間, 眼穿何處覓蓬山. 張騫槎路仍多阻, 徐市樓船久未還. 易被秋風欺白髮, 難從仙竈借紅顏. 年來無限傷心事, 窮巷蒼苔獨掩關.’】所謂雲海落照, 卽我心西悲之意也.【所謂眼穿蓬山, 卽顧瞻周道之意也.】所謂槎路樓船, 皆指水路送僧而佇待之【詞】也. 其必東之誠, 拱北之義, 形於歌詠之間, 溢於言辭之表, 而深心苦意, 有足以隕涕於千古矣. [上同 : 明谷疏]

이 조에서 인용한 ‘明谷疏’는 곧 崔錫鼎(1646~1715)의 「因宋婺源疏, 辨誣辭職, 仍陳先祖事蹟疏」이다. 丙戌年인 1706년(숙종 32)에 올린 상소로, 1721년에 목판으로 간행된 최석정의 문집 『明谷集』 권17에 수록되어 있다. 節錄을 하고 약간 글자를 바꾸기는 하였으나, 원문에 충실하게 인용하였음을 알 수 있다.

이 조에서 인용된 崔鳴吉의 시는 19권본 목판본 『遲川集』에서는 그 권2에 「懷仙詞寄鄭囿春」이란 제목으로 실려 있고, 鄭太和의 차운시도 부기되어 있다. 또한 鄭太和의 문집 『陽坡遺稿』 권1에 「次遲川懷仙詞韻」 시가 있고, 崔鳴吉의 이 시가 부기되어 있기도 하다. 그리고 李肯翊의 『燃藜室記述』은 그 제26권 ‘仁祖朝故事本末’의 ‘獨步’ 조항에서 「遲川遺事」, 「遲川行狀」, 「陽坡行狀」, 『朝野僉載』 등을 인용하여 그 전말을 상세하게 밝혔다. 강봉흠은 「陽坡行狀」이나 『朝野僉載』는 물론, 『燃藜室記述』도 참고로 하지 않았다. 하지만 崔錫鼎의 上疏를 인용함으로써 詩의 含意와 역사적 배경을 명확하게 摘示할 수 있었다.

4. 가치

『南涯詩史』는 남인 계열의 문인 姜鳳欽이 1797년부터 1800년 사이에 편찬한 시화집이다. 그런데 이 책은 신라·고구려 시대부터 조선 영조 때까지의 역사를 시를 통해서 일별하게 한 詩史의 체제를 취하여 우리나라 시화집 가운데서 매우 독특한 위치를 차지한다. 곧, 이 『南涯詩史』는 역사적 사건과 관련이 있는 주요한 시들을 선정하고 관련 일화를 충분한 길이로 소개하여 시의 의미를 부각시키는 한편, 역사의 흐름을 일별할 수 있게 하였다. 곧, 이 책은, 역사적 사건을 배후에 지닌 시들을 선별하였다는 점에서는 故事詩의 집성이라고 할 수 있고, 시의 소개를 통해서 역사의 흐름을 일별할 수 있게 하였다는 점에서 詩史라고 말할 수 있다. 이것은 역사주의 문학비평의 추형을 보여준다고 할 수 있다.

동산문고본 『南涯詩史』는 저자의 장서인까지 찍힌 유일 필사본으로서 서지적 가치가 높다. 또한 그 내용과 체제는 ① 18세기 말 남인 문인이 조선시에 대해 지닌 분석적 평가 방식을 드러낸다는 점, ② 우리나라 故事詩의 집성이자 詩史의 체제를 갖춘 시화집으로 독특한 구성을 취하였다는 점에서 크게 주목할 만하다.

【심경호】

棠溪遺稿

金光遇(1707~1781) 著.

筆寫本, 1冊 四周無邊, 無界, 11行24字, 註雙行,
無魚尾 ; 32.4×22.2㎝.

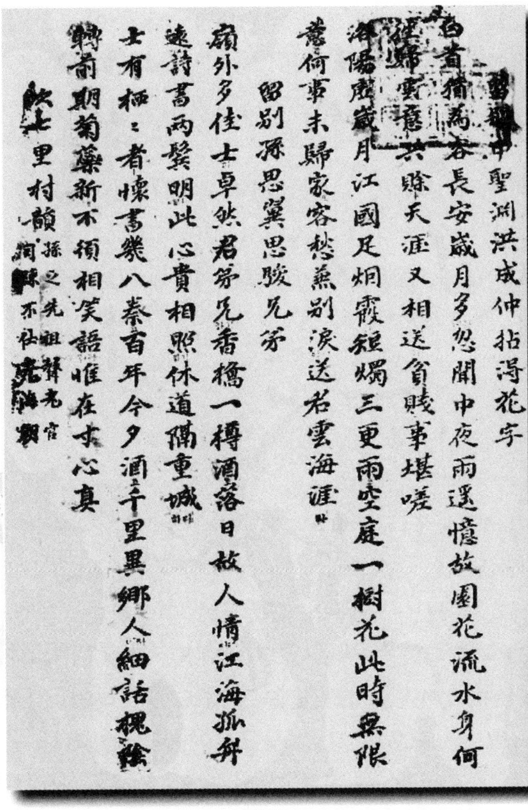

[illegible]中聖淵洪成仲拈得花字
白者猶為客長安歲月多怨聞中夜雨遙憶故園花流水身何
從歸雲意共躋天涯又相送貧賤事堪嗟
海陽歲歲月江國足烟霞短燭三更雨空庭一樹花此時無限
意何事未歸家客愁無別淚送君雲海涯
留別源思翼思駿兄弟
嶺外多佳士卓然君弟兄香橋一樽酒落日故人情江海孤舟
遠詩書兩鬢明此心貴相照休道隔重城
士有栖栖者懷書幾八秦百年今夕酒千里異鄉人細話槐陰
轉前期菊藥新不須相笑語唯在寸心真
飲七里村韻

당계유고

1. 저자

金光遇(1707~1781)는 본관은 金海. 자는 伯瞻, 호는 棠溪이다. 아버지는 鎭夏, 어머니는 弘文舘 校理를 지낸 泗川 睦林重의 따님이다. 承旨를 지낸 豊山 洪萬紀의 따님과 혼인하여 남인계의 명가와 혼맥을 형성하고 있다. 5대조는 임진왜란이 일어나자 의병장 趙憲의 裨將으로 활약하였으며, 高祖 金禮直은 광해군의 어머니 恭嬪金氏의 동생이다. 『輿地圖書』에 의하면, 인목대비를 도와 준 댓가로 죄를 얻어 원주 남쪽 薪城村에 퇴거한 이후 이곳에서 죽음을 맞고 이후에 자손이 살게 되었다 한다. 김광우 역시 宦路 이후에 원주의 彌勒山 아래에 살았다. 그의 호 당계는 原州 미륵산 아래 복거지에 있던 작은 내에서 따온 것이다. 원주 法泉의 丁範祖(1723~1801)와는 15살이나 차이가 남에도 서로 文科 同榜인데다 至近에서 살았으므로 서로 왕래가 잦았다. 김광우의 사후에는 정범조가 문집 서문과 묘갈명을 지었다. 1737년(31세)에 생원이 되고, 1749년 海州 判官을 지냈으며, 1763년(56세) 증광문과에 병과로 급제, 성균전적, 병조좌랑, 예조좌랑을 거쳐 咸鏡道 亞使를 지냈다. 오래도록 있다가 司憲府 持平이 되었다. 세상과 뜻이 맞지 않아 시와 고문에 전력하였으며, 당대에 남인 종장인 吳光運, 姜樸 등이 그의 시를 보고 극찬하였다. 정범조는 김광우의 시가 위로는 魏晉의 시로부터 아래로는 唐宋明의 諸家의 작품을 참조해 精華만을 섭취하여 하나의 격조를 이루었으며 음조가 맑고 흥기가 그윽하고 오묘하다고 하였다. 또한 그의 시 중에 정범조와 함께 華山 남쪽에 曲水에서 술잔을 띄워 노닐면서 창작한 시가 淸曠奇逸하다고 하였다. 고문에도 뛰어나서 전아하고 넉넉하여(典碩贍暢) 法度가 있고 만년에는 송나라 儒者의 性理書를 좋아하였다 한다. 김광우는 당대의 남인문단의 핵심적인 인물로 姜樸, 吳光運, 申光洙, 丁範祖, 蔡濟恭, 睦萬中 등과 교유하였다.

2. 구성

본서는 김광우의 시를 권차를 나누지 않고 정리한 선집으로 晩年 작품을 편년순으로 수습한 것으로 보인다. 「感吟」의 경련에 "高臥十年疑處士, 相思千里在長安"라는 구절이 보이는 바, 벼슬에서 물러난 60대 전후의 작품들로 추정된다. 전체 221수(「閑中漫吟」은 重出)가 수록되어 있으며, 含翠 洪秀輔(1723~1800, 자 君擇)의 시 3수가 부기되어 있다. 『棠溪遺稿』의 서문(『海左集』 所收)을 쓴 정범조에 의하면, 김광우의 아들 命亨이 遺稿 3권으로 정리하였다고 한 것으로 보아 정고본이 따로 존재하는듯하나 현전 김광우의 문집은 이 책만이 확인된다. 「曉行」에는 '千古絶調, 但欠氣象'이라는 평어가 달려 있으며, 「秋夜憶洛中故人感吟」에는 '合選無疑, 姜菊圃批評'이라는 평어가 달려 있다. 국포 강박이 평어를 단 흔적을 엿볼 수 있는 바 정범조가 묘지명을 쓰면서 선배인 강박과 오광운의 상찬을 받은 사실을 기록하고 있는데 그 일부가 아니었던가 여겨진다. 간혹 시의 오류처에는 교정 흔적이 보인다. 본서에 수록된 시 전체 목차는 다음과 같다.

留別申聖淵洪成仲拈得花字(2수), 留別孫思翼思駿兄弟(2수), 次七里村韻, 樂洋亭題贈李敏孝遜仲, 次洪應觀光甫韻, 與李行甫星叟崔德膺申聖淵洪君擇元章輩會飮泮村歸到香橋各賦一絶, 暮發龍山次君擇韻(附 君擇詩), 拈龍洲韻各賦(附 君擇詩), 暮泊二陵聯句, 用聯句韻各賦(棠溪/君擇), 歸帆, 丁氏庄, 次龍洲韻, 再疊, 呂相故亭用前韻, 用龍洲韻咏鄭玄谷故亭, 用龍洲韻咏龍門山, 盤渦灘, 仰德村二首, 舟中夜宿二絶, 舟夜聞夯, 江行紀懷, 江村秋千, 婆娑城, 孤山書院各拈韻有吟, 驪州二陵用農巖韻, 過淸心樓次君擇韻, 驪州, 曉發神勒寺九龍樓, 江上偶吟, 次君擇韻留別, 曉行, 秋夜憶洛中故人感吟, 交河客店聞雨, 路中, 曉過廣州山城, 贈再明大師, 贈學經僧雪觀, 獨坐禪樓, 與趙奉事同上彌勒山, 登普慈庵呼韻, 登淸溪寺, 山火, 到覺性庵, 雪後, 秋日謾吟, 赴周浦魚獵之會, 哭李女, 曉坐感吟, 對盆梅次白玉峯詠梅韻, 次法正韻, 次法正韻, 挽李靈巖喜濟, 嘉陵書贈洪而憲, 上京途中, 靜女歌, 李處子哀辭, 貧女織, 閑中感吟, 感遇, 王昭君, 班婕好, 卓文君, 李夫人, 登白雲山, 次丁承旨法正韻, 續成夢中詩, 歲暮偶吟, 次嘉湖李査韻, 登樓感吟, 中夜聞笛, 逢春有感, 春日山行, 醉後偶吟, 登樓, 逢人偶吟, 歎老, 獨坐, 奉贐綾州使君洪文伯, 七夕偶吟, 閑中感吟, 送人感吟, 雨中感吟, 途中感吟, 閑中偶吟, 醉後偶吟, 詠梅, 自京歸峽, 江閣獨宿, 訪丹丘, 哭申承旨聖淵, 上高自庵, 登樓獨坐, 歲暮感吟, 農溪八景(龍華朝旭, 寶蓮宿霧, 箕山早花, 潁湖夕帆, 晴川垂釣, 雪崗斲薪, 德坪晩市, 農溪秋稼), 挽朴進士東輅, 梅下獨坐, 春日偶吟, 春晩感吟, 挽許生樛, 送法泉諸君登普慈庵, 又次, 次法泉諸君遊高自庵韻, 嘉陵夜話題贈諸君子, 詠舩, 暮宿普慈庵, 拈菊圃韻作北漢詩, 挽許知事, 偶讀白頭吟有感, 夜聞鵑聲有感, 雨後見溪邊弱柳爲水所傷有感, 奉贐丁法正襄陽赴任之行, 挽洪進士霽浩, 暮訪普慈庵, 上普慈庵, 閑中感吟, 寄桐營, 曉過交河月籠山下, 哭芝谷洪知事, 初三日夜獨坐感吟, 亂帙中搜㝵心三首詩, 感吟, 詠白鷺, 感吟, 上京路中, 過城西有感, 次權仲範嵬字韻, 燈夕與諸君子上龍岡次仲範韻, 舟中望三角山感懷, 舟行襍詠過丹巖, 題霞鶩亭, 挽李德仲, 到楊江題善謙宅, 與諸友登太倉第一樓, 次權仲範贐行韻, 奉贐洪兵使景恊, 奉寄元伯兄弟, 贈柳承旨季方, 題李章慶菊潭, 還鄕偶吟, 閑中感吟, 贈壯洞金參判, 登淸心樓, 登荷香臺, 感吟, 宿神勒寺, 感吟, 又, 贈洪注書雲伯行軒, 感吟, 九日醉吟登高, 題贈蔡尙書, 又, 贈安東倅尹師國, 閑中感吟[重出], 送孫女戴星之行情事作惡感作二絶, 有感, 憶孫女雪裡公州之行, 人皆憚熱, 余覺淸凉戱題一絶, 與諸益同上普慈庵, 新春山行, 途中逢人, 追憶前春洛下之遊感作一律, 逢春有感, 山行, 獨坐有感, 山中感吟, 有感

3. 내용

본서의 앞부분의 시들은 서울에서 고향으로 돌아가는 여정을 따라 지은 작품이 수록되어 있다. 서울에서 신광수, 홍성중, 손사익, 손사준 형제, 이민효, 홍응관, 이수환, 최인우 등과 전별하고 龍山에서 남한강 뱃길을 이용하여 원주로 내려가면서 고적을 답사하고 시를 창작하였다. 서울에서 전별하면서 만난 인물들은 당시 남인인사들의 교유권에서 자주 등장하는 인물들로 대부분 높은 관직에 오르지 못하고 미관말직에 머문 인물들이다. 그런 때문인지 이들의 교유에는 정서적 유대가 깊게 드러나 있다. 이 여정에는 홍수보와 함께하면서 차운과 연구를 지었다. 여주에 있는 세종, 효종능, 여이징의 정자, 정백창의 강한정, 용문산, 반와탄, 이원익이 살았던 앙덕촌, 파사성, 이존오를 배향한 고산서원, 청심루, 신륵사, 광주산성 등의 여정이 그려져 있다. 원주에 있는 백운산과 미륵산에 자주 올라 遊賞한 내용이 그려져 있다. 특히 그는 인근의 남인 인사들과 산을 함께 오르거나 만나 시를 수창하였다. 그 중에 정범조는 원주 법천에 살고 있어서 서로 수창한 내용이 자주 드러난다. 퇴거 이후에도 서울로 상경한 내용이 보인다.

본서의 내용을 몇가지 특징으로 나누어 정리하면 다음과 같다.

우선 당대 남인 문단의 주요인물인 신광수, 정범조, 홍수보, 채제공, 권사언 등과 교유를 확인할 수 있는 바 정치적으로 소외된 때문인지 내용이 우울한 심상이 많다. 이들은 한산, 원주, 충주 등에 거주 했던 인물들로 근기남인의 성격을 강하게 노정하는 인물군들이다. 김광우는 원주에 주로 살았던 것으로 추정되는데, 정범조와 신광수와는 어려서부터 아주 가깝게 지내오던 인물들이며, 본서에도 수창한 시가 다수 실려 있다.

둘째, 여행을 다니면서 남긴 제영시가 많다.

셋째, 중국의 인물을 소재로 한 「王昭君」, 「班婕妤」, 「卓文君」, 「李夫人」 등의 영사시를 남겨 놓았다.

넷째, 逸民의식이 강하게 노정되어 있다. 여러 차례 시 속에서 퇴거 이후 만년의 작품에 逸民이라고 자신을 규정하고 있는데, 당쟁의 와중에 지체되었던 남인 세력의 모습을 보여주는 것이 아닌가 한다. 그런 때문이지 늙어감에 대한 자탄, 감회 시가 집중적으로 실려 있는 것도 만년작의 한 특징을 보여 준다고 할 수 있다.

4. 가치

18세기 남인 문단의 중요 인물인 김광우의 시선집으로 현전 유일본으로 추정된다. 당대의 남인 인사의 교유는 물론 김광우 시세계를 엿볼 수 있는 중요한 선집이다. 그러나 아쉽게도 仕宦 이후 원주로 퇴거한 만년의 작품만 보인다.

그의 문학세계를 조명하는데 아직은 충분하지 않지만 만년의 작품 세계를 조명하는데 一益할 수 있을 것이다.

【부유섭】

遁山遺稿

金崇濂(1700~1743) 著.

筆寫本. 1冊 : 四周單邊, 半郭 22.0×14.6㎝, 無界, 10行22字, 無魚尾 ; 30.6×19.2㎝.

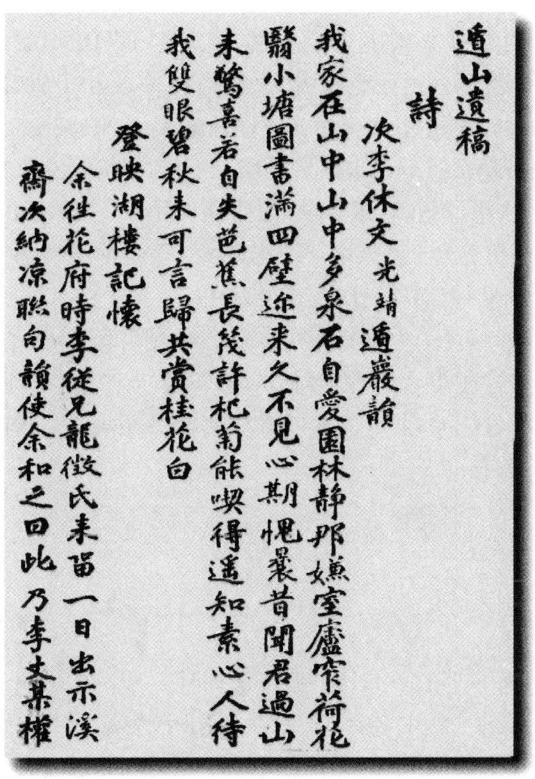
遁山遺稿
詩
次李休文 光靖 遁巖韻
我家在山中山中多泉石自愛園林靜那嫌室廬窄荷花
翳小塘圖書滿四壁迹来久不見心期愧曩昔聞君過山
来驚喜若自失芭蕉長茂許杞菊能喫得遥知素心人待
我雙眼碧秋来可言歸共賞桂花白
登映湖樓記懷
余往花府時李從兄龍徵氏来留一日出示溪
裔次納凉聯句韻使余和之回此乃李丈集權

둔산유고

1. 저자

金崇濂의 字는 士希, 號는 遁山이며 본관은 義城이다. 학봉 김성일의 6세손으로, 肅宗 26년(1700) 10월 9일 생이다. 조부는 義禁府都事를 지낸 金命基이다. 金命基에겐 두 아들이 있었는데 큰 아들 昌鉉은 백부 金正基의 系子로 들어갔고 둘째 아들 良鉉은 호가 竹所로 晋陽人 鄭錫僑의 딸을 아내로 맞이하여 長子 崇濂을 낳았다. 崇濂은 昌寧人 成世頊의 딸을 아내로 맞이하여 두 딸을 낳았는데, 장녀는 鄭之益에게, 차녀는 李德中에게 시집을 보냈다. 崇濂은 32세에 喪妻하였고 晉山人 姜棁의 딸을 再娶로 들여 2남 1녀를 낳았는데 장남은 中柱이고 차남은 河柱이다. 1743년, 향년 44세로 세상을 떠났다.

2. 구성

이 책은 크게 遺稿와 遺稿附錄부분으로 구성되어 있다. 遺稿부분은 詩, 書, 祭文 및 雜著로 이루어져 있고, 附錄에는 韓山 李光靖이 庚寅年(1770)에 쓴 遺事와 金裕壽, 李知遠, 崔壽仁, 權正宅, 李光靖, 吳千運 등이 쓴 輓詞가 수록되어 있다. 遺稿 부분의 전체적인 목차를 살펴 보면, 詩 총 6편(次李休文光靖遁巖韻, 登映湖樓記懷, 寓中呈吳鄭二友, 元月初六夜次擊壤集芳草長吟韻以寓惜別之懷, 用仕韻述懷, 憶卯君), 書 총 2편(與吳雲擧萬雲, 與或人), 祭文 총 8편(祭鄭集卿文, 祭姨從兄柱旻文, 祭洪丈命熈文, 祭內舅姜公文, 祭鄭戚兄, 祭外舅姜公文, 祭權可遠思近文, 祭金伯圭禹錫文)이고, 雜著에는 序 한 편(社稷說答金夏仲序)이 실려 있다. 李光靖이 쓴 遺事에 의하면, 金崇濂의 두 아들 中柱와 河柱가 어려서 부친을 여의어 부친의 언사와 행적을 살필 길이 없었던 까닭에, 생전에 교유가 있었던 자신에게 글을 부탁하였다고 하였다. 이를 통해 볼 때 『遁山遺稿』는 金崇濂의 두 아들이 장성한 뒤에 선친을 기리기 위해 소량의 詩文이나마 수습하여 후대에 남기려 한 것으로 보인다.

3. 내용

遺稿의 전체적인 내용은, 遁山이라는 號를 통해서도 알 수 있듯이, 부질없는 속세의 浮沈을 떠나 자연에서 살아가고자 하는 隱逸的 풍취가 주를 이루고 있다.

『둔산유고』에는 김숭렴의 시가 6편이 수록되어 있다. 그 중에서 한 편 「次李休文光靖遁巖韻」을 살펴보기로 하겠다.

我家在山中, 나의 집은 산 속에 있고
山中多泉石. 산 속에는 샘과 돌이 많네
自愛園林靜, 고요한 園林을 절로 사랑하니
那嫌室廬窄. 어찌 집이 좁다 불평하리오
荷花翳小塘, 연꽃은 작은 연못을 덮고
圖書滿四壁. 도서는 네 벽에 가득하네
邇來久不見, 요즈음 오랫동안 보지 못해
心期愧曩昔. 지난 날 맺은 속마음이 부끄럽네
聞君過山來, 그대 산을 지나서 온단 말 듣고
驚喜若自失. 정신을 잃은 듯 놀라고 기뻤다네
芭蕉長幾許, 파초도 얼마쯤 자랐고
杞菊能喫得. 국화와 구기자도 먹을 수 있네
遙知素心人, 멀리서도 알겠네, 본심 간직한 사람이
待我雙眼碧. 碧眼으로 나를 기다리고 있음을
秋來可言歸, 가을이 오면 돌아가서
共賞桂花白. 하얀 계수나무 꽃을 함께 감상하고 싶네.

이광정의 「둔암」 시에 차운하여 지은 이 시에는 김승렴의 삶의 지향과 친구에 대한 마음이 잘 표현되어 있다. 의미구조는 양분되어 있다. 전반 6구까지는 '山中', '泉石', '園林', '蓮花'와 같은 대자연 속에 몸을 감추고 독서하며 살아가는 시인의 廉潔하고 淸新한 모습이 잘 표현되어 있다. 7구부터는 친구 이광정을 그리워하는 마음을 표현하였는데, 그 표현이 매우 진솔하고 곡진함을 느낄 수 있다. 12구의 '杞菊能喫得'는 중국 송나라의 蘇軾이 「後杞菊賦」에서 국화와 구기자를 양식으로 삼으면서, 봄에 나오는 싹, 여름의 이파리, 가을의 꽃, 열매, 겨울의 뿌리를 달게 먹었다고 한 것을 用事한 것이다. 시풍은 도연명의 시풍과 비슷하다. 우리는 여기에서 詩如其人의 의미를 한번 더 느낄 수 있다.

4. 가치

본 해제본 『둔산유고』는 분량으로 보면 매우 소략하지만 현전 유일본이란 점에서 의미가 있다. 영남 남인 문학의 一端과, 鶴峯家의 인물과 문학·학문 연구에 一助가 될 것으로 본다.

【김언종】

文巖遺稿

陸洪鎭(1748~1810) 著

筆寫本. 1冊 : 四周單邊, 半郭 21.6×27㎝, 烏絲欄,
13行15字, 無魚尾 ; 25×30.4㎝.

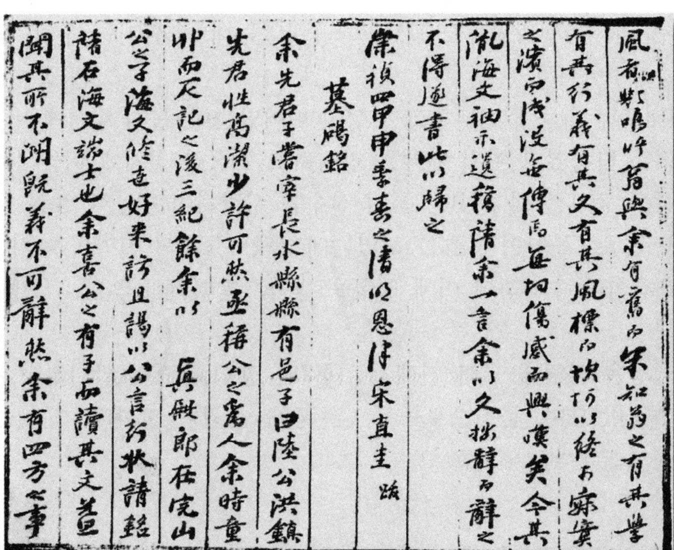
風有以點嗚呼吾與余有舊而未知爲之有其學
有其行義有其文有其風標而抉行以終於窮寠
之濱而湮沒無傳焉無怕傷感而興嘆矣今其
胤海文袖示遺稿請余一言余以久掛辭而辭之
不得遂書此以歸之
崇禎四甲申季春之淸明恩津宋直圭 跋
墓碣銘
余先君子嘗宰長水縣縣有邑子曰陸公洪鎭
先君性高潔少許可然亟稱公之爲人余時童
卯而不記之後三紀餘余以 兵曹郎在完山
公之子海文修連好來訪且謁以公言行狀請銘
請石海文端士也余喜公之有子而讀其文蓋
關其所不明旣義不可辭然余有四方之事

문암유고

1. 저자

陸洪鎭(1748~1810)은 영조 24년 10월 9일 부친 大圭와 모친 東萊鄭氏 사이에서 태어나 순조 10년 9월 23일 63세의 나이로 卒하였다. 자는 景初, 호는 浪翁이라 하였으나 뒤에 文巖이라 고쳤다. 본관은 沃川이다.

육씨의 始祖는 陸普로 중국 浙江省 紹興府 사람이다. 後唐 明宗 때 八學士의 일원으로 신라에 파견되어 유학을 전파하고 文敎를 진작하는데 큰 공을 세워, 신라 경순왕은 그를 부마로 삼고 管城郡에 봉하였으며, 이때부터 육씨는 옥천을 관향으로 삼게 되었다.

고려때 陸麗는 호가 德谷으로, 일찍이 문과에 급제하여 우왕 9년(1383) 端川上萬戶에 임명되었는데 遼와 瀋의 침입을 격퇴하여 西北都元帥가 되었다. 또 慶州에 침입한 왜구를 토벌하여 경주에 그의 공적비가 세워져 있다. 공양왕 1년(1389) 全羅道都觀察使로 임명되었으나 국정이 문란하고 간신들이 정권을 농단하는 것에 분개하여 사직하고 고향인 公州郡 德里로 내려왔다. 이성계가 조선을 건국하고 그를 불렀으나 끝내 사양하고 은둔하다 생을 마쳤다. 이가 중시조이다.

고조는 天根, 조부는 萬祥이며, 부친 大圭는 文學과 德行으로 널리 알려졌다. 부인은 경주 김씨 鷄林君 稇의 후손으로 通德郎 樂善의 딸이다. 아들 海文과 손자 南秀가 있다.

육홍진은 어려서 三從祖 慕窩公에게 수학하여 학문의 기초를 닦았고, 장성해서는 당대의 석학인 渼湖 金元行(1702~1772)과 櫟川 宋明欽(1705~1768)의 문하에서 수학하였다. 만년에는 性潭 宋煥箕(1728~1807)와 교유하였는데, 송환기는 우암 송시열의 6대손이기도 하다.

육홍진은 어려서부터 학문에 전념하고 효성이 뛰어났는데, 특히 향당에 머무르면서 孝養·睦族·訓子의 도리를 다하였고 어진 인재를 양성하고 곤궁한 처지에 이른 사람을 구휼하는데 앞장서 군자다운 풍모를 갖추었다. 특히 산수를 사랑하여 만년에 朱溪의 文巖에 집을 짓고 거처하면서 스스로 문암이라 호를 하였는데, 문암 上下의 전망이 마치 武夷九曲처럼 수목이 울창하고 천석이 수려하여 이에 영향을 받아 「文巖九曲潭記」·「依武夷櫂歌十首」를 짓기도 하였다.

그의 학식과 덕망은 사림에 널리 전해져 1987년 장수 유림이 발의하여 전라북도 長水의 鴨溪祠에 追配되었으며, 문집으로는 『文巖遺稿』 1권이 전한다.

2. 구성

필사본 1권인 『文巖遺稿』는 내용상 크게 두 부분으로 이루어졌다. 전반부는 문집이 편찬된 배경(書後·跋·序)과 저자인 육홍진에 대한 墓碣銘·行狀·實記 등이다. 아들 海文

의 주선으로 知人들이 기록한 것이다. 후반부는 저자의 詩文(記·書·詩)이다. 아들 해문이 유고 정리 과정에서 토로한 것처럼, 저자의 저술은 대부분 유실되어 매우 소략하다. 『문암유고』의 목차는 다음과 같다.

「書文巖遺稿後」·「文巖遺稿跋」·「墓碣銘」·「文巖居士陸公行狀」·「文巖陸公實記」·「文巖居士遺稿序」

「文巖九曲潭記」·「依武夷櫂歌十首」·「自輓」·「永訣詩」·「告宗稧諸族中書」·「治喪之具遺言」·「遺孫兒書」·「聞華城奉壽堂御製外賓賡載感吟」·「聞世子誕慶　二首」·「聞朝家進賀聳喜忘僭拙吟頌祝」·「謁華陽宋子墓　三首」·「嘆世吟　二首」·「甲子九九茂倅李英紹沃川郡守金麟淳朱溪江上船遊詩同參戱吟」·「嗅睡亭與李進士憲琦同遊酬唱」·「止隅臺記」·「元韻」

3. 내용

구성에서도 언급하였듯이, 『文巖遺稿』는 내용상 크게 두 부분으로 이루어져 있다. 전반부는 육홍진의 문인과 지인들이 저자의 生平과 가계 및 문집을 저술하게 된 배경에 대해서 기록한 것이다.

「書文巖遺稿後」는 순조 때 문신학자로 대사헌·이조참판을 지낸 剛齋 宋穉圭(1759~1838)가 쓴 것으로, 저자의 시문 중 「世子誕慶詩」를 칭찬하고 특히 임종 즈음의 의연한 태도를 높이 평가하였다. 「文巖遺稿跋」은 宋直圭가 쓴 것으로, 궁벽한 고을에서 생장한 한미한 선비가 학문의 義理를 밝히고 奉先과 睦族의 도리를 다한 것과, 工拙과 聲病에 구애되지 않는 詩文과 勢利에 얽매이지 않는 고결한 태도를 고평하였다. 육홍진은 만년에 송환기와 교유한 바 있는데, 송시열-송능상-송환기-송치규 등으로 恩津 宋氏의 학풍이 이어지는 만큼, 이러한 인연으로 아들 해문이 송치규와 송직규에게 부친 문집의 書後와 跋文을 부탁한 것으로 보인다.「墓碣銘」은 金鐥(1772~1833)이 저술하였는데, 김선의 부친 金載七이 長水縣監으로 재직시 그 마을에 살던 유생 육홍진의 인물됨과 학문을 크게 칭찬한 바 있다. 이러한 인연으로 김선은 육홍진과 世交를 나누게 되었고 해문은 김선에게 아버지의 묘갈명을 부탁하게 되었다. 김선은 육홍진의 약력과 생애, 옥천 육씨의 世系, 그리고 학문적 師承과 교유에 대해서 일대기적으로 서술하였으며, 4언 8구의 銘이 첨부되어 있다.

「文巖居士陸公行狀」은 白川郡守를 지낸 鄭世翼(1784~1833)이 저술한 것으로, 육홍진의 모친이 동래 정씨인 인연으로 족친인 정세익이 행장을 기록한 것으로 보인다. 「文巖陸公實記」는 같은 고을에 살아 절친하게 지냈던 李濟鉉이 해문이 가지고 온 家狀을 중심으로 서술한 것이다. 행장과 실기는 대체로 내용이 비슷한데, 육홍진의 字號와 품성 등을 중심으로 한 그의 일대기와 옥천 육씨 가문의 활약상 및 世系를 구체적으로 서술하였다.

「文巖居士遺稿序」는 金昌運이 기록한 것으로, 저자가 곤궁한 처지임에도 부지런히 학문을 닦아 당대 성리학의 대가들인 김원행과 송명흠에게 수학하고 송환기와 교유하여 天人性命의 근원을 탐구하고 陰陽消長의 機微를 완상하였음을 주목하였다. 한편 그의 문장은 淸麗奇偉하여 세속적인 口氣에 얽매이지 않은 사실과 특히 산수를 애호하여 만년에 고향인 朱溪의 文巖에 은거하며 '文巖居士'라고 自號한 뒤 시문을 지으며 소요한 점을 특기하였다.

저자의 삶과 이력·가계·학문의 사승과 교유에 대한 지인들의 기록에 이어 육홍진의 시문이 이어지는데, 먼저 「文巖九曲潭記」는 저자의 나이 59세 즉 순조 6년(1806)에 지은 記文으로, 필치가 유려하고 형상화가 뛰어나 작품성이 크다. 육홍진은 평소 존경하던 선배학자인 주희와 이이, 송시열 등이 산수를 애호하여 뛰어난 승경을 유람하며 그 속에서 얻은 경험과 벅찬 감동을 각종 시문으로 읊은 것을 읽고 큰 감동을 받았으며, 특히 주자를 흠모하여 「武夷精舍十詠」을 암송하곤 하였다. 그는 만년에 고향 朱溪로 돌아와 文巖에 거처를 정하고 산수간을 소요하였는데, 文巖石室의 上下에 위치한 九曲潭의 빼어난 승경에 반하여 기문을 저술하였다. 구곡(鏷川 · 德浦 · 降仙臺 · 禮溪 · 文巖 · 烏潭 · 羊壁 · 朝舜石 · 芝田)의 지형적 위치와 주변 형세 그리고 각 골짜기의 명칭이 생성된 유래 등에 대해서 세간에 전해지는 고사와 더불어 매우 자세하면서도 사실적으로 묘사하여 마치 문암의 구곡을 눈으로 직접 보고 그 속을 거니는 듯한 느낌을 줄 만큼 형상화가 뛰어나다. 각 구비마다 주희의 「淳熙甲辰中春精舍閒居戱作武夷櫂歌十首呈諸同遊相與一笑」의 시 구절을 인용함으로써, 주자에 대한 흠모와 「무이도가」에서 많은 영향을 받았음을 확인할 수 있다.

구곡의 위치와 형세 등을 자세하게 소개한 뒤, 문인학사들이 심성을 수양하고 학문을 정진하기에 충분할 만큼 빼어난 곳임에도 불구하고, 궁벽진 곳에 위치하여 왕래하는 사람이 드물고 간혹 왕래하는 이가 있더라도 대충 보고 지나치기 때문에 문암의 진경을 알아보지 못하여 세상에 널리 알려지지 않은 사실을 안타까워하였다.

「依武夷櫂歌十首」는 주희의 「淳熙甲辰中春精舍閒居戱作武夷櫂歌十首呈諸同遊相與一笑」의 운을 차용하여 지은 칠언 절구 연작시 10수로, 저자가 거주한 문암이 수목이 무성하고 泉石이 수려하며 溪流가 구비쳐 아름다운 景概가 마치 주희가 거처하던 武夷九曲과 흡사함에 착안하여 운을 빌려 지은 것이다.

「告宗稧諸族中書」는 임종하기 이틀 전에 문중의 친족들에게 남긴 유서로, 집안이 어렵더라도 宗稧를 유지하여 接賓客과 奉祭祀에 유념할 것을 당부하였다. 특히 궁벽한 곳에 위치하여 가문에 현달한 조상이 없음을 안타깝게 여겨, 자제들은 학문에 전념하여 과거를 보아 가문을 빛내줄 것을 당부하였다. 「治喪之具遺言」는 임종하기 하루 전에 쓴 것으로, 자신의 상례를 검소하게 치룰 것을 당부한 글이다. 「遺孫兒書」는 손자 南秀에게 남긴 글로, 부지런히 학문을 연마하여 입신양명할 것을 당부하였다. 과거를 통해 관리로 등용되는 것은 큰 영광이긴 하지만 하늘의 운수에 관련된 것이기 때문에 인력으로 어쩔 수 없는 부분이 있다는 사실을 언급하며, 과거시험과 달리 문장은 본인의 힘으로 충분히 연마할 수 있는 것임을 거듭 강조하였다. 또 아들 해문과 손자 남수가 모두 홀로 있는 처지라 특히 건강에 유의하여 몸을 잘 보전할 것을 당부하는 것에서 아들과 손자에 대한 애틋한 마음이 잘 드러난다.

「聞世子誕慶 二首」는 순조 9년(1809)에 孝明世子가 태어난 것을 듣고 기뻐서 지은 시로, 7언 율시와 7언 절구 두 수로 구성되어 있다. 「甲子九九茂倅李英紹沃川郡守金麟淳朱溪江上船遊詩同參戲吟」은 순조 4년(1804) 重陽節에 무산군수 이영소와 옥천군수 김인순과 함께 주계강가에서 뱃놀이를 하며 지은 칠언율시다. 김인순은 육홍진이 수학한 바 있는 미호 김원행의 손자이기도 하다. 「嗅睡亭與李進士憲琦同遊酬唱」은 진사 이헌기(1774~1824)와 취수정에서 노닐며 수창한 연작시로, 이헌기는 앞 시에서 살펴본 바 있는 무산군수 이영소의 아들로 대사헌과 예조판서 등을 역임한 인물이다. 이헌기는 순조 4년(1804) 진사에 합격한 뒤 순조 7년(1807) 식년문과에 병과로 급제하였으므로, 이 시에서 그를 進士라고 명명한 것으로 미루어, 1804~1807년에 기록된 것으로 보인다.

「止隅臺記」는 주계의 문암에서 돌아와 湖山에 있을 당시 지은 기문으로, 무더운 여름날 5~6명의 동자들과 누대에 올라 글을 읽고 내려온 뒤 발을 씻고 소요하면서 한 여름을 보낸 것을 증자가 浴沂하고 風詠한 운치에 빗대어 서술하였다. 특히 제목의 '止'자를 본문에서 의도적으로 반복 사용함으로써 공간적 그침에서 머무를 곳을 알아 머무는 처세의 경지로 확대 인식하는 발상이 흥미롭다.

4. 가치

육홍진의 저술은 대부분 유실된 만큼, 그의 아들 해문이 집안에 전해지는 것과 知人들에게서 수합한 것을 편집하여 『문암유고』 1권을 만든 만큼 희귀본으로서의 자료적 가치가 있으며, 아울러 實記와 行狀 등을 통해 沃川 陸氏 가문의 世系를 파악할 수 있음도 의미가 있다. 특히 육홍진이 만년에 거처한 朱溪 文巖의 빼어난 승경을 기록한 「文巖九曲潭記」는, 문암 구곡의 각 절경을 사실적이면서도 유려한 필치로 묘사하여 마치 읽는 이로 하여금 문암의 구곡을 직접 가본 듯한 느낌을 주는 만큼 문학적 형상화가 뛰어나, 문인으로서 육홍진의 역량을 가늠하기에 손색이 없는 뛰어난 작품이다.

현재 전해지는 육홍진의 저술은 매우 소략한 형편이다. 그럼에도 「依武夷棹歌十首」와 「文巖九曲潭記」처럼 문학성이 뛰어난 작품을 접할 수 있었던 만큼, 자료가 보완된다면 18~9세기에 활동한 지방 문인의 학문과 사상 및 문학을 조명할 수 있을 것으로 기대된다.

【손혜리】

蓬巢集

張漢師(생몰년미상, 18세기) 著.

筆寫本 1冊 : 四周無邊, 無界, 12行22字,
無魚尾 ; 29.3×20.0㎝.

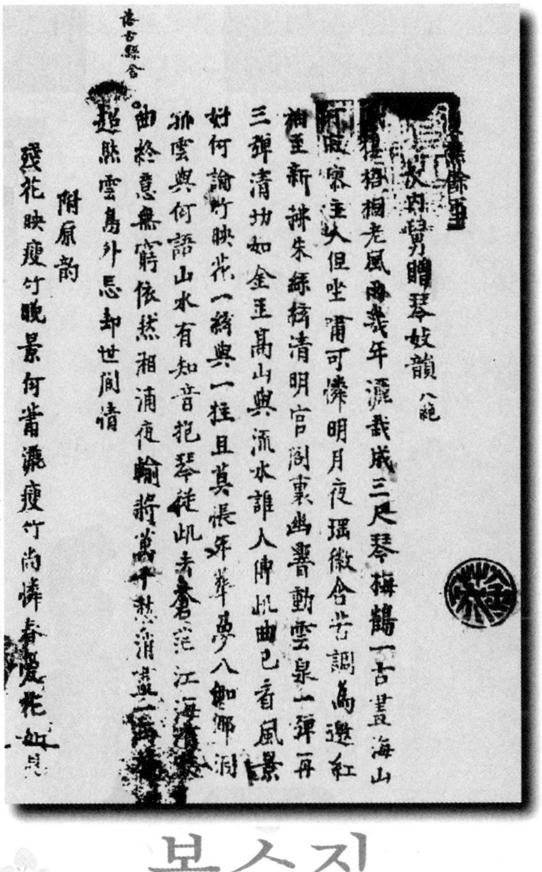
[illegible]次內舅贈琴妓韻 八絶
[illegible]梧桐老風雨幾年灑截成三尺琴梅鶴一古畫海山
[illegible]家主人但坐猶可憐明月夜瑶徽含苦調爲邀紅
袖至新排朱絲綺清明宮商裏幽響動雲泉一彈再
三彈清切如金玉高山與流水誰人傳此曲已看風景
何論竹映花一綺與一狂且莫恨年華夢入仙鄉洞
雲與何語山水有知音抱琴徒此青蒼 江海[illegible]
曲終意無窮依然湘浦夜輸將萬千愁消盡[illegible]
超然雲島外忘却世間情
附原韻
殘花映瘦竹晚景何當灑瘦竹尚憐春殘花如[illegible]

봉소집

1. 저자

본서는 저자 미상이었던 것을 본 해제를 통해 저자가 張漢師(생몰년 미상)임을 확인하게 되었다. 장한사의 자는 君房, 본관은 仁同, 張孝曾의 二男 중 장남으로 태어났다. 靑泉 申維翰(1681~1752)의 생질이자 제자였다. 본서에 수록된 시 속에 申維翰의 제자인 朴履坤(1730~1783)과 지은 酬唱詩와 聯句(「仙源唱酬」, 「仙源唱酬錄二十韻聯句」)가 박이곤의 문집 『芝村遺集』에 「贈張君房二首」, 「仙源唱酬二十韻」 등으로 실려 있다. 이를 토대로 본서의 저자가 張君房임을 확인할 수 있다. 본서에 수록된 「烏川春夜呈素窩內兄」 시 아래에 原韻이 실려 있는데 이 작품이 '士淸氏'의 작품으로 되어 있어 內兄(외사촌형)의 호가 素窩이며, 자가 士淸이라는 것을 알 수 있다. 『寧海申氏世譜』를 보면 申維翰의 차남 夢駿(이후 叔父 維楨에게 입계)의 字가 士淸임을 확인할 수 있다.[1] 또한 「呈尙古齋金禮安丈」에 "憶陪靑泉老舅氏, 耳熟平生尙古子"라 하여 청천을 '老舅'(외삼촌)라고 칭하고 있다. 따라서 저자는 신유한과는 외삼촌 생질 관계에 있는 인물임을 알 수 있다. 신유한의 「書鵝山桂石卷」(『靑泉集』 卷六)에 '吾甥張君漢師'라고 부르고 있는 인물이 바로 본서의 저자다. 신유한은 자신의 제자들에게 그 재분에 따라 글을 가르쳤는데 장한사에게는 한유·유종원의 문장 각체 50편을 뽑아 『鵝山桂石』이라 하고 직접 제목을 써서 주었다. 장한사는 어려서 『山海經』과 『道德經』을 좋아하였다고 하는데, 본서에 「讀山海經」, 「讀道德經」도 실려 있다.

박이곤이 「仙源唱酬錄二十韻聯句」에 쓴 序에 의하면 "친구인 장아무개가 商顔(尙州)에서 도원리 집으로 나를 찾아왔다"고 되어 있어 장한사는 상주에 거주했던 것이 아닌가 여겨진다. 장한사 역시 청천의 제자로 李晦根, 鄭昌兪, 鄭元始, 鄭昌朝, 鄭瀾 등과 교유하였고, 제영시가 상주 지역 인근에서 벗어나지 않고, 만년 신유한이 최치원을 경모한다는 뜻으로 가야산 아래 지은 景雲齋(高靈郡 高花洞)에 들러 감회를 읊은 시를 비롯하여 가야산 지역에서 지은 작품 등은 신유한과의 연분을 말해 주는 것이라 하겠다.

2. 구성

표제는 '蓬巢集'이나 표지 안쪽에는 '漁樵餘事抄', 권수제는 '漁樵餘事'로 되어 있다. 전체적으로 보면 詩文의 구분 없이 정리한 亂藁로 여겨지며 정리된 원고에서 抄寫한 것이

---

1) 신유한의 문집 수십여 권을 정리하여 전라도관찰사로 있던 元仁孫(부친 원경하가 신유한에게 글을 배움)에게 부친의 문집을 간행해줄 것을 부탁하러 전라도 감영으로 떠나는 申士淸에게 써준 박이곤의 「送申士淸之完營序」(1767년, 『지촌유집』 권2)에 의하면 사청은 신유한의 아들이라 하였다.

아닌가 추정된다. 산문은 설, 제문, 서, 유기 등이 실려 있다. 차운한 시의 경우 原韻을 부기하는 경우가 많다. 誤寫된 곳을 교정하거나 빠진 글자를 다시 채워 넣은 경우도 보인다. 「過香娘投水處有感」 2수 중 두 번째 작품은 7언율시가 일부분만 필사되어 있다. 年紀가 기록된 작품과 시의 내용을 볼 때 저자의 20대 작품에서 40대 (「自笑」 "自笑行年四十强, 南來北去爲誰忙") 이후의 작품을 편년순으로 뽑아 베낀 것으로 보인다.

【詩】

次內舅贈琴妓韻八絶, 附原韻, 烏川春夜呈素窩內兄, 附原韻(士淸氏), 次竹窓韻贈瑛大師, 次顯甫韻贈愿大師, 客夜聞笛, 村居偶吟, 次東閣喜雨韻, 又, 晴後, 秋夜次鄭大哉元始韻, 原韻, 又, 原韻, 聞鴈, 重陽前一日池柳猶靑紫薇花盛開因賦所見, 望伽倻, 曉起, 又, 歸家後寄贈鄭大哉, 又, 客路望金烏山, 晩泊仙槎江, 雪夜與鄭大哉聯句, 雨夜聯句, 雪中得寒字, 與大哉分韻, 早春遊伽倻, 謁孤雲畵像, 商山道中, 又, 村夜與顯甫兄弟分韻共賦, 附原韻(顯甫, 德載), 春夜卽事同顯甫分韻, 附原韻(顯甫), 閑居偶吟, 子規啼, 鶯鸞, 雨後行山野間偶吟, 九日登高, 途中偶成, 故基有感, 釣歸偶吟, 冬夜陪主倅鄭公昌兪兼香亭諸君子聯句十韻(主倅, 子正, 大哉), 雪夜與鄭子正昌朝聯句, 又, 別子正歸沃州, 又, 又, 又(子正), 次鄭大哉, 又, 別鄭大哉還京, 又, 宿江店, 游川上, 秋望, 寄鄭子正, 秋夜, 夢遊智異山, 冬夜雨中得餘字, 次韻答鄭大哉, 附原韻, 寄贈鄭大哉, 答鄭子正, 附原韻, 余曾有所寄今始有答故幷附如左, 又寄子正, 寄子正大哉, 又, 春日獨坐, 江上, 秋興, 過香娘投水處有感, 登孤山梅鶴亭有感, 雨後與張繼善繼述及李汝直上天生山城口占一律, 謁東洛旅軒先生畵像, 秋夜, 峽路偶吟, 龍山寺與朴聖光履坤聯句, 與德峻師, 次, 和贈朴聖光, 原韻(聖光), 出洞口號, 次聖光, 讀易, 讀山海經, 讀道德經, 過景雲齋有感, 寄李督郵一曾, 夢見鄭淸道, 憶鄭幼觀客居丹城, 石田渡有懷幼觀, 又, 海上觀日出, 別海上主人, 又別申叔, 歸去, 自笑, 謝金而栗尙寬贈詩, 送別而栗歸梧溪, 桃源春夜與諸益共賦(1761년), 留別伽倻舊伴次天擎韻, 僑居感懷, 仙源唱酬(聖光, 國輔, 子平, 國衡, 幼文, 應文), 仙源唱酬錄二十韻聯句(聖光, 幼文, 子平, 聖光, 子平, 國輔, 應文, 國衡), (선원창수록)박이곤의 서(1762년), 送鄭幼觀瀾遊金剛山幷序, 贈金一源, 西郊輓, 附壁, 蓬巢, 奉謝李大雅廷隣見贈, 壁上韻, 過砥柱碑, 登天生山城, 贈別山人性淡, 江上早春,

【說】

蓬巢說, 附原說(申儼)

【祭文】

祭成以涵文, 祭田命昌文

【序, 記】

陶柳詩序(1759년), 曷歸城記(1758년), 曦暘山記(1760년), 仙遊洞(記), 龍湫記

【詩】

關而性服, 答遁齋申上舍丈, 留別申叔, 次天擎韻留別伽倻舊伴, 叚村卽事, 暮村上華山絶頂, 聞崔承旨成大丈喪有感(1762년), 僑居感懷, 輓鄭淸道, 入巴串, 鶴巢臺, 萬東祠, 入仙遊洞爛柯臺, 贈同遊禪子, 宿愚伏先生宅, 卽事, 淵明賞菊圖, 癸未(1763년)除夕寄全士正尙貞, 次士正韻贈沖虛師, 次韻題南賚伯宗弼梅菊盆, 又解嘲答南賚伯, 菊花, 次南季晦鼎萍室韻, 次仙遊洞主人李公命大壽席韻, 呈尙古齋金禮安丈(1764년), 贈趙來叔.

3. 내용

장한사의 문집 전체가 아니라 逸稿를 수습한 것이 아닌가 여겨진다. 여기에 수록된 작품군의 특징적인 면을 간추리면 다음과 같다.

우선 시의 경우 차운, 증답시, 聯句가 상당 부분을 차지하고 청천 신유한의 생질이자 제자이기도 한 저자가 청천 제자 그룹 주변인물과 교유한 흔적이 많이 보인다. 鄭昌兪, 鄭元始(정창유의 아들), 鄭昌朝, 鄭瀾, 朴履坤, 李晦根 등이 모두 신유한의 제자 그룹으로 이들과의 시 수창이 보인다. 이들은 신유한의 사후에 年譜와 語錄 등을 정리한 인물들이다.

정란에게 써준 「送鄭幼觀瀾游金剛山幷序」에는 序가 함께 실려 있다. 문장에 癖이 있으나 과거 시험 공부를 하지 않고 수년 간 남쪽 지방을 유람하며, 방장산, 가야산, 금산 등의 형승과 최치원의 유상처를 편답하고서 막 금강산으로 떠날려 할 때 저자가 병중인 상황에서 전별하는 내용을 담고 있다. 금강산 이곳 저곳을 유상한 후 글주머니를 채우고 돌아와 저자에게 말해 준다면 만이천봉이 가슴 속에 살아날 것이라 하고는 반드시 눈으로 보는 것이 귀한 것이 아니라고 하였다.

선배 문인으로 신유한과 친분이 두터웠던 杜機 崔成大의 부음을 듣고 지은 시 「聞崔承旨成大丈喪有感」에서는 창해 정란과 청천과의 인연을 말하고 두기의 유명한 「酸蔣歌」를 언급하면서 '酸蔣卽公因果事'라는 小註를 달았다.

尙古齋 金光遂에 올린 칠언고시 「呈尙古齋金禮安丈」에서는 청천에게서 익힌 들어 알고 있었던 바, 1752년 6월 1일에 인제 고을 다스릴 때 온 편지를 보고 청천이 감탄하던 말을 떠올리며 경모하던 차에 12년이 지난 후 3월경에 목천현감을 지내고 있는 김광수를 찾아가 보고 돌아오면서 그 경모의 뜻과 아쉬움을 읊고 있다.

시 속에 빈번한 제재로 상주를 중심으로 한 영남의 풍치와 역사 인물을 시화한 작품이 다수 보인다. 가야산의 孤雲 崔致遠, 香娘, 金烏山, 孤山 黃耆老의 梅鶴亭, 天生山城, 旅軒 張顯光, 愚伏 鄭經世 등의 유적을 찾아 작품화 하였다.

산문으로 수록된 「蓬巢說」은 蓬巢子가 처소의 이름을 '쑥집'이라 한 연유를 풀이한 글이다. 손님이 대나무, 매화 난초, 국화와 같이 卉物 중에 뛰어난 것이 있음에도 왜 쑥으로 집 이름을 삼았는가하는 질문에 대답하는 형식을 취하고 있다. 자신은 옛 사람의 덕도 없는데다 화려하고 어여쁜 바탕이 아니어서 세상과 어긋나 천한데 살며 그 쓸 데가 적합하지 않아 유독 쑥과 닮은 이유로 이렇게 이름을 지었다 하였다. 쑥에는 네가지 덕이 있으니 그 성질[性]은 곧고[直], 그 중심[心]은 희고[白], 그 몸[體]은 둥글고[圓], 그 쓰임[用]은 굴러다니는[轉] 것이라 하면서 쑥의 외형을 가지고 자신의 정신세계를 중의적으로 표현하였다. 특히 쓸모없음에서 쓰임[用於無用]이 있어 그 천성을 보전한다는 점을 강조하여 도가적 세계관을 표방하고 있다. 그가 어린 시절 줄곧 관심을 보인 『노자』와 연결되는 대목이다. 附記된 申儼이 쓴 글은 장한사가 쑥[蓬]에 초점을 맞추어 쓴 글인데 비해, 집[巢]에 초점을 두고 쓴 것이다. 烏鵲의 거처를 모두 '巢'라고 하는데 쑥의 집이라고 하였으니 鷦鷯를 위한 것임을 알 수 있다 하고 自適하는 모습을 그려내고 있다.

「陶柳詩序」(1759년)는 그의 시론을 표방한 글이다. 중국의 시는 한위 이래 당나라에 이르기까지 풍상이 세대에 따라 변하고 기가 中和를 잃어버려 껄끄럽고 치우쳤다고 진단하고 한대의 渾璞, 건안칠자의 雄贍, 포조와 사령운의 淸俊, 심전기와 송지문의 莊律, 두보와 이백의 豪健, 神逸한 시가 '活畫天機, 典則百代' 라고 할지라도 浮誇하여 세상의 이목을 현혹시켰으나 도연명과 유종원의 시는 '淸遠閑放, 精深古雅'하다고 하였다. 글의 말미에는 소식이 유배시에 도연명과 유종원의 문집을 책상머리에 두고 南遷二友라고 한 것과 주희가 學詩를 陶柳門庭을 통해 익힌 점을 강조하고 있다. 「陶柳詩序」는 저자와 청천과의 문학적 영향 관계에 있어서도 중요한 작품이라 할 수 있다.

「曷歸城記」(1758년)는 가야산 북쪽 정상의 고운 최치원의 피세지로 1758년 9월 15일에 申士淸 등과 함께 가야산 해인사에 숙박하면서 백련암 승려 性淡과 함께 올라 본 풍광과 함께 역사적 傳聞을 기록한 遊記이다.

「曦暘山記」(1760년)은 鄭瀾, 南士毅, 남사의의 동생 光之, 鄭士維, 蔡奇玉, 장한사의 동생 君平(張漢卿), 南彦, 南景, 南星 등과 함께 1760년 5월 10일에 희양산을 유람한 기록이다.

「仙遊洞」, 「龍湫記」 역시 이때의 답사 기록으로 선유동과 尙書 李公의 花田이 있던 곳으로 답사 당시 廢亭이 된 仙掌菴 근처 용추에 대한 기록이다. 「仙遊洞」은 작품의 끝에 끝부분이 일실되었다('逸其尾')고 적혀 있다.

4. 가치

현전 장한사의 문집으로서는 현전 유일본이다. 우선 장한사의 궤적과 문학 일면을 찾아

볼 수 있는 자료라 할 수 있으나 傳本이 소략한 감이 없지 않다.

다만 청천 신유한의 제자이기도 했던 저자가 청천 제자 그룹과 교유한 흔적을 볼 수 있어서 제자들의 동태와 청천과의 영향 관계를 유추하는데 일정한 도움이 되는 자료이다.

[참고문헌]

申維翰, 『青泉集』, 민족문화추진회 한국문집총간.
朴履坤, 『芝村遺集』, 목판본 2권1책, 국립중앙도서관
『寧海申氏世譜』, 목활자본 5권5책, 1824년, 계명대 동산도서관 소장본.

【부유섭】

沙月集

李在弼(1650~1714) 著.

筆寫本. 1冊 : 四周單邊, 半郭 26.2×21.5㎝. 烏絲欄, 11行21字, 無魚尾 ; 33.7×26.9㎝.

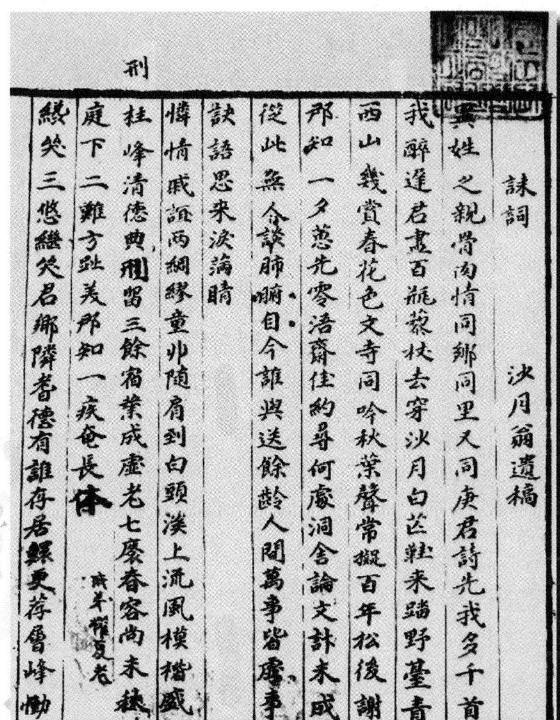
刑

誄詞

沙月翁遺稿

異姓之親骨肉情同鄕同里又同庚君詩先我多千首

我醉逢君盡百瓶藜杖去穿沙月白芒鞋来踏野臺青

西山幾賞春花色文寺同吟秋葉聲常擬百年松後謝

那知一夕蕙先零浩齋佳約尋何處洞舍論文訃未成

從此無人談肺腑自今誰與送餘齡人間萬事皆塵事

訣語思来淚滿睛

憐情戚誼兩綢繆童丱隨肩到白頭漢上流風模楷盛

桂峰清德典刑留三餘宿業成塵老七褱春容尚未秋

庭下二難方趾美那知一疾奄長休 戚弟權夏老

總癸三悠繼癸君鄕隣耆德有誰存居縣更蒋魯峰慟

사월집

1. 저자

이 책은 저자가 밝혀져 있지 않았으나 본 해제를 통해 李在弼(1650~1714)이 저자임을 밝히게 되었다. 이재필의 字는 賚余, 號는 沙月이다. 眞城李氏 12世孫으로서 父는 李文漢이고, 兄은 李在亨이다. 그가 李東標(1644~1700)를 위해 지은 祭文이 『懶隱先生文集』의 附錄에 실려 있는데, 그곳에서 자신을 '浯川儒生'이라고 소개하고 있다. 또한 본서의 내용을 통해서 李在弼이 경상북도 예천에 있는 仙夢臺에서 자주 노닐었다는 것과 浯川이 仙夢臺 바로 서쪽으로 흐르는 냇물임을 알 수 있다. 이를 통해서 볼 때, 李在弼은 평생 벼슬에 나아가지 않고 경상북도 예천에서 활동한 儒林으로 보인다.

2. 구성

본서는 표제가 '沙月集'이고 표지 우측 상단에 '附錄 誄詞 祭文'이라고 적힌 데서 알 수 있듯이, 이 책은 李在弼에 대한 誄詞(輓詩)와 祭文들을 모은 것이다. 그러나 각 장을 틀어 그 이면에 다른 필체로 시와 산문을 필사해 놓았는데 모두 사월 이재필의 시문으로 추정된다. 즉 정식 면에는 誄詞 50편과 祭文 18편이 필사되어 있고, 이면에 다른 필체로 필사된 이재필 작품으로 추정되는 시문의 제목은 다음과 같다.

「輓珍山公坽」, 「次仙夢臺韻」, 「次野逸臺十景韻贈權夏老」, 「己丑十一月立石時告由文」, 「祭懶隱李公東標文」, 「次權禹卿韻」, 「湖南歸路至安陰縣偶吟己巳冬路極險隘故云」, 「次浯堂韻」, 「又」, 「奉呈李兄」, 「次禹卿韻」, 「次大竹陶谷震亨氏草堂韻有戚分」, 「和贈白亨美禹章湖南人庚午正月」, 「春日勝遊」, 「嘆末俗」, 「溫溪先祖請諡疏癸卯十一月嶺南章甫上疏」, 「太學答通」(「溫溪先祖請諡疏」와 「太學答通」은 이재필의 것이 아님)

3. 내용

「誄詞」는 주로 그의 친인척과 벗들이 지었는데, 그 인물을 순서대로 적으면 다음과 같다.

權夏老·申義命·張漢杰·張之杰·權濬·李仁標·權是經·安命祐·權潛·張命杰·宋世鑛·全守長·朴世柱·安補石·洪萬績·韓濟彦·柳後千·安日履·張萬杰·權希益·張煥·權壽昌·朴安道·潘世河·張士杰·張仁杰·丁極燾·權泰榮·權聂·李爾長·權怙·安晉石·安時壆·朴文道·金聲達·金時一·辛必馣·李再輝·權暻·宋時靖·權泰興·朴世胤·李適意·權昇·

洪武績·金挺萬·金兌一·金五敎·趙自敬·李泳

전체적인 내용을 살펴보면, 淸貧한 생활 속에서 皎潔했던 인품과 功名을 탐하지 않고 儒者의 본분을 지키면서 風流를 즐기던 모습 등을 추모한다. 그리고 亡者와의 각별했던 시절을 추억하며 더 이상 함께 할 수 없는 현실을 안타까워한다.

「祭文」은 역시 대부분 그의 친인척들이 지었는데 다음과 같다.

壻 廣州 安時垕·婿 南陽 洪洸·壻 平山 申祜·再從弟 在蕃·再從姪 械·甥姪 張宗閔·異姓 再從弟 權夏老·三從弟 李時標·宗弟 仁標·族孫 李堉·族孫 李圭·張仁杰·누이·甥姪 琴重世·再從姪 棋·姻少弟 金珽琦·舍弟 梃·壻 金是鉉(舍弟 梃·壻 金是鉉의 것은 이재필에 대한 제문이 아님)

수록된 祭文은 李在弼이 세상을 떠난 甲午年(1714) 및 삼년상을 마친 丙申年(1716)에 쓰여진 것들이다. 전체적으로 앞의 誄詞와 같이 비통한 어조를 띠고 있다. 건강한 상태에서 갑자기 병에 걸린 점과 아내를 잃고 다음해에 죽음을 맞은 점 등 좀 더 자세한 정황이 기록되어 있다. 그리고 친인척간에 느끼는 家族愛가 짙게 드리워져 있다.

한편 본서의 이면에 필사된 李在弼의 작품 중 일부분을 살펴보면 다음과 같다.

「次仙夢臺韻」

인간만사가 모두 부질없으니	人間萬事摠爲虛
하물며 덧없는 인생이 부싯돌 불꽃처럼 빠름에랴	况是浮生石火如
늘그막에 맞은 단란한 자리는 참으로 멋지니	暮境團圓眞勝事
이제부터 이 모임을 소원하게 만들지 말지어다	從今此會莫相踈

이 시는 李在弼이 노년에 仙夢臺에서 즐거운 모임을 갖고 느낀 흥취를 표현한 것이다. 仙夢臺는 退溪 李滉의 종손이자 문하생인 遇巖 李閎道(1538~1591)가 창건하였으며, 현재 경북 예천군 호명면 백송리에 위치해 있다. 주목할 점은 이 책의 책머리 안쪽 표지와 마지막 장 끝에도 각각 이 시가 기록되어 있다는 것이다. 이것은 편찬자가 생각할 때, 삶의 덧없음을 표현한 이 시의 1·2구가 誄詞와 祭文을 엮은 이 문집의 분위기를 잘 대변해 준다고 여겼기 때문일 것이다.

「己丑十一月立石時告由文」은 己丑年(1709) 11월에 아버지의 墓道에 立石을 하고 그 사유를 고한 글이다.

「祭懶隱李公東標文」은 가까운 곳에서 살던 李東標(1644~1700)의 학식과 덕망을 기리고, 그 죽음을 애통해 한 글이다.

「溫溪先祖請諡疏癸卯十一月嶺南章甫上疏」는 退溪 李滉의 형인 溫溪 李瀣(1496~1550)의 시호를 청하는 상소문이다. 이것은 이재필의 것이 아니다. 『정조실록』 정조 7년(계묘년, 1783) 11월17일 갑진조에 영남 유생 趙宜陽 등의 상소로 실려 있다.

4. 가치

본서는 李在弼의 家系와 교유관계 뿐만 아니라 그의 인품을 보여준다. 본서의 구성이 대부분 誄詞와 祭文으로 이루어져 있어서 비록 그의 문학세계를 살피는 데는 한계가 있지만, 조선중기 영남 사림의 생활상을 엿볼 수 있다는 점에서 의의를 지닌다.

【이국진】

西厓先生遺稿

柳成龍(1542~1607) 著.

筆寫本(친필). 1冊(19張) : 四周白邊, 無界, 15行24字 ; 30×24.3㎝.

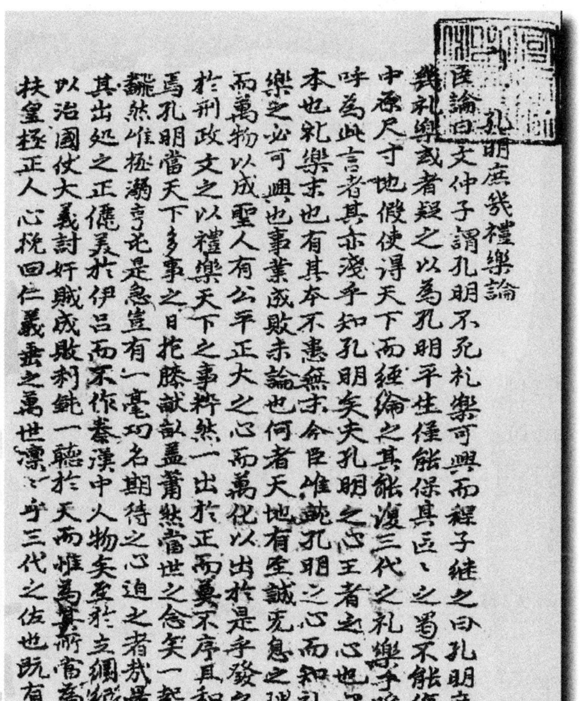
孔明庶幾禮樂論
臣論曰文仲子謂孔明不死礼樂可興而程子継之曰孔明庶
幾礼樂哉者疑之以為孔明平生僅能保其區區之蜀不能復
中原尺寸地假使得天下而經綸之其能復三代之礼樂乎嗚
呼為此言者其亦淺乎知孔明矣夫孔明之心王者之心也心
本也礼樂末也有其本不患無末今臣唯論孔明之心而知礼
樂之必可興也事業成敗未論也何者天地有至誠无息之理
而萬物以成聖人有公平正大之心而萬化以出於是乎發之
於刑政文之以禮樂天下之事粹然一出於正而莫不序且和
焉孔明當天下多事之日抱膝献畝蓋蕭然當世之念矣一起
翻然唯拯溺亨屯是急豈有一毫功名期待之心迫之者哉是
其出処之正儗美於伊呂而不作秦漢中人物矣至於立綱紀
以治國仗大義討奸賊成敗利鈍一聽於天而唯為其所當為
扶皇極正人心挽回仁義壹之萬世凛凛乎三代之佐也既有

서애선생유고

1. 저자

柳成龍(1542~1607)은 字가 而見, 號가 西厓 또는 雲巖이며, 本貫은 豊山이다. 1542년(중종 37) 10월 1일, 경상도 義城縣 沙村里의 외가에서 관찰사 仲郢(1515~1573)의 차남으로 태어났다.

退溪의 문인으로 23세에 生員會試 一等에 급제하여 進士가 된 다음 24세에 太學에 입학하여 文名을 떨치는 한편 時流를 거부하는 不動心의 人格을 堅持함으로써 朝野의 이목을 끌기 시작하더니, 25세에 드디어 大科에 급제하여 承文院權知副正字에 제수되면서부터 관계에 진출하게 된다. 藝文館檢閱兼春秋館記事, 成均館典籍, 工曹佐郞, 聖節使書狀官兼司憲府監察, 弘文館副修撰知製敎, 吏曹佐郞, 弘文館副提學, 司諫院大司諫, 慶尙道觀察使, 弘文館大提學兼藝文館大提學, 兵曹判書, 吏曹判書 등 여러 高官의 관직을 수행한 다음 51세 되던 壬辰年에 왜란이 일어나자 兵曹判書로서 軍務를 總括하는 동안 領議政에 승진하여 國難을 극복하기까지 30년 동안 오로지 國家와 民族을 보위하기 위해 분골쇄신하였다.

현전 『西厓全書』에 수록된 20種의 文類와 국보 132호인 『懲毖錄』, 『芹曝集』, 『辰巳錄』, 『軍門謄錄』 및 禮學과 관련된 『愼終錄』, 『喪禮考證』 등이 있다. 이는 조선 중기 최고의 학자요 문인이며, 정치인이요 외교가인 西厓의 학문과 사상 및 그를 둘러 싼 국내외의 시대환경이 西厓의 필단을 통해 묘사된 실기들이다. 그의 시호는 文忠이며, 豐原府院君에 봉해졌다.

2. 구성

서애 친필로 추정되는 필사본 『西厓先生遺稿』는 散文만 수록되어 있다. 주로 雜著에 해당되는 論(1), 書(1), 辨(1), 說(2), 記(1)와 序(1), 跋(4), 表箋(3), 銘(1), 祭文(14), 誌碣(1)이다. 전체 목차는 다음과 같다.

論 ; 「孔明庶幾禮樂論」
書 ; 「寇準 以獻天書再入中書」
辨 ; 「尊堯集辨」
說 ; 「以學爲詩說(月課)」, 「格物說(月課)」
記 ; 「涵碧亭記」
序 ; 「送閑上人詩序」

跋;「跋蘭雪軒集 庚寅」,「盧蘇齋自銘跋」,「書朱子感興詩卷後」,「書辰巳錄後」

表箋;「擬宋司空致仕李昉 謝燈夕謝安車召對表」,「本朝謝頒會典僉秩表」,「漢陳湯請伐郅支單于表」

銘;「續燕然山銘(月課)」

祭文;「祭再從弟柳君秀才成龜文」,「祭李應敎公直敬中文」,「祭金懷仁文卿箕報文」,「祭權松巖章仲好文文」,「祭柳座首誼文」,「祭伯兄再朞文」,「祭猶子察訪袾文」,「又祭察訪文」,「祭徐監司克夫仁元文」,「祭西原府院君鄭琢文」,「祭子男再朞文」,「祭從叔父大司憲柳公景深文 丙午十日月」,「先考妣墓修築文」,「祭貞夫人李氏文」

誌碣;「有明朝鮮國嘉善大夫司憲府大司憲柳公墓」

3. 내용

앞서 기술한 바와 같이 『西厓先生遺稿』는 짧은 분량에도 불구하고 다양한 내용을 담고 있다. 1580년(선조 8) 저자 나이 39세부터 1606년(선조 37) 63세 때까지의 작품들로 장르별로 편제되어 있다. 모두 29편의 작품인데, 작품의 내용은 다음과 같다.

「孔明庶幾禮樂論」은 程子가 孔明이 禮樂에 가깝다고 평가한 내용에 대한 서애의 견해이다. 여기서 혹자는 공명이 평생토록 중원을 평정하지 못한 사실을 예시하면서 의문을 제기 한다. 서애는 先儒들이 공명을 왕을 보좌할 재능이 있는 사람으로 평가한 사실을 열거한다. 그러므로 예악에 가깝다는 사실을 괴이하게 여길 필요가 없으며, 마음은 本 이고 禮樂은 末이지만 공명은 이미 본을 이룬 사람으로 의심할 여지가 없다고 강조하고 있다.

「寇準以獻天書 再入中書」는 서애가 『宋史』를 읽다가 '寇準이 天書를 眞宗에게 바친 일로 인하여 다시 中書省으로 들어간 사실'에 탄식하면서 비롯된다. 여기서 그는 寇準의 죄는 '글을 읽지 않아 도리에 어두워 분별력이 부족한 탓'으로 간주한다. 더욱이 세상의 풍조가 이렇게 변하는 사실에 개탄하고 있다.

「尊堯集辨」은 宋나라 諫議大夫 陳瓘이 奸臣으로 君主를 속인 것을 傷心하고, 後世 사람들이 이에 迷惑되는 것을 근심하여 저술한 책이다. 여기서 저자가 제목을 '尊堯'로 한 것은 "神宗을 堯帝로 삼고 아들 哲宗을 舜帝로 삼고자 하는 臣子의 의리이다."라고 하였다. 그럼에도 불구하고 신종은 이러한 忠臣의 뜻을 알지 못하고 王安石의 「日錄」을 수용한 점을 애석하게 여기고 있다.

「以學爲詩說(月課)」은 학문으로써 시로 삼는다면 그 內實을 힘쓰게 되니 文學이 그 가운데 있다는 論旨이다. 하지만 만약 시로써 학문을 삼는 것은 枝葉을 쫓는데 급급하여 根本을 돌아볼 겨를이 없다는 것이다. 여기서 서애는 詩는 천하를 敎化하는 效用이 있다는 점을 인정하면서도 도덕을 갖춘 君子가 道를 향한 학문에 소홀히 할 수 없음을 피력하고 있다.

「格物說」에서 서애는 『大學』의 "致知는 格物에 있다."라는 내용이 程子와 朱子가 언급한 바와 같이 처음으로 학문하는 길을 제시하였다고 주장하고 있다. 그러나 王陽明이 그 해설을 달리하여 時俗의 사람들을 의혹케 함을 적시하고, 경전의 예시를 들면서 논리적인 비판을 가미하고 있다. 뒤이어 "孔子가 각기 뜻을 말하라 했을 때 曾點에게 許與한 것은 顔淵이 증점 만 못해서인가?"와 "공자가 '周나라 예를 따르겠다'고 하였는데 그 說이 있는가?"와 "공자는 天道를 말하지 않았으나 맹자는 '그 사람의 성을 알면 天을 알게 된다.'고 했으니 맹자가 위인가?"라는 세 月課는 질문의 내용이 길어 약술하였으나 「格物說」 안에 포함될 수 없는 내용으로 파악된다.

「涵碧亭記」는 醴泉에 사는 李子華가 溪山과 池園의 절경에 정자를 지어놓고, 서애에게 記文을 부탁하여 지은 것이다. 정자 앞에는 雙溪가 흐르고, 어지러운 산들이 밖을 둘러 있으며, 시내를 끌어 연못을 만들어 농사를 짓고, 연못에는 연꽃을 둑에는 桃李를 심어둔 전경은 '涵碧'의 내용에 매우 적합하다는 것이다. 이는 서애가 1585년(선조 18) 여름에 遠志精舍의 燕坐樓에서 지은 것이다.

「送閑上人詩序」는 서애가 평소 면식이 없는 '智閑'이라는 스님에게 시집의 서문을 부탁받고 지은 것이다. 여기서 그는 '智'는 '閑'을 주도하지 않으면 '智'됨이 수고로울 뿐이고, 그 '閑'이 '智'에 근본하지 않으면 '閑'됨이 방탕하게 된다고 했다. 또한 '智'를 먼저하고 '閑'을 뒤로 하는 것은 차례에도 적합하고, '智閑'이 제대로 되어야 부처에 대해 말할 수 있게 된다는 것이다. 이와 같이 법명의 내용과 인물이 일치하여 서문을 쓰게 되었다는 것으로 글을 맺는다.

「跋蘭雪軒集 庚寅」은 1590년(선조 23) 11월 漢陽에서 서애가 친구인 許篈의 아우 許筠이 누이의 遺文을 가져와 발문을 부탁받고 지은 것이다. 글을 일별하고 서애는 난설헌의 작품 수준이 높은 것은 漢, 魏의 諸家보다 뛰어나고 나머지는 盛唐에 견줄 만 하다고 평가하고 있다.

「盧蘇齋自銘跋」은 조선중기 학자 盧守愼(1515~1590)이 29세에 과거에 급제하여, 19년간 유배생활, 1590년 4월 의정부 영의정으로 한성 동문 寓舍에서 卒한 사실을 열거한다. 그의 사후 그가 저술한 「自銘」을 그의 두건 속에서 발견한 사실을 跋文으로 기술하고 있다.

「書朱子感興詩卷後」는 1568년 淸州 목사로 부임한 부친을 뵈러 왕래할 무렵 朱子의 감흥시를 적어 두었는데, 18년이 지난 1585년에 우연히 상자 속에서 발견하고 지난 일이 생각나서 적은 것이다.

「書辰巳錄後」는 서애가 저술한 壬辰年과 辰巳年 사이의 「書辰巳錄」을 저술하고 난 뒤의 글이다. 임진년에 平行長이 유독 수천 명의 군사로 평양성에 있다가 패전하여 돌아갈 무렵 100~200명에 불과했다. 당시 서애가 金敬老에게 섬멸할 것을 命했으나 뜻을 따르지 아니하여 화근이 된 사실을 개탄하고 있다. 요컨대 적의 전술이 뛰어난 것이 아니라 우리 군사가 상대적으로 무능함을 적시하고 있다.

「擬宋司空致仕李昉 謝燈夕謝安車召對表」는 송나라 사공으로 벼슬을 그만둔 李昉(925~996)이 燈夕을 사양하고 安車를 사양하여 황제가 부르는 것에 대답한 表文을 모방한 글이다. 여기서 서애는 노년에도 불구하고 벼슬을 내려 주시는 은혜에 감사하며 사양하고 있다.

「本朝謝頒會典僉秩表」는 우리나라에 會典을 모든 벼슬아치들에게 반질하는 것을 사뢰하는 표문이다.

「漢陳湯請伐郅支單于表」은 漢나라 陳湯이 郅支의 우두머리를 정벌하기를 청한데 대한 表文이다. 요컨대 북쪽 변방에 다섯 나라의 우두머리(單于) 들이 臣下라 稱하고 漢나라에 朝會하는데, 구태여 郅支의 우두머리를 베어 梟首할 필요가 있었겠는가? 이 일로 六師의 군사를 이끌고 가서 마침내 5만의 군사를 損傷한 결과를 초래하게 되었다는 것이다.

「續燕然山銘(月課)」은 威德을 돌(石)에 새기는 것은 사람(人)에게 새겨두는 것만 못하다는 논리에서 시작된다. 왜냐하면 위덕을 사람에게 새겨두면 가까운 자는 기뻐할 것이고, 멀리 있는 자는 그리워하게 된다. 그러므로 성내지 않아도 위엄이 있고, 싸우지 않아도 적이 굴복하게 되어 크게 되기를 기대하지 않아도 날로 넓혀지는 미덕이 있게 된다. 그런데 班固는 그 뛰어난 재주가 있음에도 불구하고 우둔한 돌에 기록해 두었으니, 그 애통함을 금할 길이 없어 그가 지은 銘을 이어(續) 후세에 경계할 목적으로 지었다.

다음 14편의 제문은 지면 제한으로 약술한다.

「祭再從弟柳君秀才成龜文」은 1580년 9월 15일 再從弟 柳成龜을 애도 하는 글이고, 「祭李應敎公直敬中文」은 퇴계의 문인이며 서애의 知己인 이경중을 애도한 글이다. 「祭金懷仁文卿箕報文」은 짧은 시로 애도를 표하였으며, 「祭權松巖章仲好文文」은 퇴계의 문인으로 학봉과 서애가 學行을 稱道한 권호문을 애도한 글이다. 「祭柳座首誼文」은 1602년 三從兄을, 「祭伯兄再朞文」은 형 雲龍의 사후 3년 喪을 마친 뒤에 지은 글이다. 여기서 서애는 형이 죽은 지 6개월이 못 되어 모친이 별세하고, 3년이 안되어 형의 맏아들이 죽은 사실을 슬퍼한다. 「祭猶子察訪袾文」과 「又祭察訪文」은 앞에서 언급한 비와 같이 형이 죽고 얼마 안 되어 하나밖에 없는 조카의 죽음을 애도한 글이다. 「祭徐監司克夫仁元文」은 서애와 친구인 徐仁元이 1603년 11월 7일 病死한 소식을 듣고 애도하면서, 생전의 상면했던 시절을 회상한 글이다. 특히 1602년 서인원의 저술인 『關東錄』의 跋文을 부탁받아 완성하였으나 만나서 논의하지 못함을 통탄해 하면서 지하에서 만날 것을 약속한다. 「祭西原府院君鄭琢文」은 1605년(서애 64세) 퇴계의 문인이요, 이순신을 起用한 정탁이 죽었을 때 지어 보낸 제문이다. 「祭子男再朞文」은 1604년 죽은 자식의 3년 喪을 마치자 애도하는 글을 亡子의 형을 통해 보낸 글이다. 「祭從叔父大司憲 柳公景深文 丙

午十日月」은 1606년 11월 아들 袗을 통해 종숙부에게 올린 제문이다. 여기서 종숙부 평소 서애를 자식같이 돌봐준 사실에 감사를 드리고 있다. 「先考妣墓修築文」은 부모의 산소가 오래 됨에 날을 잡아 築修하고 石物을 바로잡은 일을 기록한 것이다. 「祭貞夫人 李氏文」은 서애의 兄嫂에 대한 제문을 지어 두 아들을 보내어 대신 잔을 올렸다는 내용이다.

마지막 1편은 誌碣에 관련된 내용이다. 「有明朝鮮國嘉善大夫司憲府大司憲柳公墓」는 서애의 堂叔 柳景深에 대한 묘지명이다. 1544년(중종 39) 생원으로 별시문과에 을과로 급제하여 檢閱 · 正字를 지내고, 1546년(명종 1) 주서로서 문과중시에 장원하고, 1568년(선조 1) 호조참판으로 聖節使가 되어 명나라에 다녀왔으며, 그 후 예조참판·대사헌을 거쳐 평안도 관찰사를 역임한 사실을 기술하고 있다.

4. 가치

본서는 『西厓全書』와 중복된 내용도 몇 편 있으나 다수가 미간행본 유일 필사본이라는 데 일차적인 가치가 있다. 특히 表文 3편은 모두 『西厓全書』에 수록되지 않은 작품임을 감안할 때 더욱 가치 있는 자료라고 하겠다. 또한 「以學爲詩說」, 「格物說」, 「續燕然山銘」은 月課라는 것이다. 곧 달마다 시행되는 시험의 答案으로 기록된 내용이다. 따라서 表文과 月課의 글은 서애의 학문적 역량과 철학을 유감없이 발휘한 최고의 작품이라 할 수 있다.

5. 기타

서애의 제자 鄭經世는 서애의 행장에 “평생에 지은 많은 시문이 壬亂의 兵火에 逸失되었다.”고 언표한 것으로 보아 다수의 작품이 수습되지 않고 있다. 때문에 잔존한 고서를 수집하고 자료를 찾는 일은 한 작가의 역량을 평가하고 연구하는 만큼이나 중요한 일이라고 생각된다.

【최종호】

石潭先生遺稿

李潤雨(1569~1634) 著.

筆寫本. 6卷1冊: 四周單邊, 半郭 25×16.9㎝.
無界, 10行20字, 無魚尾 ; 32.2×20.4㎝.

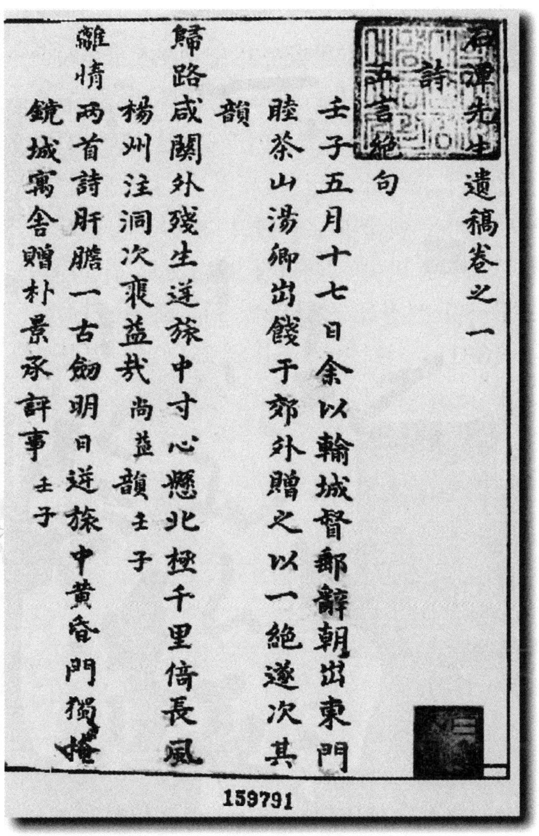
石潭先生遺稿卷之一
詩
五言絶句
壬子五月十七日余以輸城督郵辭朝出東門睦茶山湯卿出餞于郊外贈之以一絶遂次其韻
歸路咸關外殘生逆旅中寸心懸北極千里倚長風
楊州注洞次裵益哉尚益韻 壬子
離情兩首詩肝膽一古劒明日逆旅中黃昏門獨掩
鏡城寓舍贈朴景承評事 壬子
159791

석담선생유고

1. 저자

李潤雨(1569~1634)는 본관이 廣州, 자가 茂伯이며, 1569년 星州 上枝里에서 태어났다. 鄭逑에게 수학하고 1591년 진사시에 합격하였다. 1606년 문과에 급제하여 성균관 학유에 보임되었다. 1609년 승정원 주서, 1610년 예문관 검열, 시강원 설서를 지냈다. 鄭仁弘을 비판하다가 韓纘男의 탄핵을 받아 1612년 수성찰방, 1613년 경성부 판관을 지냈다. 이때 회령에 김우옹을 제향하는 鰲山書院을 설립하였다. 1616년 임기를 마치고 돌아와 다시 정구의 문하에 나아갔다. 이때 정구를 도와 『五服沿革圖』, 『陶山儀禮問答』, 『五先生禮說』 등을 편찬하였으며, 정구가 세상을 떠난 뒤에는 그 상례 절차를 기록하여 『泗濱護喪錄』을 편찬하였다. 이윤우는 정구의 유고를 수습하는 일을 맡았으며 1621년 『鄭先生言行錄』을 편찬하고, 이듬해 檜淵에 정구의 사당을 건립하였다. 그동안 누차 소명이 있었으나 줄곧 나아가지 않았으며, 1623년 석담에 감호정을 짓고 인근에 있던 鄭經世, 張顯光 등과 교유하며 학문을 강론하였다. 인조반정 직후 예조 정랑, 사간원 정언, 홍문관 부수찬·부교리 등을 역임하였다. 이괄의 난이 발발하자 함경도선유어사에 제수되었다. 이후 사헌부 장령, 사간원 사간, 사복시 정, 홍문관 교리, 성균관 사성, 홍문관 부응교 등을 지냈다. 1625년 申欽에게 정구의 신도비를 청하였으며, 시강원 보덕, 사간, 의정부 검상을 역임하였으며 정구의 시호를 청하여 윤허를 받았다. 의정부 사인에 제수되었다가 1626년 사간이 되어 계운궁(인조 생모) 장례가 예에 어긋난다고 논하다가 인조의 진노를 사 체직되어 사성, 교리, 사인을 지냈다. 정묘호란이 일어나자 號召使로 활동하며 의병과 군량을 모았다. 1628년 담양부사로 부임하여 선정을 펼쳤으며, 이듬해 이곳에서 『오복연혁도』 및 『오선생예설』을 간행하였다. 1631년 첨지중추부사, 공조참의를 역임하고 1634년 세상을 떠나니 陶唐洞에 장사지냈다. 柒谷 泗陽書院, 星州 檜淵書院 등 정구를 제향한 서원에 배향되었다. 金世濂이 묘지명을 찬하였다.

2. 구성

본서의 내용은 다음과 같다.

卷1 詩

五言絶句

「壬子五月十七日余以輸城督郵辭朝出東門睦茶山湯卿出餞于郊外贈之以一絶遂次其韻」·「楊州注洞次裵益哉 尙益 韻 壬子」·「鏡城寓舍贈朴景承評事 壬子」·「次李獨谷則悅韻 癸丑」·「次獨谷韻 癸丑」·「次梁君擧韻 癸丑」·「次李吉甫別景和韻 乙卯」·「次金涪溪子中 時讓 韻」·

「大妃殿延祥詩」·「延祥詩」·「春帖大殿」·「偶吟一絶贈舍弟茂甫 文雨」·「洛中書懷」

五言四韻

「吉州客舍次壁上韻 壬子」·「贈朴景承 時景承將向京中 壬子」·「偶吟 壬子」·「別使相韓柳川俊謙 公酒席口占 壬子」·「次唐人韻贈金荷潭 時讓 壬子」·「次荷潭韻 壬子」·「次荷潭韻 四首 癸丑」·「磨天嶺途中」·「次洪原東軒韻 癸丑」·「洪原試罷將別次趙湳渚 飛卿 韻 癸丑」·「再用前韻贈兪著谷勉夫 癸丑」·「遊穿島臨別次湳渚韻 癸丑」·「次荷潭韻 二首 癸丑」·「次西村韻 癸丑」·「安邊客舍次李芝峯 睟光 韻 癸丑」·「次梁君擧韻 二首 癸丑」·「次崔公 綽 韻 癸丑」·「次新房柳川韻 甲寅」·「柳亭迎李評事則說 甲寅」·「次柳川樂民樓見贈韻 二首 甲寅」·「次荷潭韻 甲寅」·「次荷潭韻 乙卯」·「次富寧板上韻 乙卯」·「次富居韻贈涪溪 乙卯」·「次涪溪韻」·「次沈一松 喜壽 韻 乙卯」·「次眞溪韻 乙卯」·「除夕前四日夜次涪溪韻 乙卯」·「次涪溪贈別韻 二首 丙辰」·「城津途上偶吟 丙辰」·「乘舟向通州至朝歌遇風不得往吟寄道兄 丙辰」·「彦陽郎事 丙辰」·「次涪溪韻 丁巳」·「次孫院長季進 遴 韻效近體 丁巳」·「留彦陽客舍呈孫丈人門下起陽 丁巳」·「大妃殿延祥」·「送鄭桐溪輝遠 蘊 之任南原 癸亥」·「送兪子先 伯曾 赴伊川別章 乙丑」·「別朴大觀 炡 赴任咸平 乙丑」·「留別舍弟茂甫追書寄懷 二首 文雨」·「別席次金沙韻」·「延祥詩 甲子」·「吟贈李浣亭君顯 彦英 丁卯」·「京營榜會贈李子淵李澄源 丁卯」·「別筵次舍弟茂甫韻 己巳」·「至日次李震伯壁上韻 庚午冬會遷陵時」·「秋城偶吟」·「挽黃鎰」·「挽任踈庵茂叔 叔英 癸亥」·「挽咸鏡監司李昌庭」·「氷壺銘」

卷2

五言四韻

「東郊別席次迂翁韻贈舍弟茂甫 文雨 辛未」(次韻 梅隱 文雨)·「除夕次舍弟茂甫韻 戊辰」(元韻 梅隱)·「寒食書懷贈舍弟茂甫 二首 己巳」(次 梅隱)·「次景陽韻兼示茂甫 三首」(次 梅隱)·「金城寺書懷示茂甫 戊辰」(次 梅隱)·「次茂甫雪夜韻」(元韻 梅隱)·「次茂甫月夜韻」(元韻 梅隱)·「贈舍弟茂甫」(次 梅隱)·「別贈羅季彬兼示茂甫」(次 梅隱)·「別舍弟數日後齋宿眉巖書院計君行程有感」(次 梅隱)·「贈舍弟茂甫」(次 梅隱)

五言長篇

「次堂叔李孤村 心弘 韻 三首 癸酉」·「輓寒岡鄭先生 庚申」·「輓李畏齋汝樾 厚慶 己巳」·「輓李興海渾然 排律」·「送羅夢賚之任江東 古詩」·「挽郭德修 永禧 排律」

卷3

七言絶句

「鑑湖堂春詠」(2)·「吉州客舍次壁上韻 壬子」·「次鄭農圃子虛 文孚 韻 四首」·「明川客舍次李德餘韻 壬子」·「鏡城寓舍贈朴評事景承 二首 壬子」·「復用前韻」·「次輸城板上韻 二首 壬子」·「復用前韻」·「輸城館阻雨 壬子」·「慶興客舍偶吟 壬子」·「會寧館次韓柳川相公 俊謙 韻 壬子」·「七寶山途中 二首 壬子」·「海望臺次鄭農圃(文孚)韻 二首 壬子」·「七寶山門巖別朴敬承次其韻 壬子」·「出山 壬子」·「古茂山途中 壬子」·「自富寧向富居途中醉醒 壬子」·「別李德餘馬上口占一絶 壬子」·「風雪夜坐 壬子」·「別通判鄭桐溪輝遠 壬子」(2)·「癸丑元朝」·「次鄭愚伏 經世 立春韻 癸丑」·「次南士豪韻 以興 癸丑」·「次李獨谷則悅韻 癸丑」·「洪原館次趙浦渚 翼 韻」·「安邊客舍次李芝峯韻 睟光 癸丑」·「以鏡城通判辭朝出城綠楊途中偶吟 癸丑」·「次金龍溪子定(止男)寄韻 二首 癸丑」·「又用前韻留別元警鳴(鐸)李分沙子異 聖求 癸丑」·「昌道驛村逢梁君擧以前韻回字示(君擧)次贈四首余復酬謝 三首 癸丑」·「兄弟巖 癸丑」·「次金荷潭子中示韻 甲寅」·「富居館有感 甲寅」·「五柳亭別金景和 乙卯」·「城津途上偶吟 丙辰」·「贈別雉城學士朴燦李得榮池朝海 丙辰」·「謝雉父老 丙辰」·「乘舟向通州至朝歌遇風不得往吟寄道兄 丙辰」·「次金涪溪子中韻 丁巳」·「符仁寺次舍弟茂甫壁上韻 丁巳」·「次坦雄上人詩軸弟韻 二首 丁巳」·「辨上人詩軸次李漢陰(德馨)韻 丁巳」·「與達伯孫季進(遴)泛舟洛江卓臺下中流下浮江亭新安城主金(中淸)有期不至寄詩一章奉和以呈時七月旣望也 二首 丁巳」·「與孤村叔及李新之(濯)茂甫弟同向立巖馬上口呼 丁巳」·「寄浣翁」·「呼韻示孤村」·「過泗水有感 辛酉」·「癸亥淸明遊石潭」·「偶吟 癸亥」·「癸亥七月以禮曹郎被召上洛到樓巖月灘乘舟作 二首」·「書懷 癸亥」·「雨中吟贈李君顯 癸亥」·「甲子正月元日書于玉堂直廬」·「春帖大殿 甲子」·「延祥詩 甲子」·「苦熱坐北窓下風來覺不安有感而賦 甲子」·「送別平安兵使南士豪 以興 甲子」·「大駕行幸本宮時以校理陪從次李道章韻 甲子」(2)·「乙丑正月十四日夜聞鄰歌」·「鳴沙 丙寅」·「丙寅除夕有感書曆」·「送舍弟茂甫還鄕 庚午」·「離亭贈別舍弟茂甫」·「次贈舍弟茂甫 庚午」·「寓李震伯家雨中作 庚午」·「日哦亭偶吟」·「過八良山有感 庚午」·「聞李觀海子時 敏求 拜諫議書贈一絶 丙寅」·「大妃殿延祥」·「酒席次舍弟茂甫韻」·「餞亭懷惡偶得一絶」·「在洛病中次茂甫在鹿舍三絶 壬申」·「路中記懷寄舍弟茂甫」·「病中口呼贈別權東溪 濤 海南之謫」·「寄金東溟道源 世濂」(2)·「次子方韻寄道源 二首」·「復疊前韻奉謝東溟來訪之勤」(2)·「次孤村韻」(2)·「偶憶謫友吟 庚申」(3)·「今日乃先王初忌而身在散遠不得後駿奔之列玆以齋宿于鹿峯望哭行禮因書一絶少舒哀慕之情」·「挽李卓爾返葬」(2)·「挽兪魯曾」·「輓呂鑑湖 大老」·「陪寒岡先生乘舟往蓬萊次金新安槃泉 中淸 韻 丁巳」(元韻 金槃泉 中淸 · 次 李浣亭 彦英)·「又」(次 李東湖篈)·「又」(次 李白川 天封·次 裵藤菴 尙龍·次 李琵谷 蘭貴 · 次 李心遠堂 堉 · 次 李洛村 命龍)·「景釀臺下舟中呼韻 丁巳」(次 申梧峰之悌·次 李畏齋 厚慶·次 李復齋 道孜·次 李白川·次 李東湖·次 李心遠堂)·「敬次聘君

蔡松潭小有亭韻 應麟」(元韻 蔡松潭·次韻 徐樂齋先生)·「別舍弟數日後齋宿眉巖書院計君行程有感 丁巳」(次 梅隱)·「全州道中口占 己巳」(次 梅隱)·「次景陽韻示茂甫」(次 梅隱)·「記途中意思」(次 梅隱)·「除夜次茂甫韻」(元韻 梅隱)·「月夜飮酒次茂甫韻」(元韻 梅隱)·「在洛病中次舍弟病中韻 壬申」·「又」(元韻 梅隱)·「次舍弟茂甫韻」(元韻 梅隱)

卷4

七言四韻

「俛仰亭次壁上韻示茂甫」(次 梅隱)·「次景陽韻示茂甫」(次 梅隱)·「次景陽踏靑韻贈茂甫 己巳」(次 梅隱)·「次舍弟茂甫韻」(元韻 梅隱)「次茂甫韻」(元韻)·「題五梅亭次樂齋先生韻」(元韻 樂齋先生)·「與李蒼石 埈 金東溟 世濂 趙黔潤 靖 同遊蚕頭次蒼石韻 丙寅」(元韻 蒼石·次 東溟)·「同日次金東溟韻」(元韻 東溟·次 蒼石)·「敬次先考遊燕巖韻奉呈龍淵叔」(元韻)·「再次前韻」·「吉州客舍次壁上韻 壬子」·「次東軒板上韻 三首 壬子」·「次壁上韻 壬子 二首」·「醉中走筆次亞使李德餘韻 壬子 二首」·「懷遠堂次使相韻 壬子」·「次西村金僉知令丈韻 二首」·「會寧西砲樓次西村韻」·「鍾城途中次荷潭韻」·「次臨溟館韻 癸丑」·「次文川東軒韻 癸丑」·「和韓提督詩 癸丑」·「次曹汝益韻 癸丑」·「至日次荷潭韻 癸丑」·「次荷潭韻」·「自鍾城還次荷潭寄韻 癸丑」·「次荷潭韻 甲寅」·「次荷潭韻 二首」·「次涪溪韻 乙卯」·「聞樂齋先生訃音 乙卯」·「次涪溪韻 乙卯」·「次涪溪韻 乙卯」(2)·「除夕前四日夜次涪溪韻」(2)·「見家書偶吟 丙辰」·「次涪溪贈別韻」·「贈別睦茶山湯卿赴京 二首 丙辰」(2)·「贈荷潭韻」·「次孤村韻」·「次涪溪韻」·「送李從事尙古奉使日本」(2)·「留彦陽客舍呈孫丈人門下 起陽」·「大妃殿延祥丁巳」·「次李興海渾然寄韻 己未」·「次蒼石叔平韻 埈 甲子」·「送別蔡(裕後)以書狀赴京 甲子」·「送別權霽仲以冬至使赴京 甲子」·「送別姜任甫奉使日本」·「迎祥詩」·「送羅夢賚之任江東」·「次鶴城東閣韻」·「酒席次茂甫韻」·「明日將別舍弟夜坐悄悄吟次老杜閣夜韻書贈茂甫 己巳」·「至日次李震伯壁上韻 庚午」·「謹次寒泉使相小有亭韻奉呈龍灘求和」·「再次台韻」·「贈別李澄源之任善山 丁卯」·「舍弟初度日有感掩泣而作 癸酉」·「徐樂齋立春寄韻敬次以呈」(元韻 樂齋先生)·「二月上浣往拜樂齋先生復次前韻 三首」·「敬次叔父韻」·「見家書有感 三首」·「輓呂陜川 大老」·「披閱許若虛 實 詩有感」·「輓尹貽永 孝全」·「和鄭愚伏」(附愚伏元韻)·「呈愚伏月澗蒼石」·「輓申拙齋 浞」·「輓兪魯曾」·「輓朴君秀 文英」·「輓李敎官 元冑」·「輓朴昌城 永緖」·「輓李泂如 瀷」·「輓鄭士元 世美」·「輓曹大丘 應仁」·「愛蓮」·「輓郭省齋稚靜 赾」·「輓李畏齋汝懋 厚慶」·「春日有感 癸酉」·「次堂叔孤村盆梅韻」·「奉別龜沙權霽仲越海朝天甲子」·「輓黃持平 紐」·「彦陽客舍留呈孫丈人 起陽 丙辰」

卷5 書

「上寒岡先生 乙卯」·「上寒岡先生 己未」·「與鄭愚伏 甲子」·「與李叔平 埈」·「答李汝懋 厚慶」·

「與崔季昇」·「與崔季昇 丁巳」·「與崔季昇 癸亥」·「答崔季昇 乙丑」·「答崔季昇」·「答崔季昇 壬子」·「與李渾然 宜活 己未」·「與李渾然 己未」·「答金子中 時讓」·「與孫景徵 起陽」·「與方伯趙怡叔 希逸」·「與金伯厚 堉」·「與李新之 濯」·「答孫幾道 己酉」·「答孫幾道 辛亥」·「答孫幾道 庚申」·「答孫幾道 庚申」·「與裵子章 尙龍」

卷6 祭文

「製進文城君健賜祭文」·「製進贈軍器僉正」·「製進開城留守申鑑賜祭文」·「製進行副護軍李愼儀賜祭文」·「智陵陵上失火慰安祭文」·「固城聖廟奉安祭祝文」·「昌陵失火慰安祭文」·「祭寒岡先生文」

3. 내용

계명대학교 동산도서관에는 이 책(고811.081 이윤우석) 외에도 이윤우의 문집 관련 자료로 4종의 문헌이 있다. 대부분 체재가 불완전하여, 현재 남아있는 『石潭集』의 여러 이본 가운데 가장 풍부한 내용을 담고 있는 규장각본 『石潭集』(奎415, 필사본 4책)과의 비교 고찰이 필요하다. 동산도서관 소장 『石潭集』 이본의 서지와 내용은 다음과 같다.

① 『石潭先生文集』 4권 2책 목판본(고811.081 이윤우석 1~2) : 7대손 萬運이 간행한 목판본으로, 국내 각 도서관에 소장되어 있다.

② 『先稿雜抄』 1책 필사본(고811.081 이윤우선) : 서명과 같이 광주이씨 문인들의 글을 잡다하게 초록한 것이다. 祭文 3편과 書 50여 편이 실려 있다. 표지에 "石潭先祖遺稿抄"라고 필사되어 있으나, 이윤우의 글은 재종숙 李心玉의 제문「祭彰信校尉文」 정도에 불과하며, 나머지는 李元禎(1622-1680), 李杜光(1623-?), 李聃命(1646-1701) 등의 글이다.

③ 『石潭遺稿』 1책 필사본 (고811.081 이윤우석-부록) : 표지에 '附錄'이라 필사되어 있는데, 문집의 부록에 해당하는 행장, 묘지명, 만장이 수록되어 있다. 본디 간본 『石潭集』에는 부록이 없고, 부록에 해당하는 내용은 『石潭實記』로 간행되었다. 간본 『石潭實記』에는 年譜, 賜祭文, 祭文, 輓詞, 墓誌銘, 贐章 등이 수록되어 있는데, 행장과 묘지명은 『石潭遺稿』가 훨씬 자세하며, 만장 또한 간본 『石潭實記』에는 50여 편이 실려 있는 반면 『石潭遺稿』에는 100편 가까이 수록되어 있다.

④ 『石潭先生遺稿』 1책 필사본(고811.081 이윤우서-4) : 卷首題가 '石潭先生遺稿卷之七'로 되어 있다. 수록된 글은 「上寒岡先生」(2)·「與李 蒼石 叔平 埈」(2)· 「答李察訪」·

「答李 畏齋 汝樾 厚慶」·「與崔 認齋 季昇 晛」(6)·「答崔季昇」(3)·「與裵 籐庵 子章 尙龍」·「與權 東溪 靜甫 濤」·「答孫 慕堂 幾道 處訥」·「與李 雪川 渾然 宜活」(2)·「答金 荷潭 子中 時讓」·「答金 溪庵 子埈 坽」·「與孫昌原起陽」·「與方伯趙怡叔 希逸」·「答蔡佐郎益甫 先吉」·「問答」·「製進開城留守申鑑賜祭文」·「啓辭」(4)·「經筵講義」·「製進右議政金瑬再度呈辭不允批答」·「呈方伯」·「論大同法」 등이 수록되어 있다. 이 책은 체재가 불완전하며 교정사항이 씌어진 것으로 보아, 저자 사후 遺文을 수습하는 과정에서 만들어진 초고본으로 생각된다. 규장각에 소장된 필사본 『石潭集』은 이 과정을 거쳐 완성된 淨寫本으로 여겨진다. 그 근거로, 이 책의 말미에 실린 「論大同法」은 金堉에게 대동법의 시행에 대한 의견을 전하는 편지인데, 여기에는 "與金伯厚堉이라는 제목을 붙여 서간문에 편차하는 것이 좋겠다(宜題以與金伯厚堉編於書可也)"라고 씌어진 첨지가 붙어 있다. 규장각본에 이 글이 「與金潛谷伯厚堉」이라는 제목으로 서간문에 편차되어 있는 것을 확인할 수 있다.

⑤ 『石潭先生遺稿』 1책 필사본(고811.081 이윤우서) : 권1에는 詩 150여 제가 실려 있다. 형식에 따라 편차되어 있는 본서와 달리 연대순으로 편차되어 있으며, 약간의 출입은 있으나 내용과 순서가 규장각본과 대부분 일치한다. 권2는 書로, 대부분 규장각본과 같으나 「與權東溪」·「答金溪巖 坽」·「答蔡益甫 先吉」·「與金以志 光溪」·「答文茅溪 緯」·「與蔡投巖 夢硯」·「答李察訪 簹」·「奉從叔 心愸」 등은 규장각본에 보이지 않는다. 권3은 箚, 啓辭, 筵說, 不允批答, 箋文, 呈文, 銘, 권4는 應製文, 祭文, 墓碣銘으로 역시 규장각본과 대부분 일치한다. 다만 교정을 표시한 부분이 여러 군데 보이므로, 규장각본에 앞서 정리된 것으로 여겨진다.

4. 가치

본서를 비롯한 5종의 『석담집』 이본은 문집 편찬 과정에서 시문의 정리과정을 잘 보여준다. 이 자료들은 草稿本으로부터 刊本에 이르기까지의 여러 과정에서 정리된 것이며, 특히 본서는 간본과 거의 일치하는 淨寫本으로서, 문집 간행의 준비 단계에서 편찬된 것으로 여겨진다. 문집 편찬 과정에서 시문의 편차와 수록 여부의 결정, 교정사항의 반영이 어떻게 진행되는지 파악할 수 있다.

【장유승】

先稿

李道長(1603~1644) 著. 李元禎 編.

筆寫本(定稿本). 1冊 : 四周單邊, 半郭 24.0×14.5㎝, 有界(烏絲欄), 10行24字, 無魚尾 ; 28.5×17.2㎝.

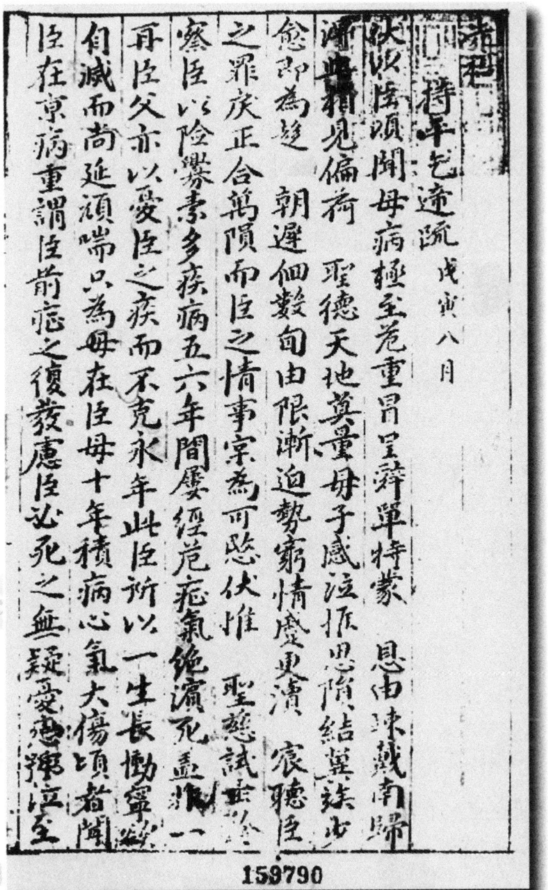
[illegible]
[illegible]持平乞遞疏 戊寅八月
伏以臣頃聞母病極至危重冒呈辭單特蒙 恩由[illegible]載南歸
省母猶見偏[illegible] 聖德天地莫量母子感泣[illegible]思隕結冀[illegible]少
愈即為趍 朝遲徊數旬由限漸迫勢窮情蹙更瀆 宸聽臣
之罪戾正合萬隕而臣之情事實為可愍伏惟 聖慈試垂[illegible]
察臣以險嬰素多疾病五六年間屢經危殆氣絶濱死蓋非一
再臣父亦以憂臣之疾而不克永年此臣所以一生長慟穿[illegible]
自滅而尚延頑喘只為母在臣母十年積病心氣大傷頃者聞
臣在京病重謂臣前症之復發慮臣必死之無疑憂[illegible]泣至

159790

선고

1. 저자

李道長(1604~1644)의 본관은 廣州, 자는 泰始, 호는 洛村이며, 고려 때 判典校寺事를 지낸 李集의 후손이다. 그는 선조 36년(1603년) 星州 八莒縣 上枝里에서 공조참의를 지낸 李潤雨(1569~1634)와 仁川蔡氏 사이에서 둘째 아들로 태어났고, 인조 22년(1644년) 42세를 일기로 卒하였다. 조부 李熙復은 좌승지를 추증받았고, 부친인 石潭 李潤雨는 광해군 때 史官으로서 鄭仁弘의 비위 사실을 적발했다가 탄핵을 받았던 인물로, 인조반정 후 吏曹參議에까지 올랐다. 寒岡 鄭逑의 문인으로 성주 檜淵書院과 칠곡 泗陽書院(현 달성군 하빈면 소재)에 배향되었다. 모친 인천채씨는 成均生員 蔡應麟(1529~1584, 자 君瑞, 호 松潭, 灘隱)의 딸이다. 이도장의 집안이 영남에 자리를 잡은 것은 이윤우의 고조부인 摯부터로, 성주가 처가였던 인연으로 落南하게 되었고 이후 성주에서 칠곡으로 移居하게 되었다.

이도장은 泗上에서 寒岡 鄭逑(1543~1620)를 스승으로 섬기면서 이름이 알려졌다. 1630년(인조 8, 28세)에 大科에 급제하여 承文院權知로 관직생활을 시작해 沙斤察訪, 承政院注書를 지냈다. 1636년(인조 14, 34세) 12월에 병자호란이 일어나자 都體察使 金瑬에게 건의하여 哨兵을 발동해 청병을 막는 틈을 타 어가가 南漢山城으로 갈 수 있도록 하였으며, 江華로 가자는 논의에 대해 사세를 살펴 守城을 통한 안정을 꾀하자고 주장하였다. 이 일로 인해 임금과 대신들의 주목과 신임을 받았다. 그 뒤 여러 차례 전직하여 지평에 제수되는 등 三司에 연달아 재직하게 되었다. 당시 瀋陽으로부터 徵兵하는 일이 생기게 되었는데, 嶺南의 인사 가운데 '출병이 의리에 크게 해로울 것이 없다.'고 한 말을 대신이 받아들이려고 하자, 공이 의리로 따져 저지하였다. 副修撰을 제수받았으나 부모 봉양하기를 빌어 陜川郡守로 나갔다가 얼마 뒤 중풍으로 벼슬을 사직하고 고향으로 돌아왔다. 이후 司諫院獻納, 吏曹正郎, 應敎, 司諫 등에 여러 차례 제수되었으나 병으로 인해 모두 나아가지 않았다. 그가 죽은 지 21년 뒤 장남 元禎의 현달로 吏曹參判에 추증되었다.

2. 구성

필사본인 『先稿』는 그의 아들인 이원정이 編했으며, 표제는 '洛村遺稿'라고 되어 있다. 卷의 구분이 없이 한 책으로 되어 있으며, 序文과 跋文은 없고 卷尾에 許穆이 撰한 묘비명이 있다. 중풍으로 인해 사직한 뒤 고향으로 돌아온 1637년(35세)부터 1643년(41세)에 이르기까지의 작품이 연대순으로 나열되어 있다. 정치적 면모를 살필 수 있는 疏와 교우관계의 일면을 살필 수 있는 挽과 祭文, 그리고 詩와 墓誌銘 등이 약간씩 남아 있다. 분량이 많지 않아 전체 목록을 수록한다.

「持平乞遞疏(戊寅八月)」·「正言避嫌(戊寅十月)」·「辭副校理疏(戊寅十一月初九日)」·「乞縣疏(己卯五月初七日)」·「八莒縣請勿屬大丘府疏(庚辰四月)」·「辭校理疏(庚辰十一月)」·「仁同善山疏(辛巳二月)」·「在龍宮疏(辛巳三月)」·「辭副應敎疏(辛巳十二月)」·「辭副應敎時擬上疏(不果上以前錄用之)」·「代方伯誕日箋文(己卯十一月)」·「八莒縣呈備邊司文」·「八莒縣呈首撰洪瑞鳳文」·「旅軒從祀川谷時呈方伯文(壬午六月)」·「祭旅軒張先生文」·「祭尹柒谷瀁文(辛巳七月)」·「代鹿峯祭文」·「代鄕校祭文」·「祭張院長文(庚辰十二月)」·「祭竹洞后土文(丁丑七月)」·「祭外舅判府事金公文」·「祭姪子文」·「西川君奉安忠賢祠文」·「川谷奉安旅軒時告程朱文(壬午十一月)」·「告寒暄文」·「告寒岡文」·「告旅軒文」·「鄭愚伏挽(癸酉秋)」·「李承旨挽(己卯十一月)」·「盧正言峻命大夫人挽」·「戚叔都院長汝兪挽(庚辰十二月)」·「趙進士咸英挽二首(庚辰十二月)」·「崔監司晛挽三首(庚辰十二月)」·「張院長乃範挽(庚辰十二月)」·「尹柒谷瀁挽二首(辛巳七月)」·「金司諫坽挽(辛巳八月)」·「代舍兄作(辛巳九月)」·「李公道孜挽(壬午)」·「禹公達海挽(癸未八月)」·「李生員重亨挽(癸未八月)」·「春帖(癸酉春)」·「沙斤途偶步春帖韻(癸酉秋)」·「偶閱石洲集次旅懷韻」·「感興十首次李愼彦首尾吟(丁丑夏)」·「庚辰長至日有感書懷」·「贈洪柱一」·「次曹叔(壬午五月) 3수」·「務功郎都公墓誌銘(辛巳八月)」·「左副承旨李公墓誌銘(辛巳八月)」·「大庵朴先生墓碣(庚辰十一月以不及立石之日故不得入石)」·「郭氏旌閭碑陰(壬午五月)」·「四時軒記」·「洛村府君墓碑銘」(眉叟許穆 撰)

3. 내용

『先稿』에는 疏(9), 呈文(3), 제문(13), 啓(1), 輓(13), 箋(1), 墓誌銘(2), 墓碣(1), 碑陰(1), 記(1), 詩(7제 9수)가 실려 있다. 저자의 위상에 비해 작품이 많지 않은 이유는 우선 그가 병으로 인해 일찍 죽은 탓도 있겠지만, 그의 아들 元禎이 부친의 「家狀」에서 "凡所著述 一揮而就少"라고 한 데서 알 수 있듯이 저자 스스로 저술을 없애 버린 것도 중요한 이유가 될 것이다.

작품을 일별하면, 「家狀」에서 '章奏之文 尤其所長'이 라고 한 데서 알 수 있듯이 저자는 章奏文에 특장이 있었다. 병으로 귀향한 이후 말년의 기록인 만큼 상소문의 내용은 자신 혹은 모친의 병으로 인해 직분을 수행할 수가 없으니 체직되거나 사직하게 해 달라는 부분(「持平乞遞疏」, 「辭副校理疏」, 「乞縣疏」, 「辭副應敎疏」)과 당시 지역의 현안 및 정치적 견해를 엿볼 수 있는 부분으로 나눌 수 있다.

1640년 지은 「八莒縣請勿屬大丘府疏」의 경우 「八莒縣呈備邊司文」·「八莒縣呈首揆洪瑞鳳文」과 전체적인 내용은 大同小異하다. 제목에서 알 수 있듯이 팔거현을 대구부에 소속시키는 것을 반대하는 내용이다. 현의 경계에 있는 架山城을 축조하여 그 속에 列邑을 두고자 하는데, 조정에서는 팔거현을 대구부에 소속시키자는 논의가 있었다. 이에 가산은 팔거와 의흥의 경계로 대구와는 상관이 없는 곳임을 밝히고 星山에 그대로 두는 것이 첫 번째 안이고, 그것이 안 된다면 팔거현 자체로도 戶口와 田結, 官吏와 工匠 등에 있어 충분한 기반이 갖춰져 있으므로 별도로 하나의 읍을 만들자는 것이 두 번째 안이다. 그리고 결정적으로 대구부에 소속시킬 수 없는 이유는 風性과 習俗이 전혀 달라 도저히 융화될 수 없다는 것이다. 일을 추진함에 있어 '曲盡人情, 參酌事勢' 해야 함을 역설하고 있으며, 백성을 이롭게 하고자 하면서 도리어 해칠 수 있음을 여러 고을의 사례를 들어 거론하고 있다.

1641년에 지은 「在龍宮疏」에서는 司諫院 獻納에 제수되어 신하된 직분을 다하고자 하지만 병이 너무 위독하여 도저히 일을 수행할 수 없음을 밝히고, 신하의 마지막 도리로 治道의 요체에 대해 말하고 있다. 우선 政事를 행함에 있어 經道와 權道를 병행해야 함을 강조했다. 몇 년간의 기근과 계속된 징발로 백성들이 어려움에 처해 있으니 군주는 마땅히 옛 聖君이 행하신 일을 본받아야 함을 말하고, 임란이후 12년간 선조대왕이 백성을 위해 행한 노력을 특별히 본받아 행하는 것이 中興의 기틀을 마련하는 것임을 강조하였다.

「辭副應教時擬上疏(不果上以前錄用之)」는 향리에 있으면서 목도한 5가지 폐단과 그에 따른 대안을 건의하고자 한 것으로 당대 현실에 대한 저자의 인식을 엿볼 수 있는 주목할 만한 자료이다. 첫째, 重書院以靖不和. 서원을 엄중하게 하여 화합하지 못함을 다스리자. 서원이 선비들이 공부하고 선현을 공경하던 본래의 설립 취지에서 벗어나 私黨을 만들고, 조정에 알리지도 않고 사사롭게 건립하여 세력을 형성하여 公論을 거스르는 등의 폐단이 많으니 인물 선정에 있어 조정의 논의를 거치고, 감사에게 보고하고 조정의 지휘를 받을 것을 주장하였다. 둘째, 抑豪强以恤小民. 호강한 이들을 눌러 백성을 구휼하자. 品官으로 세력을 갖춘 집안의 경우 백성에게 수많은 민폐를 끼치지만 수령이나 감사도 어쩌지 못하는 상황이니 어사에게 호강한 품관과 완악한 향리를 규찰하도록 하여 輕重에 따라 법으로 다스리자고 주장하였다. 셋째, 擇教官以革士風. 교관을 택하여 사풍을 개혁하자. 난리 이후 국가의 기강이 해이해져 향교에서 갖가지 문제가 불거졌다. 국가의 성쇠가 사풍의 臧否에 달려있고, 사풍의 장부는 培養의 得失에 달려있는 만큼 文官 중에 師表가 될 만한 인물을 教官으로 삼아 세월을 두고 痼習을 바꾸게 하고, 학교의 財力(奴婢와 位田)을 문생들이 사사로이 쓸 수 없게 한다. 아울러 科擧의 錄名도 모두 교관에게 위임하여 재주도 능력도 없는 사람이 科場을 어지럽히는 폐단을 바로잡자고 주장하였다. 넷째, 汰額外以充軍籍. 校生 가운데 정원 외의 인원을 걸러내어 군적에 보충하자. 난리 이후 향교의 기강이 문란해져 정원 외를 지칭하던 額外가 귀천을 구별하는 호칭이 되고, 상민이나 천민, 심지어 지극히 微賤하고 貧弱한 사람도 校案에 이름을 올려 군역을 피하기 위해 閑丁이 되려고 하는 실정을 지적하고, 이들을 걸러내어 군적에 보충할 것을 주장했다. 다섯째, 擇將官以惠軍卒. 장관을 택하여 군졸에게 은혜를 베풀게 하자. 軍政은 人和를 얻는 것이 先務이고, 人和는 장관의 賢否에 달려있다. 병자호란 이후 束伍軍의 경우 양반은 모두 빠지고 힘없고 가난한 이들만 소속되게 되었다. 게다가 모두 미천한 사람에게 장관의 일을 맡기니 눈앞의 이익을 위해 악행을 저지르는 등 폐단이 많았다. 반드시 武士로만 충당할 것이 아니라 사람들의 명망을 받는 제대로 된 인물을 가려 그 장관의 일을 책임지우고 성적에 따라 직분을 주어 장려하며, 御史로 하여금 민간을 순찰하게 하여 혹시라도 잘못이 있으면 무거운 법으로 다스려야 한다고 주장했다.

「旅軒從祀川谷時呈方伯文(壬午六月)」과 「祭旅軒張先生文」·「川谷奉安旅軒時告程朱文(壬午十一月)」·「告寒暄文」·「告寒岡文」·「告旅軒文」 등의 祭文 그리고 輓詞 등은 영남 남인으로서의 저자의 면모와 교우관계를 확인할 수 있는 자료이다.

詩는 몇 수가 전하지 않지만, 1637년에 지은 연작시인 「感興十首次李愼彦首尾吟」은 安分, 自得, 慷慨, 自適, 悶己, 負媿, 學易, 自悼, 知止, 扼腕이라는 10개의 주제로 되어 있으며 고향인 낙동강 가에 사는 작자의 말년의 한가로운 삶의 모습이 잘 드러나 있다. 그 중에 한 수를 살펴보자.

洛村非是好吟詩	낙촌이 시를 읊기에 좋지는 않지만
詩是村翁知止時	시를 지음으로써 시골 늙은이가 그칠 바를 안다네.
無大過尤朋不棄	큰 과실과 허물도 없고 벗들도 버리지 않으며
賴先緒業室不飢	선대의 緖業에 힘입어 가족이 주리지 않는다네.
家中子女七人足	집안에 자녀가 일곱이면 족하고
架上詩書萬卷披	시렁 위에 詩書 만권을 펼쳐보네.
此外紛紛吾不願	이 밖에 어지러운 일 나는 원치 않아
洛村非是好吟詩	낙촌이 시를 읊기에 좋지 아니한가?

記文은 1편이 전하는데, 1643년 지은 「四時軒記」는 아들 이원정이 저술한 『京山誌』에도 수록되어 있다. 만력 丁未年(1607년)에 牧使 宋英耇가 관아를 옮기면서 관아의 동쪽 모퉁이에 터를 잡아 창건하고, 記文을 부탁하여 지은 글이다. 하늘이 춘하추동으로 四時를 삼듯이 사람은 仁義禮智로 四時를 삼아야 한다고 했다. 그리고 춘하추동이 각기 生物·長物·遂物·成物을 그 직분으로 하듯이 사람도 體仁·合禮·和義·幹事하여 長人·會通·制斷·貞固해야 함을 강조했다.

4. 가치

본서는 현재 이도장이란 인물과 관련한 유일한 저서이다. 앞서 언급한 바와 같이 저자가 중풍으로 몸이 불편해 벼슬을 사직하고 고향에 머물렀던 1637년 35세부터 1643년 41세에 이르기까지의 기록이다. 분량은 매우 소략하지만 17세기 초중반 영남 남인 李道長의 정치, 문학적 면모를 살필 수 있는 유일한 자료로서 그 가치를 평가할 수 있을 것이다. 그리고 본서에 실려 있는 「八莒縣請勿屬大丘府疏」, 「感興十首次李愼彦首尾吟」, 「四時軒記」 그리고 輓詞 및 祭文 등은 당시 星州 지역의 역사와 인물 등을 이해하는데 소중한 자료이다.

5. 기타

이 시기 남인들 중에서 특히 廣州李氏 李道長 家의 역할이 대단히 주목할 만하다. 저자의 부친인 石潭 李潤雨, 저자, 저자의 아들 歸巖 李元禎(1622~1680), 손자 靜齋 李聃命(1646~1701)의 경우 모두가 혁혁한 벼슬과 함께 남인의 중추적 역할을 담당했고, 각기 문집을 남기고 있다. 앞으로 이 부분에 대해서 면밀한 검토가 이루어진다면 상대적으로 연구가 미흡한 17~18세기 영남남인의 정치적 위상 및 활동, 문학과 학문을 파악하는데 큰 도움이 되리라 본다.

【이상동】

先考遺藁

李常五(1722~1796) 著

필사본 1冊[零本] : 四周雙邊, 半郭 16.8×9.4㎝, 有界(罫版), 9行21字, 註雙行, 上白魚尾 ; 22.5×13.2㎝.

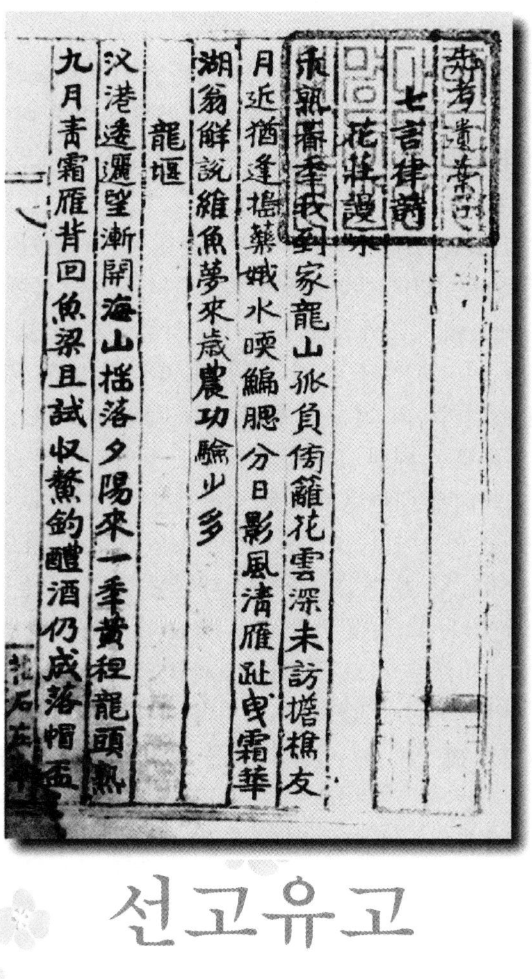
先考遺藁
七言律詩
飛龍齋李氏到家
龍山孤負傍籬花雲深未訪擔樵友
月近猶逢搗藥娥水暎編腮分日影風清雁趾曳霜華
湖翁鮮說維魚夢來歲農功驗少多
龍堰
汊港逶邐望漸開海山搖落夕陽來一季黃稻龍頭熟
九月青霜雁背回魚梁且試收鰲鉤醴酒仍成落帽盃

선고유고

1. 저자

李常五(1722~1796)는 본관은 전주, 자는 士恒으로 조선후기의 문제 작가 李鈺(1760~1815)의 부친이다. 그는 33세 때인 1754년 진사시에 급제하였으나 평생 아무 관직도 지내지 못한 채 布衣로 생을 마감했다. 아들 이옥의 생애가 그동안 널리 고증되지 못한 것과 마찬가지로 부친 이상오의 삶 역시 구체적으로 밝혀진 것은 없었다. 최근 『선원속보』 효령대군파에서 그의 가계를 찾음으로써 그 집안이 비교적 소상히 드러나게 되었다.[1)]

이상오는 太宗의 둘째아들 孝寧大君의 후손으로 이 집안은 효령대군의 고손인 光胤부터 처음 蔭職 벼슬을 지내기 시작하여 그 아들 幹은 특히 고을을 잘 다스린 것으로 이름났다고 한다. 幹은 네 아들을 두었는데 이 중 慶祿과 慶裕가 武科로 진출함으로써 이로부터 이 집안은 武班으로 자리를 잡아간다. 光胤의 代부터 李鈺 代까지 한정하여 살펴보면, 武科 급제자가 11명이고, 문과 급제자는 없이 生·進 급제자가 3명에 그쳤을 뿐이다. 이 중 2명이 바로 李常五·李鈺 父子이다.

慶祿과 慶裕 형제부터 무과로의 진출이 시작되기는 하지만 이들의 代만 하더라도 이 집안의 연혼 관계는 鄭太和, 尹根壽 집안 등 명문가와 맺어져 있어 어엿한 사대부 王族家의 체모를 유지하고 있었다. 慶裕의 사위 李慶恒(본관 羽溪)은 南人으로 詩名을 떨친 松谷 李瑞雨의 부친이기도 하다. 그러나 慶裕는 嫡子를 두지 못하고, 起築(초명은 盯)과 晌 두 庶子를 두었는데, 起築(1589~1645, 完溪君)은 사촌형 李曙(完豊府院君)와 함께 仁祖反正에 가담하여 錄勳된 인물이다. 그런데 위의 족보에는 이기축 조에 '承嫡'이라는 표기가 있다. '승적'이란 것은 庶子에게 가계를 계승시키는 것을 말한다. 법률적으로는 嫡子가 된 것이지만 사회의 대우는 여전히 庶子로 취급하였다. 따라서 連婚 역시 모두 庶族과 맺어질 수밖에 없었다. 이제 이기축의 자손을 통해 이를 확인해 본다.

이기축의 모친은 沃溝縣監을 지낸 高彦命의 딸로 庶女일 것으로 추정된다. 야담집 『계서잡록』에는 이기축과 그 아내에 대한 흥미로운 이야기가 실려 있다. 이기축은 店舍의 雇奴로 힘만 세고 매우 우둔한 인물이었는데, 선견지명이 있는 妻의 덕으로 反正에 함께 하여 출세할 수 있었다는 것이다.[2)] 이기축의 출신이 대단히 한미했음을 알려주는 자료이다.

이기축은 4남1녀를 두었다. 그 넷째 아들인 萬林(官 定平都護府使)은 5남2녀를 두었는데, 그 사위의 한 명인 柳重謙은 바로 『增補山林經濟』의 編者이자, 부친 柳瑺과 함께 2대에 걸쳐 御醫가 되었던 柳重臨(1705~1771)의 형이다. 柳瑺의 부친 景緝(문과, 황해도 관찰사)은 珅, 瑋, 玶, 玣, 瑡, 瑺, 璋 일곱 아들을 두었는데 끝에 瑺과 璋이 庶子이다.[3)]

---

1) 김영진, 「李鈺 硏究(1)-가계와 교유, 명청소품 閱讀을 중심으로」, 『한문교육연구』 18집, 한국한문교육학회, 2002.
2) 李羲平撰, 『溪西雜錄』 亨卷, 이가원소장본 제20화
3) 『文化柳氏世譜』 권7 「左相公派」 참조.

또 다른 사위 申珏 역시 서얼임이 확인된다. 萬林의 장남 즉, 이옥의 조부인 李東潤은 東萊 鄭應祥의 딸과 혼인하는데 정응상 역시 庶族이다.

이동윤은 獨子를 두었는데, 비록 왕족이긴 하나 庶族에다 武班으로 전락한 이 가문의 유일한 進士 출신(1754년 급제)인 李常五이다. 이상오는 초취를 南陽 洪以源의 딸(1721~1758)을 맞았고, 그녀가 38세에 죽자 다시 홍이원의 사촌인 洪以錫의 딸(1738~1812)을 재취로 맞았다. 초취와의 사이에 鍈과 鏷을, 재취와의 사이에 鈺과 鏶을 낳았다.

『南陽洪氏參議公派譜』(1898년 刊)를 보면, 洪以錫(1687~1742, 武, 利城縣監, 장인은 李瑞雨)[4]은 병마절도사를 지낸 洪時疇의 庶子로 올라 있다. 2남3녀를 두었는데 첫째 사위는 柳琫(泠齋 柳得恭의 부친), 둘째 사위는 李廷麟(雨念齋 李鳳煥의 7촌당숙), 셋째 사위가 李常五였다. 사위 모두가 文翰이 빼어난 서얼 名家 출신인 것이다. 洪以源(1679~1746, 武, 固城縣監)은 부친 時龜가 庶子로 기록되어 있다. 이로써 이상오의 초취, 재취는 모두 庶女임이 확인되었다.

이상의 조사를 통해 이옥의 집안은 무반 출신의 서족임이 밝혀졌다. 이옥 집안의 당색을 보면, 한미한 庶族 가문이 黨色 역시 선명할 리 없겠으나 『선원속보』와 『北譜』에 근거해 볼 때, 그의 집은 小北을 당색으로 하고 있었으며[5] 간혹 소론가도 섞인 것으로 보인다. 이옥의 집이 소북이라는 점은 이옥의 교유 관계에서도 여실히 드러난다.

2. 구성

본서는 표제가 '家藏世藁'로 되어 있고, 표지의 우측 하단에 '共六'이라고 적혀 있다. 내제는 '先考遺藁'이다. 白文方印으로 '鈺'이 찍혀 있고, '花石庄本'이란 版心題가 찍힌 絲欄空卷 원고지에 필사되어 있다. 표제와 내제를 통해 이 책의 편찬 정황을 추정해 보면 다음과 같다. 이상오의 시문을 '先考遺藁'라고 쓴 것으로 보아 그 아들이 부친의 死後(1796년 이후) 편집한 것임을 우선 알 수 있다. 본서는 零本 1책으로 두 부분으로 나뉘어 있다. 앞은 '칠언율시'로 총 53제 68수의 시가 실렸고, 책의 중간부엔 卷이 새로 바뀌면서 '先考遺藁第八編'이라 쓰여졌는데 '칠언율시잡체' 5제 7수, 7언배율 2제 2수, 5언장편 3제 3수가 실려 본서에 실린 시의 총수는 63제 80수이다. 다만 본서에 절구시 및 文이 없는 것으로 보아, 또 초장년기의 작품이 없는 것으로 보아 이상오의 시문집이 적어도 2~3책은

4) 사마방목 CD에도 1690년에 進士에 급제한 洪以徵의 庶弟로 나옴.

5) 1877년 尹起晉이 장인 成益永의 命으로 필사한 『北譜』(창녕성씨 소장본)의 완산이씨조에 이옥의 가계가 올라 있다. 그러나 여기에는 萬林(『북보』에는 府使라고 나와있다)의 형 3인이 모두 빠져있고, 만림의 아들 다섯 중에 東潤系만이 올라 있다.(초계정씨 소장본 『북보』에는 慶祿과 慶裕(아들은 萬林만 수록)만 수록되어 있다.)

더 있었을 것이고, 그 외에 祖父, 從祖父, 曾祖父 등의 시문집이 '共六' 내에 포함되었을 것으로 추정된다.

'花石庄本' 版心題 사란공권은 바로 이옥의 개인원고지로서 『烟經』(영남대 남재문고), 『唐律』(개인소장) 등 동일한 실물들이 남아 있다. 이옥 친필 여부는 미상이나 장서인이 찍힌 것으로 보아 수택본임은 분명하다. 전체 작품 목록은 다음과 같다.

先考遺藁

七言律詩

「花莊謾詠」, 「龍堰」, 「歸路宿立洞仍贈藝卿元卿昆季」, 「新屋將上梁慮有雨意」, 「酒後次唐律韻視元卿」, 「吾廬適成又有喜雨故仍以子瞻名亭之意戲吟一律」, 「挈眷南徙韻次趙于天明升贐行韻, 留別洞中諸人」, 「卽席次自在翁來贐韻」, 「賀鄭仲路回甲壽席」, 「拈圃巖集韻」, 「二」, 「拈昆侖集韻」, 「二」, 「排悶示李生命琰」, 「雪後謾咏」, 「次兒輩咏警盜韻」, 「風」, 「次古人遇僧咏蟬韻」, 「海風」, 「鑿池種魚」, 「寄李慶山命瑀」, 「寄趙承宣衍德」, 「寄桃花洞主人」, 「次宋詩韻示鈺兒」, 「二」, 「次汪水雲集韻」, 「二」, 「偶步澤畔得容字」, 「冬望次袁中郎集韻」, 「曉起」, 「小雪」, 「卽事」, 「次箕雅韻示鈺兒」, 「代人輓」, 「二」, 「代人輓」, 「二」, 「洪君郁輓」(8수), 「次龍湖舊贐韻幷小引」, 「賀鄭大有得彬回甲壽席」, 「元子誕降後奧四日, 與柳同樞茂叔明渭宋右尹士省濟魯(중략)申令聖居宅權會于吳僉樞季悠命久宅, 酌酒相慶, 臨散拈韻聯句, 庸寓歌咏之忱」, 「仍用前韻共賦」, 「二」, 「自遣」, 「夜呼韻得孤字, 因令鈺兒及洪生明運聯句」, 「又得靑字聯句」, 「得窮字令鈺兒足成」, 「白下與吳僉樞季悠洪參判文伯拈韻同賦」, 「疊前韻寄洪參判」, 「咏茄子」, 「謝文伯侍郎饋梨」, 「臨歸贈別洪參判」, 「自嘲」, 「聞太守禱雨天登山」, 「偶吟」, 「次三淵集韻」, 「謾吟示兒輩」, 「卽事」, 「鈺兒自嶺歸頓寄二詩」, 「二」, 「偶吟」

先考遺藁第八編

七言律詩雜體

「回文次匏泉韻」, 「回文次匏泉韻」, 「藥名體次晦窩韻」, 「回文次悔軒集韻」, 「回文次匏泉韻」, 「再疊」, 「三疊」

七言排律

「愜心詩次李相國集違心詩韻」, 「次匏泉二十韻」

五言長篇

「述懷次晉庵集韻」, 「述懷」, 「復次前韻視鈺兒」

3. 내용

본서에 실린 작품은 이상오가 서울 생활을 접고 고향인 南陽 花石庄으로 돌아간 만년의 작품들이다. 이옥의 기록을 통해 보면 서울에서 남양으로 낙향한 시기는 대략 1784년 무렵이다. 낙향 이후의 시들이라 田園에서 消日하는 일상의 모습이 많이 등장하고 있다. 또 인근 또는 서울을 오가면서 인척 및 친구들과 酬唱한 시도 많이 있다. 그 외 벗들에 대한 輓詩, 아들(특히 李鈺)에게 주는 시 등이 있다. 만년의 시인지라 자신의 삶을 회고하는 내용이 많은데 역시 벼슬 또는 문학으로 功名을 이루지 못한 것에 대한 아쉬움이 많이 토로 되어 있다. 때로 '虛無'의 감정까지 노출한다. 중국과 우리나라 문집에 수록된 시를 차운한 것이 많아 독서의 양이 상당함을 느낄 수 있다. 「次宋詩韻示鈺兒」 둘째 수 첫 연은 "無官未老亦歸田, 海上新吟且百篇"으로 벼슬없이, 늙지도 않은 채 歸田하여 바닷가(남양)에서 새로 읊은 시가 벌써 100수라고 하였다. 상당히 多作의 작가였을 가능성이 있다. 아들 이옥에게 준 여러 편의 시들은 이옥의 생애와 관련해 많은 정보를 주고 있고 네 아들 중 이옥에 대한 애정이 깊었음을 보여주고 있다.

4. 가치

본서는 이상오 시문으로는 현존 유일본이다. 零本 1책의 시집이긴 해도 이 점 의미가 크다. 이상오 본인의 문학세계에 대한 연구도 가치가 있을 터이지만 조선후기 최대의 문제 작가 이옥과 관련한 풍성한 정보, 집안 교유자, 가문적 분위기 등이 담겨 있어 주목할 자료이다.

[참고문헌]

김영진, 「李鈺 硏究(1)-가계와 교유, 명청소품 閱讀을 중심으로」, 『한문교육연구』 18집, 한국한문교육학회, 2002.(안대회 편, 『조선후기 소품문의 실체』, 태학사, 2003에 재수록)

김영진, 「이옥 문학과 명청 소품」, 『고전문학연구』 23집, 한국고전문학회, 2003. 실시학사 고전문학연구회, 『역주 이옥전집』, 소명출판, 2002.

이옥 저 / 안대회 역, 『烟經, 담배의 모든 것』, 휴머니스트, 2007.

【김영진】

省齋集

金世鍒(1696~1753) 著.

筆寫本(定稿本). 3卷1冊 : 四周雙邊, 半郭 20.3×16.0㎝, 有界, 10行20字, 無魚尾 ; 28.3×20.0㎝.

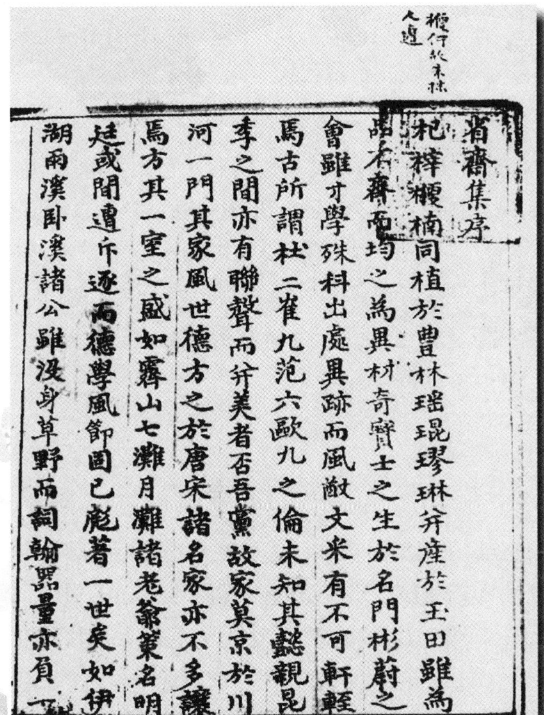
省齋集序
杞梓楩楠同植於豊林瑤琨璆琳并産於玉田雖為
品右齋而均之為異材奇寶士之生於名門彬蔚之
會雖才學殊科出處異跡而風猷文采有不可軒輊
焉古所謂杜二崔九范六歐九之倫未知其懿親昆
季之間亦有聯聲而并美者否吾黨故家莫京於川
河一門其家風世德方之於唐宋諸名家亦不多讓
焉方其一室之盛如霽山七灘月灘諸老爺業名明
廷或間遭斥逐而德學風節固已彪著一世矣如伊
湖雨溪卧溪諸公雖没身草野而詞翰器量亦負一

성재집

1. 저자

金世鏡(1696~1753)은 初名이 世鑄, 字는 美仲(初字 愚仲), 號는 省齋이며 본관은 義城이다. 1696년 3월 21일 醴泉郡 高坪面 外家에서 태어났다. 通德郎 夏重과 漢陽趙氏 是剛의 딸 사이에 後嗣가 없자, 雲巖公의 玄孫인 通德郎 履重의 아들 세릉으로 후사를 이으니, 生母는 藥圃 鄭琢(1526~1605)의 후손이다. 3세에 生母가 下世하고, 자라면서 총명함이 있어 生父의 사랑을 받았다. 한 번은 큰 비를 만나 苦雨詩를 짓게 하니 곧바로 붓을 잡고 百餘句의 시를 지어 보는 이들을 감탄하게 했다.

生父가 천연두를 앓으니 형제들이 밤낮으로 간호하며 의복을 벗지 않았다. 병 수발로 한 달이 지나자 머리가 빠지고 手足이 수척해지니 叔父가 이를 보고 탄식하며 "너는 효자다."라고 하였다. 1715년 生家의 형이 죽자 아들 至行이 시묘살이 3년을 하고 병을 얻어 28일 만에 죽게 된다. 이에 성재는 後嗣가 없게 됨을 애석해하며 형의 遺集을 모은다. 뿐만 아니라 姪女 3명을 친자식같이 키워 출가시키고 자신의 둘째 아들을 형의 養子로 보낸다.

어렸을 때부터 密庵 李栽(1657~1730)에게 나아가 『四字小學』에서부터 『心經』, 『近思錄』, 『朱子書節要』 등 性理學과 관련된 책들을 배운다. 1730년 密庵이 下世함에 큰 비가 내려 士林들이 참여할 수 없게 되니 성재는 손수 예의 절차에 따라 치성을 다했다. 일찍이 과거를 단념하고 族兄 金世鏞과 학문을 강론하였다. 晩年에는 後學 養成에 힘쓰게 되는데, 「童蒙學令」을 벽에 걸어두고 이치에 어긋나는 이야기나 바르지 않은 일은 엄하게 꾸짖었다. 筆法에도 능하였는데, 문집 속의 「書月峯兄謄出篆訣歌後」를 통해 보건대 집안의 特長이 있었음을 알 수 있다. 1753년 2월 30일 逝世하니 그해 5월 30일 安東郡 臨河縣 동쪽에 장사지냈다. 3남 1녀를 두었는데, 첫째는 駟行, 형에게 양자 보낸 둘째는 駿行, 셋째는 驥行이다. 遺集으로 『省齋集』이 있다. 曾孫 漸運이 「遺事」를, 再從姪 道行이 「行錄」을, 柳致明이 「墓碣銘」을, 五世孫 金鎭城이 「跋文」을 썼다.

2. 구성

『省齋集』은 3권 1책으로 구성되어 있다. 1889년(乙丑) 權璉夏 序, 권1은 詩로 70題 87首가 詩體의 구별 없이 실려 있고, 書(16), 雜著(1), 跋(2)이 있다. 권2는 祭文(14), 哀辭(5)이고, 권3은 附錄으로 되어 있다. 시를 제외한 산문의 구성은 다음과 같다.

書; 「上密庵李先生」, 「與梅山鄭公 重器」, 「與梅山鄭公」, 「與柳叔明」, 「答柳叔明」, 「與趙圭」, 「上霽山兄」 4편, 「與從姪善伯 敏行」, 「寄兒駟行」, 「寄兒駿行」 3편, 「寄兒驥行」

雜著；「童蒙學令」

跋；「二愚權堂公遺集跋」，「書月峯兄謄出篆訣歌後」

祭文；「祭密庵先生文」，「祭屛谷權公榘文」，「祭琅軒權公謨文」，「祭外舅趙公是剛文」，「祭李士希文」，「祭李君翰載城文」，「祭內舅趙公褫文」，「祭權丈以信文」，「祭朴南浦文」，「祭三從兄伊湖公世鏞文」，「祭霽山兄文」，「祭再從兄舜錫文」，「祭汝沃文」，「祭伯兄文」

哀辭；「柳聲遠命鉉哀辭」，「柳省吾信迪哀辭」，「外舅趙公外姑權氏哀辭」，「三從孫始憲哀辭」，「族姪希元翼濂哀辭」

附錄；「遺事」，「行錄」，「墓碣銘幷序」，「輓詞」，「祭文」，「跋文」

3. 내용

권1은 詩다. 근체시가 주류를 이루고 있다. 作詩의 대상은 再從兄, 再從弟, 再從叔父, 族孫, 從兄, 三從兄, 三從姪, 再從姪 등의 친족과 挽詩가 절반을 차지한다. 따라서 詠物詩는 소략한 것으로 보아 詩를 小技로 보는 道學者的인 경향을 나타내고 있다. 그러나 제일 앞에 수록한 「松亭與雨溪命錫臥溪聖欽兩兄酬唱」은 松亭에서 두 형들과 더불어 아침, 낮, 저녁, 밤의 변화되는 모습을 시로 형상화한 섬세함이 보인다. 특히 주목되는 작품은 霽山 兄이 제주도로 유배 갔다가 가까운 光陽으로 옮겨온 것을 기뻐하며 지은 「霽山兄 自耽羅量移光陽 喜呈六十六韻」이다. 下平聲 陽韻으로 기쁨을 묘사한 장편의 이 작품은 시인으로 평가됨에 부족함이 없어 보인다.

書는 16편으로 「上密庵李先生」에서는 일찍이 그의 부친이 密庵에게 배운 사실, 부친의 遺集을 湮沒되지 않게 하기 위해 兄이 준비 중 사망한 사실을 고하면서 좋은 글을 부탁한다. 「上霽山兄」은 4편으로 가장 많고, 다음으로 「寄兒駿行」 3편이 있다. 「寄兒駿行」의 내용 중 하나는 성재가 자식에게 지금 무슨 책을 읽고 있는가를 묻고, 배움에 진전이 없어 비분강개하는 자식의 소식을 접하고 이에 찬사를 보낸다. 또한 『小學』을 배우고자 한다는 사실에 『小學』은 8세 때부터 배우는 교재이나 요즈음 사람들은 『小學』을 제대로 배우지 아니하고 『大學』을 배우는 실태에 일침을 가하며 권장하고 있다.

雜著에는 유일하게 한 작품인 「童蒙學令」만 있는데 이는 어린이를 가르치는 訓令으로 『省齋集』에서 매우 주목되는 내용이다. 소개하면 다음과 같다.

一. 매일 세수하고 빗질하여 혹 아침 식사 전이나 식사 후에 곧바로 와서 수업하고 늦지 말 것.

一. 수업을 받을 때 나이로 차례를 하지 아니하고 암송하는 정도에 따라 순서를 정한다. 비록 앞섰더라도 암송이 되지 않으면 뒤로 물러나고, 비록 뒤일지라도 암송을 잘하면 앞에 앉게 된다.

一. 암송을 통과하지 못한 자는 面前에서 꾸짖고, 連日 통과하지 못하면 매를 맞는다. 文理를 통하지 못하는 자도 같다.

一. 여름에는 종일 책을 읽기 어려우니 오전에는 15번, 오후에는 5번 읽는다. 글자는 그 뜻을 구하고, 문구는 그 의미를 찾는다. 그 가운데에 좋은 내용이 있으면 마음속에 간절하게 간직하여 더욱 잃지 않도록 한다.

一. 日課 외에 틈을 내어 古詩를 읽고 읊조려 그 취향을 넓히고, 시험 삼아 다른 책을 읽다가 이해되지 않는 부분은 윗사람에게 여쭈어 식견을 넓힌다.

一. 윗사람 앞에서는 기대어 앉거나 두 다리를 쭉 뻗어 앉지 말고, 同學의 사이라도 또한 다투어 싸우거나 소리 내어 떠들어서는 안 된다. 비록 농담을 하더라도 父兄을 거론하지 말 것이며, 淫談悖說은 입 밖에 내지도 말라.

이와 같이 훈령을 내렸음에도 받들어 따르지 아니하고 어기는 행동을 하는 자는 自暴自棄하는 것이므로 더 이상 가르칠 수가 없다. 마땅히 퇴출하고 너그럽게 용서하지 못하니 너희들은 각각 스스로 두려워하는 마음을 가지도록 하라!

跋은 두 편인데, 「書月峯兄謄出篆訣歌後」는 월봉 형이 篆書의 비결을 노래한 篆訣歌에 後書한 내용이다. 여기서 그는 전서의 유래는 중국의 禹임금이 사물의 형상을 본떠 쓴 이래로 우리나라에서는 許穆을 최고였다고 지목하고 있다. 그러나 서법이 끊어져 전하지 못하였는데, 從兄이 발분하여 이 책을 만든 것이다. 후세에 성재를 두고 '筆法에 능하다'고 평가하는 이유를 알 수 있게 하는 내용 중의 하나이다.

권2는 祭文과 哀辭이다. 祭文은 14편인데 그 중 두 편을 소개한다. 「祭密庵先生文」은 성재의 스승 李栽(1657~1730)를 추모하는 글이다. 주지하는 바와 같이 그는 성리학의 대가로 영남학파를 이끌었으며 후진양성에 힘써 많은 문인을 배출하였다. 여기서 성재는 스승의 평가를 『論語』의 '三隅反', '爲仁庶不違於三月', '簞瓢屢空'으로 비유하여 소개한 점이 새롭다. 「祭屛谷權公榘文」은 李玄逸(1627~1704)의 門人으로 일찍이 과거를 단념하고 유학의 전통을 지키면서 학문연구에 전념한 權榘(1672~1749)에 대한 제문이다.

哀辭는 5편이 있다. 「柳聲遠命鉉哀辭」는 성재의 벗 유명현이 같은 해 같은 달에 태어나 평생을 함께하기로 약속하며 함께 지내왔으나 40에 죽게 됨을 애도한 글이다. 柳命鉉은 늦게 生員試에 합격하였으나 벼슬에 나아간 지 2년도 못되어 죽는다. 뒤이은 만시 "姓은 다르나 같은 해에 태어나, 백년을 하루 같기를 기약했었지. 내가 병들었을 때 그댄 일찍 아파했는데, 그대가 돌아가니 나는 방책이 없다오. 유명을 달리하여 좋은 벗과 헤어지니, 이 한스러움 어느 때 그치리."는 벗의 죽음에 대한 애절함이 녹아 있다. 「柳省吾信迪哀

辭」는 성재의 벗 柳信迪에 대한 애사이다. 성재는 망자와는 취향이 같고, 나이도 같고, 거처하는 곳도 같은 고을에서 가까이 살면서 서로가 의탁한지 10여년이 된다. 그가 어려서 文行으로 이름을 날렸으나 나병으로 37세에 죽게 된다. 더욱이 성재는 그가 딸만 6명으로 후사가 없고 백발의 늙은 부모가 살아계심을 더욱 안타까워한다.

권3은 附錄이다. 「遺事」에서는 孝行과 書法이 주목된다. 성재는 만년에 기력이 쇠하여도 昏定晨省을 쉬지 않았다. 또한 어려서부터 書法에 정통했는데, 장성하면서 族兄 世欽에게 배우게 된다. 성재는 족형이 준 草書와 隸書의 서첩을 받아 공부하여 當時 주위의 板額과 碑碣의 대부분을 쓰게 된다. 「行錄」은 이미 저자의 소개와 중복됨이 많으므로 일부분만 소개한다. 성재는 태어난 지 3세(1698년)에 生母와 사별하고, 1712년 본가의 繼母, 1715년 生父, 1723년 養父, 1733년 祖母, 1752년 養母의 사망으로 다음해 1753년 그가 죽기까지 服이 끊이지 않았다. 그는 선생인 밀암을 비롯하여 東巖 柳公과 鄕中의 선비들에게 학문으로 칭송을 받았다. 「墓碣銘 幷序」는 柳致明이 지은 내용이나 여타의 글과 차이점이 없다. 다만 문장의 끝에 銘을 지어 "천성을 온전히 하여 남에게서 구하지 않았고, 천륜을 다하여 사물에 구애됨이 없었네. 물 같이 담백하고 달빛의 눈 같이 깨끗함이여! 내 장차 그의 德을 곤륜산의 옥에 견주리라."라고 한 평가가 더 있다.

「輓詞」는 성재를 추모하는 글로 참여한 사람은 權德秀, 鄭重器, 權縉, 李猷遠, 柳觀鉉, 柳光濂, 權悳, 柳聖曾, 權苾, 權正始, 柳師鉉, 李鳳煥, 田光玉, 李後靖, 李象靖 등 15명이다. 여기서 등장하는 인물 가운데 鄭重器, 李象靖이 주목된다. 鄭重器(1685～1757)는 1727년(영조 3) 생원으로 증광문과에 급제하여 승정원 주서, 結城縣監을 지냈으며, 『呂氏鄕約』에 의거하여 鄕俗의 순화에 힘썼다. 저서에 『매산집』이 있다. 李象靖(1711~1781)은 외할아버지인 李栽의 문하에서 공부하였고, 1735년(영조 11) 사마시를 거쳐 증광문과에 급제하여 가주서가 되었으나 사직하고 학문에 전념하였다. 그는 이황의 학통을 계승한 영남학파의 중추적인 학자였다. 저서에 『大山集』, 『退陶書節要』 등이 있다. 대산은 성재의 제문에서 "흰 피부에 미간이 넓은 눈썹, 풍채는 더욱 빼어나다(白晳疎眉目 風標更嶷然)"라고 추모하고 있다.

「哀辭」는 李龜煥, 「祭文」은 崔興漸, 鄭一讃, 성재의 제자인 權燧, 再從姪 樂行, 「安石告由文」은 金養鎭, 「跋文」은 5세손 金鎭城이 지었다.

4. 가치

본서는 수록된 내용이 미간행 유일 필사본이라는데 일차적인 가치가 있다. 특히 앞에서 소개한 「童蒙學令」은 옛날 서당교육의 일면을 살펴볼 수 있고, 「書月峯兄謄出篆訣歌後」

는 서예와 관련된 당시의 필단을 이해하는 데에 도움이 될 것이다. 성재가 친부모, 양부모, 조모의 喪을 치르고 복을 입는 일과 그 밖의 孝行들, 조카도 孝行으로 목숨을 잃게 되는 일련의 행적은 물질문명 속에 살아가는 현대인들에게 많은 느낌을 줄 것이다. 비록 성리학에 몰두하여 87首의 詩作을 남기고 있지만, 어렸을 때 지었다는 百餘句의 「苦雨」, 松亭에서 지은 「松亭與雨溪命錫臥溪聖欽兩兄酬唱」, 66운의 長篇詩 「霽山兄自耽羅量移光陽喜呈六十六韻」는 시인으로 평가하기에 부족함이 없다.

5. 기타

『省齋集』은 미간행 유일 필사본이다. 퇴계의 학맥인 갈암 李玄逸의 문인 權榘, 李栽, 李象靖 등 당대 최고의 학자들과 저자와의 관계를 볼 때 주목할 만한 인물임에 틀림없다. 문집 속에서도 일부가 逸失됨을 언급했거니와 死後 50여년이 지나서 문집을 완성한 점, 문집 사이에 별지로 내용을 추가 삽입한 점, 漢詩에 있어서 집안 중심의 작품이 유독 많은 양을 차지하는 점 등은 성재의 유집이 더 있을 개연성도 보인다.

【최종호】

笑庵遺稿

曺夏瑋(1678~1752) 著

筆寫本 1冊 : 四周單邊, 半郭 20.5×16.7㎝. 有界,
10行20字, 內向二葉花紋魚尾 ; 32.3×21.8㎝.

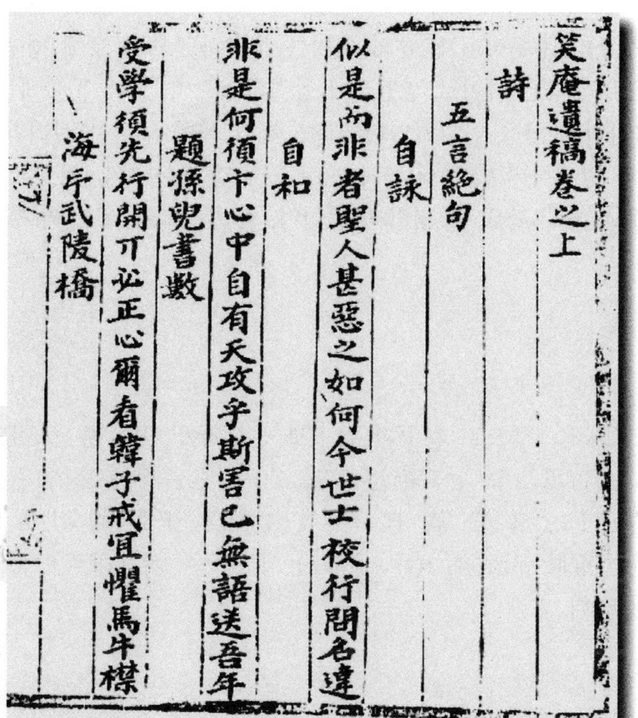
笑庵遺稿卷之上
詩
五言絶句
自詠
似是而非者聖人甚惡之如何今世士校行問名達
自和
非是何須卞心中自有天攻乎斯害已無語送吾年
題孫兒書數
受學須先行開可必正心爾看韓子戒宜懼馬牛襟
海乎武陵橋

소암유고

1. 저자

曺夏瑋(1678~1752)는 자는 君玉, 호는 笑庵, 본관은 昌寧으로, 숙종 28년 10월 29일 경남 밀양시 남서부에 위치한 初同面 五榜里 집에서 태어나 영조 28년 12월 28일 府北面 堤洞 집에서 향년 75세의 나이로 졸하였다.

조상으로 유명한 인물은 다음과 같다. 고려때 太樂署 丞을 역임한 謙은 태조의 딸인 德恭公主에게 장가들었고, 左政丞을 지낸 益淸은 충숙왕때부터 공민왕에 이르기까지 5대에 걸쳐 사직을 보필하여 夏城府院君에 봉해졌다. 조선으로 내려와 末孫은 문과 급제하여 한림학사를 지냈고, 淨友堂 致虞(1459~1529)는 翰林·大邱府使·司饔院正 등을 역임하였으며 청백리에 錄選되어 玉碑를 하사받았다. 韋齋 孝淵(1486~1530)은 한림과 咸安郡守를 역임하였는데 退溪 李滉이 그의 묘지명을 썼다. 聚遠堂 光益(1537~1578)은 선조때 重試文科에 장원하였으며 벼슬은 義禁府都事에 이르렀는데, 아우인 芝山 好益(1545~1609)과 함께 형제가 모두 학문에 뛰어나 門下에 많은 名儒를 배출하였다. 고조인 慕醒齋 以復은 別提를 지냈고 寒岡 鄭逑의 문인으로 임진왜란이 발발했을 때 의병을 일으키기도 하였다. 부친은 養翁 冕周이며 모친은 진사를 지낸 安岳李氏 燁의 따님이다.

조하위는 어려서부터 준수하여 經史의 의미를 통달하였고 擧業에 명성이 있었으나 46세(景宗 3년: 1723)의 늦은 나이로 생원시에 합격하였으며, 끝내 문과에는 급제하지 못하여 산수간을 유람하면서 생을 마감하였다. 그는 특히 예학에 밝아 성리학자인 篪叟 鄭葵陽(1667~1732)과 왕래하며 禮에 의문나는 것을 묻고 토론하여 「疑禮問答」을 남기기도 하였다. 부인은 士人 密陽朴氏 振翊의 따님이며, 得雲·五雲·泰雲의 세 아들을 두었다.

2. 구성

『笑庵遺稿』는 筆寫本 1冊으로 卷上과 卷下로 구성되어 있다. 卷之上은 五言絶句 8수·五言律詩 9수·五言古風 2수·七言絶句 27題 39수·七言律詩 22수 등 80여수의 시가 수록되어 있다. 卷之下는 策·贊·箴·序·記·文(上樑文·祝文·通文)·雜著(贊)·附錄·簡牘 5편, 跋·上樑文·家狀·墓碣銘 幷序·後序 등의 산문이 차례대로 수록되어 있다. 각 卷의 목차는 다음과 같다.

卷之上

五言絶句: 「自詠」·「自和」·「題孫兒書數」·「海印武陵橋」·「紅流洞溪中立石」·「訪無影師不遇」·「登學士臺」·「元朝」

五言律詩: 「待仲弟自謫所來」·「鳥嶺」·「火旺山城見郭忘憂堂龍蛇守址有感」·「輓李伯仁宜恒」·「輓趙懿叔景桓」·「輓孫水使命大」·「輓孫天若處大」·「輓申梅竹堂東顯」·「輓申命胤」

五言古風: 「偶吟」·「登載藥寺上菴」

七言絶句: 「赴會試到泮村覺夢吟」·「示張梁山后相」·「江右道中」·「雪」·「過蔚山兵營」·「讀離騷經有感」·「次崔氏八友亭韻」·「又九字詩」·「見人採水蔬」·「戲李君瞻佃獵」·「次尹湅土睡鴈」·「聞晉陽南江得崔將軍古印有感」·「晉陽三壯士彰烈祠得印後頒敎賜祭」·「謁孫將軍攸好墓有感」·「謁朴進士林長墓有感」·「謁佔畢齋金先生墓有感」·「笑庵吟」·「臘月寓表忠寺」·「庭梅不花」·「碁」·「曾子一貫」·「子思憂道作中庸」·「孟子三宿出晝」·「淸任和三聖」·「十哲」·「見興福寺毁破感吟」·「輓李士晦光熹」

七言律詩: 「登太和樓遺墟」·「賀李僉使時綱回榜宴」·「次孤山書院韻」·「次朴龜玄詠懷」·「登矗石樓」·「次尹東土長枕寫懷」·「贈朴仲素回甲宴」·「晋陽彰烈祠賜祭後南巡相泰良拈此命題試士白場」·「川邊魚躍」·「詠懷」·「和李際世」·「見僧尊佛」·「病後」·「榜會時次同年韻」·「次僧南鵬軸中韻」·「輓李熙運仲雍」·「輓李進士夏耉」·「輓朴丈夢徵」·「輓朴增絅仲一」·「輓孫永世壽民」·「輓孫虞侯遂大」·「輓朴直長孟徵」

卷之下

「疑禮問答」· 策 · 贊(「鳳鳴朝陽」) · 箴(「允執厥中」) · 序(「迂軒序」·「八友亭韻後序」) · 記(「鎭海明倫堂重創記」) · 狀(「訥庵公家狀」) · 文(「五友亭重修上樑文」·「社稷堂重創開基祝文」·「社稷堂立柱祝文」·「南山祈雨祭祝文」·「明齋玄石兩先生請享文廟設疏通文」) · 雜著(「笑庵贊」) · 附錄(「榜會錄 ·「榜會詩序」) · 簡牘(「曺參判命敎書」·「尹參判東度書」·「尹參議東浚書」·「權郡守萬書」·「趙進士巨源書」·「家藏遺稿跋」·「別廟上樑文」·「家狀」·「墓碣銘」·「遺集後叙」)

3. 내용

『笑庵遺稿』 1책은 卷上의 詩와 卷下의 文으로 이루어졌는데, 卷上에는 오언절구 · 오언율시 · 오언고풍 · 칠언절구 · 칠언율시 등의 순서로 80여 수의 시가 수록되어 있다. 먼저 五言絶句는 8수가 있는데, 「自詠」과 「自和」는 是非를 분별하여 옳은 것을 따르고 그른 것을 배척하고자 하는 저자의 의지를 드러낸 것이다. 「海印武陵橋」와 「紅流洞溪中立石」은 경남 합천군 가야면에 위치한 해인사를 방문하고 그 주변의 뛰어난 정경을 읊은 시다. 홍류동 계곡을 따라 4km쯤 들어가면 산기슭에 해인사가 있는데, 계곡을 이루는 절벽과 암석, 맑은 물과 울창한 노송이 어우러져 기이한 절경을 이룬다. 그 구간에는 어귀의 무릉교를 비롯해서 籠山亭과 題詩石 등이 차례로 있는데, 농산정과 제시석은 신라 崔致遠과 관련된 유적이다. 「登學士臺」는 최치원을 추모하며 지은 시로, 학사대는 최치원이 만년에 벼슬을 버리고 은거했던 곳이라 전한다.

五言律詩는 8수가 있는데, 역사적 유적과 인물에 대한 懷古詩와 輓詩가 많다. 「火旺山城見郭忘憂堂龍蛇守址有感」은 임진왜란이 발발하였을때 郭再祐가 의병을 궐기한 곳이 바로 화왕산성이며, 저자의 5대조 慕醒齋 曺以復 또한 함께 의병을 이끌었기 때문에, 이 곳을 지나면서 특별한 감회가 있어 이를 시로 읊은 것이다. 輓詩는 6편인데, 대부분 저자와 친분이 있으며 같은 고을(밀양)에서 거주한 인물들로, 그들의 죽음을 애도하고 학문과 공덕을 기린 것이다. 「輓孫水使命大」는 李麟佐의 난을 평정한 공으로 경상좌도 수군절도사를 역임한 孫命大(1675~1733)의 軍功을 읊은 시다. 「輓孫天若處大」는 절친한 벗 孫處大의 죽음을 듣고 지은 24律의 만시이며, 「輓申梅竹堂東顯」는 梅竹堂 申東顯(1641~1706)의 뛰어난 효행과 학덕을 중심으로 서술한 17律의 만시다.

五言古風은 2수가 있는데, 「偶吟」은 『莊子』·「山木」장에서 '木鴈'의 의미를 인용하여 處世의 지침으로 삼을 것임을 읊은 시다. 「登載藥寺上菴」은 밀양에 위치한 載藥寺 즉 지금의 表忠祠 정상에 올라 인간세상을 내려다보면서 느낀 소회를 읊은 것이다.

七言絶句는 27제 39수가 있는데, 역사적 사적과 인물에 대한 회고시가 대부분이다. 「次崔氏八友亭韻」은 경주 최씨 팔형제의 덕행을 기리기 위하여 건립한 八友亭을 소재로 鄭槐園이 시를 짓고 여기에 저자가 차운한 것이다. 서문(「八友亭韻後序」)도 전한다. 「聞晉陽南江得崔將軍古印有感」은 임진왜란이 발발했을 때 의병을 이끌고 싸우다 패전하자 진주 남강에 투신한 崔慶會 장군을 소재로 한 것으로, 최 장군이 투신할 때 잃어버렸던 인장을 몇 년 후 되찾게 되자 그 감회를 읊은 시다. 「晉陽三壯士彰烈祠得印後頒敎賜祭」는 임진왜란 때 제2차 진주성 싸움에서 장렬하게 순국한 金千鎰·黃進·崔慶會의 업적을 높이 평가하고 회고한 시다. 「笑庵吟」 2수는 자신이 거처하는 堂名을 笑庵으로 명명한 이유를 밝힘으로써 저자의 처세관을 엿볼 수 있다. 「謁佔畢齋金先生墓有感」은 佔畢齋 金宗直의 묘소를 참배하고 느낀 소회를 읊은 것이고, 「臘月寓表忠祠」는 丙寅年(1746) 섣달에 밀양 표충사를 방문하여 눈 덮인 고을을 보면서 봄을 기다리는 심정을 읊은 시다.

이어 儒家 인물의 업적과 일화를 기록한 것으로, 「曾子一貫」·「子思憂道作中庸」·「孟子三宿出晝」·「淸任和三聖」·「十哲」등이 있다. 「淸任和三聖」은 伊尹·伯夷·柳下惠 세 성인의 淸·任·和한 면모를 중심으로 서술한 3수의 연작시다. 「十哲」은 공자의 제자인 顔淵·閔子騫·冉伯牛·冉仲弓·冉求·子路·宰我·子貢·子游·子夏 등 十哲의 덕행과 업적을 서술한 10수의 연작시다.

七言律詩는 20수가 있는데, 「登太和樓遺墟」는 영남 3루 중 하나였다가 임진왜란 당시 불타 없어진 太和樓의 유허를 보고 느낀 소회를 읊었다. 「登矗石樓」와 「晋陽彰烈祠賜祭後南巡相泰良拈此命題試士白場」은 진주성에 위치한 촉석루와 창렬사를 방문하고 역사적 유적과 인물을 회고한 시다. 「病後」는 죽기 한 해전인 신미년(1751)에 지은 것으로, 나이가 들고 병이 깊어지면서 모든 일에 무심해지고 七情 또한 사라지는데, 다만 '愛'만은 남았다는 언명을 통해, 저자의 따뜻한 심성을 엿볼 수 있다. 輓詩는 7수가 있는데, 각각 李熙運·李夏耉·朴夢徵·朴增絅·孫壽民·孫遂大·朴孟徵 등 7인의 죽음을 슬퍼하며 애도한 시다.

卷下는 산문이다. 「疑禮問答」은 집안의 대소사를 처리하는데 있어 의문나는 6개의 조목을 篪叟 鄭葵陽에게 묻고 대답한 것을 자세하게 기록하여, 저자의 禮에 대한 관심과 해박한 식견이 잘 드러나는 글로 계묘년(1723)에 서술한 것이다.

策은 정미년(1727)에 기록한 것으로, '改過不吝'에 대한 대책을 논한 것이다. 역대 聖王이 자신의 허물을 듣고 즉시 고친 경우와 南軒 張栻의 "自謂知非而不能去非則不知非者也"와 朱子의 "知其不善則速改而從善而已" 등의 말을 인용하여, 잘못을 하면 즉시 고치는 것이 중요함을 강조하였다. 많은 지면을 할애하여 구체적이면서도 자세하게 자신의 논리를 전개하였다.

「迂軒序」는 저자의 정자인 迂軒의 명칭 유래를 자세하게 기술하여 처세관이 잘 드러난다. 사람들이 그에게 '우활[迂]'하다고 비난하자, 우활함[迂]과 속임수[詐]를 대비하여, 공교롭게 이익을 일삼아 남을 해치는 것보다는 차라리 가난하더라도 유유히 소요하면서 詩書를 읽겠다는 의지로, 자신의 정자에 '迂'자를 붙였음을 서술한 것이다.

「鎭海明倫堂重創記」는 진해의 명륜당이 重創된 것을 기념하여 진해 향교장 鄭君의 부탁을 받고 지은 것이다. 진해는 외진 곳에 위치하여 부임한 관리들은 兵備를 위주로 하여 학문이 소외되었는데, 길재가 부임하여 처음으로 명륜당을 만들었고 그 후 김종직이 부임하여 명륜당을 중건한 사실을 기록하여, 文敎를 널리 퍼뜨린 두 공의 공적을 치하하였다.

「訥庵公家狀」은 육촌형 曺夏璡(?~1720)의 家狀을 기록한 것으로, 字號와 世系 및 뛰어난 효행을 중심으로 서술하였다. 조하진은 禮에 밝아 항상 『家禮』와 『朱子大全』 등에 의거하여 집안의 대소사를 처리하였고, 만년에는 寒岡 鄭逑의 『疑禮問答』과 芝山 曺好益의 『答任屹問目』·『先儒論禮』등을 즐겨 읽었다.

「五友亭重修上樑文」은 五友亭을 중건하면서 지은 상량문으로, 오우정은 경남 밀양시 삼랑진읍에 위치한 정자다. 성종 20년(1490) 삼랑강 기슭 三浪樓 옛터에 정자를 지어 驪興 閔氏 오형제의 지극한 효성과 형제간의 돈독했던 우애를 기념하기 위해 지은 것으로, '五友'는 九齡·九韶·九淵·九疇·九敍 오형제의 우애를 의미한다. 「南山祈雨祭祝文」은 본원의 군수를 대신하여 지은 축문으로, 가뭄이 들어 고통받는 백성들을 위로하기 위하여 기우제를 지내고 축문을 지었다.

「明齋玄石兩先生請享文廟設疏通文」은 1738년에 기록한 것으로, 明齋 尹拯(1629~1714)과 玄石 朴世采(1631~1695) 두 사람의 문묘 배향을 주창하여, 本府의 禮林書院에서 상소를 올릴 계책을 마련하기 위해서, 향촌의 유림들에게 정해진 날짜에 서원 앞에 모일 것을 알린 통문이다. 「笑庵贊」은 '笑'를 지향하여 '庵'으로 전이되었음을 기록, 소암이란 호를 지니게 된 이유를 4언으로 서술하고 찬하였다.

附錄으로 「榜會錄」과 「榜會詩序」가 있다. 「방회록」은 조하위 자신을 포함하여 李光庭·權萬 등 43명이 수록되어 있는데, 각 이름 밑에 字와 出生 干支가 기록되어 있다. 「榜會詩序」는 萬里 李圖南이 서술한 것으로, 동 시대에 태어나 거처하는 곳이 같고 지향하는 바가 같으며 진사에 함께 합격한 것을 기리기 위하여, 함께 진사에 합격한 이들이 연작시를 짓고 이도남이 그 서문을 지은 것으로 시는 수록되지 않았다.

簡牘은 다섯 편이 전하는데, 각각 曺命敎(1687~1753)·尹東度(1707~1768)·尹東浚(1693~?)·權萬(1688~?)·趙巨源(1705~?)에게 보낸 편지로, 분량이 매우 적고 내용도 소략하다.

「家藏遺稿跋」은 아들 得雲이 1752년에 기록한 것으로, 부친의 장례 후 문집을 정리하려고 하였으나 대부분 산일되어 모두 수습할 수 없었음을 한스럽게 여기고, 남아있는 원고나마 수습하여 문집으로 엮은 사정을 서술하였다. 「遺集後序」는 퇴계의 10세손으로 戶曹參議를 지낸 李彙載가 조하위의 후손 鎭彦의 부탁을 받고 기록한 것이다.

4. 가치

『笑庵遺稿』는 숙종~영조대에 활동한 향촌 출신의 학자인 曺夏瑋의 필사본 유고로, 아들 得雲이 「家藏遺稿跋」에서 밝힌 것처럼, 대부분의 詩文이 散逸되고 현재 남아 전하는 것은 시 80여 수와 문 약간 편으로 매우 소략한 형편이다. 그러나 조하위는 경남의 밀양에서 태어나 이곳에서 생의 대부분을 보낸 만큼, 그가 저술한 시문의 대부분은 영남 특히 밀양의 유적지와 그와 관련된 역사적 인물에 관한 것이다. 예를 들면, 해인사의 武陵橋·紅流洞·學士臺, 진주 南江에 투신한 崔慶會 장군, 진주 彰烈祠의 三壯士, 矗石樓, 창녕 火旺山城의 郭忘憂堂龍蛇守址, 表忠寺, 太和樓 등이 그것이다. 또, 그는 많은 편수의 輓詩를 저술하였는데, 만시의 대상 또한 밀양과 그 주변 지역에 거주했던 향촌의 사림들이 대부분이다. 조하위 집안은 대대로 밀양에서 거주하였으며 뛰어난 덕행과 학문을 견지한 조상들이 많았기 때문에, 향촌 사회에 미치는 영향력이 매우 크며 교유의 범위 또한 폭넓었을 것이다. 그러므로, 『소암유고』를 통해 밀양을 포함한 인근의 유적지와 인물들에 관한 자세한 정보를 접할 수 있으며, 더욱이 밀양 지역 유림들의 교유 및 관계도를 엿볼 수 있기도 하다.

【손혜리】

小游散艸

權用正(1801~1861) 著.

筆寫本. 1冊(37張) : 四周單邊, 半郭 15.6×10.6㎝, 有界(烏絲欄), 10行20字, 無魚尾 ; 21.2×14.0㎝.

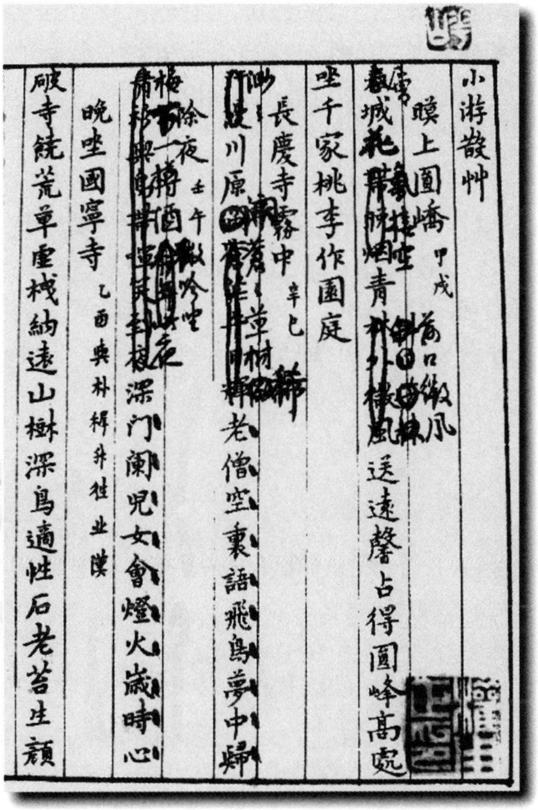

소유산초

1. 저자

본서는 저자 미상으로 되어 있었으나 본 해제의 과정에서 權用正(1801~1861)으로 고증, 확정할 수 있게 되었다. 권용정의 본관은 安東, 자는 誼卿, 호는 小游로 19세기에 활약한 詩人이자 畵家이다. 시인으로서 그의 이름은 「歲時風謠」와 「東謳」의 저자로 알려져 있고, 화가로서의 명성은 『槿域書畵徵』의 간략한 기록[1]과 함께 현존 유일작 <등짐장수>(간송미술관 소장)가 전하고 있다. 『안동권씨화천군파세보』 권용정조에는 "遺稿 7권이 있다"고 적혀 있으나 아직 현존 여부는 파악되지 않았다.

권용정은 花川君 權瑊(1423~1487)의 13대손으로 權復仁(1770~1830, 進士, 호 天游)과 청주한씨(1773~1823) 사이에 2남 중 장남으로 태어났다.[2] 생애의 대부분을 서울에서 지낸 것으로 보인다. 初娶 青海李氏(1799~1819), 再娶 星州李氏(1799~1833), 三娶 坡平尹氏(1817~1881)와 혼인하여 2남 3녀[3]를 두었다. 권용정은 小科도 하지 않은 채 蔭職으로 산청현감(1840.6~1844.11)을 시작으로 안산군수(1844.11~1848.6), 이천도호부사(1848. 6~1849.7), 광주판관(1849.7~1851.6), 고양군수(1851.6~1852.2) 등을 연임했고, 1860년 10월 청풍도호부사로 부임하여 1861년 2월 임소에서 졸하였다. 小科도 하지 않은 인물이 官運이 비교적 좋았던 것은 집안의 族叔이었던 영의정 彝齋 權敦仁(1783~1859)의 영향이 있지 않았나 추정된다. 후에 권용정의 차남 寶善은 양자를 가서 권돈인의 손자가 되기도 하였다.

문집에는 伯父 權愚仁(1766~1837), 부친 權復仁, 아우 權用直(號 蘭史)과의 시 창수가 많이 보인다. 확인되는 교유자로는 錦雲 朴宗塾, 林下(또는 水雲) 朴元陽, 薇溪 金在顯[4], 海史 洪翰周, 自潛 柳榮五, 錦帆 尹致義 石梧 尹致英 형제[5], 玉坡 申弼永, 原泉 洪祐健, 雲皐 徐有英, 經臺 金尙鉉, 圭庭(또는 基山) 徐承輔, 東樊 李晩用 등이 확인된다.

2. 구성

계명대 소장 『小游散艸』(표제 : 種桃館藏稿)[6]는 저자의 친필 원고본이다. 연세대 소장

---

1) "善山水, 畵法頗有勁健清灑之氣."(오세창, 『근역서화징』).
2) 동생 權用直(1806~1868, 자 禮卿, 호 蘭史, 1846년 進士)은 叔父 擇仁에게 입계. 1864년 당진현감을 시작으로 함열현감, 금산군수(1867년) 등을 지냈다.
3) 權明善(1839~1893, 蔭 都事), 權寶善(1844~1893, 문과, 교리. 權用脩에게 입계하여 權敦仁의 손자가 됨), 사위는 李鎬信(본관 우봉, 문과, 참판), 趙雲夏(본관 풍양), 李秀萬(본관 전주, 문과, 참판)
4) 일본 천리대 천리도서관(今西龍 구장본)에 『薇溪集』(필사본 4책)이 있다하나 아직 열람치 못하였다.
5) 尹致義(1797~1870, 초명 致秀)의 문집으로는 연세대에 『錦帆全集』(필사본 63권31책)이, 윤치영의 문집으로는 국립중앙도서관에 『石梧集』(필사본 22책)이 소장되어 있다(권두에 권용정의 서문도 있음).

『소유잡저』에도 '種桃館藏'이란 말이 보이는 것으로 보아 저자의 당호가 種桃館이었음을 알 수 있다. '小游散艸'라는 內題가 붙은 면에는 '花山', '權用正印'이라는 장서인 2과가 있다. '花山'은 권용정의 본관인 安東의 古號이다. 책의 시작은 내제와 장서인이 찍힌 장이어야 할 터인데 그 앞에 3장이 더 붙어 있어 1832년작 「壬辰仲秋海士室逢錦雲林下次大復韻」 등이 필사되었다. 이 3장은 원래 타인 또는 본인의 序를 붙이기 위해 남겨두었던 여백지였는데 종이가 모자라 이곳에 쓴 것으로 보인다. 그러므로 순서의 맨 마지막으로 돌려야 할 것이다. 『소유산초』에는 시를 刪削한 표시가 많이 남아 있는데 刪削을 표시한 시(총 30수)를 제외하고 총153수(오언절구 12수, 칠언절구 36수, 오언율시 28수, 칠언율시 70수, 오언고시 2수, 칠언고시 5수)의 시와 賦 1편, 산문 2편(「游祥雲寺記」, 「題蘭史詩卷首」)이 실렸다.

『小游散艸』 전체 목차는 다음과 같다. *( )는 刪削 표시된 것임.

暮上圓嶠(甲戌), 長慶寺霧中(辛巳), 除夜(壬午), 晚坐國寧寺(乙酉), 又吟二絶, 夜登寂現樓, 夕陽, (晚晴), (雨後山水暴至), (山映樓晚眺), (歸時憩山映樓), 過洗劍亭, 雨後入水聲洞, 夜往薇溪所, 重陽後一日尋錦雲, (遣懷), 贈人, 登七星巖, 夜會薇溪書屋, 和蘭士寄示韻(丙戌), 寒食省楸有感, (同錦雲海士登北麓), 淸虛樓, 苦寒, 登南麓(丁亥), 燈夕登樓閣峴, 詠松, 水聲洞新秋, 與蘭史晚憩石瓊樓, 偶成, 和薇溪秋懷韻, 詠卯君家盆桂二株, 北麓賞秋與海左鶴人共賦, 十月吉日訪海左, 與海士遊漢北住扶旺寺, 詠老樹, (山房南至日), 敬和家大人寄示韻, (又用前韻答卯君), 夜上山映樓, 山樓對雪, 觀落日, 詠猫, 擬古 贈人, (大雪), (雪窓呼韻排悶), 嘲寺僧, 遣睡, (月中林影), 雪後山樓月色甚佳仍占一律, 與蘭史遊玉泉庵, (憩漢北門), (晚登洗劍亭), 華城客中柬薇溪, 自華城歸, 途中遇雨, 訪薇溪夜話, 往蘭士許, 逢海左鶴人, 仲春大風, 送錦雲南行, 和薇溪寄示韻, 訪錦雲, 往藥嵓洞濯足, 和蘭史, 訪錦雲, 雨餘凉夜, 北漢歸路占一律, 除夜, 寄錦雲, 春日謾吟, 寒食道中記見, (讀水滸傳), 將赴試闈戲作(戊子), (與海史往藥嵓), 苦熱, 排悶, 七月十五夜逢海士約明日往天然亭賞荷翌日遇雨不果, 夜與仁叟呼韻, 柬仁叟, 與蘭士約往道峰遇雨不果, 贈錦波法名壹圓, 雨中與蘭史共賦, 和蘭史秋蘭吟, 又和詠雪, 又和詠燭, 中秋前一日宿仁叟所, 雨中向楸下, (送中和姜君), 從泮宮歸詠雪, 小梅至臘不開, 和蘭士, 敬和伯父寄示韻, 偶吟, 有感, 奉元寺雪後與蕙石雨蕉醒齋拈韻, 新年(己丑), 新月, 元宵訪海史賦二律寄蘭史, 新年雜詠(「拜歲」, 「湯餠」(刪), 「跳板」, 「法鼓僧」, 「打處容」, 「賣暑」, 「聰耳酒」, 「嚼疸」,「藥飯」, 「迎月」, 「蹋橋」, 「陣菜」(刪), 「風車」, 「踢毬」, 「擲柶」(刪), 「紙鳶」(刪), 「元宵月」, 「春帖」(刪), 「飯龍」(刪), 「稻竿」, 「石戰」), 謹次伯父新年垂示韻, 漫吟, 游祥雲寺記(丙戌), 題蘭史詩卷首, 自警賦(己卯), 又吟飯龍, 題卯君詩卷後, 又吟陳菜, 送柳正言歸潛湖, 壬辰仲秋海士室逢錦雲林下次大復韻, 後數日又與林下(朴元陽号)會海

6) 『고서종합목록』(계명대 동산도서관, 2004) 및 계명대 동산도서관 자료검색에는 이 책이 '종도관장고'로 올라있으나 고서 서명의 內題 우선 원칙을 따라 '소유산초'로 바꿔야 옳다고 생각한다.

士所次谿谷韻，東舍弟，雨晴見月，作詩有感，秋鶯，海士室逢海秋拈大復韻，又次軸中韻，又，次秋興韻，巴陵金老壽席韻(代人)，石井，是歲雨甚秋事荒歉偶成一律

3. 내용

시는 연대순으로 실려 있는데 저자 15세 때인 1814년작 「暮上圓嶠」로부터 시작하여, 1821년~1832년까지의 시가 실렸다. 1823년부터 3년간의 시가 빠진 것과 1830년부터 3년간의 시가 빠진 것은 母親喪과 父親喪으로 시를 짓지 않았던 때문으로 추정된다. 이 책에 실린 자료로 가장 주목되는 것은 「新年雜詠」 21수이다. 이 중 6수에 '刪' 표시가 되어 있다. 칠언절구 14수(2수 삭제), 오율 2수(2수 모두 삭제), 칠언율시 2수(1수 삭제), 칠언고시 3수(1수 삭제)로 칠절은 「拜歲」, 「湯餠」(삭제), 「跳板」, 「法鼓僧」, 「打處容」, 「賣暑」, 「聰耳酒」, 「嚼疸」,「藥飯」, 「迎月」, 「蹋橋」, 「陣菜」(삭제), 「風車」, 「蹋毬」, 오율은 「擲柶」(삭제), 「紙鳶」(삭제), 칠율은 「元宵月」, 「春帖」(삭제), 칠고는 「飯龍」(삭제), 「稻竿」, 「石戰」이다. 이 외에도 「又吟飯龍」(칠언고시), 「又吟陳菜」(칠언절구)가 별도로 있다. 권용정이 우리 고전문학사에 이름을 남긴 것은 기실 그의 「歲時風謠」와 시조를 漢譯한 것인 「東謳」로 인한 것이었다.[7] 본 해제 대상 자료의 발굴을 통해 학계에 기존 소개된 것의 미흡함을 보충할 수 있게 되었다. 기존에 알려진 「세시풍요」는 27수로[8] 「稻竿」과 「擲錢」을 제외하면 모두 7언절구로 되어 있다. 하지만 『소유산초』에 수록된 「新年雜詠」 21수와 기타 2수는 詩體가 훨씬 다양하다. 「세시풍요」와 비교해보면 동일 작품에서도 글자 출입이 상당하여 향후 면밀한 검토가 필요하다. 어쨌건 본 해제를 통하여 조선후기 풍속사, 한시사에 주목되는 자료인 「세시풍요」의 원 창작년이 1829년이고 이후 수정, 보완을 거쳐 현재의 모습으로 완비되었음을 새로이 확인할 수 있다.

1827년작 「讀水滸傳」은 저자 본인의 刪削 표시가 있기는 하지만 이 시기 사대부들의 소설 향유와 관련해 의미 있는 작품이기에 원문을 보인다.

> 玉淸皇帝紫茸衣，十萬神兵謾指揮.
> 殿角烟花毬騎鬧，浪頭風雨錦帆飛.
> 中朝失策自今古，南史有人仍是非.

---

7) 이병기·백철, 『국문학전사』, 신구문화사, 1979. 김명순, 「權用正의 歲時雜詠에 나타난 형상화 양상과 작가의식」, 『복현한문학』 9집, 복현한문학회, 1993. 김명순, 「權用正의 <東謳>에 대하여」, 『대동한문학』 8집, 1996. 등. 위의 논문들은 김명순 『조선후기 한시의 민풍 수용 연구』(보고사, 2005)에 재수록되었다.

8) 『세시풍요』에 수록된 「花餻」, 「鬪草」, 「燈市」, 「秋千」, 「棚戲」, 「高壘」, 「擲錢」은 「新年雜詠」에는 수록되지 않았음.

夢罷英雄重入夢, 戰場明月照漁磯.

이 책에 실린 시 외의 작품으로 「自警賦」는 1819년 저자 20세 때 지은 것으로 학문과 인생살이에 대한 자세를 가다듬는 내용이고, 「游祥雲寺記」는 1826년 10월 벗 海史와 함께 북한산을 유람하며 지은 遊記로 소품적 필치가 한껏 드러나 있다. 「題蘭史詩卷首」 아우의 시집에 대한 題이다.

4. 가치

본 해제본은 권용정의 장서인이 찍힌 것으로 친필 초고본으로 추정된다. 권용정 시문의 몇몇 이본 가운데 가장 풍부한 내용을 담고 있을 뿐 아니라 「세시풍요」에 대한 추가 자료 등이 처음 알려지게 되었다. 그는 부친 권복인과 함께 19세기 문단에서 이름이 난 작가였다. 시인으로의 명성에 걸맞는 구체적인 작품 검증이 필요하다. 아울러 「游祥雲寺記」 등 遊記에 대한 구체적 문학성 검증을 통해 산문작가로서의 그의 면모도 향후 부각 가능할 것이다. 「세시풍요」에 대한 전면적 재고찰과 함께 학계의 연구가 촉구되는 부분이다.

5. 기타

족보에 遺稿 7권이 있다고 기록되어 있지만 이 完本은 현재까지 발굴되지 않은 상태이고, 다만 시문의 일부가 散見되고 있다. 해제자가 확인한 계명대본 이외의 異本은 다음과 같다.

『權小游詩抄』(표제 : 小游詩抄) 필사본(1889년 필사) 1책, 성균관대 존경각 소장(D3B-3065)
『小游集』 필사본(1920년대) 1책, 성균관대 존경각 소장(D03B-3066)
『小游雜著』 필사본(丁未年, 1907년으로 추정) 1책, 연세대 중앙도서관 노산문고 소장
『小游雜記』 필사본(戊寅年, 1938년으로 추정) 1책, 숙명여대 도서관 소장

『權少游詩鈔』(성균관대본)는 전체가 다 7언율시만을 싣고 있다. 계명대본도 비교적 소형의 책자인데 성대본 『권소유시초』는 袖珍本에 가까운 더 작은 책이다. 소장인인 '徐相鶴印'이 찍혀있고 "歲己丑正月初十日畢"이라는 필사기가 적혀있다. 서상학의 활동시기로 보건대 기축년은 1889년이다. 서상학은 1855년생으로 1885년 진사시에 합격했던 인물이다. 문집 『威亭遺集』(필사본 10책) 등이 성균관대에 소장되어 있다. 숙명여대본 『소유잡기』의

소장자인 梧軒 沈儀燮은 耘田 沈相龍(1855~1913)의 아들인데 서상학과 심상룡이 절친한 친구 사이였음을 고려할 때 이들의 권용정 시문 閱讀의 계기가 무엇인지 향후 좀더 고찰되어야 하겠다. 계명대본 『소유산초』가 1814년부터 1832년까지의 초장년기 작품 모음인데 반해, 『권소유시초』는 1849~50년까지의 시 중 7언율시만 뽑은 것이다. 대부분 廣州判官 시절의 작품으로 보이는데 錦帆 尹致義 石梧 尹致英 형제와의 교유가 두드러진다.

성균관대에는 위와 별도의 『小游集』(필사본 1책 24장)이 더 있다. 이 책은 일제시대의 원고지에 필사된 것으로 보아 1920년대 전후에 필사된 것으로 보인다. 내용은 「漢陽歲時雜錄」, 「歲時雜詠」, 일반시(「中秋道中」 7절, 「述哀」[9] 5절 13수, 「道中卽事」 5절 6수, 「燭」 5절, 「和薇溪秋懷韻」 5절), 「心言」[10]으로 구성되어 있다. 여기 수록된 「歲時雜詠」은 현존 통용본 「세시잡영」보다 훨씬 많은 수를 싣고 있어[11] 향후 집중 조명이 필요할 것으로 보인다. 일반시도 다른 시집에 보이지 않는 것들이다.

『小遊雜著』(연세대 소장본, 불분권 1책)는 卷首題는 따로 없고, 봉면지에 '世在丁未暮春'이라는 필사기가 있고 '種桃舘藏'이라는 기록이 보인다. 필사년은 紙質 등으로 보아 1907년으로 추정된다. 숙명여대 도서관 소장 필사본 『少游雜記』도 이 책과 거의 동일하다. 다만 숙명여대본은 노루지를 쓰고 있는 것으로 보아 필사기인 "龍集戊寅菊秋于梧齋"는 1938년으로 추정된다. 오헌 심의섭이 필사, 소장했던 본이다. 이 두 본에 실려 있는 작품은 크게 세 부류로 나누어 볼 수 있다. 금강산유기(「金剛游記」·「叢石游記」·「三日浦記」·「雪嶽內記」), 「量田議」, 「漢陽歲時記」[12]가 그것이다.

금강산유기는 1829년(기축) 늦봄에 海史와 함께 유람한 것으로 역대 금강산 유기 가운데 수준급으로 꼽힐 작품이다. 「量田議」는 量田에 대한 그의 의론을 적은 글이다. 그는 우리나라는 田制가 제대로 구비되지 않고, 田의 형태도 곧지 못해 量田하기가 아주 어려워, 量田하는 사람과 田의 소유자 사이에 서로 만족스럽지 못한 일이 자주 발생한다고 했다.

---

9) 아내(재취 성주이씨, 1833년졸)에 대한 悼亡詩이다.

10) 격언 내지 청언소품이라 할 문구들을 모은 것이다. 예컨대 "벗과 대하여 언어가 극히 즐거운 때 모름지기 한 두 마디 생략하고, 음식을 마주하여 맛이 깊은 때 모름지기 한 두 수저를 줄여야 할 것이다(對朋友, 言語極歡時, 須省一二句; 遇飮食, 滋味極濃時, 須減一二匙.)" 같은 것이다.

11) 「湯餠」(칠절), 「拜歲」(칠절), 「藏鞋」(칠절), 「立春詞」, 「立春帖子」(칠절2수, 오율1수, 칠율2수), 「延祥詞」, 「延祥帖子」(오율2수, 칠율1수), 「春帖」(칠절), 「卯絲」(칠절), 「處容」(칠절), 「嚼疸」(칠절), 「聰耳酒」(칠절), 「藥飯」(칠절), 「五穀飯」(칠절), 「陳菜」(칠절), 「賣暑」(칠절), 「福土」(칠고), 「娶樹」(칠절), 「紙鳶」(칠절), 「飯龍」(칠절), 「稻竿」(칠고), 「迎月」(칠절), 「看元宵月以占豐歉」(칠절), 「踏橋」(칠절), 「石戰」(칠절1수, 칠고1수), 「擲柶」(칠절), 「五行占」(칠절), 「跳板」(칠절), 「法鼓僧」(칠절), 「擲錢」(칠절), 「風車」(칠절), 「火戰」(칠절), 「踢毬」(칠절), 「燈市」(칠절), 「端午」(오절1수, 칠절4수), 「端午帖子」(칠절2수), 「掃塵」(칠절1수), 「花糕」(칠절), 「潤月」(칠절), 「秋千」(칠율), 「冬至」(칠절), 「豆粥」(칠율), 「守歲」(칠고), 「除夕張燈」(칠고), 「鬪草」(칠절), 「棚戱」(칠절), 「高壘」(칠절), 「洩索」(칠절), 「門神」(칠절), 「溜氷」(칠절), 「掃塵 其二」(칠절1수), 「紙鳶 其二」(칠절1수), 「秋千 其二·三·四」(칠절 3수)

12) 세시기 뿐 아니라 세시잡영(「拜歲」·「湯餠」·「擲柶」·「跳板」·「賣暑」·「聰耳酒」·「藥飯」·「陳菜」·「紙鳶」·「處容」·「嚼疸」·「迎月」·「石戰」·「法鼓僧」·「風車」·「花糕」·「鬪草」·「燈市」·「秋千」·「棚戱」·「高壘」·「擲錢」·「稻竿」·「春帖」·「踢毬」), '東謳'(우리 시조, 민요를 한역하여 적어놓은 31편의 詩)가 같이 수록되어 있다.

이에 그는 量田에 대해 적고 있는 『大典通編』에 입각하여 量田을 하는 방법을 설명하였다. 그리고 量田을 할 때 어려운 점으로 得人(믿을 만한 사람을 구하여 양전을 하기 어려운 점), 鳩財(얼마를 거두어야 하는지를 정하는 일의 어려운 점), 勤力(量田하는 일을 직접 관리 감독하기가 어려운 점) 등 세 가지를 지적하였다.[13]

권용정의 시문 자료는 위에 제시한 것 외에 장지연 편 『대동시선』(권9)에 실린 9수가 더 있다. 시제는 다음과 같다.

「贈灣尹尹令公之行」(칠절2수), 「大巖道中」(오율), 「夜會換鵞亭」(칠율), 「金水亭次板上韻」(칠율), 「送松隱叔往淸峽」(칠율), 「南漢山感舊」(칠율), 「統營忠武公祠」(칠율), 「客夢」(칠율), 「稻竿」(칠고)

이 외에 편서로 『蓮池事蹟』이란 책이 있다. 이 책은 권용정이 안산군수 재임시절(1844~48년) 연꽃이 무성한 官谷池를 정비하며 남긴 기록이다.[14] 권용정의 직계선조인 權蔓衡은 안산에 전당 연꽃을 옮겨 심은 姜希孟의 사위이다.

[참고문헌]

『權小游詩抄』(표제 : 小游詩抄) 필사본 1책, 성균관대 존경각 소장(D3B-3065)
『小游集』 필사본 1책, 성균관대 존경각 소장(D03B-3066)
『小游雜著』 필사본 1책, 연세대 중앙도서관 노산문고 소장
『小游雜記』 필사본 1책, 숙명여대 도서관 소장
『안동권씨화천군파세보』, 계명대소장본
김명순, 『조선후기 한시의 민풍 수용 연구』, 보고사, 2005
전관수, 「<소유잡저> 해제」, 『연세대학교 중앙도서관 소장 고서해제6』, 평민사, 2006.

【김영진】

13) 이는 전관수씨의 해제임.

14) 현재 경기도 시흥시 물왕동 善政碑群에 남아 있는 그의 永世不忘記에 따르면, 그는 1844년부터 1848년까지 안산군수로 있으면서 先祖인 權蔓衡(姜希孟의 사위) 때부터 관리해온 官谷池를 정비하였다고 전해진다.

松厓集

崔亨基(생몰년미상, 19세기) 著.

筆寫本. 1冊: 四周無邊. 無界,
10行19字 ; 27.8×19㎝.

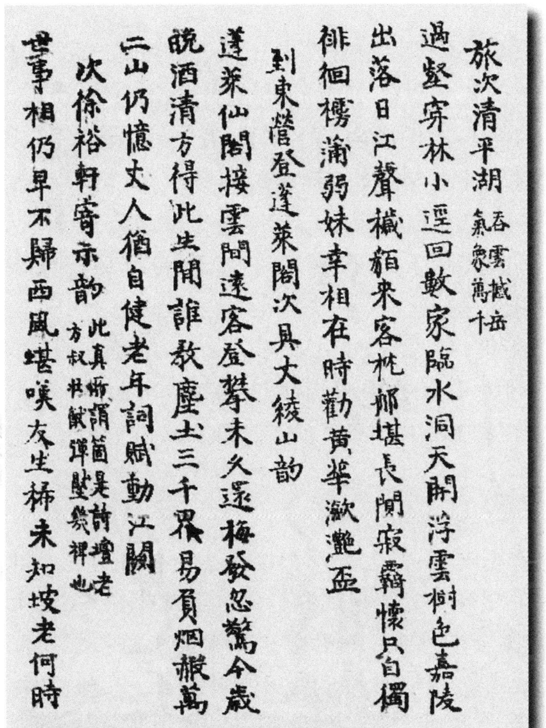

旅次清平湖 吞雲蔵岳氣象萬千
過堅穿林小逕回數家臨水洞天開浮雲樹色嘉陵
出落日江聲檝艣來客枕鄉堪長閒寂羈懷只自獨
徘徊櫻滿弱妹幸相在時勸黃華歡灔盃
到東萊登蓬萊閣次具大綾山韻
蓬萊仙閣接雲間遠客登攀未久還梅發忽驚今歲
晩酒清方得此生閒誰教塵土三千界易負烟鬟萬
二山仍憶丈人猶自健老年詞賦動江關
次徐裕軒寄示韻 此真所謂箇是詩壇老方叔林獻彈壁祭禪也
世事相仍早不歸西風堪嘆友生稀未知坡老何時

송애집

1. 저자

崔亨基의 字는 德之이고 본관은 全州이며, 松厓는 그의 號이다. 계명대『고서종합목록』에는 저자가 崔虎文(1800~1850)으로 되어 있으나, 착오로 보인다. 최호문 역시 호가 松厓인데, 문집으로『松厓集』(刊本 4卷 2冊, 이811.081최호문ㅅ-1~2)이 간행된 바 있다. 호가 같아서 생긴 착오로 보이며, 전혀 다른 인물이다.

최형기는 현재까지 행적이 전혀 알려지지 않고 있는데, 교유한 인물로는 紫霞 申緯(1769~1847), 東樊 李晩用(1792~1863), 澹園 鄭日愚, 鄗南 趙雲漢 등을 꼽을 수 있으며, 정일우는 이 시집을 가지고 가서 중국인에게 비평을 받아 왔다. 秋琴 姜瑋(1820~1884)가 중심이 되었던 六橋詩社에도 참여했었던 것으로 보아 中庶人 출신이 아니었던가 조심스럽게 추정해 볼 수 있다.[1)]

2. 구성

현재 확인된 바로 최형기 스스로 정리했거나, 자손의 지원으로 정리된 시집은 모두 세 종류이다. 본래 집에 간직하고 있었던 10餘卷 분량의 稿本이 있었고, 丙申年(1896) 金澤榮이 최형기의 아들인 內部主事 時鳴의 부탁으로 뽑아서 2권으로 간행한 活字本『松厓詩集』이 있으며(국립중앙도서관 한古朝45-14), 최형기 스스로가 중국인에게 비평을 받기 위해 뽑은 1권의 선집이 있었다.(金澤榮, 「松厓詩集序」 및, 申緯「松厓詩鈔序」 참조) 이 밖에, 近體詩를 뽑은『崔松厓詩』(金榮鎭 교수 소장본)가 있는데, 위의 세 종류와는 계통이 다른 것으로 보인다.

이 계명대 소장『松厓集』은 그 중에서도 시인 스스로 뽑은 自選詩集으로 판단된다. 앞에는 申緯의 序가, 뒤에는 중국인인 張丙煐(字 虎頭)의 跋이 붙어 있다. 이 책에는 卷首題가 따로 없지만, 跋을 참조하면 본래『松厓詩鈔』였던 것으로 추정된다. 신위의 序는 다음과 같다.

> 내가 처음에 趙鄗南(필자-趙雲漢을 가리킴)을 통해서 崔松厓라는 시인이 있다는 것을 알게 되었고, 마침내 면식이 있게 되었으나 그 시를 보지는 못했었다. 지금 송애의 최근 지은 小稿를 보니, 名章傑句가 때때로 사람을 놀라게 하여 詩名을 헛되이 얻은 것이 아니었다. 또 내 詩社에 한 蓮洋을 더하게 된 것을 기뻐하였다. 시집에 大梁 張虎頭의 비평이 붙어 있는데, 모두 내 마음을 먼저 얻은 것이라 다시 비평을 덧붙일 필요가 없어 여기 몇 마디 말

1) 강위,『古歡堂收艸 · 六橋聯吟集』,「金小棠奭準從事將赴燕, 同崔松崖亨基 · 朴蘿山性浩 · 金石隱瑨 · 鄭澹園日愚 · 李玉海容奎 · 高惠舫永周 · 金松年白 · 小香 · 劉雲農英杓會小棠紅藥館, 送餞分韻, 得幸字」

을 적어 당세의 知音者에게 알린다. 乙巳(1845) 가을 8월 3일 紫霞七十七叟緯는 卷首에 쓴다.

余始從趙鄗南, 知有詩人崔松厓, 竟與識面, 而不見其詩. 今乃見其近作小稿, 名章傑句往往驚人, 儘乎不浪得詩名也, 且喜余詩社之添一蓮洋也. 卷中有大梁張虎頭批抹評隲, 皆先獲我心, 無用更評. 玆題數語, 以告當世之知音者. 乙巳秋八月三日, 紫霞七十七叟緯題卷首.

신위의 序 바로 다음에 오언절구 5수, 오언율시 20수, 칠언절구 15수, 칠언율시 50수가 수록되어 있다고 적혀 있다. 작품의 배열은 칠언율시, 칠언절구, 오언율시, 오언절구 순이며, 각 작품의 제목 아래나 詩句 아래에 때때로 評語가 적혀 있는데 張丙煐이 붙인 것으로 보인다. 그리고, 跋 뒤에는 역시 張丙煐이 이 시집을 읽고 지은 칠언율시 한 편이 붙어 있는데, 끝에 "훌륭한 작품이 拙著 詩話에 많이 실렸는데, 이 시를 읊어 바로 잡아 주시기를 청하오니, 和章을 보내 주시기를 바랍니다(大作載入拙集詩話中頗多, 賦此求正, 望賜和章見寄)"라는 말을 덧붙이고 있다.

한편, 국립중앙도서관에도 저자의 필사본 시집이 두 종류 있다. 하나는 『松厓詩稿』(위창古3644-22)로 저자의 稿本 전집의 일부를 필사한 것으로 판단되는데, 辛亥年(1851), 壬子年(1852)에 지은 시를 모아 놓았다. 또 하나는 『松厓詩艸』(古3644-11)로 전반부는 『松厓詩鈔』의 異本이며, 후반부는 위의 『松厓詩稿』와 같다. 『松厓詩艸』의 전반부는 『松厓詩鈔』와 몇몇 오탈자를 제외하고 거의 같은데, 다만 작품 수록 순서가 칠언율시, 오언율시, 칠언절구, 오언절구의 순서로 되어 있다. 그런데, 국립중앙도서관본 『松厓詩艸』에는 저자의 이름이 崔亨遠으로 되어 있는데, 단순한 필사의 착오인지, 아니면 初名인지 현재로서는 분명치 않다. 여기서는 활자본의 이름을 따랐다.

3. 내용

실린 시들은 주로 雪花風月을 읊거나 春興·秋愁를 노래한 작품들이 대부분이다. 따라서 작품 하나하나의 내용을 소개하기보다는 張丙煐의 跋을 교감하고, 人名·典據와 인용한 詩句들의 제목을 찾아서 번역하는 것으로 갈음하려고 한다. 活字本에도 이 글이 실려 있으나, 구체적으로 작품을 들어 비평한 부분이 모두 생략되어 아쉬움을 주고 있는데, 이 부분이 한시 연구자에게는 매우 긴요하기 때문이다.

東國의 詩敎는 중국과 같지 않다. 중국은 時風을 좇아, 날마다 공교로운데 빠졌지만, 동국은 오히려 古法을 숭상하여, 비록 聲調가 부드럽지 않고 用字가 억지스러운 점은 있어도,

天眞爛漫하여 그 아름다움이 손상되지 않는다. 지난 庚子歲(1840)에 李醇溪(李正履)·念齋(李正觀) 형제와 편지 한통을 보내 이에 대해 논하였다.

지금 澹園(鄭日愚)이 이 시집을 가져와 보여 주었는데, 情思가 超曠하여 이른바 "정신이 옛스럽고 색다른 곳에서 나왔으니, 담담함이 억지로 이르게 된 것이 아니다"(司空圖, 『詩品·淸奇』)라는 것이요, 때때로 颯爽한 자태를 보여 사람을 눈을 진동시켜 그 온축된 바를 알겠으니, 동시대 사람이 아무런 느꺼움이 없겠는가! 澹園은 同類들 중에서 빼어나니, 魯나라에 군자가 없다면 이 사람이 어디서 이를 취하였겠는가?(『論語 · 公冶長』) 정녕 동국에는 어진 사람이 많구나! 이 시집을 펴서 읽고 차마 손에서 떼어놓지 못하였으니, 이 시집에서 읊은 대로 "새로 지은 시 읽느라 푸른 산이 저물어 가"(11a, 「與李丈海舘夜賦」)게 되었다.

"뜬 구름 낀 숲 속 지나 嘉陵 땅 벗어나서, 저문 해 강물 소리 穢貊 땅에 들어 왔네"(1a, 「旅次淸平湖」)와 "만리 길 차가운 빛 기러기 등에 돋아나고, 오경의 서릿 기운 사람 옷에 스며드네"(1ab, 「次徐裕軒寄示韻」)와 "버려둔 동산엔 가을 되어도 돌아온 학 적고, 높은 다락에 손님 오니 매미 소리만 많구나"(2b, 「李蔦谷宅小酌」) 등과 같은 聯들은 壯闊하고 激昂되어, 비록 高適이나 岑參이라 하더라도 이보다 월등하지는 못할 것이다. 또, "세상이 머니 문장은 늘 哭하려 하고, 술 깨니 비바람에 시름 일기 쉽구나(2b~3a, 「與淸湖共賦」)"와 "이름난 꽃 평생의 뜻 펼치려 하고, 늙은 버들 아직도 죽지 않은 마음 있구나"(4b, 「上元前夜竹西宅, 與李溪堂及諸雅共賦」)와 "영웅호걸 죽어도 기이한 계책 못 냈으니, 나무하고 소 몰며 생활함도 맘에 드는 일이로다"(10b, 「賦懷呈海舘丈」)는 어쩌면 그리도 수심이 깊은가? 독자로 하여금 거의 끝까지 다 읽지 못하게 한다. 天機가 이른 곳에서는 스스로 警湛하여, 새롭고도 빼어나서, 멀리 나아가 다른 사람을 蹈襲하지 않은 것으로는 "오늘 밤 눈 개이면 응당 달이 뜰 터이니, 이웃집에 술값 나올 옷 한 벌이 없으리오"(3b~4a, 「暮雪閉門孤坐, 是人見過」)와 "병들어서 살구꽃 활짝 핀 줄 몰랐더니, 산속에서 비로소 꾀꼬리 소리 들었노라"(5a, 「東樊丈書室遇徐箕山及諸人共賦」)와 "깊은 산 하루 종일 복사꽃 기운, 옛 절엔 사람 없고 두견 소리만"(5b~6a, 「陪石南閤及諸丈遊燕尾洞」) 등과 같은 詩句들이 있으니, 이른바 意象이 저절로 이루어져, 人力이 개입한 것이 아니다.

오언율시는 더욱 天眞함이 發露된 것이 느껴지니, 글자마다 長城이다. 「김용산과 더불어 새벽에 짓다 與金容山曉拈」(14b)와 「원생의 집 벽에 쓰다 題元生屋壁」(15b)와 「가을밤에 잠이 안와 회포를 적다 秋夜少昧遣懷」(17ab) 등의 작품은 모두 格이 높고 韻은 老成하여 唐賢에게서 나온 것과 같다. 오언절구와 칠언절구 중에서는 「청호의 저녁 조망 淸湖晩眺」(18ab)이 특히 이른바 "한 글자도 안 놓았어도, 풍류를 모두 얻었다"(司空圖, 『詩品·含蓄』)는 경지에 올랐다. 중국의 작자 중에서는 [이만한 사람을] 마땅히 前輩들 중에서 구해야 하고, 지금에는 적수가 없을 것이다.

이 시집을 읽다가 문득 詩卷의 끝에 군말을 붙였으니, 송애가 읽어 보고 정확한 평가라고 생각할지 터무니 없는 소리라고 생각할지 모르겠다.

道光乙巳(1845) 人日에 大梁 張丙焲 虎頭氏가 燕坮 宣武坊 북쪽 晩翠齋에서 『松厓詩

鈔』에 삼가 쓰다.

東國詩敎與中州不同: 中州趍時風, 日流工細巧靡矣; 東國猶尙古法, 雖有聲調不諧, 用字牽强, 然天眞爛漫, 無損其佳也. 前庚子歲與李醇溪念齋昆季, 作一書論之.

今澹園携示此編, 情思超曠, 所謂 "神出古異, 澹不可致"者, 而時露颯爽之姿, 足怵人目, 知其所蘊, 有不可一世者無感(필자 - 본래 惑으로 되어 있으나, 국립중앙도서관본에 의거하여 고침)乎! 澹園之超異等倫也, 魯無君子, 斯焉取斯, 信東國之多賢哉! 此卷披誦, 不忍釋手, 如所云 "讀新詩盡青山暮"矣.

然如 "浮雲樹色嘉陵出, 落日江聲穢貊來"、"萬里寒光生鴈背, 五更霜氣入人衣"、"秋生廢苑(원본에는 院으로 되어 있으나 본문에 의거하여 고침)鶴歸少, 客到高樓蟬語多"等聯, 壯闊激昂, 雖高、岑未必遠過矣. 又如"世遠文章常欲哭, 酒醒風雨易生愁(필자-愁자는 본래 탈락되었으나 본문에서 補入)"、"名花欲放平生意, 老柳猶存未死心"、"英豪到死無奇計, 樵牧救生亦可人", 何其憂思之深耶? 幾令人不能卒讀. 至如天機所到, 自成警湛, 生新俊逸, 迥不由人者, 則如"今夜雪晴應有月, 隣家酒債豈無衣"、"病中不覺杏花發, 山裡始聞黃鳥呼"、"深山盡日桃花氣、古寺無人杜宇聲"等句, 所謂意象天成, 人力不與者也.

五言天眞彌覺發露, 字字長城, 如「與金容山曉拈」、「題元生屋壁」、「秋夜少寐遣懷」諸作皆格高韻老, 如出唐賢矣. 五七截句, 則「清湖晩眺」之作, 尤所謂不着一字, 盡得風流者. 中州之作者, 當求之前輩中, 今則無可與儷者也.

佩誦之餘, 輒贅卷末, 未知松厓見之以爲知言, 以爲寐語.

道光乙巳人日, 大梁張丙煐虎頭氏記於燕台宣武坊北之晩翠齋, 奉題『松厓詩鈔』.

4. 가치

이 책은 중국인에게 평을 받기 위해 최형기가 스스로 뽑아서 보낸 시집의 원모를 비교적 잘 보존하고 있다는 점에 가치가 있다. 다만 더러 오탈자가 있고, 국립중앙도서관 소장의 『松厓詩艸』에 비해 張丙煐의 評語가 생략된 곳이 많으므로, 評語는 이 책을 참조하여 補入할 필요가 있다.

5. 기타

한편, 『松厓詩集』이 끝난 뒤에는 여러 사람의 한시가 필사되어 있는데, 필사된 대로 그 제목과 작자를 정리하면 아래와 같다. 이에 대해서는 좀 더 고증이 필요한데, 「翼宗大王玉佩之圖」, 「隱山火焰詩」, 「撫劒憶荊卿之圖」, 「玄機葫蘆詩」는 특이한 형식의 雜體詩이다. 「樂府」(申紫霞) 七絶五首, 「餞春詩」, 「北征」, 「餞春題公州拱北樓」, 「次拱北樓韻」, 「練光

亭與妓生玉仙送別」, 「玉仙次答」, 「成川降仙樓韻」, 又(芙蓉詩), 又(同), 「別後思」(同), 「暮春卽事」, 「看花堪歎白髮」(朴楚山), 「訪妓不遇」, 「妻輓」(秋史在濟州謫云此詩), 「代人詩」(婦人詩), 「別後思」, 「詠墻頭處子」, 「金剛山」, 又, 「矗石樓」, 「松京懷古」, 「山家」, 又, 「詠老新郎」, 「贈新郎」, 「路中逢新婦吟」, 「贈美人」, 「詠處子」, 「呼韻」(乞女詩), 「漂麥詩」, 「捲釣歸路口號」, 「八峯山花柳宴韻」, 「詠房門」, 「詠蟾蜍硯滴」, 「詠琵琶」, 「妓桂花詩」, 「過玉華坮題洗心亭」, 「春日偶成」, 「誘啼兒」, 「呼韻」, 「歌詞」, 「贈妓栢舟」, 「楊柳亭」, 「大同江句送人」(妓玉仙), 「秋風嶺上與良人送別」, 「賞海棠花」, 「別官舍」(李寅正), 「詠竹馬」, 「戲贈平壤映寺居僧」, 淸秋卽事(金思愚), 「楊子江村謫所思故人」(權宰相), 「哭新婚亡室」(趙寬賓), 「瀟湘八景屛風韻」, 「練光亭與玉仙送別」(李明應), 「玉仙更題」, 「練光亭原韻」, 「題全州南門」(屠牛少年詩), 同題, 「黃溪送渭陽歸果川」(沈鍾山), 「初秋旣望與大臣遊漢江」(沈鍾山), 「松京懷古」(沈鍾山), 「送小弟歸中州」(沈鍾山), 「次鍾山韻」(朴楚山), 「翼宗大王玉佩之圖」, 「隱山火焰詩」, 「撫劒憶荊卿之圖」, 「玄機葫蘆詩」, 「飮中八仙歌」, 「回頭詩」(南尙敎), 「未靑雲詩」, 「春日偶成」, 「登少年樓」.

【이현일】

守白堂遺稿

李晦根(1728~1809) 著.

필사본, 零本 1책(제3권) 四周無邊, 無界,
12行24字, 註雙行, 無魚尾 ; 23.2×14.8㎝

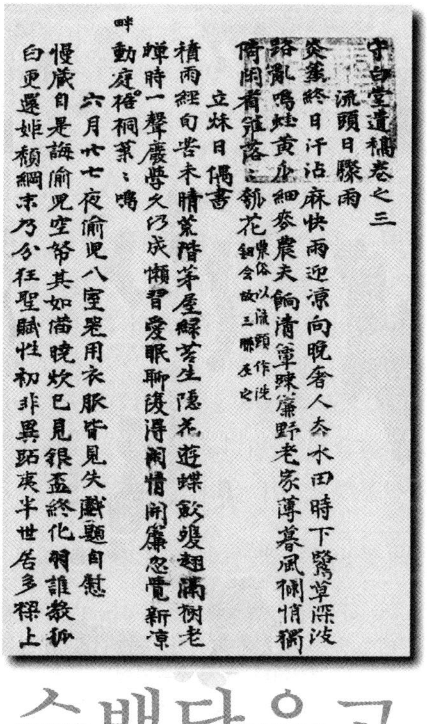
守白堂遺稿卷之三
流頭日驟雨
炎蒸終日汗沾麻快雨迎涼向晩奢人忝水田時下鷺草深波
路亂鳴蛙黃企細麥農夫餉淸簟踈簾野老家薄暮風微情獨
倚閑看雜落之鄕花鄕俗以流頭作洗細会故三聯及之
立秋日偶書
積雨經旬昔未晴紫階苓屋綠苔生隱花遊蝶斂寢翅滿樹老
蟬時一聲慶學久仍成懶習愛眠聊復得閑情閑簾忽覺新涼
動庭梧桐葉葉鳴 畔
六月廿七夜偸兒入室兇用衣服皆見失戲題自慰
慢藏自是誨偸兒空帑其如備曉炊已見銀盃終化羽誰敎狐
白更還姬賴綱未乃今狂聖賦性初非異踮奏半世居多得上

수백당유고

1. 저자

李晦根(1728-1809)의 자는 顯甫, 호는 守白堂, 본관은 경주로, 益齋 李齊賢의 후손이고, 碧梧 李時發의 6대손이다. 벽오의 후손들은 서울에서 世居했지만 이회근의 고조부인 寅炯이 龍仁 貢谷里로 옮겼고, 조부 聖一(자 一之, 호 竹窓, 進士)이 경북 高靈郡 良田里(지금 開津面 直洞)로 옮겼다. 고령은 聖一의 외가였다. 이회근의 5대조인 李慶善은 문과하여 호조좌랑을 거쳐 충청도 藍浦縣監으로 재직 중에 병자호란을 당했는데, 충청감사 鄭世規의 지휘 하에 경기도 廣州의 險川에서 청군에 맞서 싸우다가 전사했다. 아군이 거의 전멸한 전투였다. 그 아들인 寅炯이 용인으로 옮기고 仕宦에 뜻을 두지 않았다고 한다. 이회근의 부친 思遊(호 遯窩)는 문장에 뛰어났으나 관직에 나가지 않았다고 한다. 모친은 현감을 지낸 전주 李錫禧의 딸이다.

이회근은 瓶窩 李衡祥과 동서간이다. 은진 宋之奎의 네 사위 가운데 병와가 첫째, 이회근이 막내 사위다. 宋之奎는 선조 때 인물인 宋麒壽의 현손이다(『瓶窩先生文集』 권16, 「通德郎宋公墓誌銘 幷序」). 그런데 송씨는 再娶인 듯하다. 그보다 앞서 의령 南重維의 3남 3녀 가운데 장녀에게 장가들었지만 일찍 여의었고 所生도 없었다(『星湖先生全集』 권59, 「大興郡守南公墓碣銘 幷序」).

6대손 春熙가 쓴 「家狀」에 따르면 이회근은 10세 이전에 사서삼경을 독파했는데 특히 『주역』에 통달했다고 한다. 그는 大山 李象靖과 青泉 申維翰(1681~1752)의 문인이라고 한다. 그러나 『수백당유고』에 실린 시를 보면 이회근은 尹鳳五(1688~1769. 자 季章, 호 石門)와 특히 긴밀한 교분을 갖고 있었던 바, 그의 문인으로 볼 수도 있을 듯하다. 청천 신유한의 경우는 이회근 뿐 아니라 그 부친도 그의 문인이었다. 이회근이 쓴 신유한의 행장을 보면, 그가 당시 서울의 지식인들에 풍부한 정보를 갖고 있었음을 알 수 있다.

『청천집』에 실린 청천의 「연보」에는 "참판 李瀰가 墓誌를, 문인 이회근이 (청천의) '행략'을, 土木窩 崔重純이 行狀을, 參判 洪梓가 碑銘을 지었다"고 기록되어 있으나, 『청천집』 부록에 이회근의 글은 실리지 않았다. 다만 최중순이 쓴 「행장」의 끝에, 그가 행장을 쓰면서 '參判 鄭元始가 쓴 言行實錄과 進士 李晦根이 기록한 行略을 기본 자료로 채택했다'고 밝히고 있어서, 이회근이 신유한의 행략을 쓴 사실은 입증이 된다(『青泉集』 권10 부록, 「연보」 및 『청천집』 권11 속집). 후손이 발간한 『문집』[1]의 권5에 行略이 아니라 청천의 「행장」(「통훈대부평해군수청천신공행장」)이 실려 있다.

---

1) 『수백당유고』와는 따로, 이회근의 문집인 『수백당문집』 6권 2책이 후손들에 의해 간행된 바 있다(대구 譜文社, 1995). 그 간본은 후손들의 기증으로, 고려대・안동대・영남대・충남대 등, 국내 여러 대학 도서관에 소장되어 있다. 권1-3이 묶인 첫 책은 詩, 권4-6이 묶인 두 번째 책은 文이다. 계명대학교 동산도서관 소장본은 그 6권 가운데 제3권 한 책의 필사본인데, 『문집』에는 빠진 시가 다수 실려 있다. 후손들이 간행한 문집의 초고와는 다른 계통으로 필사되어 전해진 자료로 생각된다. 현재 후손가에는 문집 간행시 대본으로 삼은 자료가 남아 있지 않고, 그 행방을 알지 못한다. 아래에서 '필사본' 또는 『유고』는 계명대학교 동산도서관 소장 『수백당유고』를, '문집'은 후손이 간행한 『수백당문집』을 가리킨다.

이회근은 27세에 진사하고, 英祖를 직접 만나기도 한다. 영조는 그가 지은 시를 외어보라고 하고는 들으면서 書案을 치며 칭찬한 뒤, "나중에 반드시 大科가 되겠다" 했다고 한다. 그는 끝내 문과를 하지는 못했지만, 饒足한 家産을 지키면서 名士들과 두루 교유하였다. 아울러 집안의 文翰의 전통을 지키면서, 서당(眉山書齋)을 열어 향리에서 제자들을 배출하며 여든 둘의 긴 생애를 보냈다.

2. 구성

필사본『수백당유고』제3권 한 책은 시집이다. 전체 문집의 처음이나 끝이 아닌 중간 부분이므로, 서문이나 발문은 없다. 책에 所藏印 등의 표지나 필사 경과를 알 수 있는 다른 기록도 없다. 모두 69장인 이 낙질 필사본에는 344題 402수의 시가 실려 있는데, 대체로 창작 연대순이다. 1793년부터 작고한 해인 1809년까지의 시편들이다. 60대 중반 이후부터 여든이 넘어서까지, 이회근의 만년 16년간 창작된 시들이다. 그 나이에 그토록 많은 시를 썼다는 사실만으로도 우리 문학사에서 드문 일이겠다. 詩體別로 보이면 다음 표와 같다.

고 체		근 체	
7고	2	7율	219
5고	16	5율	63
4고	10	7절	6
잡언	4	5절	6
聯句	2		

한데, 이 필사본은 두 부분으로 나뉜다. 책의 첫 장에 실린 첫 수인「流頭日驟雨」부터 제58장 뒷면의「自輓」까지 대략 301題 355수는 시간의 순서를 따라 편차되었다.『문집』은 시집 마지막인 권3이「自輓」으로 끝난다. 그러나 필사본은「自輓」뒤에도 8장이 더 있어서, 43題 47수가 실려 있다.『문집』의 권2, 장36부터 장40에 실린「南歸唱酬錄」이 대부분이고, 그것이 끝나는 제64장 앞면「宜春以兒時遊戲處也…」라는 시부터 끝까지 16題는『문집』의 권2, 장44 이후 등 여러 곳에 산견된다. 그 가운데 3제는『문집』에 실리지 않은 시다. 필사본에 실린 시 가운데『문집』에 실리지 않은 시가 무려 93제 101수나 된다. 4분의 1이 삭제된 것이다. 그 의미에 대해서는 다음 항에서 언급하기로 한다.

이회근은 56세이던 1783년에 고향의 몇몇 사람들과 과거에 응시했다가 뜻을 이루지 못했다. 그때 서울에서 고향으로 돌아오면서 지은 시편들을 따로 묶어서「南歸唱酬錄」이라고 이름 붙였다. 이회근은「南歸唱酬錄」에 큰 의미를 부여해서 그 서문과 발문을 따로 지

었고, 『문집』 권4에 실려 전한다.[2)]

3. 내용

이회근은 시인으로서 주목될 만하다. 무엇보다 量的으로, 필사본과 후손 간행 『문집』에 실린 시편을 합치면 대략 1천여 수에 이를 것으로 보인다. 내용적으로도, 60대 후반부터 80대 초반의 노인이 창작한 시편들이라고는 믿기지 않을 정도로, 대단히 폭넓은 작품 세계를 보여준다. 그가 대산 이상정의 제자라고 하나, 성리학에 대한 관심을 적극적으로 드러내는 시문은 없다. 필사본 『수백당유고』 권3의 시 400여 수 가운데서 주목되는 작품을 먼저 살펴보기로 한다. 다음 네 가지 측면으로 나누어 볼 수 있을 것 같다.

⑴ 詩에 대한 애착

이회근은 시에 큰 애착을 갖고 있었다. 자신의 시에 대한 태도와 관련해서, 癖이라는 단어를 자주 구사하고 있다. 詩癖이 있었다는 것이다.

---

2) 참고로, 후손이 간행한 『문집』은 첫 권의 서문에 이어 13세 때이던 1740년(경신)에 지은 시(「宜春養老宴, 次席上韻」)부터 20세 때까지 20여수의 시를 첫 머리에 싣고 있다. 이후 창작 시기에 따라 편차된 시편은, 세 권에 대략 비슷한 분량으로 나뉘어 실렸고, 제일 끝의 시는 작고하기 17일 전에 쓴 「自輓」이다. 참고로, 『문집』의 두 번째 책에 실린 文의 편차는 다음과 같다.

권4 疏 : 「施文用請配享故相臣鄭崑壽廟疏」, 「農疏」, 「虹變疏」

記 : 「宜寧縣壽民堂重修記」, 「壤菴記」, 「縣侯林公濟遠 遺愛閣懸板記」, 「復古齋記」

序 : 「先考遺集序」, 「聽溪窩序」, 「南歸唱酬錄序」, 「星山朴生盤谷詩序」, 「高靈朴氏族譜後序」, 「彙玉序」, 「高靈金氏族譜序」

跋 : 「六代祖母手寫墨竹跋」, 「義興芮氏族譜後跋」, 「坪川卞義士殉節事蹟後跋」, 「南歸唱酬錄跋」

上樑文 : 「海印寺滿月堂重建上樑文」, 「眉山書堂上樑文」, 「縣侯林公濟遠遺愛閣上樑文」

권5 行狀 : 「通訓大夫平海郡守靑泉申公行狀」, 「祖考進士公行狀」, 「蘭浦鄭公行狀」, 「溪窩文公行狀」, 「延洞鄭公行狀」

祭文 : 「盤龍祈雨文」, 「耳山祈雨文」 2건, 「社稷再祭文」, 「盤龍再祭文」, 「開山再祭文」, 「靈淵再祭文」, 「美崇山再祭文」, 「盤龍祈雨祭文」, 「開浦祈雨祭文」, 「靈淵祈雨文」 2건, 「美崇山祈雨文」. 「祭外舅安公文」, 「祭姜參議文」, 「祭郭斯文世翰文」 이외에 제문 11수, 痘神 · 奧神 · 井神 · 厲鬼에 대한 제문 4수.

권6 雜著 : 「詰鵲文」 이외에 공문서인 「禮狀」 5수와 「乞粮表」 1수 및 呈文 2수.

이회근 死後 그에게 바쳐진 輓詞와 제문, 6대손이 쓴 이회근의 家狀, 近人이 쓴 묘갈명, 역시 최근에 쓰인 문집의 발문.

권4의 「農疏」는 기미년(1799) 봄, 文蔭 수령들에게 農書를 지어 바치라고 한 정조의 명령에 대해서 당시 고령 현감으로 있었던 朴宗敬을 대신해서 지은 것이다. 「彙玉序」는 당시 고령에 살던 이회근의 후배, 동료 몇 사람이 편찬한 산문 선집에 붙인 서문이다. 제자백가로부터 宋明代까지, 奇談과 新語를 채집해서 6권으로 묶은 것인데, 과거준비서로서의 성격이 강했던 듯하다. 알려지지 않은 지방 지식인들에 의해서도 다양한 시대와 장르에 걸치는 산문 선집이 편찬되었음을 확인할 수 있다는 점에 의미를 부여할 수 있겠다. 신유한 등을 위한 다섯 편의 행장은 이회근의 교유와 생애를 알 수 있는 자료다. 제문 가운데는 무관인 徐有大에 대한 제문이 있다. 거창현감 尹義厚를 대신해서 지은 것이었다.

「산을 내려오면서」

淸遊無處不相宜, 맑은 유람 어딘들 좋지 않으리?
不但山奇野亦奇. 산뿐 아니라 들판도 기이하여라.
自笑衰翁猶舊癖, 우스워라 늙어서도 옛 버릇 남아,
忽聽歸鴈得吾詩. 기러기 소리 듣고 시를 짓다니.
(『유고』 장41, 「下山」)

75세 되던 1802년 가을에 搜勝臺, 덕유산 長水寺, 龍湫폭포 등을 유람하고 安義로 내려오면서 지은 시다. '늙어서도 옛 버릇(舊癖)이 남았다'는 말은, 평생 시에 정력을 쏟았다는 고백이다. 일흔 중반의 고령에도 독창적인 '나의 시(吾詩)'에 대한 집념은 의연히 왕성하다. 다음 작품들은 이회근의 시에 대한 집념을 보여준다.

「비 내리는 날」

志業無成鬢已凋, 이룬 뜻 없는데 머리는 벌써 쇠어,
暮年閑趣寄林皐. 늙은 몸 한가로이 전원에다 붙였네.
眈看岳色開簾早, 산 빛을 내다보다 일찌감치 발을 열고,
要聽泉聲倚枕高. 샘물소리 듣느라 기댄 베개 높인다.
詩得烟霞爲痼癖, 노을 만나 시 짓기 痼癖이 되었더니,
雨歸田圃作脂膏. 전원에 내리는 비 기름진 음식 되네.
家貧只切康衢願, 가난한 살림이라 풍년 소원 간절하니,
欲托農謳和壤謠. 농사 노래 빌어서 격양가를 불렀으면.
(『유고』 장20, 「雨中遣懷」)

「십사일 밤, 달빛이 너무 좋아서」

詩癖當秋尙未衰, 가을이라 詩癖은 외려 왕성해,
西山爽氣入支頤. 삽상한 산 기운에 생각 잠기네.
開簾江月初圓夜, 발 걷자 강에 뜬 달 갓 둥근 밤,
落筆林楓欲暮時. 붓 들자 단풍 숲 저물어가네.
(이하 생략)
(『유고』 장15, 「十四夜月色甚佳書懷」)

그는 痼癖이라거나 詩癖이라는 말을 자주 사용한다. 시에 대한 고질에 가까운 집착을 갖고, 남의 시가 아니라 나의 시를 창작하고자 한 이회근의 시는 감수성이 풍부한 자연시

내지 서정시로 남았다. 한데 위에 보인 3수의 시 가운데 마지막 작품을 제외한 앞의 두 수는 『문집』에 실리지 않았다. '書懷'라거나 '戱' 字가 들어가는 작품들은 대부분 삭제되었다. 문집 간행 과정에서 드물지 않은 일이다. 『유고』에 남아 있지 않은 60대 중반 이전의 시 가운데서 지워졌을 많은 작품들은 이제 찾아볼 길도 없다. 젊은 시기에는 서정성 짙은 작품들이 훨씬 더 많았을 것이라는 점에서 더욱 아쉽다. 다음 시편들도 『문집』에는 실리지 않았고 『유고』에만 들어 있다.

「이른 매화를 읊음」

終日尋春春不知,　종일 봄을 찾았지만 찾지 못해서,
巡簷緩步亦多時.　처마 따라 서성이기 한참이었지.
臨風却嗅馨香立,　바람결에 문득 나는 향그런 내음,
春在庭梅最上枝.　뜨락 매화 윗가지에 봄은 있었네.
(『유고』 장26, 「咏早梅」)

「먼 산을 바라보며」

遠山浮翠抹脩眉,　먼 산의 푸른 기운, 긴 눈썹을 그어둔 듯.
山外山多摠不知.　산 넘어 산 많아서 도무지 모르겠네.
若敎更到玆山望,　누군가 이 산에서 바라보게 한다면,
應似玆山此望時.　이 산에서 바라보는 지금 나랑 같을 테지.
(『유고』 장25, 「望遠山」)

「咏早梅」의 경우 발상의 유사성에서 기존의 시가 떠오르지만, 이회근의 경우 그 자신의 생활 현장에서 창작된 것이다. 시에 언급되고 있는 처마라거나 뜰은, 그가 만년에 일을 하고 있었던 서당의 그것이었다. 그는 만년에 가족과 집을 떠나 집에서 상당히 떨어진 곳 산기슭에 자리한 서당에서 기거하면서 학생들을 가르쳤다. '書齋'나 '山齋'라는 단어가 많이 나온다. 1년에 몇 차례 집에 들렀다는 기록을 남기고 있다. 「望遠山」은 발상의 기발함과 詩語의 파격성에서 돋보이는 작품이다. 인생과 자연의 관계를 드러내고 있는 한편, 일흔을 넘은 사람의 인생에 대한 원숙함도 아울러 보이는 시다.

이회근은 尹東野 등과 詩社를 결성하고, 忘年舊交를 맺고 있었다(「次尹生東野赤壁十詠 幷序」, 『유고』 장35). '回文詩'나 '進退格' 등의 실험적 詩作을 그들과 함께 하고 있다.

(2) 역사에 대한 관심

이회근은 우리나라와 자기 고장의 역사에 대한 관심을 자주 시로 읊고 있다. 그는 『동국명신록』을 읽고, 사육신과 무오·기묘사화, 三學士의 遺蹟 등에 대해 비분강개를 이기지 못해서 네 수의 시로 드러내었다. 六臣, 佔畢齋, 趙靜菴, 三學士다(『유고』 장17, 「題東國名賢錄後」). 또한 병자호란에 대한 기록인 『江都錄』을 읽고, 대비에 소홀했던 당시 현실과 그 결과에 대해서 깊은 실망감을 표출하고 있다(『유고』 장16, 「感題江都錄後」).

특별히 주목되는 것은 그가 살던 高靈의 역사에 대한 관심을 드러낸 시편이다. 「古王都曲」(『유고』 장10)인데, 서문이 있다.

> 우리나라 역사서를 살펴보니, 신라 유리왕 임인년에 駕洛, 지금 김해에서 사람들이 龜峯에 이상한 기운이 있는 것을 보고 찾아가 살펴보아 金盒의 여섯 알을 얻었다. 여섯 남자가 껍질을 깨고 나왔는데 처음 나온 자가 수로왕이 되고 나머지는 모두 五伽倻에 나누어 봉해졌다. 지금 고령현이 바로 그 가운데 하나다. 진성왕 임오년에 신라에 멸망당했으니 지금 천여년이나 지난 일인데, 그럼에도 오히려 '옛 王都'였다고들 한다. 나는 고령에 산다. 왕래하면서 옛날 나라 도읍이었다는 것을 찾아보았지만 백에 한둘도 남아 있는 것이 없었고, 문헌도 찾을 수가 없었다. 고을 서쪽에 큰 구릉이 있는데, 봉분 표시도 없이 '錦林王墓'라고들 한다. (하략)

그는 고령에 있었던 '대가야'의 흔적을 찾느라 부단히 애를 썼다. 그리고 「古都」, 「錦林陵」, 「御井」의 세 수 시를 남기고 있다. 「錦林陵」을 들어둔다.

錦王墳上草凄凄,　錦林王 무덤 위에 풀 우묵한데,
花木春殘落照低.　꽃나무 남은 봄에 落照 나즈막.
莫把興亡論事業,　흥망으로 事業을 논하지 말라,
茂陵金粟鳥空啼.　茂陵과 金粟에도 새만 우는 걸.

茂陵은 한 무제의 무덤이고 金粟山은 唐 玄宗의 능인 泰陵이 위치한 산 이름이다. 옛 도읍이었다는 신빙성 있는 증거를 찾지 못한 데다 마땅한 문헌도 없었지만 민간에 전해오는 구전을 근거로 錦林王陵을 긍정하고 있다. 고령읍의 지산동 고분군에 있는 능이다.

(3) 기행과 풍속

이회근은 몇 차례 과거 응시를 위한 서울 왕복과, 가까운 해인사와 安義를 비롯한 지방 명승 탐방을 통해서 많은 기행시를 남기고 있다. 『유고』와 『문집』에 실린 시 가운데는 기행시가 가장 많은 분량을 차지한다. 그 가운데서도 『유고』의 후반에 실린 「南歸唱酬錄」은 대표적인 기행시편이다.

「除夜에」

儺鼓鼕鼕徹夜鳴,　儺鼓 북 동동 소리 밤새 울더니,

晨鷄喔喔兩三聲.　새벽 닭 두세 마리 꼬끼오 소리.
農人曉起看天色,　농부들 첫새벽에 하늘색 보고,
占得無風驗太平.　"바람 없이 고요하니 대풍 들겠네."
(『유고』 장9, 「除夜兩絶」)

두 수 가운데 첫 수다. 除夜의 풍속이 그림 같다. 儺鼓 소리 들으면서 눈을 붙이지 않고 守歲한 농부들은 설날 첫새벽 새벽닭이 울면 문밖으로 나가서 한 해 농사를 점친다. 아마도 설날 새벽에 바람 없이 고요하면 그 해 농사가 대풍이 들고 한 해 살림이 태평해진다는 믿음이 있었던 것이다. 그가 읊은 자신의 생활도 당시 풍속을 잘 담고 있다.

「겨울 서당에서」

謀生自笑拙兼踈,　생계를 챙기는 건 재주가 없어,
三載山齋久索居.　삼년간 서당 살이 외톨이라네.
土突冬溫宜穩睡,　흙 구들 뜨끈하니 잠들기 좋고,
紙窓朝敞易看書.　종이 창 아침 햇살 책읽기 좋아.
隨時爐火燒南草,　수시로 화롯불에 南草 태우고,
鎭日盤羞進北魚.　진종일 밥상에는 北魚 오르네.
此外更無安飽志,　이밖에 편안할 것 다시없으니,
優遊聊以送年餘.　넉넉하고 편안하게 해를 보내네.
(『유고』 장25, 「戱咏山齋近況」)

겨울을 나는 모습이 잘 묘사되어 있다. 그는 3년째 서당에서 지내고 있다고 한다. 뜨뜻한 온돌구들 아랫목에서의 편안하고 느긋한 일상이다. 수시로 화롯불에 담배를 피워 물고, 온종일 밥상에는 北魚가 올라오는 철이다. 이밖에 당시 풍속을 소재로 한 시로는, 종이 연 날리기(「紙鳶」)나 인삼 심기를 두고 쓴 시(「觀種蔘」) 등이 있다.

(4) 현실에서의 좌절

이회근은 진사에 급제하고 大科에 대한 기대도 구체적으로 가질 수 있었지만, 결국 이루지 못했다. 시골에서 서당을 열고 학생들을 가르치는 일을 한 그로서는 좌절과 울분이 없을 수 없었을 터이다.

自笑腐儒事事迂,　우습구나, 묵은 선비 일마다 迂闊해서,
晩年勞碌守空廬.　노년에도 일에 매어 텅 빈집을 지키네.
當窓細點蠅頭字,　창 앞에서 파리머리 작은 글자 읽어내고,

把筆時塗鳥跡書.　붓을 잡고 새 발자국 글씨를 쓰곤 하네.
拙契終難謀口腹,　못난 사람 늙어서도 먹고 살기 급급하니,
初心寧在老漁樵.　촌구석에 늙어 갈 줄 애초 어찌 알았으랴.
浮生七十無求望,　뜬 인생 일흔 나이 더 바랄 것 없으니,
侯范諸人計亦踈.　侯·范 등 여러 사람 계획도 졸렬했네.
(『유고』 장8, 「戲用放翁體」)

시의 작자는 지금, 일흔이나 되어서도 가족과 집을 떠나 서당에서 남을 가르치는 신세다. 空廬, 빈집이란 그가 기거하던 서당이다. 훈장이 되고 보니 방 안에서도 밝은 창 아래를 찾아 작은 글자로 된 책을 읽고 붓을 잡고 글씨를 쓰고 하는 일을 하지 않을 수가 없다. 그는 자신의 직업이라고 하고 있으나, 구체적으로 어떤 정황이었는지는 알기 어렵다. 바로 이어지는 다음 시의 제목이 「오랫동안 집에 가지 못해 마음이 서글퍼져, 시 한 수를 써서 번민을 푼다」고 하고 있는 것으로 보아, 만년에 이회근이 스스로 '書樓' 또는 '書齋'라고 부른 곳에서 생계의 일정 부분을 영위한 것은 사실로 보인다. 『문집』의 교정자는 이런 부류의 시들을 모두 삭제하고 있다. 서울에서 멀리 떨어진 경상도 고령 땅 시골에서 이른 나이에 진사 급제를 한 이회근으로서는 칠십 평생을 시골에서 늙어갈 줄은 애초 꿈에도 몰랐을 것이다.

「새벽에 일어나 앉아서」

幽棲閑僻罕人蹤,　외진 거처 궁벽해서 사람 드물고,
門對東南四五峯.　방문 열면 동남으로 너댓 봉우리.
地近官城時聽角,　읍내에 가까워서 호각 들리나,
堂如僧舍不鳴鐘.　서당은 절간인데 종소리 없네.
吟虫徹夜啁啾語,　벌레 소리 밤새도록 떠들어대고,
晩稻當秋冷淡容.　늦벼는 가을 맞아 쓸쓸한 모양.
早識文章無所用,　문장 쓸데없을 줄 일찍 알았더라면,
莫如勤力學農商.　부지런히 농사 장사 배웠을 것을.
(『유고』 장13, 「曉坐」)

역시 서당에서 지은 시다. 칠십을 넘긴 노인인 작자는 지금 새벽에 일어나 앉았다. 누가 찾는 이도 없는지라 밤새 혼자다. 새벽에 방문을 열면 맞아주는 것은 동남쪽으로 솟은 너댓개 산봉우리뿐이다. 관청이 있는 읍내에 가까워서 때로 시각을 알리는 호각소리가 들리지만, 서당은 종소리 없는 절간이다. 벌레소리만 가득하다. 평생의 회한이 사무친다. "문장이 쓸데없을 줄을 일찍 알았더라면, 부지런히 힘써서 농사며 장사를 배우는 것만 못했을

것이다.” 인생의 끝자락에서 하는 늦은 후회라 더욱 진솔하고 과감하다. 당연히 『문집』에는 실리지 않았다. 「추수한 뒤에 읊다(稻穫後戲吟)」이라는 칠언율시에서도 농사를 지어본들 艱苦한 형편을 벗어나지 못하는 처지를 언급한 다음 그 尾聯에서, “소나 말 내버리기 마땅한 일이지 / 工商을 일삼아도 흠될 것 없네(耕牛秧馬宜抛却, 專事工商也不嫌)”라고 말하고 있다. 역시 『문집』에는 빠졌다. ‘書懷’ 즉 ‘회포를 쓰다’라는 제목의 시편들이 많은데, 대개 이런 부류에 들어갈 성질이다. 그 가운데 상당수는 『문집』에 누락되었다.

4. 가치

앞서 『유고』에 실려 있는 시 가운데 『문집』에 누락된 시가 93제 101수라고 말한 바 있었다. 앞의 「4. 내용」에서 인용한 시들은 대부분 『문집』에 실려 있지 않다. 따라서 『문집』과는 별도로 계명대 동산도서관 소장본 『유고』가 갖는 가치는 매우 크다. 이회근의 『수백당유고』는 18세기 지방 지식인의 면모를 보여주는 중요한 자료다. 그의 집안은 여러 대에 걸쳐 관직이 끊이지 않은 文翰世家였지만 서울에서 멀리 떨어진 경상도 고령으로 낙향한 뒤에 향촌의 지주로 정착했다. 한문학 뿐 아니라 관련 있는 다른 학문 분야에도 자료가 될 것이라고 판단된다.

이상에서 언급하지 않은 시편 가운데서는 姜鼎煥이 茶를 보내면서 함께 지어 보낸 7언 장편 「普照茶歌」에 화운한 시나, 기녀들에게 지어주거나 기녀를 소재로 한 많은 시들이 주목된다.

【김윤조】

是菴遺稿

李鼎烈(생몰년미상, 18세기) 著.

필사본, 불분권 1책(79장) 四周雙邊, 半郭 18.0×13.2㎝, 有界, 9行20字, 黑魚尾 ; 29.9×18.5㎝.

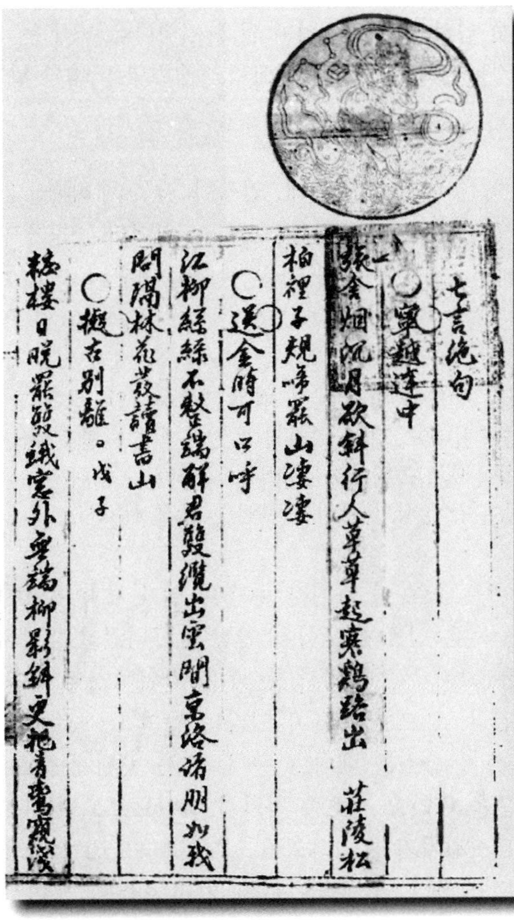
七言絶句
○寧越途中
殘金烟沉月欲斜行人草草起寒鷄踏出 莊陵松
柏裡子規啼罷山凄凄
○送金晴可口呼
江柳絲絲不整端解君雙纜出雲開京洛諸朋如我
問陽林花發讀書山
○擬古別離 戊子
撚樓日晩羅襪賤窓外垂端柳影斜更把青鸞窺[illegible]

시암유고

1. 저자

『是菴遺稿』의 저자는 지금까지 알려지지 않았지만, 책 내용에서 확인할 수 있다. 이 책에 실려 있는 한 편의 상소문에 해답이 담겨 있는 바, 저자의 생애에 대한 탐구 역시 그 상소문에서 시작해야 한다. 저자가 1769년(영조45) 정월 20일에 올린 상소다. 저자는 두 가지를 건의했다. 하나는 『裕昆錄』을 폐기할 것이고, 다른 하나는 朴世采의 文廟 從祀를 철회할 것이었다.

> 吾道가 날로 피폐하고 善類가 날로 물러앉습니다. 비록 빈번하게 찾아 구하고 은근하게 나오도록 권유하더라도 오히려 얻기 어려울까 걱정일텐데, 하물며 簡冊에다 기록을 해서 나라를 망하게 할 이따위 禁令을 만드셨으니, 앞으로는 식견 있는 인사들은 틀림없이 초야로 달아나 숨어서 감히 나와 벼슬하지 않을 것입니다. 殿下는 누구와 바른 도리를 토론하고 나라 다스리기를 강구하시렵니까? 신은 생각건대 亡國의 단초가 도리어 여기에 있지 않나 합니다.

吾道나 善類가 노론 쪽을 이르는 말인데, 언사가 자못 격하다. 망국의 단초가 다른 데 있는 것이 아니라 영조가 편찬한 『유곤록』에 있다는 것이다. 『유곤록』은 영조가 탕평책에 비판적인 산림 세력을 배척하려는 의도를 가진 책으로 비판되고 있었다. 그는 다음과 같이 덧붙인다.

> 聖上께서 지은 글은 중도를 넘는 것이 매우 많습니다만, 신은 단지 한두 가지만을 들어서 우선 여기서 말씀드립니다. 삼가 바라건대 전하께서는 반포하신 『유곤록』을 빨리 거두시고 그 藏板까지 아울러 깎아버리소서. 또 世孫에게 下諭하시어 이 책이 일시적인 격분과 고뇌에서 나온 것이지, 성상의 본의가 아님을 알게 하소서.

실로 과격한 언사다. 그는 諫官이 아니라 中學의 일개 儒生이었다. 이 책 제56장의 頭註에 따르면 애초 『유곤록』은 상소에 포함될 안건이 아니었고 박세채 黜享만 간언하기로 한 것이었다고 한다. 『유곤록』을 포함해서 두 件을 간언하기로 하자 다른 유생들은 모두 겁을 내서 고향에 내려간다, 부모께 병환이 있다는 등의 구실로 아무도 참여하지 않았는데, 저자만은 혼자서 끝까지 상소를 했다고 한다. 그는 박세채 문묘 종사 문제에 대해서, 박세채 死後에 왕이 제문을 내리고 시호를 하사한 것만으로도 이미 영광되고 존귀하다 할 만한데, 지금 또 公論이 정해지기를 기다리지 않고 특명으로 文廟에 배향한 것, "이것은 전하가 지나친 일입니다"고 한다. 구체적으로 세 가지 이유를 들어서 불가함을 거듭 말한 뒤에,

“내(군주) 마음의 고집으로 物議를 눌렀으니, 이것이 公입니까, 私입니까?”

라고 내뱉고는, 宋의 王安石 배향 문제에 있어서 龜山 楊時의 예를 든 다음,

“臣이 아뢴 바는 臣의 말일 뿐 아니라 곧 한 나라 公共의 의론이고, 한 나라의 의론일 뿐 아니라 곧 百世에 바뀌지 않을 안건입니다.”

라고 마친다. 탕평책에 반대하는 노론 쪽의 견해를 대변한 것이다. 말하자면 저자는 노론 가운데 강경한 쪽을 따른 사람이다. 『실록』에도 이 상소가 실려 있는바, 처음에 승정원은 그 과격성을 문제 삼아서 물리치고 받아들이지 않았다. 그러자 저자는 사흘 동안 闕下에 엎드려 있다가 승지들이 왕을 가린다고 論斥했고, 결국 상소를 받아들인 뒤에 金龜柱 등 승지들이 모두 사직소를 올렸다.

여든 나이를 바라보는 노련한 영조는 이런 정치 사안에 익숙했다. 승지 鄭昌聖이 읽어 들려주는 상소문을 들으면서 수시로 “哂之”-쓴웃음을 짓다가, “기필코 先正(박세채)을 욕보이려는 상소로구먼”이라고 의도를 간파하고, 그 인물에 흥미를 표한다. 상소의 배후를 알고 싶단 뜻이겠다.

“그 사람 어리디?” “그렇습니다.”
“수염은 났디?” “약간 수염이 났습니다.”

영조와 승지 정창성의 문답이다. 이윽고 注書가 그 신분을 파악해서 보고한다.

“고 정랑 李絿의 從曾孫, 고 현감 晩亨의 玄孫이고, 가계는 고 판서 李晩成의 曾祖에서 서로 나뉘었습니다.”

李絿은 영조 초년의 무신란 때 혁혁한 공로가 있는 사람이다. 게다가 陶菴 李縡의 숙부인 이만성은, 이때 영조로부터 “정말 좋은 사람”이라는 평을 듣고 있다. 『시암유고』의 작자가 이 대목에서 드러난다. 위 기록과, 『유고』에 실린 시 가운데 그 부인을 추모한 시(「今日則亡室黃氏之亡日也…」, 제6장 앞면)를 합쳐보면 된다. 李晩亨의 현손 가운데서 黃氏를 부인으로 맞은 사람은 黃奎河의 사위인 李鼎烈이 유일하다. 물론, 위 상소문은 『실록』에도 실려 있으므로, 『실록』에서도 李鼎烈을 바로 확인할 수 있다. 楧의 아들, 濟彦의 손자, 역시 현감을 지낸 絅의 증손, 尹光天의 외손. 是菴이란 그의 호이겠는데, 현재로서는 무슨 의미인지 알 수 없지만, 是非라는 말이 연상되고 당론과 연결된다. 영조는, “양반은 양반이네.” 하고는, 儒案에서 이름을 삭제해 庶人으로 삼고 ‘당일 흑산도 倍道 압송’을 명령했다.

李鼎烈이 상소한 『유곤록』을 둘러싼 문제는 영조 만년 정국에서 매우 중요한 사안이었는데, 부수찬 金履禧와 응교 金熤이 연이어 상소해서 그를 구원하다가 모두 제주로 유배되었다. 즉, 영조는 金履禧를 庶人으로 삼아 旌義에 찬배하고 김익은 제주목에 천극하라는 명을 내린다. 약 한 달 뒤인 영조 45년(1769) 2월 말일에 지평 尹長烈의 상소에 따라 이들은 석방된다. 『실록』에 다음과 같이 기록되어 있다.

> 해남현에 천극한 죄인 尹蓍東, 제주목에 천극한 죄인 金熤, 旌義縣에 庶人을 만든 죄인 金履禧, 혹산도에 서인을 만든 죄인 李鼎烈을 아울러 석방하도록 하였으니, 尹長烈의 상소로 인한 것이었다.

이때 김익이 올린 상소는 그의 문집에 남아 전하는데, 그만큼 중요한 사건이라는 말이겠다(『竹下集』 권5 「辭應敎兼陳所懷疏」).

어쨌든 이 사건으로 가장 큰 영향을 받은 이는 이정렬일 수밖에 없겠는데, 그래서인지 그는 文科는 물론이고 小科도 한 기록이 없다. 다만 정조 즉위 초에 관직에는 다시 나가고 있다. 정조 2년(1778) 4월 景慕宮 守奉官을 시작으로, 정조 4년에는 濟用監 奉事, 10년에는 황해도 殷栗 현감을 지내고 있다. 현감에서 마쳤다. 金祖淳의 아버지로서 그의 벗인 金履中 같은 사람의 예가 있기는 하지만, 혁혁한 문벌이나 교유로 보아서는 다소 의외라고 해야 할 것이다.

이정렬은 앞에서 언급한 바처럼 본관이 牛峯이고, 도암 李縡에서 멀지 않은 사람이다. 『사마방목』에 보이는 그의 둘째 아들 李運(1765~)의 기록에 따르면 이정렬은 통훈대부로, '江華府 行經歷'을 역임했다고 되어 있다. 이정렬의 맏이인 李選(1762~ . 字 秀夫)은 나이 마흔이던 1801년에 문과했는데, 『문과방목』에 따르면 李選은 翰林의 三司 직책을 역임했다고 한다. 이정렬의 장인인 黃奎河(1678~)는 농암 김창협과 도암 이재, 竹泉 金鎭圭 등 명망가들과 두루 교분이 있는 명인이었다.

2. 구성

『是菴遺稿』는 필사본 詩稿다. 표지 우측 상단에 "七言絶句, 古詩, 律 / 上疏 / 筵說 附他疏"라 쓰여 있다. 內題가 따로 없이 '七言絶句'를 시작으로 위 표지 우측 상단 표기 순서대로 필사되어 있다. 시의 체제와 숫자를 보이면 다음과 같다.

	題	首
7언 絶句	82	143
7언 古絶	6	8
7언 古詩	3	3
6, 7잡언(상량문의 兒郞謠)	1	6
7언 律詩	84	97
계	176	257

모두 7言詩이고, 대부분 근체다. 시는 앞부분 51장에 필사되어 있고, 제52장부터 끝까지 28장은 상소문과 筵說 등이다. 곧, 이 책은 전반의 詩와 후반의 상소문으로 나뉜다. 전체 책수에 대한 언급이 없지만, 『是菴遺稿』는 애초 5언시가 필사된 앞부분 1책 정도가 더 있었을 것으로 생각된다. 실제로 7언율시의 여러 詩題에, 같은 제목의 5언율시가 따로 있다는 주석이 붙어 있다.

후반에 실려 있는 '上疏, 筵說 附 他疏'의 개략을 보이면 다음과 같다.

	구 분	시 기	비 고
상소	저자의 상소啣	1769년(영조45) 기축 정월 20일	
	金龜柱, 具庠, 趙, 李漢豊 聯名 상소	위와 같음(20일)	사직소
筵說	診筵. 도제조, 승지 鄭昌聖에게 상소를 읽도록 하고 들은 뒤, 흑산도 정배	위와 같음(20일)	처분
	영의정(홍봉한), 좌의정 등	21일	
	同日 泮儒 入侍	21일	
	筵說 1건	22일	
他人의 상소	부수찬 金履禧 상소	정월 24일	추이
	응교 金熤 상소 왕의 처분 3건	2월 3일	
	지평 尹長烈 상소	2월 29일	
	유학 李雨普 상소	3월 10일	
	諮議 權震應 상소	2년 뒤 1771년 3월 13일	

3. 내용

『시암유고』 후반의 상소문은 이정렬의 생애를 알 수 있는 자료로서 유용하다. 앞에서 그의 생애를 살펴보면서 이미 소개를 했다. 여기서는 『시암유고』 전반의 詩를 중심으로 『시암유고』의 내용을 살펴보기로 한다.

전체 257수 가운데 240수가 7언의 절구와 율시다. 따라서 7언 이외의 5언이나, 상소문 이외의 산문들이 더 있었을 것이라는 추측은 자연스럽다. 현전하는 257수는 체제별로 분류한 다음 창작 시기에 따라 필사된 듯하다. 한 사람의 정성스런 필치로 깔끔하게 필사되어서, 일견 상당히 정리된 모습이다. 그러나 문집 간행을 위한 판저본이라거나, 교정을 거친 精緻한 稿本이라고는 생각되지 않는다. 책수나 권수에 대한 언급이 없을 뿐만 아니라 빠뜨린 시를 행간이나 書首에 추가로 기록하고 있다.

『시암유고』에 실린 시는 일부 젊었을 때 작품이 있기도 하지만, 대부분은 저자의 나이 일흔 이후 만년에 쓰였다. 이정렬의 시가 어떠했는지, 온전한 문집이 전하지 않는 현재로서는 그 전체 면모를 알 수는 없다. 남아 있는 시만 가지고 말하자면 그의 시세계는 비교적 단조롭다. 교유와 술회를 주요 내용으로 한 시가 대종을 이루고 있다. 몇 편을 들어보기로 한다.

1) 교유

「독서하러 가는 金時可를 전송하며(送金時可口呼)」

강둑에는 수양버들 늘어졌는데,	江柳絲絲不整端,
그대 탄 배 닻줄 풀고 길을 떠나네.	解君雙纜出雲間.
서울 벗들 날 묻거든 전해주게나,	京洛諸朋如我問,
숲 건너 꽃 핀 산에 독서 갔다고.	隔林花發讀書山.

젊은 시절이다. 두 번째로 실린 시인데, 아마도 1768년경의 작품으로 짐작된다. 수양버들 푸른 봄날, 그런 싱그러운 젊은 꿈을 안고 공부하러 떠나는 벗을 전송한 시다. 詩社를 함께 한다거나 하는 등으로 다정한 친구들은 모두 서울에 남아 있다. 그 아쉬움이 진한 여운으로 남는다. 한데 주목을 끄는 것은 지금 독서하러 떠나는 주인공인 金時可다. 바로 金履中(1736~1793)이다. 그는 金祖淳의 부친으로, 1771년(영조47) 36세로 뒤늦게 진사 급제 후 음직으로 중앙의 하위 관직과 지방관을 전전하여 용인 현령, 고양 군수, 평양 서윤, 과천 현감, 서흥 부사를 지냈다. 연암 박지원과 젊어서부터 절친한 사이였다.

「나주목사 閔百奮이 보내온 쌀을 받고(羅牧閔百奮送米)」

羅州 성은 바다에 바로 닿아서,	羅州城外海連天,
인정 많은 太守가 배로 쌀을 보내왔네.	太守慈悲送米船.

한 그릇 조석 끼니 모두 그대 주신 것,	一盂晨夕皆君賜,
창 앞에서 옛 서적 읽기 좋아라.	好向横窓讀古篇.

閔百奮은 驪陽府院君 閔維重의 증손자다. 충청감사와 대사간, 대사성 등 내외 요직을 두루 역임했다. 정조 초에 역적으로 된 洪相簡의 외숙이고 閔恒烈의 숙부이며, 洪麟漢·尹養厚와도 가까운 인척이라고 탄핵 당했고, 진도에 안치되었다가 4년만에 석방되었다. 이정렬은 여흥민씨 쪽과 척분이 있었다. 이정렬은 이들 외에도 정조의 교육을 담당한 敎傅 尹得觀, 김상헌의 봉사손인 金履鐸 등과 친분이 있었고, 연암 주위 지식인 가운데 연장자에 속하는 元重擧의 輓詞를 남기고 있는 한편(「挽元僉知重擧」 3수. 제8장), 역시 연암과 밀접한 인물이었던 李英遠(자는 悠久)과도 교분이 있었다. 그 가운데 원중거 만사는 내용이 주목된다.

중년에는 詩名으로 일본에서 대우받고,	中歲詩名賓日國,
만년에는 백운산에 書屋을 두셨네.	暮年書屋白雲陲.
평생 동안 단 한번 어느 가을 뵈었는데,	平生一面丹楓夕,
따뜻하고 다정하게 대접해 주시더니.	鷄黍慇懃山雨時.
公 같은 才學이 끝내 그냥 사라져,	如公才學竟乾沒,
늙도록 뜬 영화는 下大夫라네.	白首浮榮下大夫.
天堂 바라 큰 웃음 웃을 일이지,	好向天堂發高笑,
세상사 갈림길 기구하기만.	世間岐路足崎嶇.

3수 가운데 첫수와 마지막 수다. 이정렬 자신의 처지를 붙였다. 일본에서 詩名을 떨친 저명한 지식인이 만년에는 서울도 아니고 외진 백운산 기슭 書屋에서 생을 마감한데 대한 비감이 배어 있다. 원중거(1719~1790) 작고 소식을 듣고 쓴, 1791년 작품이다.

이정렬은 오랜 기간 많은 사람들과 詩社를 함께 한 것으로 추정되지만, 현재로서는 자세한 면모를 파악하기가 어렵다. 무엇보다, 그가 교유한 사람들의 면면을 알기가 쉽지 않다. 대부분의 경우 姓도 없이 字만 기록하고 있다. 아울러, 그가 남긴 7언율시의 상당수는 동인들과의 교유의 산물인데, 내용상 특별히 주목해서 서술할 만한 것을 찾기는 어렵다.

陶菴이라는 존재가 상징하듯 이정렬의 집안은 학문적 명성이 있는 터이지만, 단 한 책, 그것도 詩稿뿐인 그의 저술에서 그 학문적 위상을 추적해볼 여지는 없다. 남한강을 배로 거슬러 올라가서 '大老祠'를 참배하는 데서 우암 송시열을 향한 마음을 확인할 수 있는 정도이다.

2) 술회

젊은 날의 상소로 강경한 이미지를 띠게 되어서인지, 이정렬은 끝내 科擧로 發身을 할 수가 없었다. 현실에서 좌절을 겪게 되었던 바, 그런 자기감정을 담은 시편들이 없을 수 없었다. 주로 사물에 기대어서 드러내고 있다.

「국화(咏盆菊)」

가여워라 네 꺾인 양 늙은 나랑 같다니, 憐爾摧缺老我同,
어째서 봄바람에 꽃 피우지 않았더냐? 發榮何不在東風?
추위에 온갖 초목 잎을 떨굴 때, 天寒萬木輕捐質,
사위는 석양 지켜 뒤에 서느냐? 爲葆殘陽殿後雄?

시에서 이런 정도의 비유야 하등 새로울 것 없다. 그러나 이정렬로서는 필시 각별한 의미를 부여한 것이다. 꽃을 피우자면 따스한 봄바람이 불 때 피울 일이다. 세태를 아랑곳 않고 써늘한 추위에 풀죽은 모양으로 저 혼자 꽃을 피우고 선 국화는 역시 자신의 투영이다.

「나뭇꾼(樵夫)」

산꼭대기 나뭇꾼 도끼 휘둘러, 樵夫揮斧倚山顚,
몹쓸 나무 잘라내듯 檜松을 베네. 芟檜斬松如惡木.
해가 뉘엿 질 때까지 그치지 않고, 白日向斜猶未停,
골짜기 구덩이에 마구 쌓이네. 積之丘壑無南北.
나뭇꾼아 도끼 자루 믿지 말아라, 樵夫莫恃斧斤長,
나무 없이 산이 비면 네가 다치리. 木盡山空還自傷.

檜나무 소나무 같은 좋은 인재들을 나쁜 나무 잘라내듯이 마구 베어내는, 제 눈앞 밖에 못 보는 나뭇꾼이 상징하는 바 역시 분명하다. 형식도 古詩를 채용한 데다 짤막한 시에서 중간에 換韻을 한 특이한 작품이다.

「내 신세(自道)」

風雪에 浮萍처럼 떠도는 이 몸, 風雪萍蓬泛轉身,
江湖에 물새처럼 쓸짝없는 신하. 江湖鳧鴈等閒臣.
있건 없건 비중 있는 축은 못되니, 有無不足爲輕重,

當路 사람 내쳐서 꺼리지 말 일.　　　莫謾忌疑當路人.

나이 여든 가까운 노년의 시다. 정처 없는 부평초나 오리, 기러기처럼 떠도는 물새 같이 밖으로만 나돌아서, 조정에 그가 있건 없건 간에 의미를 가질만한 비중 있는 위치는 되어본 적이 없다. 잠시 관직에 있었을 뿐 책임 있는 자리에 나아간 적이 없었던 작자의 심경을 보여준다. 조정의 요직을 담당하고 있는 자들에 대해서도 역시 따로 기대할 것 없다는 점을 분명하게 하고 있다.

4. 가치

『是菴遺稿』는 李鼎烈이라는, 아직 알려지지 않은 18세기 문인 관료의 시집이다. 비록 완전한 시문집이 아니고 내용도 풍부하지는 못하지만, 현재까지는 국내외에서 유일본이다. 이 책 후반에 실린 1769년 1월의 저자의 상소문은 영조 만년 정국의 흐름에서 중요한 한 사건을 이해하는데 자료가 된다. 그는 노론 가운데 강경한 쪽의 사람들과 가까운 친분을 갖고 있었다.

250수가 넘는 시는 대부분 칠언 근체시다. 18세기 후반의 저명한 인물들인 金履中, 元重擧를 비롯, 尹得觀, 閔百奮, 李英遠 등과의 교유를 확인할 수 있다. 이들과의 교유와 詩社 활동에서 생산된 시편들이 시의 대부분을 차지한다. 아울러, 순탄치 못한 일생을 지내면서 현실적 좌절을 담은 술회시 계열의 시들도 많다.

【김윤조】

甯庵詩稿

著者 未詳(한산 李○珪).

筆寫本. 不分卷 1冊 : 21.5×33㎝. 10行22字.

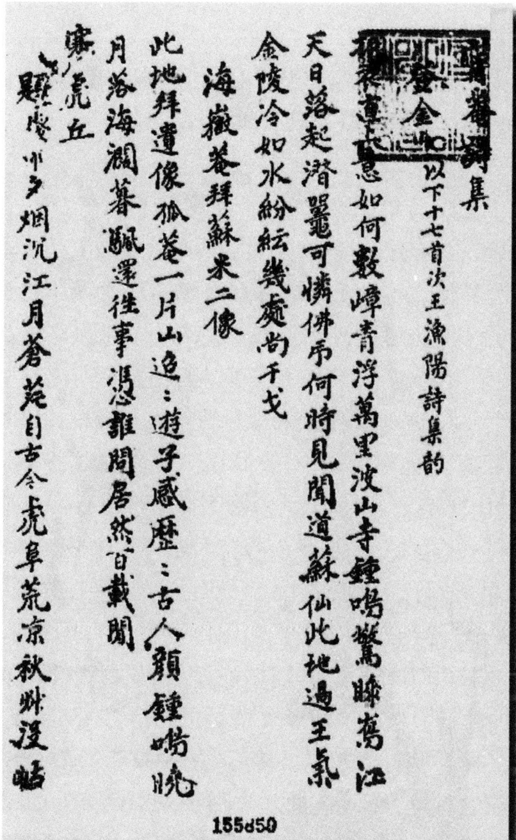
[illegible]詩集
以下十七首次王漁陽詩集韵
[illegible]意如何數嶂青浮萬里波山寺鐘鳴驚睡鳶江
天日落起潛鼉可憐佛界何時見聞道蘇仙此地過王氣
金陵冷如水紛紜幾處尚干戈
海嶽菴拜蘇米二像
此地拜遺像孤菴一片山迢迢遊子感歷歷古人顏鐘鳴晚
月落海潮暮颿還往事憑誰問居然百載閒
[illegible]虎丘
[illegible]夕烟沉江月蒼茫自古今虎阜荒凉秋艸沒帖

155d50

영암시고

1. 저자

현재로는 저자를 알 수가 없다. 다만 公州 부근에 거주하며 壺山 朴文鎬와 같은 제자들을 양성하였던 峿堂 李象秀(1820～1882)의 이름(「虎溪雅集(是歲冬陪峿堂先生在虎溪朴友喜堂朴敏學家)」)과 1894년에 충청도관찰사를 역임했던 申奭熙의 이름이 散見되는 점(「謹呈節度使申惟吾奭熙氏」)이나 「與朴友壺山謁牧隱先祖影幀」이라는 작품명을 고려하면, 그는 韓山李氏로서 珪자 항렬의 하급관리를 지낸 인물로 판단된다. 또한 「墨溪途中(時在靈泉寺)」처럼 충북 영동군 황간면에 소재한 靈泉寺라는 절에서 읊은 한시 작품이 몇 수 발견되는 것으로 보아, 주로 畿湖지방에서 활동하던 시인으로 여겨지기도 한다.

2. 구성

필사본인 이 책의 겉 표제는 '甯庵詩稿'이지만 내제는 '甯菴詩集'으로 되어 있다. 총 182편의 한시 작품의 전체 목차는 다음과 같다.

「登金山(以下十七首次王漁陽詩集韻)」(1수), 「海嶽菴拜蘇米二像」, 「虎丘」, 「夜雨題寒山寺寄西樵禮吉二首」, 「題沈郎倩石崖秋柳小景」, 「淮陰雪夜」, 「江陰何明府邀我登君山」, 「蔣虎臣修撰述天台之遊賦贈」, 「題棧道飛雪圖送鄭道扶之漢中」, 「題文與也爲梁曰緝和江村讀書圖」, 「嶽下作」, 「洪昉思送湖州茶筍二絶句」, 「送愚山遊嵩少」, 「漢武帝通天閣址」, 「望華山」, 「與鄭生學玄過鵲川」, 「寄松亭朴友(士俊)」, 「墨溪小集」, 「雨夜書懷」, 「晩眺」, 「寄舍弟(復珪)二首」, 「謾吟」, 「送三希堂(章珪)族兄歸梧山二首」, 「寒食旅夜逢族叔洛瑞氏共懷舍弟」, 「上巳日至提村哭白友(敬最)」, 「見杏花爛漫憶蓮提諸友二首」, 「靈泉菴夜寒」, 「雪夜讀書」, 「山神壇」, 「冬至」, 「書懷寄從子世求」, 「留別德鄰(洛瑞氏)」, 「與舵樓金友明植」, 「雨夜」, 「梧村趙友(範初)庄小吟」, 「笏山李友(正玉)家夜吟」, 「小寒」, 「敬次峿堂先生下示韻」, 「靈泉歲暯」, 「歲暯書懷」, 「四月初吉過上黨城」, 「浴佛日迎峿堂先生喜題」, 「春雨晴」, 「松聲」, 「待春雲(聖來)李友出山暯歸二首」, 「憶梅」, 「獵子」, 「墨溪歸路待月」, 「送妹壻兪致準(居鎭川孟峰)」, 「曉盥二絶」, 「族兄松齋(致善)夜過小酌」, 「題新曆」, 「墨溪夜歸二首」, 「留別春雲(聖來)歸梧山」, 「德星里同諸君」, 「蓮提客中書懷」, 「携酒就菊溪賞春」, 「山家卽事」, 「極樂菴」, 「梧山二首」, 「梧山草堂餞春分韻玉壺買春賞雨菲屋得雨字」, 「三月晦日發華陽之行」, 「華陽九曲次朱晦菴先生武夷九曲韻」, 「萬東廟」, 「尤庵精舍」, 「巖棲齋」, 「謁尤菴影幀」, 「煥章寺」, 「彩雲庵」, 「仙遊洞」, 「墨溪途中(時在靈泉寺)」, 「書懷却寄舍弟(復珪)」, 「山寺李友聖來見過」, 「與李聖來携酒之池上看魚」, 「墨溪招飮峿堂先生適至二首」, 「德洞小吟」, 「旱悶(丙子夏)」, 「待月」, 「閏五月念三夜喜雨」, 「到華山

李致章家夜作」, 「渡鵲川」, 「峽行」, 「送戚姪金致郁歸青山朱城」, 「戲題」, 「聖謙以前韻二首見貽次謝」, 「寄族兄三希堂(聖衮氏)二首(時在京)」, 「九日二首」, 「見月忽憶李友丹農」, 「虎溪雅集(是歲冬陪晤堂先生在虎溪朴友喜堂朴敏學家)」, 「臘雪二首」, 「溪上晴月」, 「乞飯人」, 「晴雪滿汀屛溪漁舟」, 「問蓮提梅花」, 「過客」, 「和立岩韻二首」, 「蓮提旅中寄族弟三樂」, 「與閔友景伯夜作」, 「寄趙友範初」, 「賞梅花」, 「月夜二首」, 「曉望」, 「旅中送金生駱徵歸家」, 「曉起」, 「除夜」, 「原州朴聖南見訪」, 「族姪聖初見過得韻餘字歸後却寄」, 「李友台霞共宿」, 「寄呈三希聖衮」, 「寓居自述(丁丑二月九日移居新村)」, 「三月二日訪趙範初不遇歸後却寄」, 「寒食」, 「閑居自述四首」, 「朴友敏學相過賦別」, 「携酒之靈泉菴」, 「餞春日雨中」, 「壬午十月宿錦營發向京城」, 「遊山營歸後寄三首」, 「又寄山營」, 「上黨途中」, 「宿山營」, 「和呈白雪詩」, 「逢趙友錫汝」, 「憶趙小華丈(昌顯)」, 「七月夜與三希同宿」, 「與懷仁李友龍淳作」, 「九月八日至報恩郡」, 「德谷李友允道庄二首」, 「贈族人進士容珪」, 「宿碧池李元余家」, 「訪箕山中青裾二首」, 「漢城旅夜感三樂相從」, 「出崇禮門」, 「讀禮記」, 「寄稼學亭」, 「希堂見訪」, 「田家早秋」, 「食瓜」, 「雨中留客」, 「朴子雲見過」, 「蒼崖族兄見過」, 「莘亭賦別兼送朴聖威」, 「寄三樂」, 「雨中撥悶」, 「自京還第夜李友夢賚見過」, 「先親以孝行特蒙敎官贈職省楸有感(戊子十一月初七日政)」, 「漢城旅夜」, 「見都人石戰」, 「有足疾滯留輦下二首」, 「題白華山晴嵐」, 「歲色如紗賦詩寬懷」, 「浴佛日送朴聖威」, 「歲暵述懷仍呈海史尹蔚珍丈」, 「三樂來宿二日之川上觀魚」, 「次呈梧山希堂原韻三首」, 「次呈梧村一湖丈」, 「七夕日曝曬先祖牧隱公影幀」, 「龜石里醒窩(宅珪)四從弟家小吟」, 「田家四時」, 「自京歸路宿妹家海史尹令適至」, 「同朴君仲牛訥菴宿墨溪二首」, 「一湖三樂見過」, 「贈朴友壺山(文鎬)之京哭金相公(秉德公)」, 「重陽日獨賞黃花忽憶亡弟遂堂有感」, 「酒城第三會(族兄殷弼氏庄)」, 「墨溪第四會(三樂宅)」, 「長坡第五會(時穡字敬習丈)」, 「十月夜各持一壺酒遊靈泉寺」, 「完營雪夜(癸巳冬族叔耕穡公爲節度使)」, 「與文生濟勛字聖規居長興有址新豊村」, 「贈別李友小蓮麒鎭字仁瑞(李後白後孫居昌平)」, 「次一鑑樓原韻(客舍西樓)」, 「次修仁寺原韻(長興地)」, 「哭輓族兄(正珪氏)蒼崖丈(甲午正月)」, 「慈母六十一生朝日兼行兒子(明九)冠禮敬次朱夫子壽母詩韻」, 「與金顯相(居佳谷)」, 「哭朴友準時字敏學居虎溪同門生」, 「哭族弟允弼」, 「與邑旅族叔都事(長穡)」, 「對雨」, 「謹呈節度使申惟吾奭熙氏」, 「與朴友壺山謁牧隱先祖影幀」.

「敬讀遺稿有感而賦」(族姪賢求謹題)

3. 내용

모두 182題의 漢詩로만 편성되어 있으며, 대체로 연대순으로 작품이 나열되어 있는 듯하다. 그리고 제일 뒤쪽에 附記된 「敬讀遺稿有感而賦」(族姪賢求謹題 己亥八月)를 통해,

이 책이 己亥年(1899년) 八月에 일단 정리되었음을 짐작할 수 있다.

총 182편의 한시 작품을 주제별로 간략하게 살피기로 한다. 우선 양적으로는 師友들과의 次韻詩나 벗들과의 우정을 담은 작품이 다수를 차지하고 있고, 그 다음으로는 田園에서의 한가로운 생활을 읊은 작품도 많이 남겼다. 먼저 일종의 贈詩 계열 작품부터 본다.

花樹相逢逆旅秋	친족으로 서로 만나 떠도는 이 때
見君詩句入源頭	그대의 시구를 보니 근원에 들었네.
半煦旋別知何事	반가움이 무르익자 곧 헤어짐 무슨 일일까
黃葉靑山滿目愁	청산에 누른 잎새 눈 가득 시름겹네.

『甯庵詩稿』에 이름이 거론된 인물 중 생몰 연대라도 밝혀진 분은 거의 없는데, 예시한 「贈族人進士容珪」라는 시는 그가 아직 약관일 때 『甯庵詩稿』의 작자를 만나 받았던 작품일 터이다. 李容珪(1859~?)는 한말의 의병장이다. 본관은 韓山, 자는 聖式, 호는 春塘으로, 李殷稙의 아들이다. 1906년 매부인 閔宗植이 의병을 일으킬 때 의병진 편성의 주도적인 역할을 담당하였으며, 민종식 의병대가 홍주를 점령할 때 參謀士로 활약하였다. 또 청양에서 의병을 일으키는 등 계속 독립운동을 전개하다가 1917년에 일제에 잡혀 통영의 欲知島로 유배되었던 분이다. 같은 韓山李氏로 만나 시를 주고 받는 등 서로에 대한 인간적인 사귐이 있었지만 곧 헤어진 듯한데, 그 애잔한 마음을 읊은 작품으로 여겨진다.

다음은 「田家四時」라는 작품 중에서 夏景과 冬景을 읊은 부분을 인용한 것이다.

榴風催秧事	석류가 익어가니 이앙을 재촉하는데
戴笠出村丁	삿갓 쓰고 일하러 가는 시골 농사꾼.
隴畝多歡笑	밭도랑에선 웃음꽃이 피어나는데
葱湯麥飯幷	나물국에 보리밥을 함께 하네.

門無錢索吏	대문에 돈을 색출하는 관리가 없어
俱是太平情	모두들 태평성대의 마음을 누리네.
風雪深村屋	바람과 눈이 시골집에 들어오지만
舂歌又讀聲	곡식 찧는 소리에 책 읽는 소리 들리네.

주지하는 바와 같이 19세기 조선사회는 국내외적으로 암울하고 혼란한 때였다. 특히 外勢가 밀물같이 들이닥치던 시대였음을 고려한다면, 농촌 풍경을 이처럼 한가롭게 묘사하거나 백성들이 태평성대를 구가하고 있다고 표현한 이 작품은 지나치게 牧歌的이라는 느

낌을 준다. 이는 『甯庵詩稿』 전체를 貫流하는 부면으로 보인다.

다음에 인용한 「雨夜」라는 작품도 내면의 조용한 情懷를 읊은 것으로 보인다.

蟬聲乍斷雨聲長	매미소리 잠깐 그치자 빗소리 세찬데
短枕疎簾久氣凉	짧은 베개 성근 발에 서늘한 기운이 많네.
却憶情人人不見	문득 그리운 사람 생각해도 볼 수가 없는데
微風螢火繞池塘	미풍 속에 반딧불이 연못가에 가득하네.

비가 내리는 날 밤에 깊은 상념에 젖어 그리운 이를 생각하며 지은 작품이라 하겠다. 매미소리와 빗소리, 短枕과 疎簾으로 묘사된 주변 풍경 등이 포괄적으로 지어내는 분위기는 조용하고 쓸쓸한 심사이다. 게다가 그리운 이를 볼 수가 없어서 연못가에 반짝이는 반딧불만 무심히 보고있다는 표현에서 시인의 내면의 情懷를 엿볼 수 있다.

이상으로 『甯庵詩稿』에 수록된 총 182題의 작품 중에 주제별로 간략하게 검토해 보았거니와, 아무래도 이 시인은 당시의 社會 現實과는 얼마간 거리를 두고 전원에서 自適하며 살았던 인물로 판단된다.

4. 가치

본서는 우선 未刊行 唯一 筆寫本이라는데 일차적인 가치가 있다. 더구나 저자가 직접 정서한 手稿本으로 추정되어 더욱 그 가치가 있다고 여겨진다. 비록 저자를 알 수 없기는 하지만, 『甯庵詩稿』를 통해 高宗 연간의 畿湖地方 시인들의 문학적 교유 양상을 짐작할 수 있게 하는 주요한 자료라 할 만하다. 따라서 『甯庵詩稿』에 대한 구체적인 검토와 주변 인물들에 대한 연구가 요구된다.

5. 기타

앞서 언급하였듯이 이 책의 저자가 누구인지 알 수 없다. 따라서 이에 대한 조속한 발굴 조사를 기대해 본다.

【박준호】

甯齋先生旅藁

李建昌(1852~1898) 著.

筆寫本. 1冊 : 四周無邊, 無界, 14行22字, 無魚尾 ; 22.6×21.1㎝.

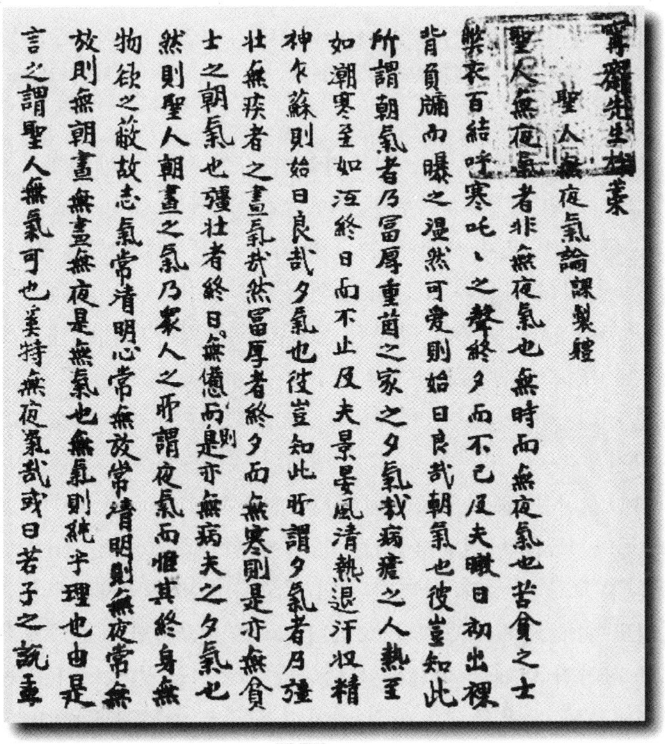
甯齋先生旅藁
聖人無夜氣論 課製體
聖人無夜氣者非無夜氣也無時而無夜氣也苦貧之士
弊衣百結呼寒吒吒之聲終夕而不已及夫曦日初出裸
背負牖而曝之浸然可愛則始日良哉朝氣也彼豈知此
所謂朝氣者乃富厚重茵之家之夕氣哉病癃之人熱至
如潮寒至如冱終日而不止及夫景晏風清熱退汗收精
神冷蘇則始日良哉夕氣也彼豈知此所謂夕氣者乃強
壯無疾者之晝氣哉然富厚者終夕而無寒則是亦無貧
士之朝氣也強壯者終日無憊而則是亦無病夫之夕氣也
然則聖人朝晝之氣乃衆人之所謂夜氣而惟其終身無
物欲之蔽故志氣常清明心常無放常清明則無夜常無
放則無朝晝無晝無夜是無氣也無氣則純乎理也由是
言之謂聖人無氣可也奚特無夜氣哉或曰若子之說專

영재선생려고

1. 저자

李建昌(1852~1898)의 본관은 全州, 자는 鳳藻 혹은 鳳朝, 호는 寧齋이다. 1852년 5월 26일 江華郡 華道面 沙谷에서, 李象學과 坡平尹氏 사이의 삼형제 중 장남으로 출생하였다. 조부는 吏曹判書를 지낸 沙磯 李是遠(1790~1866), 증조부는 岱淵 李勉伯(1767~1830), 고조부는 椒園 李忠翊(1744~1816)이며, 5대조는 霞谷 鄭齊斗(1649~1736)의 제자이자 孫壻인 海嶽 李匡明(1701~1778)이다.

그의 가문은 全州李氏 德泉君派에서 나온 少論명문가였다(『全州李氏德泉君派譜』卷一). 이 집안의 중시조는 定宗의 十子인 恭靖王子 李厚生이다. 그의 6세손인 石門 李景稷(1577~1640)은 沙溪 金長生의 문인으로, 호조판서를 역임하였으며 인조반정과 병자호란 때 공을 세워 一等原從功臣에 봉해진 인물이다. 그는 長英과 後英 그리고 正英을 낳았는데, 이조판서를 역임했던 李正英(1616~1686)은 이조참판을 지낸 大成과 晩成을 슬하에 두었다. 李大成(1651~1718)은 이조판서을 지낸 眞儒(1669~1730)·예조판서를 지낸 眞儉(1671~1721)·眞休(1674~1707)·世子洗馬를 지낸 眞伋(1675~1747)·眞偉(1681~1710) 등 4남 1녀를 두었다. 李眞儉은 5남 1녀를 두었으며, 圓嶠 李匡師(1705~1777)는 그의 막내아들이다. 한편 李忠翊은 李眞伋의 세째인 匡顯(1708~1776)의 둘째아들로 태어나, 열일곱 살쯤에 李眞偉의 외아들인 匡明의 養子로 들어갔다(『椒園遺稿』乾, 「先考妣合葬誌」).

화려한 문벌을 자랑하던 이 집안은 당파싸움에 의한 정치적 패배에 의해 가문의 몰락을 당하게 된다. 敷衍하자면 景宗이 즉위한 뒤에 少論측에서 올린 상소로 인해 老論四大臣을 포함하여 노론쪽 수 백명이 사형 또는 유배되는 辛壬士禍(1721~22년)가 일어나는데, 이때 辛壬疏를 올린 여섯 사람의 주모자 중의 한 사람이 李匡師의 伯父인 李眞儒이었다. 그러나 英祖가 즉위한 1724년부터 정치적 상황이 역전되다가 마침내 1730년에는 李眞儒 형제가 杖殺되었으며, 그 여파로 일어난 羅州掛書事件(1755년)은 乙亥獄이라는 혹독한 시련을 초래하게 된다. 이는 자손들에게 追律하게 되어, 직계는 벼슬길이 막히고 여러 從行子侄들도 귀양가게 된다. 이들의 追律이 해제된 것은 이로부터 200여년 뒤인데, 이같은 黨禍 속에서도 이 집안은 家學으로 陽明學을 전승하였다.

李建昌은 1866년 15세의 어린 나이로 문과에 급제하였으며, 1870년 홍문관을 거쳐 1874년에는 書狀官으로 중국에 다녀왔다. 1875년 충청도 암행어사로 관찰사 趙秉式을 탄핵했다가 평안도 碧潼으로 유배를 당하였다. 고종의 간곡한 부름으로 1880년부터 다시 암행어사 등으로 나아가 민폐를 해결하여 백성들의 존경을 받았으며, 1890년에 漢城府少尹, 1891년에는 承旨에 나아갔지만 관직 생활이 길지는 않았다. 1893년에는 全羅道 寶城으로 귀양갔으며, 1894년 甲午改革 이후로는 황해도 관찰사 등의 관직이 내려졌으나 나아가지 않았다가 고종의 노여움을 사서 古群山島로 귀양가기도 하였다. 1898년 6월18일

47세의 나이로 생애를 마쳤다.

이건창은 丙寅洋擾(1866년) 때에 조부 李是遠의 자결을 목도하였던 때문인지 서양과 일본의 침략을 철저히 배격하였으며, 비주체적인 개화를 극력 반대하였다(『明美堂集』 권18, 「祖考贈諡忠貞公府君墓誌」). 陽明學者로서 그는 心學의 의미를 강조하여 虛名을 배격하여야 한다고 강조하였으며, 綺堂 鄭元夏와 文園 洪承憲 등과 가까웠고 아우 耕齋 李建昇(1858~1924)과 從弟인 蘭谷 李建芳(1861~1939)과 더불어 講磨하였다. 문학적으로는 麗韓九大家의 한 사람으로 꼽힐 정도로 文名이 있었으며, 권력에 비판적이었고 특히 민생의 실상과 어려움을 담은 詩文을 많이 창작하였다. 秋琴 姜瑋(1820~1884)에게서 詩를 배우기도 하였으며, 滄江 金澤榮(1850~1927)과 梅泉 黃玹(1855~1910) 등과 교유하였다.

저서로는 『明美堂集』 20권과 조선중기 이후의 朋黨을 개관하고 평가한 『黨議通略』이 현전한다.

2. 구성

필사본인 이 책의 표제는 '甯齋集'이지만 내제는 '甯齋先生旅藁'로 되어 있다. 전체 목차는 다음과 같다.

「聖人無夜氣論(課製體)」·「歸而求之有餘師論」·「贈宋南一序」·「送高君邦瑞序(珽柱)」·「送美中序(李光秀)」·「贈邦瑞南一美中序」·「書李士吉卷」·「送嘉石韓侯陛移蔚山序(應周)」·「南菴學禊序」·「釋函溟歷代記年跋」·「离峰和尚塔銘」·「望美軒記」·「借竹軒說」·「講習齋上樑文」·「答鄭雲藍書」·「苟安室記」·「質齋記」·「贈尹許二君序」·「迂窩崔公墓碣銘」·「昌寧曺氏族譜序」. (以上 산문 20편)

「沈紀堂約於中路相遇以騎騾爲識路見騎騾者皆非也至公州悵然有作」(2수)·「借坡集讀東坡八首次韻須便寄家弟」(8수)·「謝荷汀送女貞實次東坡贈王仲素遂蒙分刀圭韻」·「錦江秋鴈行」·「讀坡詩蒼梧寄穎濱韻次之以呈荷亭」·「石耳吟次林達隱送示韻效其體」·「次春艇贈美中韻贈春艇(本坡韻)」·「全州」·「任實道中」(2수)·「寄荷亭」·「黃花」·「讀蘇黃詩」·「靑坡口占」(2수)·「電線」·「松廣寺」(2수)·「夜夢荷亭」·「畵蘭贈玉田林樑材」(6수)·「題阮堂畵蘭帖後」(2수)·「三起三點燈」·「有誦近處諸人詩余多不契至兩行楊柳一灣沙泊袖亭亭野菊花爲之擊節不問可知爲黃雲卿也」·「戱作」·「得荷亭書且喜且感夜不能寐隨意紀懷還呈」(9수)·「歲暮雜題」·「黃花亭」·「入寶城界記見」·「食饞戱作」·「寄荷亭」·「贈大乘菴僧秉溟」·「大乘菴僧秉溟興陽吏朴冥淳俱至喜賦」(2수)·「因話楞嚴富樓那義及諸方頓漸案戱問擎雲」·「同南一荊玉拈韻」·「光陽崔雲皐見訪」(2수)·「卽事」·「同諸友拈坡韻」(3수)·「南原崔戚(春

九)見訪」·「宗友靑臯遣其子(光秀)來游喜拈韻」·「夜坐諸少友讀書有感書示」·「珍島朴斯文源大從荷亭呂侍講居停之所有瓣香之願因見津逮間濶特爲荷亭致書于我崎嶇海山之間其事當求之古人甚可感也臨歸又走筆次余韻一首亦有可觀爲之屬秋以贈別」·「呈韓太守(應周)」·「談藝贈許卯橋(奎)尹酉堂(鍾均)」·「疊步自詠」·「與諸友偶吟」·「次保卿寄示韻(仲弟字)」(3수)·「又寄諸弟」·「諸少友聯句詠木枕題其後」·「同許卯橋尹酉堂作」·「同荊玉美中作時南一歸家」·「同諸少友偶題」(2수)·「同谷城趙梧崗(進敎)士勇玉果金(禹鉉)四文」(2수)·「贈南原李士吉(道鳳)」·「歲後泰卿美中重訪次前韻」·「同諸友吟」·「灌水亭唱酬」(7수)·「聞解配電報」(2수)·「甯齋席上逢仙菴僧惠勤拈坡韻三晝夜唱酬」3人詩(9수). (以上 詩 55題 103首)

以下는 黃進士(鉉)梅泉詩로 총 6題 15首임.

「申威堂大將軍挽」(4수)·「秋琴(姜挽慈屺一號)」(5수)·「李峿堂進善挽」(3수)·「大雪」·「春日」·「苟安室」.

以下는 甯齋詩疊謄 或 雜記 (17題)

「鳳凰城」·「大凌河」·「遼野」(2수)·「關中雜絶」(7수)·「拱北樓」·「永保亭」·「落花巖」·「定惠秋望」(2수)·「練光亭(碧潼行時)」·「百祥樓」·「廣州無忘樓」(3수)·「朴淵(松都瀑布)」(2수)·「淸州道中」·「光風樓打魚晩食」·「隱身菴」(2수)·「登金烏山城」·「挾(採之誤)薇亭」.

3. 내용

1) 散文 ;

「聖人無夜氣論(課製體)」는 성인에게 夜氣가 없다는 古來의 철학적 論點을 科文의 형식으로 변론한 것이다. 「歸而求之有餘師論」은 맹자의 문하에 남아서 가르침을 받고자 한 曹交의 간청에 '子歸而求之면 有餘師리라.(『孟子』·「告子 下」)'라고 대답했던 孟子의 뜻을 자세하게 論辯한 글이다. 「贈宋南一序」는 宋明會라는 인물에게 학문에 면려하라는 가르침을 준 글이다. 「送高君邦瑞序(珽柱)」는 전라도 보성에 유배가 있을 때 사귄 벗에게 聖賢의 도리를 거듭해서 일깨운 내용으로 되어있다. 「送美中序(李光秀)」에서는 보성에서 사귄 벗 李承鶴의 아들 李光秀에게 부모 자식간의 도리를 설파한 내용의 글이다. 「贈邦瑞南一美中序」에는 高珽柱, 宋明會, 李光秀 등에게 서로 권면해서 학문에 힘쓸 것을 당부하는 내용을 담았다. 그런데 이상에서 제시한 6편의 문장은 기왕의 자료에 보이지 않는 것이다.

「書李士吉卷」은 『明美堂全集』 권13에 「書李生卷後」로 수록되어 있는데, 전도가 양양한 젊은이에게 십년 동안 공부에만 진력할 것을 충고하는 글이다. 「送嘉石韓侯陞移蔚山序(應周)」도 『명미당전집』 권9에 「送韓侯應周移蔚山序」라는 제목으로 수록되어 있는데,

보성에서 사귀었던 관리가 蔚山府로 가면서 가르침을 청하기에 관리의 마음가짐을 설파한 글이다. 「南菴學禊序」(『명미당전집』 권10)는 공맹의 도리를 배우는 유자들이 불가에서 치루는 禊祭의 관습에 대해 관심을 가지는 것을 개탄하는 내용으로 이루어져 있다. 「釋函溟歷代記年跋」은 『명미당전집』 권10에 「釋函溟歷代記年序」로 그 제목이 다르게 되어 있는데, 중국에서 불교가 흥성하게 된 연유를 구명한 글이고, 「离峰和尙塔銘」(『명미당전집』 권16)은 보성에서 귀양살 적에 만났던 스님의 孝行에 대한 서술과 그를 기리는 '塔銘'으로 구성된 글이다. 「望美軒記」(『명미당전집』 권10)와 「借竹軒說」(『명미당전집』 권12)은 전라도 寶城 지방의 누각에 대한 기문으로, 고을 백성들의 순후한 인심을 묘사한 글이다. 「講習齋上樑文」는 기존 자료에 보이지 않는 글로, 齋室의 상량문인데 상당히 긴 분량으로 되어 있다. 「答鄭雲藍書」는 재기는 있으나 포의로 살아가는 한 인물에 대한 안타까운 심정을 내포한 글로, 이 또한 『명미당전집』에는 없는 자료이다. 『명미당전집』 권11에 수록된 「苟安室記」는 매천자(황현)라는 인물이 향리에 묻혀 살아가는 모습을 담담하게 묘사한 글이다. 「質齋記」도 『명미당전집』 권11에 보이는데, 젊은 날 평안도에서 사귀었던 李伯이라는 벗을 수 십년만에 다시 만나서 회포를 나누는 내용이다. 「贈尹許二君序」는 순천사람 尹泰卿와 구례사람 許周彦이라는 두 묵객과 각별한 友誼를 나누었던 梅泉 黃玹과 함께 주고받았던 詩文에 대한 소박한 기억을 담아서 쓴 글이다. 「迂窩崔公墓碣銘」는 濟州牧使로 선정을 폈던 인물에 대한 칭양을 담은 글인데, 『明美堂全集』 권19에는 「迂窩崔公墓誌銘」으로 되어 있다. 「昌寧曺氏族譜序」라는 글은 寶城에 유배되었을 적에 만났던 曺秉卨의 부탁으로 적은 昌寧曺氏의 내력에 대한 간명한 설명으로 구성되어 있다.

위에서 살펴본 바와 같이 이번에 발견한 『甯齋集』(『甯齋先生旅藁』)에 수록된 散文은 기왕의 『明美堂集』에 상당수 재수록되어 있기는 하다. 그러나 「聖人無夜氣論(課製體)」을 비롯한 「歸而求之有餘師論」, 「贈宋南一序」, 「送高君邦瑞序(珽柱)」, 「送美中序(李光秀)」, 「贈邦瑞南一美中序」 등은 전혀 새로운 자료로 여겨진다. 아울러 본서에 수록된 散文 거의가 이건창의 나이 42세 경(1893년)에 전라도 寶城으로 귀양갔을 때 창작된 것으로 여겨진다. 내제에 '旅稿'라는 명명은 이와 관련된 것으로 보인다.

2) 漢詩 ;

기존의 『明美堂集』에 미수록된 작품을 적시해 보면, 「沈紀堂約於中路相遇以騎驢爲識路見騎騾者皆非也至公州悵然有作」(2수)·「全州」·「寄荷亭」·「電線」·「松廣寺」(1수)·「夜夢荷亭」·「三起三點燈」·「有誦近處諸人詩余多不契至兩行楊柳一灣沙泊袖亭亭野菊花爲之擊節不問可知爲黃雲卿也」·「戱作」·「大乘菴僧秉溟與陽吏朴冥淳俱至喜賦」(2수)·「因話楞嚴富樓那義及諸方頓漸案戱問擎雲」·「光陽崔雲皐見訪」(2수)·「卽事」·「同諸友拈坡韻」(3수)·「南原崔戚(春九)見訪」·「珍島朴斯文源大從荷亭呂侍講居停之所有瓣香之願因見津逮間濶特爲荷亭致書于我崎嶇海山之間其事當求之古人甚可感也臨歸又走筆次余韻

一首亦有可觀爲之屬秋以贈別」·「呈韓太守(應周)」·「談藝贈許卯橋(奎)尹酉堂(鍾均)」·「疊步自詠」·「與諸友偶吟」·「次保卿寄示韻(仲弟字)」(2수)·「諸少友聯句詠木枕題其後」·「同荊玉美中作時南一歸家」·「同諸少友偶題」(2수)·「同谷城趙梧崗(進敎)士勇玉果金(禹鉉)四文」(2수)·「歲後泰卿美中重訪次前韻」·「同諸友吟」·「灌水亭唱酬」(5수)·「聞解配電報」(1수)·「甯齋席上逢仙菴僧惠勤拈坡韻三晝夜唱酬」(9수) 등 30題의 한시가 새로 발굴된 셈이다.

본서에 수록된 漢詩는 『明美堂集』 권5 「南遷記」에 수록되어 있는데, 본디 「南遷記」는 이건창이 1893년에 전라도 寶城으로 귀양갔을 때 창작된 작품들로 구성되어 있다. 이 시기 그의 詩世界에서 특징적으로 포착되는 주제가 '憫時憂國'이라는 사실과 관련지어 볼 때, 이들 자료들의 가치를 주목할 만하다.

3) '黃進士鉉(玹의 誤記) 梅泉詩' 6題가 산입되어 있다.

4) '甯齋詩疊謄(或雜記)'에 수록된 17題의 한시는 모두 『明美堂集』 권2에 수록되어 있는데, 이 작품들은 1874년 이건창의 나이 23세 경에 書狀官으로 중국에 갔을 때 창작한 것을 재수록한 것이다.

4. 가치

『明美堂集』은 1927년에 金澤榮에 의해 중국에서 초간되었다. 그런데 김택영이 『명미당집』 20권의 편찬 과정에서 다소 자의적으로 刪削을 가한 것으로 평가되고 있음은 주지하는 바이다. 특히 이러한 그의 편찬 태도에 대해 이건창의 아우인 耕齋 李建昇은 자신이 처음 정서해 두었던 10권의 간본과 차이가 많다는 견해를 「明美堂跋」을 통해 피력하는 등 적극적으로 이의를 제기했던 것도 널리 알려진 사실이다.

현재 통용되는 이건창의 著作은 모두 김택영의 간본을 바탕으로 영인한 것인데, 1978년에 아세아문화사에서 『李建昌全集』으로 발간한 것과 1984년에 명미당전집편찬위원회에서 발간한 『명미당전집』이 있다. 전자에는 『黨議通略』이 부록되어 있고, 후자에는 '祭文과 輓詞'가 추가로 부기되어 있다. 그런데 김택영의 간본 이외에 耕齋 李建昇이 편찬한 간본의 底本이 되는 것으로 판단되는 9권의 草稿本과 여기에서 빠진 부분을 보완해 주는 3권의 筆寫本이 각각 현전하는데, 이건창의 증손자 李亨周에 의해 기증된 '國史編纂委員會 소장본'과 성균관대 도서관에 소장되어 있는 '寧齋集抄'가 그것이다.

이번에 발굴된 『甯齋先生旅稿』에 수록된 詩文들은 1874년에 중국에 갔을 때 창작된 일부를 제외하면 대부분 1893년 全羅道 寶城에 귀양갔을 때 지어진 작품들이다. 특히 「聖人無夜氣論(課製體)」 등 전혀 새로운 자료가 상당수 발견되었다는 사실은 유의할 만하다.

국사편찬위원회에 소장된 초고본 9권과 필사본 1권 및 성균관대 소장본 『寧齋集抄』 1권과 이번에 발견된 계명대 소장본 『甯齋集』(『甯齋先生旅藁』)을 면밀하게 상호 대조하고 치밀하게 검토한다면, 지금은 일부가 散逸되어 버린 『명미당집』의 전체 면모를 크게 보충할 수 있을 것이다. 아울러 이건창을 포함한 江華學派 문인들에 대한 체계적인 연구를 통해 조선후기 漢文學에 대한 전체적인 조망이 더욱 명료해지기를 기대한다.

[참고문헌]

李熙穆, 『영재 이건창 산문 연구』, 성균관대 대학원 한문학과 박사학위논문, 1992.
朴浚鎬, 「이건창의 <淸隱傳>에 대하여」, 『漢文學報』제11집, 우리한문학회, 2004.
『전주이씨덕천군파보』

【박준호】

王考遺稿

李以豊(1768~1827) 著.

筆寫本(定稿本). 1冊 : 四周無邊, 無界,
12行24字 ; 33.5×21.1㎝.

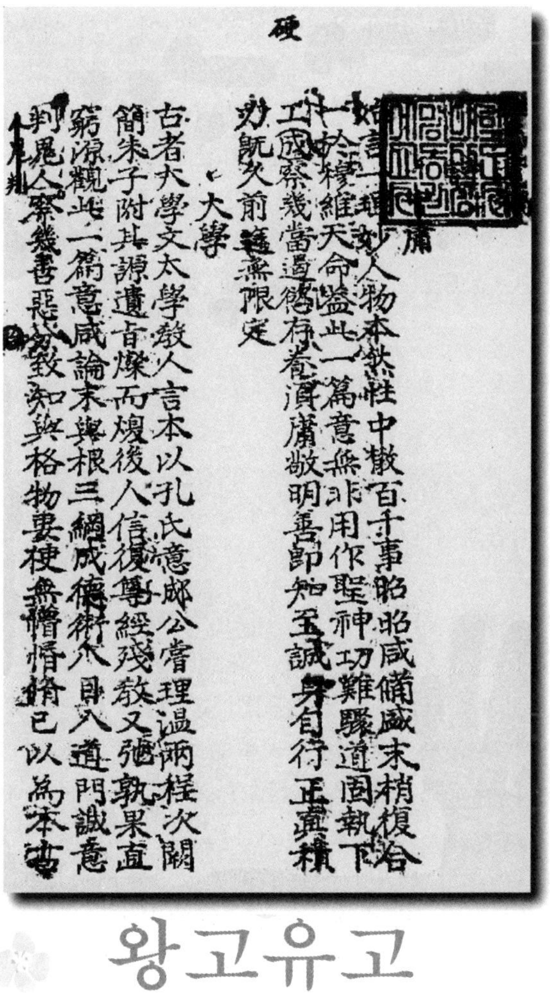

硬

始言一理中散人物本然性中撒百千事昭昭咸備盛末梢復合
於一中於穆維天命鑑此一篇意無非用作聖神功難驟道固執下
工夫成察幾當過德存養慎獨敬明善即知至誠身自行正實積
功既久前進無限定

大學

古者大學文太學教人言本以孔氏意郕公曾理溫兩程次闕
簡朱子附其源遺旨燦而煥後人信復尊經殘教又弛孰果直
窮源觀此一篇意咸論末與根三綱成德術八目入道門誠意
判鬼人察幾善惡欲致知與格物要使無憎惜擀已以為本當

왕고유고

1. 저자

李以豊(1768~1827)의 자는 亨伯이요, 본관은 廣州이다. 조카 李懿秀가 지은 墓表를 토대로 이이풍의 가계를 살펴보면 다음과 같다.

광주이씨의 시조 李集은 고려판전교시사요, 李之直은 보문각직제학이요, 李禮孫은 예조참판, 李克堅은 좌통례였다. 몇 대를 지나 李潤雨의 호는 石潭으로 공조참의였고, 李道長은 호가 洛村으로 홍문관 응교였는데 종숙인 李榮雨의 양자가 되었다. 이가 작자의 7세조이다. 6세조 歸巖 李元禎은 이조판서로 영의정에 추증되었고, 李聃命은 이조참판이었다. 고조는 성균관 생원이었던 李世瑛이요, 증조는 李大中, 조부는 李東陽이다. 선고는 李泰運이요, 어머니는 金翼東의 따님이다. 이이풍은 5남1녀 중 장남으로, 4명의 따님을 두었고, 아들 없어 아우의 아들 李肇秀를 후사로 삼았다.

이이풍은 어려서부터 문망이 있어 정조가 직접 궤안에 그의 이름을 기록해두고 훗날 크게 등용하려 하였지만, 정조가 승하한 뒤에는 알아주는 사람이 없어 궁핍하게 지냈다. 그러나 이러한 것을 마음에 두지 않고 학문에 매진하여 『역괘도』·『황극경세』·『율려신서』·『근사록해의』·『개장의절』 등의 저술과 시문 약간 권을 남겼다.

교유 인물로는, 趙星復, 李萬運, 張錫愚, 崔湜, 張夢樞, 金昊奎, 金兌壽, 申永躋, 李德鉉, 金珽, 李以健, 李以鼎, 姜鳳欽, 崔聖浩, 權求和(準海), 李公述, 金俊翼, 李晳卿, 金穉述, 李佐延, 金顯運, 金重黙, 李正夏, 金斗範 등이 확인된다.

2. 구성

『王考遺稿』는 不分卷 1책의 필사본으로, 詩와 書으로 나누어져 편집되었다. 시는 129題 195首로 목록은 다음과 같다.

「中庸」·「大學」·「壁上帖」·「警誡西學詩」·「重九余患痢無以敍懷乃作五言一律(己卯)」·「見月思家」·「久留京中吟」·「路中偶吟二絶」·「春祝(甲戌)」·「次崔注書聖浩韻」·「敬上權戚叔求和(準海)」·「法水卽事」·「紅流洞」·「紅流洞題名」·「海印寺」·「板閣」·「影子殿」·「白蓮菴」·「國一菴」·「希朗臺」·「欲觀道源土窟與同行相掣而罷」·「願堂」·「蓬風木通兩嶺」·「蓬風嶺與伽山中峯齊久玩戯賦以嘆不見上峯」·「金公瀑」·「又」·「途中謾吟」·「白川橋」·「雙溪寺」·「極樂殿見惟政大師影子」·「靑菴」·「廬山瀑」·「武屹棲雲菴」·「臥龍巖場巖二瀑布」·「上下龍湫」·「又」·「龍湫臥龍之間有二處奇勝川石而無名稱埋沒荊棘甚可惜也遂賦一絶以嘆之」·「修道菴」·「又」·「又」·「正覺菴」·「登修道中峯」·「欲登上峰興盡而罷」·「愁送臺」·「立巖」·「又」·「又」·「捨印巖」·「舞鶴臺」·「檜淵」·「歸日途中」·「歸後追思遊賞諸處恨不得移來」·「讀易學啓蒙有

覺悟處遂賦一絶」·「次趙友新亭韻」·「伽倻山腰有霧如畵一字奇之遂賦一絶」·「九巖八景」·「昔遊安義花林洞君子亭及安東桃淵美景幽趣自相上下而桃淵似勝玩賞歸臥餘興尙往來不能忘遂各賦之」·「行到泗濱見淸溪金公六父子書院以詩咏歎之」·「白雲亭」·「奉覽百拙庵柳公遺集感吟」·「東洛書院」·「過密陽與主人數輩泛舟賞蓮節晩殘零見存無幾而推之可知其全盛遂口占三絶(庚戌八月)」·「嶺南樓次牧隱韻」·「登臨忘歸强意復路不勝悵缺更以前韻賦之」·「浮石寺次老先生韻」·「浮石寺」·「辛未冬聞鄭嘉山死節壯而賦一絶」·「重陽後二日與諸族及權友行幼遊於鳳巖望敍嘯臺」·「留泮村病中偶吟」·「客中寒食」·「又」·「留京別族從兄公述氏」·「京中偶吟」·「觀書吟」·「玩駕幸」·「見家書」·「癸亥四月與鄭僉知令丈鄭參奉戚叔陽亭査丈痲川金丈俊翼氏李戚晉卿甫偕往武屹鄭奎士元金宗泰聖登草溪盧生亦來留讀書矣奉玩先生杖屨書(몇자 결락)物想像當日無異親承謦咳也遂賦二絶」·「舞鶴亭」·「立巖」·「白川橋」·「靑巖瀑布」·「戱贈靑巖寺僧」·「臥龍巖場巖二瀑布」·「夜夢先人敎讀中庸覺而感題」·「奉玩晦齋先生論太極書反覆詠歎遂賦三絶」·「自警二首」·「病中偶吟」·「有感而吟(戊寅)」·「六十四卦反對吟」·「互體詩」·「悶旱」·「奉瞻玩御駕二首」·「夏夜作」·「感舊二絶(己巳)」·「臘梅(丙子)」·「又」·「又」·「又」·「又」·「又」·「又」·「梔子」·「又」·「又」·「閒中偶吟」·「惜梅詩奉答洛村姜戚叔(鳳欽)」·「又」·「敬次立碑時韻」·「又」·「次聾川亭韻」·「次東郊落成韻二首」·「敬次權戚叔贈鳳西族祖重九韻(東鳴)」·「奉和摭華成戚兄見寄韻」·「奉賀鳳西族祖壽宴韻(丙子)」·「奉和上枝僉座下」·「余往川前岳翁適違世而本倅造琴以送之心有感焉遂賦以識之」·「次金稺述修葺雲亭韻」·「敬次權戚祖韻(丙辰家役時)」·「與東城李兄(佐延)」·「次英陽趙友韻」·「寄趙友賀其孫登科」·「奉呈權釣隱翁」·「夢中得淸歌一曲滌心腸之句仍成一絶以識之(戊寅五月)」·「成此一絶後更歎昔年夢中先父君勸讀中庸而不肖無狀不能奉承指敎俛勵着工乃作五十無聞之人終歸暴棄之科」·「輓金叔明」·「輓李穉林億延二首」·「輓外舅惺庵金公(顯運)」·「輓金公」·「輓」·「輓」·「輓族叔默軒公三首」·「輓鳳西族祖」·「輓金八柱」·「輓金同樞令公(重默)」·「輓李戚正夏」·「輓新谷金友」·「輓金同知(斗範)」·「和金志聖梔子分叢韻」·「牧丹」·「芍藥」·「五色菊」

산문목록은 다음과 같다.

「與趙友星復(己卯)」·「上族叔默軒公」·「上外舅書 號腥庵」·「上檜南査丈書」·「答張上舍省伯(錫愚)」·「又(丁亥正月初三日)」·「上答外舅書(戊申正月初六日)」·「答崔友湜乙丑」·「答張機仲夢樞(戊寅)」·「與金壻昊奎, 上外舅」·「答金汝成兌壽」·「答申丈永躋 (戊寅七月)」·「答德鉉」·「與許掌令」·「上族叔 挺運」·「答金君養 珽 別紙(甲申十一月初吉)」·「答金君養 珽 問目」·「上族叔」·「答金君養 珽 問目」·「答族叔」·「答上外舅書 乙酉」·「別紙」·「答金珽問目」·「答張省伯錫愚別紙」·「答族兄以健問目」·「答再從弟德鉉以鼎」·「答再從弟德鉉」·「答李深書」·「答洛村姜族叔鳳欽(丙子臘月初三日)」·「上外舅 (丁未)」·「答金珽」

3. 내용

시를 대강 살펴보면, 우선 해인사, 밀양, 雙溪寺, 浮石寺 등 여러 명승지를 유람하면서 감회를 읊은 작품이 다수를 차지하고 있으며. 다음으로 교유시, 만사 등이 차지하고 있다. 이 가운데 주목 되는 것은 경서, 즉 『중용』과 『대학』에 대한 시가 있는데, 작자는 특히 『중용』에 침잠하여 자득한 것으로 보인다. 이 필사본에는 없지만, 이를 토대로 간행된 『九巖文集』에는 「중용수장도」가 실려 있는 것으로 보아 중용에 대한 상당한 조예가 있었던 것으로 보인다. 또 주목되는 것으로 서학에 대한 경계를 담고 있는 장편의 「警誡西學詩」도 있다.

산문의 내용을 살펴보면,

「與趙友星復(己卯)」은 조성복에게 보낸 편지로, 안부와 조성복의 아들이 일찍 이름을 떨친 것에 대한 축하, 부탁한 운자에 시를 지어 보낸다는 내용의 짧은 서간이다.

「上族叔默軒公」은 族叔인 李萬運(1736~?)에게 올린 편지이다. 지난번에 보내온 편지와 많이 보내주신 것에 대하여 일찍이 인사를 드리려 했으나 그러하지 못한 것에 대해 죄송하다는 내용과, 돌아가신 집안의 형님에 대하여 지은 비문이 흡족하지만 교정하지 않은 부분이 있는 듯 하다는 내용이다. 默軒 李萬運은 조선 정조 때의 학자로 경상도 칠곡에 거주하였다. 박학하여 천문, 曆算, 지리, 名物 따위에 능하였으나 벼슬은 지평에 그쳤다.

「上外舅書 號腥庵」은 腥庵이 보내온 편지에서 好惡에 대한 欲과 情의 내용이 석연치 않아 변별하는 내용이다.

「上檜南査丈書」는 査丈에게 안부를 묻고, 자신은 설사병은 차도가 있으나 독감에 다시 걸려 신음 중이며, 질녀들과 동생들도 신음 중이어서 근심스럽다는 상황을 이야기 하고 있다. 옥산강의에서 물어본 퇴계선생 시에 대하여 대답할 수 없었는데, 근자에 朱書를 읽다가 느낀 점이 있어 다시 아뢴다는 내용이다.

「答張上舍省伯」는 張錫愚가 물어본 聲과 音에 대한 답변이다. 音은 소리가 文을 이룬 것이요, 聲이 마음에서 생겨나 밖으로 절도가 있는 것을 音이라 한다. '궁상각치우'는 성이요, '금석사죽포토혁목'은 음이라는 것이다. 또한 一元消長圖에 대한 견해를 밝히고 있다. 장석우의 호는 新齋, 1813년 사마시에 입격한 뒤 의금부도사와 경모궁령 등을 역임하였다. 저서에는 『상례촬요』와 문집이 있다.

「又(丁亥正月初三日)」는 새해 인사에 대한 답장과 보내온 내용 중에 작자를 군자라고 일컬은데 대하여 감당할 수 없으니 앞으로 이런 명칭을 사용하지 말아 달라고 사양하는 내용이다.

「上答外舅書(戊申正月初六日)」는 이기설에 대한 의견을 개진하고 있다. 즉 작자는 性이 理氣를 겸하고 있다는 것을 程子의 설로 증명하고, 『대학』의 明德이 理氣를 겸하고 있어 主理, 主氣만을 주장하는 편벽됨을 배척한다는 것이다. 직접 찾아가 가르침을 받지 못하고 편지로 할 수 밖에 없는 안타까움도 함께 말하고 있다.

「答崔友湜 乙丑」은 崔湜이 보내온 편지에 대한 고맙다는 인사의 답장과 『오례의』, 『상례보편』의 印行 상황에 대한 내용을 아울러 겸하고 있다.

「答張機仲夢樞 戊寅」는 張夢樞가 보내온 편지의 내용 가운데 '理生氣理先氣後'라는 내용은 여러 번 읽어도 의심이 사라지지 않으니, 주자의 어느 글에서 인용한 말인지 답장을 해달라는 내용이다.

「與金壻昊奎」는 사위인 金昊奎에게 이별한 뒤 연락이 없어 보내는 편지로, 무더운 날씨에 어떻게 지내는지 정황를 묻는 내용이다.

「上外舅」는 外舅에게 올리는 편지로, 연전에 모시고 배울 때 많은 가르침을 받았는데, 계속 머물러 있으려 하였지만 형편이 못되어 돌아오고 나니, 더욱 外舅의 덕이 그립다는 내용과 요즈음 상고가 많이 생겼는데, 척족인 강상사와 재종조가 돌아가셨다. 덕망 있는 분들이 다 없어져 질의 할 곳이 없게 되어 더욱 비통하다는 내용이다.

「答金汝成 兌壽」는 金兌壽에게 보낸 답장으로, 사위를 맞은데 대한 축하의 편지도 보내지 못한 죄송한 마음을 나타내고 있으며, 그리고 작자는 한 번 병이 들어 점차 게을러져서 반 글자도 읽지 못하고 있다는 탄식도 아울러 표현하고 있다. 또한 한해가 지나도록 만나지 못하는 아쉬움을 이야기 하고 있다.

「答申丈永躋 戊寅七月」는 申永躋가 보내 준 뜻 밖의 편지에 감사하는 마음과 작자는 소갈병과 배꼽 가에 종기가 생겨 굴신이 어려우며, 그 밖의 크고 작은 우환이 연이어 근심스럽고 마음이 어지럽다는 내용이다. 그리고 신영제가 물어온 내용에 대한 답변이다. 질문의 내용은 드러나지 않으나 답변의 내용은 '馬貴'는 책이름인데 그 상세한 것은 기억나지 않으며, '與'자는 아랫 구절에 붙이는 것이 옳다는 것이다. 또 파초와 치자 각 한 종을 보내겠다는 내용이다.

「答德鉉」은 족제인 현덕에게 답한 편지인데, 현덕의 부모가 같은 날 돌아가셨는데, 이에 대한 놀라움과 현덕이 물어온 상례에 대한 답으로 이루러져 있다.

「與許掌令」은 許掌令이 臺閣에 오른 것을 축하하는 내용과 서강대감의 상사에 대한 참담함, 그리고 만날 기약이 없는 아쉬움에 재종숙의 科行편에 편지를 붙인다는 것이다.

「上族叔挺運」은 족숙 정운에게 올리는 편지로, 족숙이 물어온 상례에 대한 답변이다. 아버지가 계실 때는 아내를 위하여 지팡이를 짚지 않으며 담제를 지내지 않고, 아버지가 계시지 않고 어머니만 계실 때는 아내를 위하여 지팡이를 짚을 수 있고 또 담제를 지낼 수 있다는 내용에 의거하라는 것이다.

「答金君養珽 別紙 甲申十一月初吉」는 金珽이 물어온 절례에 대한 답변의 내용인데, 葛庵의 설에 의거하여 대답하고 있다.

「答金君養 珽 問目」은 金珽이 물어온 상례와 여러 가지에 대한 답변이다. 한 두가지만 보면 '二酉'는 산 이름이다. '塵刹'은 불교의 十方國土의 통칭이다.

「答族叔」은 안부와 작자의 근황, 족숙의 물음에 답하는 내용이다. 작자의 근황은 누이의 상을 당하여 아픈 마음 가눌 수 없고, 또한 요통이 있어 움직이기 힘들다는 내용이다. 족숙의 물음은 哭班의 마련에 대한 것인데, 편의대로 행하여서는 안 된다는 것이다.

「答上外舅書 乙酉」는 조부모 상중에 부친상을 당하면 장손은 그 조부를 추복해야 한다는 설에 대하여 여러 사람들에게 질정해 보고 가르침을 달라는 내용이다.

「別紙」위 편지의 별지로, 상례에 대한 설이다.

「答金珽問目」의 물음은 아우가 죽고 처자가 없을 경우 바로 조묘에 합사하고 궤연을 철거해야 하는가이다. 답하기를, 처자가 없으면 졸곡한 뒤에 궤연을 철거하는 것이 당연하지만, 만약 장가를 갔는데 처자가 없을 경우는 인정에 각박하다 그렇게 해서는 곤란하다는 것이다.

「答張省伯錫愚 別紙」는 張錫愚가 禫祭에 대하여 질문한 것에 답한 내용인데, 寒岡先生의 설을 인용하여 설명하고 있다.

「答族兄以健問目」은 족형인 李以健이 상제에 대한 질문에 답한 내용이다. 李以健은 묵헌 이만운의 아들이다.

「答再從弟德鉉以鼎」은 재종 동생 이이정이 상제를 잘못 행한 것에 대하여 전거를 들어 나무라고, 小祥의 예에 예법에 어긋나지 않을 것을 제시하고 있다.

「答再從弟德鉉」 또한 상제에 대한 내용으로, 앞의 편지에서 말한 상제에 대하여 퇴계선생의 설이 옳을 것이라고 짧게 답하고 있다.

「答李深書」는 이심서가 부탁한 작자의 저술 중 『內篇揲蓍圖』·『小解』 등을 완성하지 못하여 부응할 수 없음과 안부의 내용이다.

「答洛村姜族叔鳳欽 丙子臘月初三日」은 족숙 강봉흠에게 안부와 시에 대한 이야기를 말하고 있다.

「上外舅 丁未」는 외구의 가르침에 부응하지 못하여 죄송스럽다는 짧은 서간이다.

「答金珽」은 자신이 더위 병에 걸려 신음하고 있다는 것과, 김정의 아들에 대한 칭찬의 내용이다.

4. 가치

『王考遺稿』는 『九巖文集』의 정고본으로, 『九巖文集』 간행에 관련된 기초 자료로서 일차적 가치를 가지고 있다. 『王考遺稿』를 토대로 간행된 것으로 보이는 『九巖文集』(1911년 刊, 4권2책)은 계명대도서관을 비롯해 여러 기관에 소장되어 있다.

5. 기타

이이풍의 집안은 庚申獄事에 관련된 李元禎의 후손이며, 李聃命의 족손이라는 이유로 槐院의 會圈이 파해지는 처분을 받는 등 정치 활동에 제약을 받게 되었다.

참고로 李東汲의 『晩覺齋集』이 1926년에 칠곡에서 목판으로 간행되었고, 李元禎의 『歸巖集』, 李聃命의 『靜齋集』이 모두 후손 李綱鎭의 편찬으로 1937년 칠곡 景巖齋에서 간행된 것으로 보아, 이들의 世居地인 칠곡에서 이 당시에 일가의 문집이 대거 간행된 사실을 확인할 수 있다.

【남춘우】

愚伏雜錄

鄭經世(1563~1633) 著.

筆寫本. 1冊 : 四周無邊, 無界,
10行24字, 無魚尾 ; 35.3×22.0㎝.

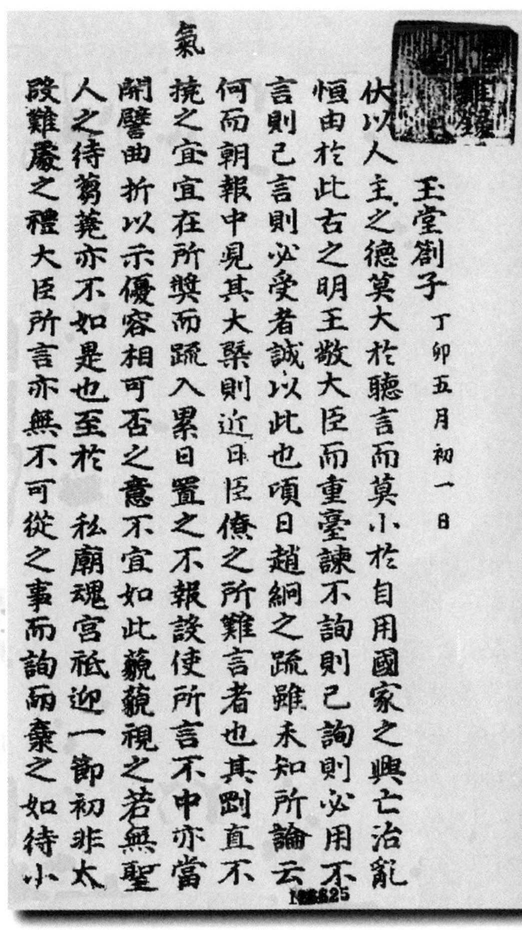

玉堂箚子 丁卯五月初一日

伏以人主之德莫大於聽言而莫小於自用國家之興亡治亂恒由於此古之明王敬大臣而重臺諫不詢則已詢則必用不言則已言則必受者誠以此也頃日趙絅之疏雖未知所論云何而朝報中見其大槩則近日臣僚之所難言者也其剴直不撓之宜宜在所奬而疏入累日置之不報設使所言不中亦當開譬曲折以示優容相可否之意不宜如此藐藐視之若無聖人之待芻蕘亦不如是也至於 私廟魂宮祗迎一節初非太段難處之禮大臣所言亦無不可從之事而詢而棄之如待小氣

우복잡록

1. 저자

鄭經世(1563~1633)는 명종 18년(1563) 9월 14일 좌찬성을 지낸 汝寬(1531~1590)과 陜川李氏 사이에 태어나 인조 11년(1633) 6월 17일 71세를 일기로 卒하였다. 본관은 晉州, 자는 景任, 호는 愚伏이다. 고조부는 蕃이며, 증조부는 繼咸이며, 조부는 銀成이다. 어릴 때부터 남다른 재주가 있어 7세에 『史略』을 읽고 8세에 『소학』을 배웠는데, 불과 절반도 배우기 전에 문리가 통해 그 나머지 글은 스스로 해독했다고 한다.

1578년(선조 11) 경상도 鄕試에 응시해 생원과 진사의 초시에 합격했고, 1580년 柳成龍의 제자가 되어 학문에 진력하였다. 1582년 會試에서 진사에 뽑히고 1586년 알성문과에 을과로 급제, 승문원부정자에 임명되었다. 1588년 예문관검열 겸 춘추관기사관이 되었다가 곧 통사랑대교로 승진되었다.

1596년에 이조좌랑, 1598년에 경상감사가 되었다. 1600년 영해부사가 되었다가, 그 해 겨울에 관직을 버리고 고향에 돌아왔다. 그 사이에 몇 번의 소명을 받았으나 잠시 상경했다가 다시 귀향하였다. 당시는 당쟁의 풍랑으로 정계는 자못 시끄러웠다. 정경세는 이 때를 기해 관직을 사양하고 고향에 돌아와 학문 연구에 전념하였다. 마을에 存愛院을 설치, 사람들의 병을 무료로 진료하였다. 또 유생을 설득해 상주에 道南書院을 창건하여 五賢을 從祀해 후학으로 하여금 도학의 정통을 알게 하였다.

1607년 대구부사로 나가 치적을 올렸고, 이듬해 선조가 죽고 광해군이 즉위하면서 교서를 내려 정경세에게 求言하였다. 이에 그는 萬言疏를 올려 사치스런 풍습을 경계하고 인물의 전형을 공정히 하며 학문에 힘쓸 것을 강조하였다. 1609년(광해군 1) 봄에 동지사로 명나라에 다녀와서 嘉善大夫가 되었다. 그 해 12월에 전라감사가 되어 道政에 전념하다가 이듬해 鄭仁弘 일당의 사간원 탄핵으로 해직되었다. 1623년 인조반정으로 정국이 일변되자 3월에 홍문관 부제학에 제수되었다.

본서의 저술 연대인 丙寅年(1626)에서 戊辰年(1628) 사이의 생애를 상세하게 보면 다음과 같다. 1626년 1월에 동지중추부사가 되었고, 2월에 大司憲과 부제학이 되었다. 4월에 知義禁府事를 겸직하였고, 5월에는 同知經筵을 겸직하였다. 1627년에 사직하고 고향에 있을 때 청나라가 침략하여 임금이 강화도로 피난가자 의병을 모집하였다. 5월에 부제학이 되고, 6월에 대사헌이 되었다. 9월에 우참찬 겸 동지경연 우빈객이 되었다. 1628년 6월에 정헌대부가 되었다.

그 뒤 승정원도승지·의정부참찬·형조판서·예조판서·이조판서·대제학 등의 관직을 거치면서 公道를 확장하고 요행을 억제하며, 인재를 널리 취하고 士論을 조정해 국정에 심혈을 기울였다. 정경세의 학문은 주자학에 본원을 두고, 이황의 학통을 계승하였다.

그는 평소에 朱子를 흠모하고 존경했다. 朱書를 편람, 정독해 후진 교육이나 朝議에서나 경연에서 진강할 때 주서에 근거를 두지 않은 적이 없었다. 『養正篇』은 주자가 편찬한

『소학』과 표리가 되고, 『朱文酌海』는 이황이 편찬한 『朱書節要』와 표리가 되는 것으로 주자학을 연구하는 데 귀중한 자료이다. 의정부 좌찬성에 추증되었고 시호는 文莊이다.

2. 구성

필사본인 『愚伏雜錄』은 卷首題가 '雜錄'으로 되어 있지만, 내용이 우복이 지은 것이 분명하기 때문에 그렇게 제목을 붙인 것이다. 이 책은 정경세가 1626년에서 1628년 사이에 조정에서 벼슬하면서 지은 글을 모은 것이다. 여기에는 箚子, 辭職疏, 敎書, 表箋 등 공문서와 개인에게 주는 편지, 만사 등 다양한 장르가 복잡하게 뒤섞여 있다. 뿐만 아니라 차례에 있어서도 저작 연대순으로 되어 있지 않다. 즉 처음에는 정묘년의 작품이 실려 있고 그 다음에는 무진년의 글이 실려 있어 연대순으로 되어있는 듯하였다. 그러나 그 뒤에는 병인년의 작품으로 연대가 도로 내려갔다가 그 뒤에 다시 무진년의 작품이 끝까지 실려 있다. 모두 53편의 작품으로, 전체 목차는 다음과 같다.

「玉堂箚子丁卯五月初一日」, 「又同日」, 「又六月十一日」, 「擬上箚子丁卯四月二十四日」, 「辭職箚子丁卯五月十八日」, 「乞遞職疏丁卯七月二十六日」, 「呈辭四月十六日」, 「晩翠吳老挽詞」, 「吳承旨翊挽詞」, 「大院君遷葬挽詞」, 「柳川韓相公挽詞」, 「李興海浩然挽詞」, 「徐察訪希祚挽詞」, 「胡太監良輔回帖」, 「毛都督回帖」, 「答金汗書」, 「改題告辭九月初八日」, 「南溪書院奉安 西厓先生祭文」, 「處置兩司箚子十一月初四日」, 「處置兩司箚十一月初七日」, 「東宮嘉禮頒教中外文」, 「答吳司書竱問目」, 「與吳司書竱」, 「答延平第一書十一月十七日」, 「延平第一書附十一月十六日」, 「答延平第二書十一月十八日」, 「別紙」, 「延平第二書附十一月十八日」, 「延平第三書附十一月二十四日」, 「大司憲避嫌戊辰正月初五日」, 「辭職箚子正月初六日」, 「辭職再箚正月初七日」, 「同日避嫌」, 「辭勳疏正月二十九日」, 「憲府啓辭 二月初二日」, 「天啓皇太子薨逝陳慰表」, 「天啓皇帝崩逝陳慰表」, 「崇禎皇帝登極進賀表」, 「進香祭文」, 「迎登極 詔後頒赦 教書」, 「迎 詔後百官陳賀箋」, 「訖表禮箚子丙寅正月」, 「擬上箚子四月」, 「乞減下兼帶知義禁箚子五月二十三日」, 「乞免箚子六月二十四日」, 「論答虜書箚子七月初四日」, 「答權仲明論深衣書戊辰正月」, 「又」, 「登州孫軍門揭帖」, 「應求言 旨箚子八月初十日」, 「乞遞藝文館提學箚子八月二十九日」, 「處置箚子九月初五日」, 「又九月初十日 請姑停親祭箚」, 「又九月二十六日」, 「申領相挽詞」

3. 내용

앞서 언급하였듯이 저자가 1626년에서 1628년 조정에서 벼슬하면서 지은 글을 모은 것이다. 작품의 내용은 다음과 같다.

「玉堂箚子丁卯五月初一日」는 임금이 대간의 말을 무시하지 말고 중시해야 함을 강조한 차자이다. 「又同日」는 역시 임금에게 건의하는 차자이다. 정묘년에 청나라 침입후 형제의 조약을 맺었다. 이에 나라에서는 국력을 길러 청나라에 대항해야 함에도 불구하고 기강이 해이하고 조치가 느슨하였으니, 이런 상황을 보고 다음의 조항을 제시하여 바로 잡을 것을 말하였다. ① 임금의 의지를 확고하게 정립할 것, ② 앞으로 임금의 계획이 정해질 것, ③ 鎭將軍에 적절한 인물을 임명할 것, ④ 砲手를 잘 임명하여 포격할 것, ⑤ 군량미 비축, ⑥ 임금의 內需와 私藏을 없앨 것, ⑦ 임금의 근본을 세울 것 등이다. 「又六月十一日」는 앞의 차자와 같은 취지로, 건의 조항은 다음과 같다. ① 대간이 직언할 수 있도록 임금이 귀를 열어야 함, ② 임금의 內需를 줄일 것, ③ 收稅와 設屯 문제의 재고, ④ 請和 문제, ⑤ 제사에 음악의 사용여부, ⑥ 興慶遷葬 문제, ⑦ 임금의 孝, ⑧ 청나라와의 굴욕적 외교에 임금이 절치부심하여 설욕의 마음을 다질 것, ⑨ 설욕을 위해 賢人을 숭상해야 함, ⑩ 군자가 신하의 진언에 귀담아 들어줄 것 등이다. 「擬上箚子丁卯四月二十四日」는 조정에서 청나라에 사신을 보내 청나라 왕의 동생에게 문안 인사를 하며, 청나라 장군에게 편지를 보내 留兵을 거두게 하는 소지에 내하여, 우복은 "매우 편하지 않은 점이 두 가지이고 매우 불가한 점이 두 가지이다."고 하면서 그것에 대하여 상세하게 기술하였다. 「辭職箚子丁卯五月十八日」는 "안질로 눈을 뜰 수가 없다."고 하면서 사헌부 대사헌 겸 예문관제학 비변사제조를 사직하는 차자이며, 「乞遞職疏丁卯七月二十六日」는 체직을 비는 차자이다. 「呈辭四月十六日」는 사헌부 대사헌 겸 예문과제학 세자우부빈객의 체직을 청하는 글이다. 「晩翠吳老挽詞」, 「吳承旨翊挽詞」, 「大院君遷葬挽詞」, 「柳川韓相公挽詞」, 「李興海浩然挽詞」, 「徐察訪希祚挽詞」는 당시 조정에서 벼슬하고 있거나 벼슬을 그만둔 사람들에 대한 만시이다. 「胡太監良輔回帖」, 「毛都督回帖」, 「答金汗書」은 모두 청나라와 관련된 글이다. 胡太監은 청나라 사신이고, 毛都督은 청나라 장군이고, 金汗은 청나라 임금이다.「改題告辭九月初八日」는 우복이 자기 집의 가묘 題主에 광해군 때 받은 翼社原從勳一等을 고친 것을 사당의 조상에게 고한 말이다. 「南溪書院奉安 西厓先生祭文」은 남계서원에 서애를 봉안할 때 쓴 제문이다. 「處置兩司箚子十一月初四日」는 1627년 李仁居의 모반에 崔晛의 무고함을 변론하는 차자이다.「處置兩司箚十一月初七日」는 鄭弘溟 등이 임금이 명하여 벼슬에 나오도록 하는 차자이다. 「東宮嘉禮頒 敎中外文」은 世子嬪을 맞이하는 것을 중외에 알리는 글이다. 「答吳司書竱問目」와 「與吳司書竱」는 吳竱에게 준 편지이다. 「答延平第一書十一月十七日」, 「延平第一書附十一月十六日」, 「答延平第二書十一月十八日」, 「別紙」,

「延平第二書附十一月十八日」, 「延平第三書附十一月二十四日」는 연평과 주고받은 편지이다. 제삼서에서 연평이 보낸 것만 있고 우복의 답서가 없는 것은, 그 끝에 주석을 달기를 “논리가 없는 말이 가면갈수록 심하여 논변할 가치가 없었기 때문이다.”고 하였다. 「大司憲避嫌 戊辰正月初五日」은 金裕의 죄를 잘못 처리한 것에 대한 사죄의 글이다. 「辭職箚子 正月初六日」, 「辭職再箚 正月初七日」는 사직을 청하는 글이고, 「同日避嫌」은 직무를 잘못 수행한 것에 대한 사죄의 글이다. 「辭勳疏正月二十九日」와 「憲府啓辭二月初二日」는 공훈을 입는 것을 사양하는 소이다. 「天啓皇太子薨逝陳慰表」는 명나라 熹宗의 황태자가 죽은 것을 위문하는 표문이고, 「天啓皇帝崩逝陳慰表」는 희종이 죽은 것을 위문하는 표문이다. 「崇禎皇帝登極進賀表」, 「迎登極詔後頒赦敎書」, 「迎詔後百官陳賀箋」은 모두 명나라 毅宗이 천자의 지위에 오른 것을 축하하는 글들이다. 「進香祭文」은 명나라 희종의 영전에 올리는 글이다. 「訖表禮箚子丙寅正月」는 元宗의 비 仁獻王后(인조의 어머니)의 죽음에 대한 복상문제를 6조항에 걸쳐 논의한 차자이다. 「擬上箚子四月」는 崔始量의 처벌에 관한 차자인데, 그 글의 제목 아래에 “이 이하는 모두 戊辰年의 글이다.”고 自註를 달았다. 「乞減下兼帶知義禁箚子五月二十三日」와 「乞免箚子六月二十四日」는 義禁府知事를 감해줄 것과 면직을 청하는 차자이다. 「論答虜書箚子七月初四日」는 청나라의 국방에 대하여 논의한 차자이다. 「答權仲明論深衣書 戊辰正月」와 「又」는 深衣에 대하여 논의하여 권중명에게 보낸 편지이다. 「登州孫軍門揭帖」은 登州(함경북도 安邊)의 孫軍門에게 보내는 공문서이다. 「應求言旨箚子八月初十日」는 임금이 신하들에게 글을 올리라고 요구함에 응하여 시사를 논의한 글이다. 「乞遞藝文館提學箚子八月二十九日」는 예문관 제학의 체직을 비는 차자이다. 「處置箚子九月初五日」, 「又九月初十日 請姑停親祭箚」, 「又九月二十六日」는 당시 국사의 처리에 대하여 의견을 제시한 차자이다. 「又九月初十日 請姑停親祭箚」는 임금이 건강이 좋지 않기 때문에 會盟 뒤 천지신명에게 지내는 제사를 멈출 것을 청한 차자이다. 「申領相挽詞」은 영의정 申欽에 대한 만사이다.

4. 가치

본서는 필사본으로 작품 전체의 반 이상이 『우복집』에 실려 있지만, 없는 것도 다수 있는 중요한 자료이다. 시기적으로 1626년에서 1628년에 조정에서 있으면서 지은 글이지만 저작의 연대순으로 되지 있지 않을 뿐만 아니라, 장르별로도 편집되지 않아 매우 혼란스럽다. 또 같은 글이라도 『우복집』에 실려있는 것과 제목이 달라서 구별하기가 어려운 것도 있다. 예를 들면 본서의 「答金汗書」는 청나라(금나라)의 군주에게 주는 편지인데, 『우복집』에는 「答金主帖」으로 되어 있는 것이 그것이다.

이인재씨는 이 책을 구매하여 소장하면서 갑인(1974)년 3월 책의 제일 앞 장에 "정우복 선생이 손수 교정한 원고본이다. 붉은 방점을 표시하면서 선생이 친필로 쓴 책이다."고 하였다. 그러나 이 말에 대하여는 의심이 없을 수 없다. 글씨체가 처음부터 끝까지 한 사람의 필체가 아니기 때문이다.

5. 기타

본서는 『우복집』에 있는 글을 중복하여 실은 것이 대부분이지만 그렇지 않은 글도 상당수 있다. 따라서 이것을 정밀하게 선별하는 것이 일차적인 과제이다. 또 兩 책에 실린 글이 제목은 다르나 내용이 같은 것도 있고, 제목은 같으나 내용이 조금 다른 것도 있으니, 이것을 변별해내는 것도 중요한 일이다. 한편 우복의 많은 글 중에 하필이면 1626년에서 1628년 사이 조정에 있으면서 지은 글을 모아서 이 책으로 만들었을까 하는 의문도 생긴다. 더 나아가 이 시기에 조정에서 벼슬하면서 지은 모든 작품은 여기에 수록되어 있는지의 여부도 점검해볼 일이다.

【송희준】

雨村集

南尙敎(1783~1866) 著.

筆寫本, 1冊(零本) : 四周無邊.
無界, 10行22字, 無魚尾 ; 29.0×19.9㎝.

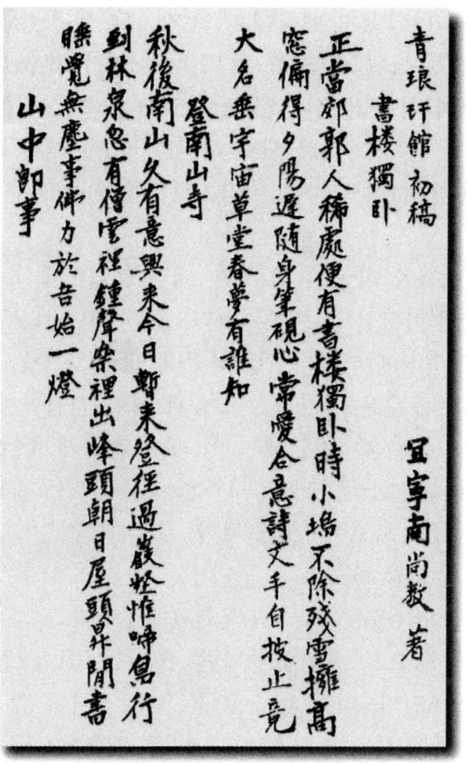
青琅玕館初稿　　宜寧南尙敎 著
書樓獨卧
正當郊郭人稀處便有書樓獨卧時小塢不除殘雪擁高
窻偏得夕陽遲隨身筆硯心常愛合意詩文手自披止竟
大名垂宇宙草堂春夢有誰知
登南山寺
秋後南山久有意興來今日暫來登徑過巖蹊惟啼鳥行
到林泉忽有僧雲裡鐘聲樂裡出峰頭朝日屋頭昇閒書
睡覺無塵事佛力於吾始一燈
山中即事

우촌집

1. 저자

南尙敎(1783~1866)의 자는 文叔, 호는 雨村, 본관은 宜寧으로 19세기 한시사를 대표하는 중요한 시인의 한 사람이다. 아버지는 履佑, 어머니는 李基豊의 따님이며, 문과에 급제하여 형조참판·함경도 관찰사 등을 역임한 5代祖인 益薰 이후로 우촌의 부친에 이르기까지는 집안에 현달한 인물이 나오지 않았던 것으로 보인다.1)

우촌의 아들인 南鍾三(1817~1866)은 문과에 급제하여 承旨에까지 이르렀으나 독실한 천주교 신자였다. 러시아의 南下를 막기 위해 고심했던 흥선대원군에게 천주교 선교의 자유를 조건으로 프랑스의 힘을 빌려 이를 막자는 의견을 올리고, 대원군과 프랑스 주교와의 접촉을 추진하였던 조선 천주교의 핵심인물이었다. 그러나 일이 여의치 않게 되자 대원군은 마음을 바꾸어 丙寅迫害를 일으켜 남종삼은 체포되어 처형되었고, 남상교 역시 이에 연루되어 公州鎭營의 옥에 갇혀 세상을 떠나게 되었다. 이들 부자가 살던 집은 辛亥迫害 이후 천주교도들이 모여 살면서 우리나라에서 최초로 神學校가 세워졌던 충청북도 堤川의 배론[舟論]에서 가까운 묘재라는 곳에 있는데, 지금은 천주교의 성지가 되었다.

이렇게 비극적으로 생을 마감했기 때문에, 우촌과 교유했던 趙秀三(1762~1849), 申緯(1769~1847), 李學逵(1770~1835), 李晩用(1792~1863), 洪翰周(1798~1868) 등의 문집에서 그에게 보낸 약간의 시가 발견될 뿐, 남상교에 관한 신뢰할 만한 직접적인 기록은 거의 남아 있지 않고, 문집 역시 산일된 채로 시집만 몇 권 전할 뿐이다. 그래서 아직까지도 우촌에 대해서는 당대를 대표하는 시인이라기보다는 천주교 순교사로서의 면모만이 부각되고 있다.

『司馬榜目』에서 그의 이름을 찾을 수 없지만, 여러 문집들에서 그를 일컬어 '進士'라 일컬은 것으로 보아 進士試에 합격한 것은 분명하다. 순조 25년(1825) 10월에 冬至使를 따라 燕行하여 이듬해 2월까지 연경에 머물다 귀국하였다. 당시 正使는 李勉昇, 副使는 李錫祜, 書狀官은 朴宗學이었으며, 우촌은 아마도 이면승과 어떤 인연이 있어 여기 참여하게 되었던 것으로 보인다. 신위의 『警修堂全藁』에는 이 때 우촌에게 준 시가 실려 있다.(『警修堂全藁·紅蠶集(三)』, 「南雨村進士從鶩溪院判入燕, 話別之次, 雜題絶句, 多至十三首, 太半是懷人感舊之語, 雨村此次與諸名士遊到酣暢, 共出而讀之, 方領我此時心事十三首」) 우촌은 문과에 급제하지 않고 蔭職으로 벼슬살이를 한 것으로 추정된다. 언제 처음 관직에 나갔는지는 확증이 없지만, 申義澈 編, 『外案考』(保景文化社, 2002)를 살펴보면, 憲宗 3년(1837) 12월에 玄風縣監으로 부임하여 헌종 6년(1840) 12월까지 재직했던 것이 첫 번째 外職이었던 것으로 보인다. 다시 헌종 9년(1843) 4월에 豊基郡守로 부임하여 헌종 13년(1847)까지 3년을 채우고(申緯, 『警修堂全藁·覆瓿集(十)』, 「送雨村出守豊基郡」

---

1) 朴能緖, 『韓國系行譜』, 寶庫社, 1992, 2152면 참조.

및 洪翰周, 『海翁藁·聞韶集』, 「達城途中次豐基郡守南雨村尙敎韻」 참조), 이 해 6월에 寧海都護府使로 부임하여 헌종 14년(1848) 12월까지 재직하다가 다시 忠州牧使가 되어 그 이듬해 7월까지는 재임하였던 것으로 추정된다. 또, 승진하여 同知敦寧府事가 되었다는 기록도 있다.(『韓國系行譜』)

지금 볼 수 있는 몇 백 수 남짓한 한시 작품들만을 검토해 보았을 때, 우촌이 과연 얼마나 독실한 천주교 신자인지 알 수 있는 단서가 거의 남아 있지 않다. 이 작품들은 모두 情趣가 뛰어난 佳作들이어서, 그의 작품 세계를 어느 정도 가늠해 볼 수 있는데, 우촌과 교우했던 홍한주는 『智水拈筆』에서 시를 大家의 시와 詩人의 시로 나누고, 淵泉 洪奭周를 大家로, 우촌을 신위와 함께 당대의 대표적인 시인으로 꼽기도 했다.

2. 구성

이 책의 卷首題는 '青琅玕館初稿'이다. 모두 205題 455首의 시가 실려 있고, 맨 뒤에 「好名賦」 1수가 실려 있다. 우촌의 원본은 아니고, 후대에 필사된 것으로 보이는데, 수록된 작품들이 대체로 지어진 시기별로 배열되어 있다.

수록된 작품 중에서 지어진 시기가 확인되는 것으로 가장 이른 것은 「擬招隱」(6a)인데, "十人會松館, 左思 '杖策招隱士, 荒塗橫古今' 十字, 得今字."라는 自註가 달려 있다. 이는 뒤에 나오는 「荷潭艸廬與書船共賦」(15b) 중 첫 번째 작품의 尾聯인 "招隱詩成身自隱, 荒塗今古憶王孫"의 自註에 "歲甲子余客京城, 與社中諸公賦擬招詩, 用左太冲 '杖策招隱士, 荒塗橫古今', 序齒分韻, 書船得塗者, 余得今字, 今已十許年, 親知俱散在他鄕, 今與書船居遐僻"을 근거로 甲子年(1804)에 지은 것을 확인할 수 있다. 그리고, 연대가 확인되는 작품 중에서 가장 나중에 「癸卯秋沁島南將臺次板上韻」(65a)인데, 이는 癸卯年(1843)의 작품이다. 그러니까 거의 40년 동안 지어진 작품들을 수록하고 있는 셈이다.

이 시기 작가들이 '一官一集'의 체례를 원용하여 자신의 시고를 시기별로 꼼꼼히 정리해 두는 것이 유행이었고, 우촌 역시 多作의 시인일 가능성이 높다는 점을 감안한다면, 이처럼 수록된 작품들 사이에 연대의 격차가 매우 크다는 것은 본래 여러 권으로 구성된 『青琅玕館稿』에서 몇몇 작품만을 뽑았을 가능성이 높다고 판단된다.

『青琅玕館初稿』는 계명대 이외에 국립중앙도서관(古3641-23, 단 제목이 '青琅玕觀初稿'로 되어 있음)과 고려대학교 중앙도서관(신암貴592)에 각각 1부씩 소장되어 있는 바, 계명대본은 고려대본과 순서와 수록된 작품이 거의 동일하다. 다만, 고려대본에는 「附別後錄」(계명대본, 12b) 뒤에 「龍門砌石山水畵歌」라는 작품이 제목과 "東坡遊廬山"으로 시작되는 自註만 보일 뿐, 정작 시는 탈락되어 있는데, 계명대본에는 아예 제목과 自註 역시 실려 있지 않고, 곧장 「文杏」으로 연결되고 있다. 아마도, 이 둘의 母本이 되는 筆寫本에서부터 이 작품이 缺落된 것이 아닌가 추정할 수 있다. 또 고려대본은 「重修禁府後與李僚繼在共賦至八疊」(계명대본, 50b) 뒤에 「龕梅次朴光五韻」이 실려 있는데, 계명대본에는 이 작품이 빠져 있다.

한편, 국립중앙도서관본과는 수록된 작품들이 일치하는 것도 있지만 다른 것도 많이 있으며, 그렇다면 국립중앙도서관본은 계명대본이나 고려대본보다 더 많은 작품을 수록하고 있는 어떤 이본에서 파생되어 나왔을 가능성을 뒷받침해 준다.

3. 내용

홍한주가 '시인의 시'라고 언급한 것에 걸맞게 여기 실린 작품들은 고운 것은 고운대로 담박한 것은 담박한대로, 정말 모두 뼈속까지 시인인 사람의 작품이 수록되어 있다. 그 중 몇몇 눈에 뜨이는 작품만 살펴보면 다음과 같다.

「贈族姪鍾玄 三首」(4b)는 최근 소품문 작가로 발굴된 南鍾玄(1783~1840)에게 준 작품으로, 서로 志氣가 相通하였음을 알 수 있다.(단, 세 번째 작품은 "此世有靑眼"으로 끝나고 마지막 구가 탈락되었는데, 고려대본에 의거해서 "相看無一言"을 補入하여야 한다) 「風謠續選」(5a)은 『風謠續選』을 읽고 지은 작품으로, "조화옹은 모든 걸 다 주시지는 않으시니, 문장 잘한 선비들 태반이 곤궁했네(造化無兼與, 文章半是窮)"라 읊으며, 은연중 자신의 身世之感를 기탁하였다. 「上元雜戲」(17a)는 윷놀이, 연날리기, 石戰, 風神인 靈登을 섬기는 행사 등 정월대보름에 있는 여러 놀이와 풍속을 읊은 작품이다.

「將發燕行留別梅社舊友」(27b)는 燕行을 떠나기에 앞서 詩友들에게 작별하면서 지은 작품이며, 바로 그 뒤의 「金川道中」(28a)부터 「官話」(35a)까지는 燕行 길에 지은 작품이다. 이 중에서 「灣上次申紫霞別詩」(29b)는 燕行 길에 義州에서 신위가 준 작품에 차운한 시로 "詩道는 흉내내서 되는 것 아니라, 밝은 마음 活法으로 때에 맞춰 나가야지요(詩道應非刻劃成, 靈心活法與時行)"라 시작하며, 自在한 경지에 다다른 자신의 詩觀을 피력한 작품이다.(原韻은 『警修堂全藁·紅蠶集(三)』에 「廿三夜赴約鄭玄之農曹齋中同, 洪景晦承旨·徐篠齋文學餞別蔫溪·雨村二首」의 첫 번째 작품이다) 또, 「贈趙知縣瑭」(32b), 「雪夜周菊人見枉」(33a), 「題扇贈吳中書思權」(33b), 「次方鐵港見贈韻」(33b), 「贈熊敏齋」(33b), 「贈周菊人」(34a) 등은 모두 이 때 淸나라 문인들과 교유하며 지은 작품이다. 우촌은 특히 吳思權과 친분이 깊었는지, 연경에서 만났을 때 靑琅玕石을 선물로 주었고, 이것을 오사권의 벗인 蔡逸이 시로 읊게 되어, 이를 통해 채일과도 교분을 맺게 되었다. 이 책 卷首題의 '靑琅玕館'은 아마도 이 靑琅玕石과 어떤 관계가 있는 것으로 짐작된다. 그 뒤 채일이 지방관이 되었을 때 자신의 시집인 『茜雲樓詩存』과 詩帖을 오사권을 통해 우촌에게 전달해 달라고 부탁하자, 오사권이 이를 자신의 시와 함께 부쳤는데, 우촌이 이를 받아 본 것은 10년이 지나 韓鎭庭이 燕行에서 돌아왔을 때였다.(『警修堂全藁·祝聖四藁』, 「題蔡逸史詩帖後四首」의 序 참조) 이에 우촌이 보낸 시가 「竝寄吳吳山蔡迭(필자-逸의 誤寫인 듯)史」, 「奉酬蔡逸史見寄三截句」, 「寄吳中書思權」 5수(이상 55ab)이다. 「官話」는 우리나라 말이 중국과 다른 것을 못내 아쉬워하는 내용을 담고 있다.

「山居雜詩 十五首」(36a) 역시 비교적 널리 알려진 작품인데, 산골에서 자신이 생활하는 모습과 가족들 사이의 情, 산촌 사람들의 순박한 모습, 산촌의 소박한 정경 등을 꾸밈없이 잘 묘사한 작품이다.

「柳絮」(53a)는 모두 8수로 우촌의 작품 중에서 가장 유명한 작품이며(洪翰周, 『智水拈筆』 卷3: "近世南雨村尙敎有「柳絮詩」八首盛傳, 亦絶調也.") 신위, 이만용 등이 차운한 작품을 남기기도 하였다.(『警修堂全藁 · 祝聖五藁』, 「和南雨村柳絮十首」 및 『東樊集』 卷3, 「詠柳絮和南雨村」) 버들개지[柳絮]는 떨어진 꽃[落花]과 함께 시인의 애상적인 심사를 기탁하는 작품에 즐겨 사용되는 소재인데, 특히 18세기 이후에 즐겨 읊어졌었던 바, 우촌의 이 작품 역시 버들개지의 가지가지 자태를 多情多感하게 잘 그려내고 있다.

「回文詩」(59a)는 제목 그대로 앞에서 순탄하게 읽어도 시가 되고, 뒤에서부터 읽어도 되는 回文詩이다. 또 「笠」은 우리나라의 갓에 대해서 읊은 작품이다.

마지막에 실린 「好名賦」는 다른 사람이 자기를 알아주지 못할까 너무 걱정하지 말고 옛 고전 속에서 벗을 찾아보자는 다짐을 담고 있다. 細註가 달려 있어 어려운 단어를 풀이하거나 典據를 밝히거나 간단한 비평을 담고 있는데, 自註인지 아닌지는 불분명하다.

4. 가치

우촌은 병인박해 때 세상을 떠났기 때문에, 시집이 온전히 전할 수 없었고, 오로지 남종삼의 아버지요 순교자로만 알려져 있다. 그러나, 19세기 漢詩史를 온전히 기술하기 위해서는 복권되어야만 하는 중요한 시인 중의 한 사람이며, 우촌에 대한 연구를 위해서는 무엇보다 남아 있는 작품을 최대한 모아서 확보하는 것이 최우선적인 과제라 할 수 있다. 아직도 湖西 지역을 중심으로 그의 문집이 흩어져 돌아다닌다고 하는데, 하루빨리 그가 남긴 문집을 수습하는 것이 후학들의 몫으로 남아있다.

그런데, 저자의 稿本이 아닌 한, 필사본들은 그 특성상 여러 가지 오류가 있을 수밖에 없으며, 이럴 경우 定本을 만들기 위해서는 여러 異本들을 대조하여 교감하는 작업이 필수적이다. 계명대본은 거의 같은 내용을 싣고 있는 고려대본과 비교해 보았을 때도 서로 글자의 출입이 있어 교감을 통해 도움을 받을 수 있는 점이 많이 있다. 따라서 계명대본 역시 定本 확정 작업에서 중요한 역할을 할 것이 분명하다.

5. 기타

우촌의 시집은 이밖에도 규장각에 소장된『雨村詩稿』(古3447-11)가 알려져 있는데, 135題 239首를 싣고 있다.

【이현일】

迂軒集

鄭彦儒(1687~1764)著.

筆寫本. 불분권 2冊 : 四周單邊, 半郭 20.6×15.6㎝, 有界(烏絲欄), 10行22字, 無魚尾 ; 30.0×20.3㎝.

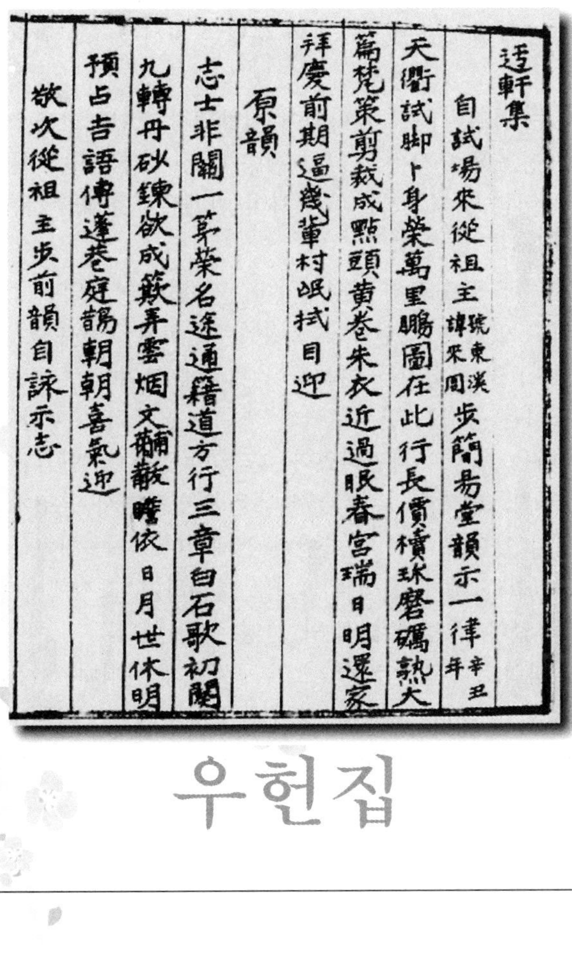

迂軒集

自試場來從祖主號東溪諱來周 步簡易堂韻示一律辛丑年

天衢試脚卜身榮萬里鵬圖在此行長價積珠磨礪熟大篇梵策剪裁成點頭黃卷朱衣近過眼春宮瑞日明還家拜慶前期逼幾輩村氓拭目迎

原韻

志士非關一第榮名途通籍道方行三章白石歌初闋九轉丹砂鍊欲成蘇弄雲烟文黼黻曠依日月世休明預占吉語傳蓬巷庭鵲朝朝喜氣迎

敬次從祖主步前韻自詠示志

우헌집

1. 저자

저자 鄭彦儒(1687~1764)의 字는 林宗, 號는 迂軒, 本貫은 東萊이며, 성종 때의 名臣 鄭蘭宗(1433~14o9)의 10세손이다. 曾祖는 鄭有徵, 祖는 鄭匡周, 父는 參奉을 지낸 鄭雲瑞이며 母는 全州李氏로 佐郞 李鼎興의 따님이다. 曾祖, 祖, 父는 정언유가 현달함에 따라 司僕正, 承旨, 吏曹參判에 追贈되었다. 저자는 1687년(숙종 13) 10월 23일에 서울에서 출생하였다. 어려서 조부에게 수학하였는데 문장과 식견이 탁월하였고 대단히 총명하였다.

1721년(경종 1)에 幼學으로 증광문과에 병과로 급제하여 승문원에 들어갔으나, 뒷날 나주괘서사건의 주모자로 처형된 尹志(1688~1755)의 처신을 못마땅하게 여겨 그를 내치려하다가 臺臣 李普昱의 論斥을 받고 門外黜送 당하였다. 1726년(영조 2) 氷庫別提를 거쳐 禮曹佐郎에 올랐다. 연이어 泰川縣監, 溫陽郡守 등 지방관을 역임하였는데 탁월한 治積을 남겼다. 1738년(영조 14) 이후 掌令, 弼善, 知製敎 등 내직을 역임하고 1741년(영조 17)에 順天府使로 부임하였으나 4개월 만에 부친상을 당하여 물러났다. 1744년(영조 20)에는 獻納에 임명되었으나 持平 朴聖源(1697~1757)이 영조가 耆老所에 들어가는 것을 반대하다가 南海에 圍籬安置될 때, 왕의 부당한 처사를 규탄함으로써 왕의 노여움을 사 실직 당하였다.

1748년(영조 24)에는 寧海府使로 발탁되어 지방행정의 난맥상을 적시하고 실현가능한 개선책을 건의하였다. 영조의 윤허를 받아 조세를 대폭 탕감하거나 면제하여 읍민들의 고통을 덜어주었을 뿐만 아니라 저수지를 축조하여 관개용수를 확보하는 등의 치적을 쌓아 국왕의 포상을 받는 영예를 누렸다.

1749년(영조 25)에는 濟州牧使에 임명되었다. 당시 제주 전역에 큰 흉년이 들어 島民들이 굶주림에 허덕이고 있었다. 정언유는 조정에 3천석의 구휼미를 요청하여 餓死 직전의 도민들을 구제하였다. 또 공한지를 이용하여 제사에 쓰이는 黑牛를 기르고, 가축을 훔쳐가는 도적을 잡아들이는 등 목민관으로서의 책무를 훌륭히 수행하였으나 1751년(영조 27)에 貢馬가 수척하다는 이유로 파면되었다. 1755년(영조 31)에 다시 同副承旨에 叙用되었고, 연이어 刑曹參判, 副摠管, 戶曹參判 등을 역임하면서 영조에게 "경은 진실로 나라를 걱정하는 충성심이 있으니, 참으로 쓸만한 인재이다."라는 칭찬을 받았다. 1764년(영조 40) 3월 3일 龍山坊의 집에서 78세를 일기로 별세하니, 조정에서 관리를 보내어 致祭하고 예에 따라 부조하였다. 무덤은 鐵原의 선영 아래 있다.

정언유는 성격이 질박하고 청렴검소하였으며 구차하게 아첨하지 않고 직언을 잘하였다. 이와 같은 性行이 널리 알려져 1796년(정조 20)에 淸白吏로 추천되었다. 첫 부인 廣州安氏와 사별하고, 後配인 晋州 柳氏와 사이에 1남 2녀를 두었으나 아들 灝는 18세로 요절하였다.

2. 구성

『迂軒集』은 불분권 2冊(乾 · 坤)의 필사본으로 필사자는 밝혀져 있지 않다. 먼저 이 책의 체제를 개괄하면, 乾의 卷首에는 撰者가 기록되어 있지 않은 「序」가 수록되어 있다. 「序」의 내용 가운데 "高王考迂軒公"이란 표현이 있는 것으로 미루어 저자의 4世孫(圭容 · 圭憲 · 圭宬 · 圭宓)가운데 한 사람이 쓴 것이고, 鄭雨德이 쓴 「跋」의 "至我王父 始用力於先代文獻……爲上下二卷 親自傳謄而寶藏之"로 미루어 정우덕의 조부이자 정언유의 「行狀」을 지은 鄭圭宬이 쓴 것임을 알 수 있다. 「序」에 의하면 乾 1冊은 저자의 후손들이 저자와 내왕이 있었던 여러 집안에 전해오던 詩文을 수집하여 엮은 것으로, 和·次韻詩의 경우 原韻을 附錄한 경우가 많다. 이는 후손들이 諸家의 詩文集에서 저자의 詩文을 찾아 내었음을 시사한다. 「序」 뒤에는 계선만 그어진 4장의 빈종이가 연결되어 있는데, 목록을 정리하여 수록하기 위해 비워둔 것으로 판단된다. 본문의 첫 면에는 1행 우측 상단에 '迂軒集'이란 冊題가 표기되어 있고, 권차 표시나 이하에 集錄된 詩文의 性格과 관련된 아무런 언급없이 바로 「自試場來從祖主(號東溪 諱來周)步簡易堂示一律(辛丑年)」"이란 7언 율시와 「原韻」이 수록되어 있다. 이하 10장 「挽再從叔(諱昌瑞)」까지 23題 43首의 시작품과 6首의 「原韻」이 수록되어 있다.

第11張 1行 상단에도 '詩'라는 장르 표시가 있고 2행에는 '西征錄上'이라는 卷題 아래 '서정록'의 창작배경에 해당하는 10행의 산문이 기술되어 있다. '西征錄上'에는 45장에 걸쳐 「悼亡(十二日)」 이하 114題 252首의 작품과 32首의 「原韻」이 실려 있으며, 끝부분에는 「家信」(5首)이 창작된 배경을 진술한 6行의 산문이 부록되어 있는데 이 가운데 第39張에서 第44張에 걸쳐 수록되어 있는 30首의 詩는 唐詩의 제목을 그대로 써서 지은 특이한 형태의 작품이다.

'西征錄上'이 끝나고 乾의 第 56張 1行 상단에는 '迂軒集'이라는 冊題가 표시되어 있고, 그 行 상단에 '詩'라는 장르 표시가 있으며 3行에 '西征錄下'라는 卷題 표시가 있고, 「寄德弘」 이하 61題 132首의 작품과 30首의 「原韻」이 附錄되어 있다.

'坤'의 첫 장은 계선만 그어져 있는 빈 장이다. 본문이 시작되는 첫 장 앞면 1행 상단에는 '迂軒集'이라는 冊題가 표기되어 있으며 '坤'에 실린 '頂門針 上·下'를 수집한 경위를 7행에 걸쳐 쌍행의 산문으로 기술하고 있다. 이어 제 9행에는 '頂門針上'이라는 卷題가 있고 제 10행 상단에는 작은 글씨로 된 '詩'라는 장르 표기가 있으며 행을 바꾸지 않고 "金吾胥命時作"이라는 詩題가 쓰여져 있다. 뒤이어 26장에 걸쳐 97題 143首의 시가 수록되어 있다.

'坤'의 제 27장 제 1행 상단에는 '迂軒集'이란 冊題, 제 2행에는 '頂門針下'라는 卷題 표기가 있다. 제 3행에는 '序'라는 문체 표기가 있으며, 이어 6장에 걸쳐 「沙湖集序(吳益昌 號沙湖 官正郎 咸陽人)」, 「春谷集序」, 「平山申氏別譜序」, 「擇里誌序」, 「大迂識後序」

등 5편의 '序'가 수록되어 있다. 제 33장 1행 우측 상단에는 '記'라는 문체표기가 있고 「水雲亭重修記」가 수록되어 있다. 이어 제 35장 1행 상단에는 '行狀'이란 문체표기 아래 「嘉義大夫行工曹參判兼內資寺提調尹公鼎和行狀」이 수록되어 있다. 제 44장 1행 상단에는 '諡狀'이라는 문체 표기가 있고 「茂山君諡狀」 1편이 수록되어 있다. 제 47장 1행 상단에는 '墓誌銘'이란 문체 표기가 있으며 「奉列大夫春秋館記注官行兵曹正郎表叔松厓李公墓誌」가 수록되어 있다. 제 49장 제 1행 상단에는 '從政遺事'라는 제목이 있으며, 「溫陽郡守鄭彦儒褒啓御史啓辭」, 「道伯啓辭」와 「姪孫溫陽倅彦儒褒識」, 「諭全羅道兼防禦使濟州牧使鄭彦儒(乾隆 十四年八月初六日)」 등이 수록되어 있다. 이어 제 54장 제 6행 상단에 '疏'라는 문체명 표기가 있고 「刑曹參判辭職上疏(辛巳 十月二十四日 以來擬復拜刑曹參判)」 및 「戶曹參判辭職上疏」가 실려있다. 제 57장에는 국왕을 대신하여 文純公 李滉에게 올리는 제문 및 「祈雪親祭文」이 수록되어 있다. 제 58장 이하는 跋文으로 「先府君遺筆後跋」, 「松厓集跋」, 「擇里誌跋」이 수록되어 있는데 이 가운데 「擇里誌跋」은 정언유가 지은 것이 아니고 李鳳煥이 지은 것이다.

제 61장에서 75장까지는 附錄에 해당하는데 鄭元容(1783~1873)이 撰한 「嘉義大夫戶曹參判兼同知義禁府事五衛都摠府副摠管鄭公墓碣銘」, 鄭沈의 「嘉義大夫戶曹參判鄭公墓」, 四世孫 鄭圭晟이 지은 「迂軒參判公行狀」이 수록되어 있다. 제 77장에서 80장 사이에는 合綴別錄에 해당하는 국한문 혼용의 가사 「耽羅別曲(一百二十句)」이 수록되어 있으며 제 80장 말미에 "撻川之賊鋒猝迫智不及謀 龍灣之天步遙巡勢急逃難(壬午 八月初二日夢中作)"글이 부록되어 있다. 제 81장에는 1905년에 6세손 鄭雨德이 쓴 빌문이 있다.

이상에서 검토해 본 바와 같이 이 책은 일반 문집의 체제에 따라 편집된 完定本이 아니라 公刊을 위해 遺文과 관련 기사들을 수집하여 대략 정리한 草稿本이라고 할 수 있다.

3. 내용

앞에서 언급한 바와 같이 『迂軒集』 '乾'의 첫 10장에 실린 시문은 맨 마지막의 「挽再從叔」 1수를 제외하면 모두 친지 혹은 중국의 저명 시인의 詩에 和次韻한 작품들이다. 親知와 수응한 작품 가운데 다수를 차지하고 있는 것은 저자의 從祖인 東溪 鄭來周의 詩에 和次韻한 일련의 작품들인데 '乾'의 맨 앞에 실린 「自試場來從祖主(號東溪 諱來周)步簡易堂示一律(辛丑年)」의 "돌아가 부모님께 절할 날 가까우니(還家拜慶前期逼)/ 촌 사람 몇이나 눈 비비며 맞이하랴(幾輩村氓拭目迎)"에 드러나듯이 여기에는 入仕期의 부푼 꿈, 관료로서의 포부 등이 언급되어 있다. 이 부분에 수록된 작품에서 특히 주목되는 것은 明代의 의고시파인 前七子와 後七子를 대표하는 李夢陽(1472~1530)과 王世貞(1526~1590)

의 시에 和次韻한 작품이 여러 수(이몽양 28수, 왕세정 2수) 실려 있다는 점이다. 당대의 문단 동향에 대한 저자의 관심을 시사하는 자료인 것으로 판단된다.

'乾'의 11張 이하 79張은 '西征錄上·下'라는 卷題 아래 '西征錄'이 창작되게 된 배경을 10행에 걸쳐 산문으로 기술한 다음 날짜 별로 작품을 배열하여 수록한 것이다. 산문 기록에 의하면 저자가 兵曹正郎에 임명된 몇 개월 뒤 휴가를 받아 집에 쉬고 있었는데 황해감사가 갑자기 죽자 저자를 황해도사에 임명하고 즉시 부임케 하였다고 한다. 이때 저자는 자식을 잃어 매우 비통한 상황이었음에도 불구하고 명령을 받고 이틀 만에 부임지를 향해 가면서 杜甫의 '記行篇'을 모방하여 여행 중의 감회, 특별한 경험 등을 거의 매일 수편의 시로 남긴 것이 '西征錄'이다. '서정록'에 수록된 작품 가운데 다수를 차지하는 것은 여행 중 만나 동행한 柳德弘·姜鳳休·安聖時 등과 酬應한 시들로 중세 지식인들의 일상사에서 크게 벗어난 내용은 거의 발견되지 않는다. 다만 "외로운 그림자 대하니 나를 잃은 듯 멍청하고(孤影喪吾成嗒爾)/ 기심을 버리고 참선하며 眞如에 맡기네(死心參禪任眞如)"에서 드러나듯이 작가가 노장 및 불교의 핵심적 개념어들을 거침없이 詩語로 수용하고 있다는 점이다. 특히 「遊神光寺」, 「題次休上人詩軸甲韻」등의 작품에서도 迂軒이 불교에 깊은 관심을 지니고 있었음을 감지할 수 있다. 그리고 '善竹橋', '碧瀾渡', '孤竹館' 등 名所를 지나면서의 감회를 노래한 시들이 눈에 띄는데, 그 가운데 鄭夢周의 忠節을 노래한 「善竹橋(橋在松都)」를 소개하면 다음과 같다.

橋邊寃血草離離　　다리 가 寃血위에 우거진 저 풀은
留表忠臣節義奇　　충신의 빼어난 절의를 드러내는 듯
石如可転名應泯　　돌을 굴릴 수 있다면 응당 이름도 없어지리나
那有千秋石転時　　천년이 지난들 돌이 어찌 구르랴!

그 밖에 「宿延安」, 「卽事」, 「無題」 등에는 짙은 客愁가 어려있으며 「家信」에는 자식의 죽음을 위시한 가정적 불행과 관련된 작가의 비통한 심사가 언표되어 있다.

'西征錄下'에 수록된 작품의 내용도 '西征錄上'의 그것과 크게 다르지는 않다. 다만 「答白峙僉使惠韻」의 "슬프다! 나는 낮은 관직에 얽매여 (唉吾縻薄宦)/ 역로 사이를 허둥대누나(奔走驛路間)"와 「酬安上庠士授示韻」의 "하는 일 지리해도 관복 벗지 못하니(從事支離未解衣)/ 흰구름 아래 고향길은 꿈 속에서도 희미하네(白雲鄕路夢中微)"에서 감지할 수 있듯이 入仕 초기 작품에 드러나던 경세에의 의지나 환로에 대한 기대로 가득찬 모습은 소거되고 出處와 관련 하여 갈등하는 작가의 심사가 토로된 작품을 발견할 수 있다. 그 밖에 「池先達友璧 同閑人也 適以營裨 同在一幕 追隨欵密 有所寓情妓曰香梅 而來與合歡云 故以詩戲之」, 「留贈碧城妓」, 「次李友季潤韻 贈瑞興妓九秋月」 등 기생과의 애정 행각과 관련된 장난기 어린 작품들이 흥미롭다.

'坤'에 편차되어 있는 '丁門針' 上下는 저자의 4세손 鄭圭宬이 기사년(1869)에 扶餘에서 열린 花樹會에 참석했다가 집안 아우 圭一의 집에서 구해온 저자의 친필본을 謄書한 것이다. '丁門針上'에 수록된 詩作에서는 중세 지식인들의 일상생활에 수반되는 시편들이 대다수였던 '乾'의 경우와는 달리 言志的 진실성이 농후한 작품들이 다수 발견된다.「懷女兒一行」,「無題」,「漫吟」,「自悼」,「別女兒」,「自嘲」,「七夕偶題」 등의 시편에는 가족에 대한 그리움, 곤궁으로 인한 상심, 가족과의 사별로 인한 비통한 심사 등 작가의 개인적 처지와 관련된 비애의 정서가 진솔한 언어로 토로되어 있다. 다음 작품 「自悼」에서 이를 확인할 수 있다.

書空咄咄坐如痴	허공에 글자를 쓰며 바보처럼 앉아서
撫念身心秖自悲	심신을 생각하며 다만 혼자 슬퍼할 뿐
才短事君忠有愧	임금 섬김에 재주 모자라 충성 못하니 부끄럽고
罪深與後孝全虧	자식 없어 죄가 깊으니 효도는 다 글렀네
月蘼常廩那酬報	달마다 녹봉이 없으면 무엇으로 은혜에 보답하며
露冷先楸孰護持	찬 이슬 내리면 조상 산소는 누가 지키나
一死于今猶恨晩	지금 죽어도 오히려 늦은 것이 한스러우니
戴頭天地竟何爲	천지간에 살아있은들 끝내 무얼하리오.

그 밖에 「寧海民人專伻問遺」,「貧婦」 등 牧民官으로서의 애민의식이 투영된 일련의 작품과 「馬牛」,「雲」,「鷹」,「風」,「犬」,「鷄」 등 사물에의 관심을 드러내고 있는 작품들이 주목되는데 이는 작가의 세계관 이해의 단서가 될 것으로 판단된다.

「丁門針下」는 序 · 記 · 跋 · 疏 · 行狀 · 諡狀 · 墓誌銘 · 祭文 등 散文들을 모아 엮은 것이다. 序 가운데 여항시인이자 바둑의 국수였던 春谷 庾纘洪의 詩文集 序文인 「春谷集序」와 李重煥(1690~1756)의 『擇里誌』에 붙인 「擇里誌序」는 중세의 신분적 질곡에 대한 저자의 비판의식 및 인간의 현실적 삶을 중시하는 학문적 입장을 엿볼 수 있는 자료인 것으로 판단된다. 그리고 「從政遺事」에 수록된 '啓'는 저자의 행정가로서의 면모를 살필 수 있는 주목할 만한 자료이다.

『迂軒集』에서 가장 주목되는 작품은 문집의 末尾인 '坤'의 77~80장에 附錄된 「耽羅別曲」이다. 저자가 濟州牧使로 재임하던 1750년경에 지은 것으로 보이는 이 작품은 120句에 달하는 국한문 혼용체의 가사인데, 제주의 역사 · 지리 · 기후 · 풍속 · 산물 · 민중들의 생활상 등을 기술하고 승경을 찾아 풍류를 즐기는 자신의 흥취를 노래한 것으로 조선후기 사대부에 의해 창작된 제주도 관련 가사라는 점에서 면밀한 검토가 요구된다.

4. 가치

이 책은 『朝鮮王朝實錄』에 유능한 牧民官, 곧은 말을 하는 言官으로 기록되어 있을 뿐만 아니라 死後 淸白吏錄에 오른 조선후기의 양심적인 관료가 남긴 미발간 詩文集이라는 점에 일차적 의의를 부여할 수 있다. 더구나 작가가 李重煥의 실학적 조선 지리지인 『擇里誌』의 서문을 썼을 뿐만 아니라 이 책의 내용을 일별할 때, 국토산하와 이 땅에서 생장하는 동·식물에 대한 작가의 깊은 관심이 드러나 있어 조선 후기 실학파 문인들의 학문적 성향과 기식이 통하는 것으로 보인다. 특히 우리말로 창작한 가사인 「耽羅別曲」은 내용상 일정한 한계를 露呈하고 있기는 하지만 작품의 형식 및 작가의식과 관련하여 충분한 검토가 이루어 져야 할 중요한 작품인 것으로 판단된다.

[참고문헌]

『조선왕조실록』
『동래정씨대동보』

【김남형】

芍玉詩集

洪鍾應(1803~1866) 著.

筆寫本, 1冊: 四周雙邊, 半郭 18×12.3㎝. 烏絲欄, 10行21字, 上白魚尾 ; 22.1×16.7㎝.

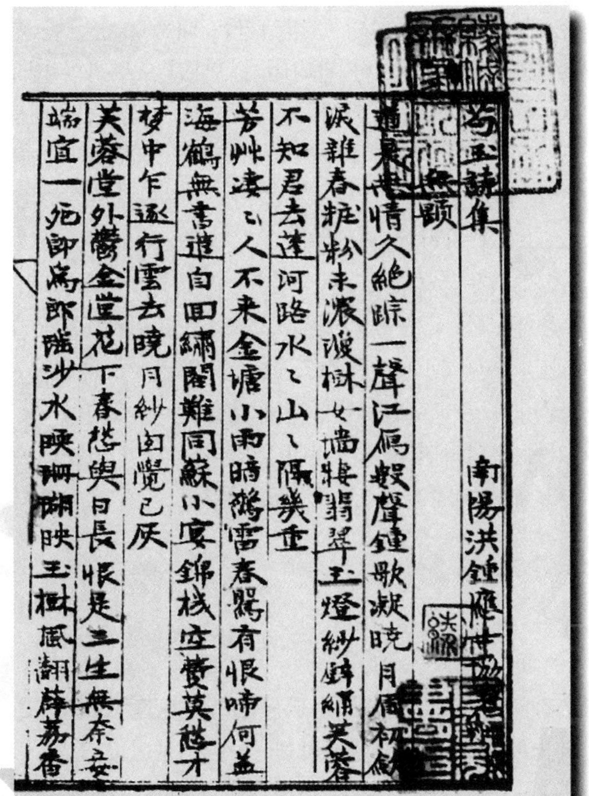
芍玉詩集

南陽洪鍾應

無題

通[illegible]情久絶踪一聲江鴈叚聲鍾歌凝曉月偏[illegible]

泯雜春粧粉未濃潑樹女墻糚翡翠玉燈紗蘚繡芙蓉

不知君去遠河路水水山山隔幾重

芳草凄凄人不來金爐小雨晴鴛雷春鴉有恨啼何益

海鶴無書進自回繡閣難同蘇小宴錦機空費莫愁才

夢中作 逐行雲去曉月紗窗覺已厭

芙蓉堂外鬱金堂花下春愁與日長恨是三生無奈妾

端宜一[illegible]卽爲郎臨沙水映珊瑚映玉樹風翻薜荔香

작옥시집

1. 저자

洪鍾應(1803~1866)의 자는 士協 호는 芍玉인데 30대가 되기 전에는 靑霞와 華山이란 호를 썼다. 본관은 南陽, 시호는 文獻이다. 그는 선조 연간의 유명한 문사였던 拙翁 洪聖民(1536~1594)의 9대손이며, 영조 때 영의정을 지낸 北谷 洪致中(1667~1732)의 6대손이다. 홍종응의 집안은 노론에 속하지만 홍치중은 영조의 탕평책에 부응하여 소론과도 원만한 관계를 유지하였다. 홍종응의 부친은 校理를 지낸 洪勝圭(1775~1822)이고 모친은 안동김씨 金履顯의 따님이며, 장인은 전주이씨 李鼎觀이다. 족친 洪在元의 양자로 출계된 동생 悠齋 洪鍾序(1809~1868)도 문과에 급제하여 이조판서를 역임하였고, 그의 아들 洪淳大(1824~1879)도 문과에 급제하여 이조참판에 올랐다. 갑신정변을 주도하였던 洪英植(1855~1884)의 부친인 洪淳穆(1816~1884)이 그의 從侄이다.

홍종응은 1828년(순조 28) 문과에 급제하여, 홍문관 수찬, 성균관 대사성, 이조 참판, 도승지, 형조판서, 평안도 관찰사, 예조판서, 이조판서 등의 벼슬을 역임하였다. 『실록』이나 『승정원일기』 등을 통해 살펴볼 때 그의 관직생활은 대체로 순탄한 편이었던 것으로 확인된다. 홍종응은 판서에까지 오른 현달한 관리이자, '시인'으로서의 면모가 뚜렷하였다. 『大東詩選』 권8에 그의 시 4수가 수록되어 있고, 그와 가장 절친하였던 趙冕鎬(1803~1887)는 『玉垂集』 권16 「感詩絶句」에서 "그의 시는 天然하여 마치 봄날의 오얏꽃 복숭아꽃이나 화려하게 빛을 내는 錦繡와 같았다. 그가 시회에서 시를 지으면 구경하는 사람들이 낙관을 보지 않고도 그의 시인 줄 알았다."고 증언하고 있다. 또 고종대에 영의정을 시냈던 李裕元(1814~1888)은 『林下筆記』 권25 「春明逸史」에서 憲宗의 탄신일에 여러 신하들이 모여 지은 응제시를 짓는 모임에서 그가 1등으로 뽑혔던 일이 있었음을 기록하고 있으며, 또 가까웠던 후배 南秉哲(1817~1863)은 『圭齋遺稿』 권1의 「懷人詩」에서 "글자마다 청신하고 구마다 공교로워, 天然하게 가을 물에 핀 연꽃과 같네"라고 그의 시를 칭송하였다. 족보의 기록에 의하면 문집 2권이 있었다고 되어 있는데 이 문집이 『작옥시집』과 같은 것인지는 확실치 않다. 묘소는 경기도 양평군 옥천면 용천리에 있다.

2. 구성

『작옥시집』은 권수가 나뉘어 있지 않은 필사본으로 도합 209題 343首의 작품이 실려 있다. 그런데 실린 작품들이 모두 7언율시라는 특징을 보이고 있다. 또 겉표지 제목이 '芍玉詩鈔'인 점, 『대동시선』에 실린 시들이 『작옥시집』에 보이지 않는다는 점 등으로 미루어 보아 『작옥시집』은 홍종응의 시 가운데 특정한 성격의 시들만을 발췌해서 모아놓은 것으로 추정된다. 그리고 작품에 창작연대가 표기되어 있지는 않으나 그 내용을 검토해 볼 때 전체적으로는 창작 연대순으로 작품을 배열한 것으로 볼 수 있을 듯하다. 책 말미에 “甲午夏 勛東書”라는 기록이 있어 필사년(1894)을 알 수 있는데, ‘훈동’이 누구인지는 분명치 않다.

3. 내용

『작옥시집』은 7언율시만 수록되어 있기에 작품의 내용 또한 그러한 점에 연유하여 다채롭지는 못한 편이다. 대체로 詩會에서 시우들과 화창하면서 지은 시, 기행이나 유람을 하며 지은 시, 절후의 변화를 노래한 시, 영물시 등이 주를 이루고 있다.

이 가운데 분량에 있어 가장 큰 부분을 차지하는 것은 시우들과 화창하면서 지은 작품들이다. 『작옥시집』에 많이 등장하는 시우들을 꼽자면 李豊翼(1804~1887)이 14회, 張亨遠이 14회, 趙在應(1803~1878)이 7회, 趙冕鎬(1803~1887)가 4회, 金永爵(1802~1868)이 4회, 申錫愚(1805~1865)가 4회, 崔秉翰(1820~?)가 4회, 李善湖가 4회 등장하고, 李鍾愚가 3회, 金在顯이 3회, 朴文逵가 3회, 張照가 3회, 韓命源가 3회, 任百經이 3회, 徐有英이 3회, 沈膺泰가 3회 등장한다. 이외에도 金景錫, 趙萬永, 錦樵, 具大之, 聖簡, 東溟子, 張心學, 金穉華, 綾山, 龍珠愼上人, 金景誨, 趙得林, 徐贊輔, 李明九, 洪秉瑋, 申錫禧, 朴珪壽, 申應朝, 徐惇輔, 趙雲卿, 金炳國, 洪顯周, 黃鎭奎, 趙然昌, 鄭顯德, 曺錫輿, 崔遇亨, 月波, 金炳冀, 洪祐吉, 林肯洙, 靑居, 沈承澤, 晴山, 沈英慶, 蓬萊, 蘭塾, 桐塢, 金左根, 洪淳穆 등이 등장한다.

여기서 그 이름이 가장 빈번히 등장하는 이풍익은 호가 友石으로 연안이씨 李廷龜의 후손이며 벼슬은 이조판서를 역임하였던 인물이다. 이풍익의 문집인 『六玩堂集』 권5의 「醉石亭八詠帖序」에 당대의 내로라하는 시인들이 취석정에 모여 시회를 열었던 분위기를 생생히 알 수 있고, 『작옥시집』의 「醉石亭與石農晉齋友石共賦」는 취석정에서 이풍익과 어울리며 지은 시이다.

그런데 실상 홍종익이 평생에 걸쳐 가장 밀접하게 지냈던 이는 이풍익이 아니라 조면호였다. 조면호는 호가 玉垂로 임천조씨 趙瑗의 후손이며 벼슬은 호조참판을 역임하였던 인물이다. 그런데 조면호의 방대한 문집 『옥수집』(33권16책, 규장각)을 보면 홍종응이 이풍익과 교유하기 훨씬 전부터 조면호와 밀접한 교유가 있었음을 알 수 있다. 홍종응이 이풍익, 장형원, 최병한, 서유영 등의 시인들과 교유하기 시작한 것은 그가 중년기에 들어서 서울 駱山의 취석정을 별장으로 삼고서 서울 인근의 여러 시인들을 초청하여 시회를 열면서부터였다. 『옥수집』에 의하면 두 사람은 1823년부터 홍종응이 죽을 때까지 지속적이며 왕성한 교유를 이어갔음을 볼 수 있다. 그럼에도 불구하고 『작옥시집』에 이러한 흔적이 남아 있지 않다.

조재응은 조면호의 族叔으로서 후에 이름을 趙基應으로 고쳤다. 호는 晉齋이며 벼슬은 이조판서를 역임하였다. 신석우는 호가 海藏이며 벼슬은 예조판서를 역임하였으며, 홍종응의 처남이었다. 신선우는 조면호 못지않게 홍종응과 친밀한 벗이었다.

이 밖에 교유하였던 인물들 가운데에는 신석우의 동생 신석희, 燕巖 朴趾源의 손자 박규수, 淵泉 洪奭周의 동생이자 정조 임금의 사위였던 홍현주, 碧初 洪命憙의 증조인 홍우길 등 당대의 쟁쟁한 문인들이 그의 시우였음을 볼 수 있다.

기행과 유람을 하며 지은 시들도 『작옥시집』의 중요한 부분을 차지하고 있다. 「入華陽」, 「宿忠州」 등은 충청도를 지나며 지은 작품들이며, 「暮抵坡平」, 「臨湍道中」, 「七月旣望渡臨湍」, 「往拜石潭書院」 등은 홍종응이 20대 후반의 나이에 서북지역을 유람하며 지은 작품으로 보인다. 「渡臨津」, 「西京懷古」, 「靑石關懷古」는 홍종응이 1849년 평안도 관찰사로 나가며 지은 작품이다.

그리고 한강에 주교를 가설하고 건너는 임금의 행차를 그린 「出鷺湖舟橋邊瞻幸行」, 孝明世子에 대한 만시인 「翼宗大王輓章」, 새해 첫날 궁궐에 붙이는 「中宮殿下延祥詩」 등은 궁궐의 행사나 풍습과 관련이 있는 작품들이다.

영물시로는 매화를 노래한 「官樓詠梅」, 「對梅」, 「咏梅」, 학을 노래한 「詠鶴」, 수선화를 노래한 「水仙花」, 귤을 노래한 「黃柑」 등이 있다.

또 봄을 노래한 작품으로는 「立春」, 「春雨」, 「三三」, 「福泉亭賞春」, 「醉石亭餞春」 등이 있고, 여름을 노래한 「夏省」, 가을을 노래한 「秋思紅葉」, 「九日登駱山」, 「秋思」, 「新秋偶吟」, 겨울을 노래한 「雪夜偶吟」 등의 작품이 많이 있어, 홍종응이 계절의 변화에서 많은 시상을 얻었음을 알 수 있다.

4. 가치

홍종응은 19세기 서울 문단에서 활발히 활약하였던 이름 높은 문인이었으므로, 『작옥시집』은 이 시기를 연구함에 있어 매우 소중한 자료라 할 수 있다. 특히 홍종응이 맺었던 넓은 교유관계를 반영하고 있어 당시 서울 문단의 동향을 파악하는데 큰 도움을 준다.

그리고 작품의 미적 성취에 있어서도, 비록 7언율시로만 이루어져 있어 그 내용이 다채롭지 못하다는 점이 아쉽기는 하지만, 각각의 작품들은 7언율시가 보여줄 수 있는 단정하고 정갈한 미감을 충분히 구현하고 있다고 판단된다.

5. 기타

『작옥시집』의 異本이 단국대학교 율곡기념도서관에 소장되어 있다. 이 이본의 표제는 『洪芍玉詩集』이며 필사본 2권1책으로 이루어져 있다(四周雙邊 半郭 18.4×12.9cm, 藍絲欄, 行字數不定, 上下向靑魚尾 ; 23.7×16.2cm). 그런데 2권으로 분권되어 있기는 하지만 그 내용은 『작옥시집』과 거의 같다. 작품 배열 순서에서 부분적으로 다른 점이 보이지만, 수록된 작품은 같다. 어느 쪽이 선본이라 단정하기는 어려운데, 필사상태에 있어서는 계명대 동산도서관본이 보다 깔끔하게 정서되어 있음을 볼 수 있다.

【김용태】

雜卉園集

李重慶(1599~1678) 著, 李祜徵 編,

著者手稿本. 2卷2冊 : 四周雙邊, 半郭 23.7×15.5㎝, 有界, 10行20字, 內向二葉花紋魚尾 ; 30.6×20.0㎝.

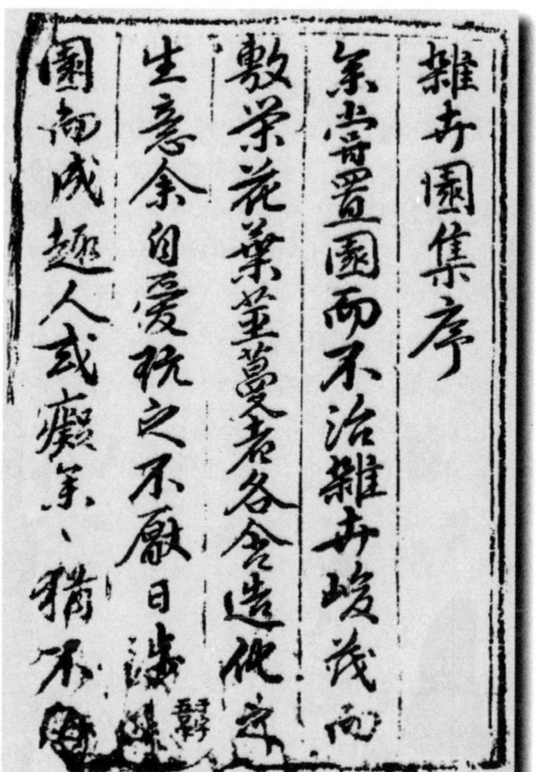
雜卉園集序
余嘗置園而不治雜卉峻茂而
數菜花葉莖蔓者各含造化之
生意余自愛玩之不厭日涉
園而成趣人或癡笑、猶不悔

잡훼원집

1. 저자

저자 李重慶(1599~1678)의 字는 慶叔, 號는 壽軒, 本貫은 全義인데, 조선 세종 조에 中樞院使를 지낸 孝靖公 李貞幹의 8세손이다. 효정공의 5세손이며 저자의 曾祖 李興智가 경상도 淸道의 名儒인 朴河淡의 따님을 娶한 인연으로 경기도 衿川에서 경상도 淸道로 寓居하였다. 父는 竇巖 李璣玉인데, 東岡 金宇顒과 寒岡 鄭逑 兩門에 師事하여 문장과 학덕에 뛰어 났으나, 정여립의 己丑獄死에 연루되어 함경도 鍾城에 유배되었으며, 39세에 졸하였다. 母는 경상도 醴泉 高坪里에 世居했던 潘夢壁의 따님이다.

저자는 1599년 4월 15일 출생하였다. 6세에 부친을 여의고, 외가가 있던 고평리로 이사를 하였다. 이곳은 일찍이 藥圃 鄭琢이 寓居하여 洞民을 위해 「高坪洞契約文」을 지어 敎化에 힘썼으므로, 儒風이 크게 일어난 곳이기도 하다.

7세에 외조부에게 글을 배우고, 다시 외숙부 東洲 潘潞에게 字學을 배웠다. 그 후 약포 정탁의 아들인 東湖 鄭允偉를 師事하였으며, 17세가 되던 1615년에는 그 아버지의 스승인 한강 정구 선생을 배알하였는데, 이 때 父가 연루된 기축옥사의 전말을 듣게 되고, 그 내용을 포함한 문답 내용을 수록하여 「泗濱問答」이라 이름을 붙였다. 20세가 되어서는 淸道로 還來하여 황폐한 家廟를 重修하고 先山을 修治하였으며, 당시 청도 井村에 거주하던 竹山人 朴炯의 따님을 娶하였다. 그 후 旅軒 張顯光을 비롯하여, 李天封, 李心弘, 徐思選, 朴壽春, 蔣文益 등 名儒의 門下에 從遊하거나 교유하였다.

44세가 되던 1642년에는 장인 朴炯을 비롯하여 李心弘, 郭鴻習, 朴宣章 등과 청도 雲門山을 유람한 후 「遊雲門山錄」을 지었으며, 49세 때는 청도 梧臺에 開僻堂, 鳳棲亭을 지어서 寓居하였다. 58세가 되던 1656년에는 寓居地인 梧臺에서 時調로 된 「梧臺漁父歌」 20首를 지었다. 66세가 되던 1664년에는 그 아들 李祜徵이 자신의 詩文을 收拾한 것을 본 후에 書名을 『雜卉園集』이라 붙이고 스스로 序文을 지어서 완성하였으며, 75세가 되던 1673년에는 당시 청도군수 權佾의 請으로 淸道의 最初 邑誌인 『鰲山誌』를 편성하였다. 그러다가 80세가 되던 1678년에 청도 上北面의 壽餘村 精舍에서 卒하였다.

2. 구성

이중경의 手稿本 『雜卉園集』은 전체 2권 2책으로 구성되어 있다. 구성된 내용을 살펴보면 卷首에 저자의 自筆序文을 넣었고, 그 아래에 膝下兒(長男) 李祜徵이 追記하였다. 1권과 2권에는 시와 산문이 혼합되어 있고 전체 작품은 862편인데 詩가 대부분이다. 시를 제외한 작품으로 「紫溪書院祠宇重創上樑六偉幷序」, 「梧臺閑僻堂開基告神詞」, 「梧臺鳳棲亭上樑六偉幷序」, 「梧臺漁父歌九曲」, 「漁父詞五章」, 「漁父別曲前三章」, 「漁父別曲

後三章」, 「五臺漁父歌自序」, 「藏拙窩記」, 「乙巳秋撤郡客舍還建舊基甲坐庚向上樑六偉」, 「戊申九月十日先考樹碣告詞」 등 11편이다. 권말에는 甲辰年(1664)에 쓴 李誼仲(光義)의 발문과 丁未年(1667)에 쓴 朴東欽의 발문이 들어 있다.

이 『잡훼원집』은 1948년에 曺秉善 등이 刪定하여 1959년에 후손 李成魯 등이 書名을 『壽軒先生文集』이라 고쳐서 6권 2책의 연활자본(초간본)으로 간행하였다. 간행본을 살펴보면 862편 가운데 삭거 357편, 내용 산개 211편 등 총 568편(약 65.9%)이 산삭되었다. 한편 내용 산개 211편중에서도 편명만을 취한 후 작품 몇 首씩을 삭거한 것이 보이므로, 실제 작품은 더 많이 산개한 것이다.

간행본에는 새롭게 추가한 것이 있는데, 살펴보면 詩는 「挽李白川(天封)」, 「挽徐東皐(思選)」 「喜雨」, 「視聽」 등 4편, 書는 「上寒岡先生」, 「上旅軒先生」, 「上李白川」, 「答李孤村」, 「上李孤村」, 「上內舅潘東洲」, 「答徐華谷」, 「答徐東皐」, 「答權侯」, 「答李愼彦」, 「答朴敬伯」, 「與孫敬伯」, 「答李誼仲」, 「答朴士成」, 「與朴和伯」, 「答朴仁叟」, 「寄舍弟榮叔」 등 17편, 序는 「鰲山志序」 1편, 跋은 「謹書三足堂金先生己卯遺事後」, 「書徐侯拄笏軒記後」, 「敬書先考竇巖府君日錄後」, 「書鰲山志後」, 「書壽餘村舍閒覽後」, 「書內舅潘府君雲門遺錄跋後」, 「書鳳棲亭唱酬後」 등 7편, 祭文은 「祭寒岡先生墓文」, 「祭孤村李公文」, 「祭內舅東洲潘公文」, 「祭東皐徐公文」, 「祭外舅參奉朴公文」, 「祭舍弟榮叔文」, 「祭從子奎徵文」 등 7편, 장갈문은 「李侯遺愛碑銘」, 「奉事朴公墓碣銘」, 「祖考處士府君墓表」, 「先考竇巖府君墓表」, 「先妣恭人潘氏墓表」 등 5편, 雜著는 「泗濱問答」, 「遊雲門山錄」, 「山水圖說」 등 3편이므로 총 44편이다. 그런데 권5에는 당초 「鰲山誌」를 수록하기로 계획한 것 같은데, 당시 어떠한 문제가 있었음인지 수록하지 않았다.

『잡훼원집』의 862편 가운데 간행본에서 삭거된 357편의 편명은 다음과 같다.

卷1 : 「次李誼仲光義」(2수), 「紫溪書院懷古」, 「次李孤村心弘奉呈竹翁」, 「對雪獄」, 「謹次三足堂先生韻」, 「又次一絶」, 「道坪精舍次韻」, 「次不知窩金基發韻」, 「丙申三月服闋後作」, 「聽溪看柳」(2수), 「次朴而訥敏行」, 「梧臺次謝諸友及新知朴而訥」, 「送誼仲禮仲汪然用前韻」, 「次方伯徐元履東京懷古韻」, 「次直熙上人」, 「次地主李燦漢韻」, 「代製月課」, 「月課月過南宮漸映樓代製」, 「在梧臺謾咏」, 「聞詩妓楚玉韻次咏」(2수), 「咏盆梅次前韻贈汝愚」, 「夜坐咏懷」, 「次汝愚誼仲雙淸軒韻」(2수), 「還家感懷」, 「偶有所見因成玉連環」, 「偶題寄畸翁」, 「次韻」(2수), 「奉次納淸韻」, 「在梧臺吟」, 「聞三月旬二張時傑適至要作觀魚因成反律寄汝愚」, 「己亥季春海印寺金身流汗琴湖斷流人謂壬辰倭寇丙子胡亂有此變云」, 「謝地主臨訪用前韻」, 「久不見朴東梁偶然來訪悲喜咏詩」, 「種西果」, 「隣有少年來言倭聲洶洶諸邑人民皆爲避亂之計云因以一絶解之」, 「陶瓦盖屋己亥作家庚子入宅」, 「採桑女」, 「憶得舊贈一淸絶句」, 「贈一淸」, 「一淸軸中敬見曺梅湖友仁筆跡因次其韻」, 「贈別一淸用前韻」, 「次軸詩西厓韻」(2수), 「霽景」, 「憎鳶」, 「效唐詩閨怨」, 「同一淸訪敬伯」, 「醉

後」, 「詩癖」, 「治行將向溪庄」, 「到梧臺寄誼仲」, 「與沈子瞻槵觀魚馬淵被謫住楡川」, 「子瞻有約相尋阻雨不至」, 「夕霽」, 「燈夕次沈子瞻韻」(5수), 「臨江」, 「撑舟」, 「梧溪書贈一淸上人」, 「彦陽女家送來當歸海物」, 「玉連環贈一淸上人」, 「奉呈沈子瞻令公幽居」, 「會飮己亥」, 「偶吟」, 「語頑婢」, 「晩景」, 「夜詠」, 「淸州神駒」, 「富平白髮白目兒」, 「京中黃雨」(2수), 「謝沈子瞻來訪」, 「賀子瞻吉夢因步前韻」, 「過黃公壚有感八韻律尙書令王戎事」, 「石榴花」, 「喜雨」, 「挿秧」, 「步前韻謝子瞻」, 「又換倣」, 「偸梅兒」, 「櫻桃」, 「又次幽居韻」, 「屬兒子補網」, 「擬次姚合題天台寺壁韻」, 「謝誼仲汝愚來訪」, 「次許堯佐金谷韻」, 「語穿渠役夫」, 「邊城四時怨」(4수), 「少年行」, 「苦熱」, 「次姑蘇臺」, 「次陌上美人」, 「大雨」, 「次賈至與李白泛舟洞庭湖韻」, 「次巴陵夜別」, 「次明妃詞韻」(2수), 「端午」(2수), 「鞦韆」(2수), 「冶遊女娘」, 「梳白髮」, 「霽後」, 「次栢林寺韻」, 「次江村卽事韻」, 「次楓橋夜泊韻」, 「憎蒼蠅」, 「夢過李思叔儼故居有感」, 「次誼仲汝愚喜雨詩韻」, 「出效擧哀」, 「五月十三日阻雨不得入公門野次會哭成服」, 「苦雨」, 「水破陵谷」, 「苦雨」, 「喜晴」, 「炎熱」, 「夜咏」, 「次杜屛迹」(2수), 「次杜熱」(3수), 「次杜咏嚴鄭公宅綠竹韻寄誼仲謝送筍」, 「暮吟」, 「小霽」, 「又步前韻謝子瞻書問」, 「次子瞻韻」, 「送子瞻大瓜」, 「送紅柿汝愚子瞻」, 「寄汝愚用前韻」, 「謝誼仲見訪用前韻」, 「汝愚見訪因贈以詩」, 「秋興用前韻」, 「始立醫局謝朴敬伯東欽」, 「次汝愚韻送別之京」(3수), 「奉呈畸軒」, 「贈人」, 「更戲前韻贈汝愚汝愚以宣字難次故也」, 「又次汝愚前韻仍贈子瞻」, 「三十日夜」, 「次誼仲贈韻」, 「次竹林見寄梧臺韻」, 「奉呈子瞻求和」, 「詠新梅」, 「謝彦陽女兒送酒敎」, 「次誼仲來韻」, 「有所見聞」(3수), 「更步前韻贈汝愚李光智」(※追記), 「戊戌仲冬鄕員卄餘人往宿天柱寺歸路呼韻」(※追記), 「挽詞」(※追記), 「次苞山朴大來昌徵郭子彬弘章比隣有唱和之韻效杜律」, 「聞郭道大將欲移居此地仍次前韻贈之」, 「正月晦時始治農務」, 「辛丑四月五日賜額紫溪書院有詠」, 「謝主倅糴租種」, 「代製月課次東坡上元侍飮」, 「淸和」, 「卽景六言」(2수), 「挽羅聖遇以賢」, 「行祈雨祭翌日大雨遂有喜雨詩」, 「睡起」, 「聞暗行御史過去次唐詩韻」, 「望見揷秧聽號聲」, 「曉聽鷄兒始唱」, 「聽砧聲」, 「語末子操弓潛與弓伴相從」, 「晏起」(2수), 「偶吟次杜詩韻爲多風竹」, 「夜月次杜詩」, 「次唐權德輿田家卽事」, 「換唐詩寄誼仲」(2수), 「黃昏有感作」, 「灌園中西瓜」, 「看少年着基」(2수), 「晝眠」, 「偶吟」, 「逢詩僧呼韻」(2수), 「梧臺觀漲呼韻」, 「次慈仁倅南宮氏鈺題雲門洞村壁詩因要梧溪之賞丙午」, 「曾有梧溪來訪之約而倅有故不果」, 「丙午九月十一日之明日乃先考忌辰也忽有悲感之懷卽成小絶」, 「翌日昧爽行事後書懷」, 「誼仲見和前韻又步寄呈」(3수), 「偶吟秋興寄誼仲丙午」, 「賞菊偶吟」, 「居家雜興次誼仲」, 「謾興」, 「丙午四月大駕幸溫陽浴四十餘日仍作溫泉宮今年四月再幸浴三十日云」, 「暮色」, 「留院十餘日朴敬伯且至稽數夕仍各分散次別詩時林雨未收柳鶯且啼」, 「聞誼仲詠得云字贈敬伯余亦追次其韻以敍別懷寄兩君」, 「丁未夏朴始漢爲安東營將余次諸君別詩」, 「獨坐不堪孤寂扶杖往訪敬伯仍次伯韻」, 「次誼仲敬伯兩君韻」, 「次喜雨(閏四月二十六日祈雨翌日雨下)」(3수), 「敬伯以詩遺余乃誼仲元韻也立促次走」, / 393편 중 187편 삭거.

卷2：「無題」(4수)，「急雨」(2수)，「責炊兒撤籬」，「曉詠」，「杏子」，「牛毛煎麵」，「辛丑春秋染疾大熾人民多損遂有傷嘆」，「次誼仲韻」，「在梧臺」，「禱雨得利」，「返照」，「憶周卿」，「臺上有懷」(2수)，「在丁亥年作溪亭戊子年始居之」，「風波」，「一淸上人來訪」，「昨夜苦風亂」，「落日」，「次周卿韻」(2수)，「別周卿」，「松壇獨臥」，「旱風」「夕陽」，「臺上望見童子釣魚舟還」，「蹔休冷泉」，「過畸軒」，「還家」，「出見水田有嘆」，「悼沈若泝」(2수)，「聽蟬」，「憎蒼蠅」，「羨飛鳥」(2수)，「次張巡守睢陽韻」，「金承旨(應祖)以詩一絶贈密陽人密人要代次」(3수)，「暮過村路」，「責李景涉(名:櫓,先我而行故也)」，「入隔塵嶺內」，「瞻謁張先生遺像次韻(影堂在立巖東百步之地)」，「浣山道中」，「宿慈仁爨舍」，「登榕嶺語景涉」，「自敍示友人」，「奉次東洲表叔家居二十四松之岸有咏峯字韻」，「至月二十二日夜書懷」，「代次杜甫臘日四韻(月課)」，「壬寅春民大飢地主(睦來善)出郊饋粥又賑濟卽以一律稱頌」，「梧臺歸路次誼仲贈韻」，「從釣叟立溪邊有詠」，「雨中」，「有所感」(2수)，「喜雨」(3수)，「雨裡釣翁」，「白鷺雨立」，「雨後看漲」，「卽景」，「溪亭卽事」，「江漲」，「惱興謾題」，「暮景」，「順成來滯數日請歸」，「夜聞石灘」，「悼曺尙周病亡」，「石屛新畵」，「沙洲林影」，「石瀨鳴湍」，「磯頭釣翁」，「山中樵唱」，「夜啼蜀魄」，「盤巖獨立」，「瓢巖魚躍」，「登望前峯」，「送奴貴業問彦陽寄食之妻子」，「臺越邊有銀坑」，「小兒施罟得細鱗一貫卽題」，「一朝淸溪盡成濁流怪問之曰上流淘銀泥云」，「而已溪流更淸怪問之曰銀泥終撤云」，「謾次李商隱六韻」，「有少娘渡江灘」，「偶題」，「歎祐兒不至」，「睡覺後出步松棧」，「喫當歸菜」，「見漁翁白鷺共立江干」，「戱題人過初疑却非」，「偶題」(3수)，「壬寅四月十五夜月」，「浣絲」，「感興偶題十四韻」，「前日移種竹竿枯死殆盡有嘆」，「子婦送酒」，「庚子辛丑大無壬寅春民大飢染病相傳家婢亦出野幕憂念有吟」，「警責蒼頭」(3수)，「偶題」，「溪路仙娥」，「謾題」，「無題」，「送祐兒庄舍省其兄」，「始啖竹筍」，「睡起謾成」，「次畸翁見寄」，「又步前韻贈畸翁」，「晝眠」，「憶雲門寺呼韻」，「謾題」，「自掃巖逕」，「波心兩點」，「謾題所見」，「壬寅四月晦日雨下盖有三大雨而年豊可期云」，「江漲」，「梧峯登望呼韻」，「江閣新晴呼韻」，「老妻厭苦灘聲呼韻」，「次唐詩劉滄四韻」(2수)，「畸翁以次而煥(朴自章)贈梧臺韻」，「大風雨」，「五月初八日對月酌流霞酒三盃」，「朝晴」，「聞家信」，「次畸翁韻」，「雨」，「夢中吟」，「曉鷄」，「謾題」，「語老妻」，「出步江干」，「五月十五日乃祜子生日不得相見有懷」，「靜坐」，「忽有一蝶樸腮」，「待祜子是日將來覲」，「昨夜與祜子話」，「自梧臺還至畸軒押呼韻」，「還家再步前韻謝畸翁」，「奉呈主倅」，「雨中僧至」，「雲門僧秀嚴來訪」，「觀漲因愁水災」，「思歸」，「壬寅臘月晦日夜咏」，「次入齋書院諸公韻」(2수)，「癸卯四月初七日到溪亭記夜夢」，「題臺頭坐石」，「次雨不絶杜韻」，「梧臺次贈朴敬伯韻」，「山堂除夜後元朝次誼仲韻」，「余訪省峴𤮆門前一條垂楊正吾自言其先大夫嘗爲此郵時手植而今過三十餘春常多感懷云因詠一絶以贈」，「畸軒架松簷有詠卽次其韻」，「次竹翁要余山堂除歲甲辰」，「奉次尹地主韻丙午元日時地主將休告歸家」，「偶題」，「戊申七月登紫溪書院詠歸樓口占示院長李誼仲樓乃院長新作也」，「夢贈申上舍」，「稚孫戱問」，「答稚孫問」，「賞梅有意」，「乞人歎」，「朝起獨坐有

僧來話」, 「夜咏」, 「戊申冬祐子以事往花山久不還」, 「戊申年夏秋大旱民食甚艱至歲辰而無閭里之歡皆怨朝政不調以致天灾云」, 「除夕戊申」, 「記夢」, 「立春己酉元月四日」, 「孫孩傑三六歲時學新增類合至職御二字問曰此二字何義余不能對卽題小絶三以奬之」(3수), 「次竹翁韻」, 「次送淑上人」, 「己酉除夕夜詠」, 「元曉」, 「朋會納淸軒用以春柳云云」, 「梧臺夢憶」, 「春望」, / 469편 중 170편 삭거(산개의 경우는 권1에서 107 편, 권2에서 104 편, 합 211편임)

3. 내용

『잡훼원집』의 내용 가운데 몇 가지를 살펴본다.

스승 東湖 鄭允偉를 평한 「夢見先師鄭東湖」라는 詩에서 "仁人之量古人風 學有淵源道有工"라 하여 어진 풍모에 도학 연원이 있음을 밝히고 있는데, 간행본에서는 이 내용이 삭거되어 있다. 또 長詩 작품 「辨仙道四十句」를 지어 儒學을 옹호하고, 「歎事神」을 지어 淫祠에서 邀福하는 일들을 비판하기도 하였다.

이중경은 당쟁이 격화되던 시기에 살았다. 「嘗在崇禎辛未 紫溪書院刊濯纓文集 今幾三十載刓剝已盡 戊申重刊(云云)」의 내용을 살펴보면 김일손의 『탁영문집』 重刊本(1668년)을 청도에서 간행할 때 序文을 받은 일로 인해 淸道 士林에 논란이 일어나고 우암 송시열을 폄하하는 등, 南人風에 입각한 당시 선비들의 분위기를 살필 수 있다.

이중경은 58세가 되던 1656년에 時調로 된 「梧臺漁父歌」 20首를 지어서 卷1에 수록하였는데, 이 작품은 '梧臺漁父歌九曲' 9수, '漁父詞五章' 5수, '漁父別曲前三章' 3수, '漁父別曲後三章' 3수 등으로 구성되어 있다. 「오대어부가」 외에도 「藏拙窩記」에 붙여서 기록한 '藏拙窩歌'라는 시조 1수를 더 남겼는데 간행본에는 삭제되어 있다.

> 窩ᄂᆞᆫ 내 집이오 拙은 내 병이라
> 내 집의 누어서 내 병으로 늘거시니
> 世上의 無病ᄒᆞᆫ 君子을 블올줄리 업세라.

이 작품에는 저자의 隱逸的 지조와 자연적 취향이 담겨져 있다.

이중경은 1568년에 차남 祐徵이 花山[安東]에 일이 있어 갔다가 오래도록 돌아오지 않음을 걱정한 「戊申冬祐子以事往花山久不還」과 자식의 일상을 담은 「屬兒子補網」, 아내에 대해 애정을 표한 「老妻厭苦灘聲呼韻」,「病妻」, 「語老妻」, 「老妻爲釀小醪始酌一盃」, 6세 손자가 『新增類合』을 배우면서 질의한데 대한 느낌을 적은 것 등, 가족에 대한 정을 진솔하게 표기한 작품도 많이 남겼다.

이 가운데 「屬兒子補網」이란 시를 살펴본다.

내 무능하여 문장도 못하고 무예도 못하니 非文非武我無能
너는 무엇으로 父業을 계승하려 하는가. 有子將何父業承
일삼음이 오직 고기 잡는 그물만 알고 있으니 所事惟知魚網罟
너는 고기 그물 고치는 일을 해야 할 것이네. 爾須治線補纖罾

자식을 보면서 가문을 걱정한 詩다.

이중경은 임진왜란 직후 태어나 병자호란을 겪었다. 전후 민심의 흉흉함과 흉년에 생활하는 백성들의 고달픔, 정치혼란 등을 보인 社會詩인 「隣有少年來言倭聲洶洶諸邑人民皆爲避亂之計云 因以一絶解之」, 「辛丑春秋染疾大饑人民多損遂有傷嘆」, 「戊申年夏秋大旱民食甚艱至歲辰而無閭里之歡皆怨朝政不調以致天災云」, 「畸翁寄書云有草竊夜入田中摘麥主人覺得制挺潛俟見有人伏牀毆打無數頑然不動云云」, 「聞家有莝斫刀盜人偸去云」, 「乞人歎」 등은 이러한 분위기를 반영한 작품이다.

한편 국가의 科擧에 응시하는 선비 수가 급격히 늘어난 것과, 과거시험의 혼탁함을 보여준 작품도 있다. 1668년 겨울에 보인 慶科 庭試에서는 서울에 文才 千餘人, 武藝 二萬餘人이 참가하였는데, 이 때 문과 13인, 무과 12인만 취하였다. 그러나 이마저 일을 맡은 有司가 公道를 잃게 되어 罷榜이 되었다. 응거한 자들은 동절기 수월 간의 辛苦로 인해 憤恨한 심경을 머금게 되었다. 이중경은 「國朝設科 取文武士咸聚京師者文才千餘人武藝二萬餘人 而只取文科十三武科十二有司且無公道落魄者憤恨備說凍寒數月留京辛苦之狀卽以二絶贈慰(戊申冬)」, 「戊申秋東殿疾甚幸愈 冬設慶科庭試旋以無公道罷榜」이라는 詩를 지었다.(당시의 일을 상고해보면, 庭試를 管掌한 趙復陽이 太學의 課試題目으로 出題된 것을 다시 出題하였으므로 물의를 일으켜 罷榜한 것이다.)

또한 각종 소문이나 유언비어 등이 난무했던 시대상을 반영한 작품도 있다. 기해(1659)년에 일어난 여러 가지 일로, 해인사 金身이 땀을 흘린 일, 금호강이 斷流한 일, 개구리(蛙)가 무리를 지어서 彦陽城으로 들어간 일 등은 지난 임진, 병자란 때와 같은 조짐이라고 사람들이 말하였다고 하였다. 또 머리에 뿔난 忠州 사람의 일, 安岳의 赤水, 淸州의 神駒, 富平의 白髮 白目한 어린이, 京中의 黃雨 등도 들었다고 하며 시를 지었다. 그런데 이 해에 효종대왕이 승하하였다. 이중경은 효종에 대하여 「國喪己亥五月初四日昇遐七日聞訃是孝宗大王也」라 하고, 詩의 末尾에 "孝廟朝治兵鍊卒 欲洗山河之恥"라고 평가한 사실이 주목된다.

4. 가치

이중경의 수고본『잡훼원집』은 300여년간 후손가에 전해진 귀중한 자료이다. 이 책 제1권의 뒷 표지 앞면에 "前參判李公端錫子 統制使復淵在營時 謄此兩卷而去 丁未九月日"이란 墨記가 있어서 1727년에 통제사 李復淵이 베껴간 일이 있음을 알 수 있다. 그러나 이 謄寫本은 현재 전해지지 않고 있다.

이 책의 작품 제목을 살펴보면 당시 저자가 붙인 제목은 대부분이 長文으로써 특히 저작 년대까지 표기하는 등 사실을 구체화하였다. 따라서 당시의 사회상이나 역사를 이해하는데 큰 도움을 주고 있다. 그런데 후대에 간행한『수헌선생문집』을 살펴보면 작품의 제목을 대부분 줄이고 年代도 삭거한 사실을 알 수 있다. 뿐만 아니라, 내용에 있어서도 많은 부분을 산개하여 저자의 의식을 변개한 것이다.

『잡훼원집』의 내용 가운데 주목할 만한 원고 작품으로는 위에서 언급한 時調로 된「梧臺漁父歌」20首이다. 이에 대해서는 필자가 학계에 보고한 바 있다.

이처럼『잡훼원집』은 저자가 직접 자필로 서문을 붙인 원고본이라는 점을 감안할 때, 저자의 현실인식과 당시 사회상을 연구하는데 중요 자료가 될 것이라고 본다.

[참고문헌]

李重慶,『壽軒先生文集』(연활자본, 漆谷, 1959년), 6권2책.

張仁鎭,「새로 발굴된 李重慶의 梧臺漁父歌」,『圖書館學』 제10집, 韓國圖書館學會, 1983.

張仁鎭,『嶺南 文集의 文獻的 硏究』, 영남대학교 박사학위 논문, 2005.8.

【장인진】

淸流遺稿

權祿仁(1769~1834) 著.

筆寫本. 1冊 : 四周單邊, 半郭 27×17.3㎝.
四周單邊, 10行20字, 無魚尾 ; 32.6×21.5㎝.

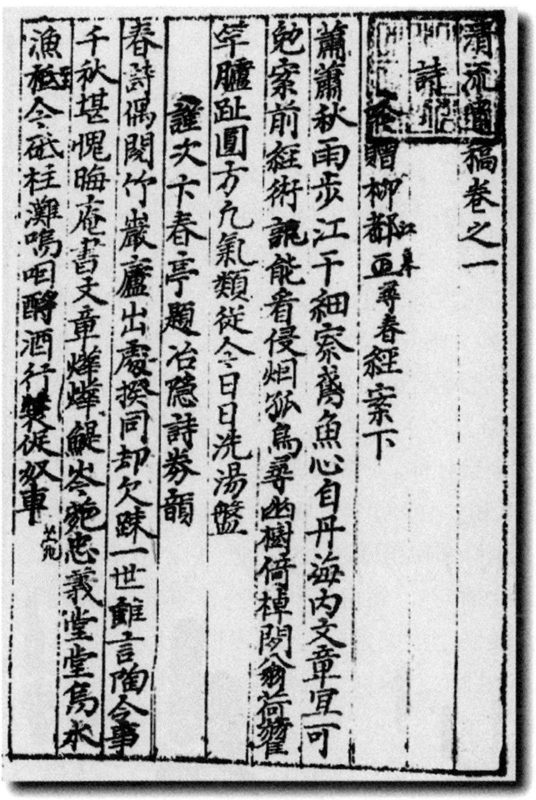
淸流遺稿卷之一

청류유고

1. 저자

權祿仁(1769~1834)의 자는 景清 호는 清流이며 또 다른 호는 望道齋이고, 본관은 安東이다. 생부는 權𤏉인데 당숙 權燧의 후계로 들어갔다. 1769년 2월 16일에 태어나서 1834년 1월 17일에 졸하였다. 묘소는 尙州 近巖村에 썼다. 立齋 鄭宗魯(1738~1816)의 문하에서 종유하였으며, 문경·상주 일대에서 활동하며 국포 강박의 손자인 姜世白과 식산 이만부 집안의 李敬儒와도 교유한 바 있다. 조부인 兢齋 權相龍이 문과에 합격한 전력이 있고 淸臺 權相一이 재종조부였다는 사실을 미루어 볼 때 영남 지역의 명문 출신으로 학문을 강학하고 지역에서 지도적인 역할을 하였을 것으로 생각된다.

2. 구성

본서는 모두 시인데 권수제는 '淸流遺稿 卷之一'이고 詩와 輓詩를 나누어 편차하였다. 시는 150題이고 만시는 33題이며 서문이나 발문은 없다. 전체 목록은 다음과 같다.

詩

「吟贈柳江皐(尋春)經案下」,「謹次卞春亭題冶隱詩劵韻」,「吟贈金善源」,「別章」,「陽山寺呼韻求和」,「宿東殿」,「陽山寺偶逢龍門寺僧富宗吟贈一絶」,「登白雲臺」,「黑龍五月晦與景尋從作鳳笙省楸路舟某過兎棧有吟」,「吟贈族弟孟仁」,「歲黑龍菊月念六與縣村諸益作赤城之行過白石村【石棧拙吟求和】」,「宿山水亭」,「午憩北溪書堂」,「過松坪」,「宿赤城」,「由藏才筏踰功德峰」,「到大乘寺」,「宿磻溪書堂」,「次弄淸臺重修韻」,「先吟四韻寄鄭兄彦瞻(秉魯)行軒」,「野老堂次元韻小序」,「卽景」,「道院祠廟落成日吟(辛卯)」,「贈婿君黃宗鉉」,「不換亭敬次元韻」,「白華書堂口占」,「次同宴韻」, 次蔡院長一甫韻」,「咏菊」,「又和冷泉韻」,「追次晩窩金致仲韻」,「寶灘歸路坐松下有聯句」,「又步聯句仍成四韻」,「無住洪先生建祠時呼韻求和」,「吟贈李士明」,「泮中疏壓酬兒詩」,「追次侄金仙臺韻,「妙寂庵」,「與汙村南大叟江村鄭晦甫磻溪李永彦贈別」,「立春寓懷」,「北山遊吟節句求和」,「【黑羊淸和節】杜陵路中聯句」,「宿南石亭偶吟」,「過達山訪申潤之-聖明」,「訪桐村李聲魯因爲信宿而吟」,「貝陵訪李佐郞景綏」,「宿南進士元大六宜亭」,「歸路又吟聯句」,「鳳凰樓小會與金仲章拈韻共賦」,「贈別金仲章(獻慶)」,「次小詩韻」,「謹次修巖先生松巖亭韻」,「春朝雨雪」,「吟贈女壻金善五(龍鎭)」,「吟卽景」,「次修巖先生松巖亭韻金善元斗鎭」,「次金善元觀明史一統歎中原爲北奴所據韻」,「雪中無聊吟」,「戱雪吟」,「和答金善元斗鎭」,「伏次西溪先生奉贈月川先生韻求和」,「咏春雪」,「次金文玉新字」,「絶句」,「吟贈竹巖諸友」,「又次金健之裳字韻贈別」,「次齋居吟二十首」,「次憫視聽韻呈姜錫圭」, 「元朝吟辛未」，「次姜錫圭景禹兄愁坐韻」，「近院講會次李汝剛韻」，「奉和咸昌南上舍戚兄元大氏六宜亭韻」，「雜詠」，「次李秀才養眞庵韻」，「感懷題春詞」，「辛酉秋過月觀門外不勝悲感因吟一絶」，「謹次城北蔡戚丈宅仲氏 壬戌秋七月旣望韻」，「伏次家君旣望韻有序」，「和苦雨中戲吟呈鳳山翁金顯奎魯瞻」，「雨中無聊又吟一絶於此詩未到之前意思不見而同實非偶然望須覽後抃和」，「勸我酒曲」，「除夕韻」，「草澗精舍」，「感吟歲暮韻以呈鳳翁 壬午」，「觀物堂伏次淸風鄭先生壁上韻」，「白猫淸和節與景尋惠吉共作聞喜行路中口占」，「兎棧」，「與姜惺窩錫奎登石門亭」，「宿禪堂」，「漢陰先生影幀奉安時次韻 庚寅」，「與巖叟約庵諸老走吟潮泉」，「謹次齋室韻」，「贈金山祖」，「仙巖省墓後偶吟四韻」，「答暘谷」，「過蛇巖追憶金蘭溪殉節不勝感慨伏次圃隱鄭先生遺集中韻」，「山村卽事」，「山家日令」，「偶吟 乙丑」，「下仙臺九曲吟」，「下仙巖吟」，「採山吟」，「九月慶科後偶吟四韻 癸酉」，「戲吟」，「敬次金溪愚翁宜字韻 己巳」，「咏雪中月」，「謹次瓊韻奉呈都上舍景升行軒」，「立春韻 辛未」，「上元偶吟」，「黃桃花開」，「敬次晦庵朱先生立春云 戊辰」，「咏菊」，「除夕韻庚午」，「病中吟」，「伏次李院長聖兪姜戚兄幼道二丈韻」，「述懷三十句 壬午」，「追次靑流亭流字韻」，「元朝韻 戊寅」，「次贈盧繼明 戊寅」，「二拜峴口占 甲戌」，「鳥嶺道中偶吟」，「漢江津頭」，「松坡店」，「伏次晩醒齋回文韻」，「和贈鳳棲翁作靑流亭記以四韻二首寄我故次韻」，「謹次新寺耆老會韻仰呈全丈善伯氏」，「次約庵惠吉韻寄辰井宗人權憲祖」，「又和寄宗人權憲祖」，「次土窩追悔吟 壬午」，「宿下仙齋舍 壬午」，「又次鳳棲翁金魯瞻韻」，「除夜感吟示子侄輩」，「元朝吟」，「春帖」，「次文彦氏元朝韻」，「省墓偶吟 癸卯」，「見寄伯叟元朝韻次贈李文龜 癸未」，「粤在柔兆困頓陽月朔後二日設敬老會於瀨濱書堂蓋書堂之設此會于今七十年淸臺先生與面中僉長老相議而創設者也當時約條三尊老則子弟陪行故老親自閼逢閹茂爲首尊老導侄及璭兒次第陪隨今年則余陪老親而往參敬老之席余年亦四十八也心竊喜懼不勝萊舞之忱伏次元韻五言四律詩敬呈僉長老座下 丙子」，「謹次金魯振靑驟韻」，「草堂前築壇種梅菊鳳仙花粉花綿花先吟鳳仙花」，「次織帶韻贈崔秀才集」，「雨後登靑流亭舊基見亭傍沙汰感吟」，「贈龍興寺僧五赫」，「次草堂嘆老松韻」，「伏次河院行鄉射禮呼韻」，「伏次家君回甲韻示諸友 辛酉」，「辛酉上元會呼韻」，「伏次祖考兢齋府君家學韻 庚午」，「登靑流亭呼韻」，「己丑十二月十六日卽我生日也中歲而後以外王父姜知事府君諱日故廢而不爲以翌日退行矣今年回甲之十七日兒輩略設小酌以涑諸賓玆用四韻求和於僉益云爾」

輓詞

「輓金戚丈天叙應倫」，「輓金進士潤之」，「輓李戚丈繼善道陽」，「輓金參奉炳如虎燦」，「輓立齋鄭先生 丙子」，「輓蔡丈筮完」，「輓水峰李院長震朝」，「輓林下李公敬儒」，「輓蔡君習」，「輓高景叟 甲戌」，「輓金景輝」，「輓水月翁權君章氏」，「輓洪聖導」，「輓金戚丈佑良戊辰」，「輓高久汝」，「輓丁丈載權」，「輓愚山鄭查兄宰魯」，「輓蔡丈宅仲」，「輓金士賢」，「輓岳丈蔡公著玉」, 「輓蟻谷姜丈子允」, 「輓蔡丈聖仲氏」, 「輓姜戚兄皓隣世白」, 「輓金來叙」, 「輓黃査兄趾熙」, 「輓蔡戚禧仲」, 「輓黃査友躋熙緬禮」, 「輓蔡吉仲」, 「輓高夢叟」, 「輓鄭參奉時應必奎」, 「輓蔡輝仲」, 「輓金開伯龍健」, 「輓趙丈學洙」

3. 내용

문경 상주 일대 이만부·권상일과 그 문도들의 雅會 공간을 알게 해주는 시가 많다. 안동 권씨의 弄淸臺, 장수 황씨의 不換亭, 인천 채씨의 石門亭과 磻溪書堂, 개성 고씨의 南石亭 등을 배경으로 한 작품이 그것이다. 이들 가문의 일원들은 18세기경 문경·상주 일대에서 활동하였으며 국문학계에서 이른바 '石門亭歌壇'으로 알려져 있다.

또한 저자는 조부 권상룡과 재종조부 권상일이 강학하던 弄淸臺를 여러 차례 찾아가 인척 친지들과 강학하고 시를 읊었다. 저자의 내면을 알 수 있는 시로는 「病中吟」, 「述懷三十句」 같은 작품이 있는데 「술회삼십구」는 저자가 예순 즈음에 지은 작품으로 자신의 생애를 시로 읊어서 행장이 없는 저자의 일생에 대해서 개략적이나마 짐작할 수 있게 해준다. 또한 화단을 가꾸고 한가로이 지내는 저자의 삶을 엿볼 수 있게 해주는 「草堂前築壇種梅菊鳳仙花粉花綿花先吟鳳仙花」 같은 작품도 있다.

저자의 호인 淸流는 저자의 조부 긍재 권상룡이 터를 잡은 곳에 저자가 지은 청류정에서 연유하였다. 다음은 저자가 청류정을 짓고 감회를 읊은 「追次靑流亭流字韻」이라는 시이다.

山之高也水淸流	산 높고 물 맑게 흐르는 곳에
兢祖當在占址幽	兢齋 조부 생전에 그윽한 터를 잡으셨네.
錦水潺潺來虎尾	錦水가 잔잔하게 虎尾로 흘러오고
雪峰兀兀作龍頭	雪峰은 우뚝하게 龍頭가 되네.
居然亭閣成初夏	엄연하게 亭閣은 초여름에 지었는데
會事棟樑覆仲秋	마침 棟樑은 중추에 덮었네.
雖是天公培覆運	비록 天公의 북돋아주고 덮어주는 운수라지만
親懷難慰敢言遊	조부 생각 위로할 길 없는데 감히 노닐 수 있겠는가.

이밖에도 이 책에는 字句의 교정을 표시한 부분이 다수 보이며, 작품을 선별한 흔적도 있으므로 간행을 염두에 두고 만들어진 초고본으로 여겨진다.

4. 가치

본서는 제목 및 시 구절 여러 곳을 교정한 筆寫稿本으로 현재 유일하게 확인된 權祿仁의 문집이다. 본서는 18세기 후반 19세기 초반 문경 상주 일대에서 활동하였던 남인 명문가의 후손들에 대한 정보가 풍부하다. 이들의 선조들은 채수, 고상안, 강박, 이만부, 권상일 등 중앙정계에서 활약한 인물이었다. 이들은 석문정·농청대 등에 모여 시회를 갖고 때로는 국문시가를 짓기도 하였는데 이들의 모임은 이른바 '석문정가단'이라 일컬어진다. 본서의 저자인 권녹인은 '석문정가단'에서 중심적인 역할을 했던 채헌의 아들 채시옥의 사위로서 본서에는 '석문정가단'의 실상을 보충할 자료들이 풍부하다.

[참고문헌]

박이정, 「石門亭歌壇의 성립과 그 의미」, 『한국시가연구』 17집, 한국시가학회, 2005.

【백승호】

艸衣詩藁

意恂(1786~1866) 著.

筆寫本 4卷2冊 : 四周雙邊, 半郭 17.9×12.7㎝, 無界, 10行18字, 無魚尾 ; 23.2×16.2㎝.

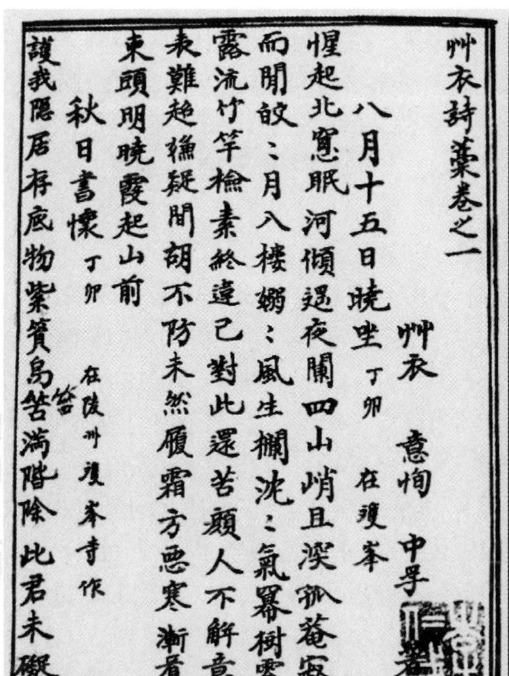

艸衣詩藁卷之一

艸衣 意恂 中孚 著

八月十五日曉坐 丁卯 在雙峯

惺起北窻眠河傾逗夜闌四山峭且溪孤菴寂而閒敲〻月入樓蹦〻風生欄洸〻氣冪樹零露流竹竿檢素終違己對此還苦顏人不解意表難趣纔疑間胡不防未然履霜方惡寒漸看東頭明曉霞起山前

秋日書懷 丁卯 在陵州雙峯寺作

護我隱居存庇物紫簀島笞滿階除 此君未礙

초의시고

1. 저자

草衣禪師(1786~1866)는 조선말기 불교계를 대표하는 大禪師이자, 시와 그림과 차로 一家를 이룬 조선후기 藝苑의 名士였다. 茶山 丁若鏞을 스승으로 섬기며 시를 배웠고, 당대 문예계를 주도하던 秋史 金正喜와 紫霞 申緯 등과 두터운 교분을 나누며, 19세기 문예사에 이름을 남겼다.

초의는 俗姓이 張씨이며, 본관은 興城으로, 1786년(정조 10) 전남 무안에서 태어났다. 字는 中孚, 法名은 意恂이며 艸衣는 그의 雅號이다. 또 다른 號로 海翁, 海陽後學, 一枝盦, 芋社, 紫芋 등을 사용하였다. 15세에 나주 雲興寺의 碧峰 문하로 출가하여, 玩虎에게 具足戒를 받았다. 완호는 蓮潭의 法孫으로 曹溪門人이다. 이때부터 대흥사에서 경전을 익히는 한편 幀畵를 잘 그려서 당나라 吳道子의 경지에 이르렀다는 평을 들었다.

1809년(순조 9) 24세 때 초의는 다산을 처음 만난다. 강진에 유배를 와있던 다산은 兒菴惠藏과 교유하는 것을 계기로 아암의 제자들과 師弟的 관계를 맺게 되는데, 이때 초의도 참여한 것으로 보인다. 초의는 다산이 강진에서 길러낸 방외제자 중의 한 사람이라 할 수 있다. 申觀浩는 「爲草衣大宗師塔碑銘」에서 "茶山承旨로부터 儒書과 觀詩의 道를 전수받았다.(從茶山承旨, 受儒書觀詩道)"라고 하였다. 다산과 사제관계를 바탕으로 초의는 佛敎界에 국한되지 않고 儒佛간에 소통의 길을 열게 된다. 1815년(순조 15) 30세 때 처음 上京하여 다산의 아들 丁學淵, 丁學遊 등과 교유하는 것을 계기로 이후 김정희와 그의 동생 金命喜, 金相喜, 및 申緯, 申觀浩(후에 櫶으로 개명) 등 추사일파의 인물들과 교유를 맺어 평생 친분을 유지한다. 초의는 조선후기 실학의 양대 문호를 오고가며 사대부 문인사회에 시와 차로 명성을 얻었다.

다산의 문하에서 수학하고 또 추사와 교유하면서 실증적 학문의 자세를 견지하고 있던 초의는 당시 白坡禪師(1767~1852)의 『禪文手鏡』이 禪의 眞意를 오도하고, 佛陀와 達磨祖師의 근본사상에 어긋난 것이라고 비판하며 『禪門四辨漫語』를 저술, 백파의 선론을 논박하였다. 이로 인하여 김정희도 참여하는 등 조선후기 불교계에 일대 논쟁을 일으켜 우리나라 선종의 수준을 한 층 끌어올리는 계기를 제공하였다.

이와 같이 儒佛 양쪽에서 명성을 얻은 초의는 1840년(헌종6) 55세 때에는 憲宗으로부터 '大覺登階普濟尊者艸衣大禪師'라는 賜號를 받기에 이르는데, 왕사제도가 폐지된 조선 중기 이후에 사호를 받은 사람은 초의 외에는 없었다고 한다. 초의는 1866년(고종3) 81세를 일기로 입적하였는데, 부도는 대흥사에 있으며, 松坡居士 李喜豊, 義禁府事 申櫶에게서 碑銘을 얻어 그 옆에 비를 세웠다. 신헌의 비명은 추사의 제자인 秋琴 姜瑋가 代作한 것이다.

저서로는 『一枝盦詩藁』, 『一枝盦文集』, 『艸衣集』, 『禪門四辯漫語』, 『艸衣禪課』, 『東茶頌』, 『茶神傳』, 『震默祖師遺蹟攷』, 『文字般若集』 등이 있다고 전한다.

2. 구성

草衣禪師의 시집으로 4권 2책의 필사본이다. 필사자와 필사 년대는 밝혀져 있지 않다. 초의선사 사후 40년 뒤인 1906년에 2권의 木活字本으로 간행한『艸衣詩稿』중 시 부분과 순서와 내용이 일치하나 4권으로 분권되어 있는 것이 다르다.

3. 내용

본서는 4卷 2책으로 구성되어 있다. 맨 앞에는 1831년(순조 31) 초의가 46세 때 받은 洪奭周와 申緯의 序文이 붙어 있고, 끝에는 1851년(철종 2)에 쓴 尹致英과 申觀浩의 跋文이 붙어있다. 상권인 권1과 권2는 1831년에 서문을 받기 이전의 작품을 모은 것이며, 하권인 권3과 권4는 그 이후부터 1851년 발문을 받기 이전 작품을 모은 것으로 보인다.

대부분의 시에는 창작 년대가 기록되어 있어, 초의의 생애와 행적을 구체적으로 파악할 수 있다. 또한 함께 수창하거나 화운한 작품인 경우, 수창한 상대의 시나 원작을 함께 기록해 놓고 있어 작품을 이해하는데 도움을 줄뿐만 아니라, 초의가 교유한 인물들의 시작품을 함께 살펴볼 수 있는 기회를 제공하고 있다.

권별로 주요 내용을 소개하면 다음과 같다.

권1에는 22세에서 44세 때까지 지은 106수의 시가 실려 있다. 22세 때 전남 和順의 雙鳳寺에서 지은 「八月十五日曉坐」로 시작한다. 24세에 지은 「奉呈籜翁先生」을 비롯하여 「題挽日蘭若」, 「阻雨未往茶山草堂」 등은 康津에서 다산의 문하에 출입하면서 지은 시들로서 다산을 스승으로 섬기는 충심이 잘 드러나 있다. 「奉呈籜翁先生」에서 초의는 다산을 스승을 뜻하는 '夫子'라는 존칭으로 부르며, 자신이 그 동안 스승을 찾아 다녔지만 결국 어물전에 불과할 뿐이었다고 한탄하면서 다산의 인품과 학식에 감복한 내용을 담고 있다. "1815년 처음 上京하여 丁學淵, 金命喜, 李魯榮, 尹定鉉 등과 교유하면서 지은 작품과 1817년 경주에 가서 지은 「佛國寺懷古」와 그곳에서 추사 김정희 등과 만나 지은 시가 있다. 추사의 「題草衣佛國寺詩後」는 이 때 지어진 것으로 보인다.

권2에는 45세에서 46세 때까지 2년 동안 지은 68수의 시가 실려 있다. 1830년에 두 번째로 상경하여 경기도 馬峴의 水鍾寺와 茶山家, 그리고 서울 근경인 淸凉寺, 龍門寺 등지를 방문하며 지은 시들이 전반부를 이룬다. 「杜陵詩社與諸詞伯同賦」라는 제목에서 볼 수 있듯이 두릉의 茶山家에서 詩會가 자주 열렸는데, 정학연, 정학유 등을 비롯하여 朴鍾林, 朴鍾儒, 洪鍾應 등이 함께 어울려 시를 수창하였다. 그리고 청량사에서는 정학연, 洪顯周, 尹正鎭, 李晩用, 洪羲人, 洪成謨 등과 分韻하여 시를 지었다. 이외에도 申緯, 具行遠, 李載毅, 金邁淳 등과도 교유하며 수창하였다. 초의가 사대부들과 교유할 때 대개 丁學

淵이 동행하며 수창하고 있는데, 「奉和酉山」 12수 등 정학연과 수창한 시의 비중이 가장 크다. 「奉和紫霞侍郞二月八日之作」은 신위가 석가탄신일이 4월 8일이 아니라 2월8일이라고 주장한 것에 대하여 그 논리의 무모함을 논파한 작품으로 추사의 『覃揅齋詩藁』에는 「答二月八日作佛辰 代艸衲」이라 실려 있어, 추사가 초의를 대신하여 지은 작품으로 되어 있다.

권3에는 47세에서 57세까지 11년 사이에 지은 작품 105수가 실려 있다. 珍島 監牧官 卞持和, 海南 縣監 申泰熙와 친밀하게 교유하며 지은 시가 여러 편이다. 김정희의 아버지 金魯敬이 1830년부터 1833년까지 고금도에 유배를 와 있어 金命喜, 吳昌烈 등이 이곳을 방문하기도 하였는데, 1832년 오창렬이 보내온 시에 차운하여 지은 시가 있다. 1834년에 상경하여 추사와 다산의 집을 방문하여, 「琴湖留別山泉道人」, 「起山以謝茶長句見贈…」, 「與雙首道人秋宿長川別業」, 「甲午菊秋 將辭苕溪」 등의 작품을 남겼다. 1838년에는 금강산을 기행하면서 「遊金剛山詩」를 지었는데, 홍현주는 和韻詩를 지어 높이 賞讚하였다. 「種竹」이란 작품에서는 지난 10년간이 맺어온 교제가 부질없는 것임을 후회하며 의리를 저버리고 이익을 좇는 세태를 한탄하였다.

권4에는 58세 때부터 65세까지 8년 동안에 지은 시 53수가 실려 있다. 1843년에 지은 「濟牧李公源祚索詩遂次望京樓韻」은 濟州牧使 李源祚의 요구에 응해서 지은 작품으로 당시 제주도에 유배와 있던 김정희를 방문하였다가 지은 것으로 보이며, 「奉和于石申公見贈」은 당시 전라도우수사로 부임해 있던 신관호의 시에 和韻한 작품이다. 1845년에 지은 「奉和酉山見寄」와, 창작연대를 밝혀 놓지 않았지만 김정희가 1848년 해배된 뒤에 지은 것으로 보이는 「奉答酉山茶詩」, 「奉答耘逋茶詩」 등은 남북으로 멀리 떨어져 있어 소식이 끊기는 가운데에서도 그들의 우애가 매우 깊었음을 보여준다. 그러나 「奉答酉山茶詩」에서

그대에게 권하노니 이제 영원히 나를 잊으시게	勸公從此永相忘
잊고 지내면 번뇌도 사라지리니	相忘始無煩惱煎
번뇌가 일지 않을 때 道는 절로 이루어지니	煩惱不生道自成
相思와 相忘 어느 것이 더 현명할까	思與相忘知誰賢
(중략)	
그대여 그대여 내 말을 기억하시게	公乎公乎記我言
잊으라는 내 말 잊지 말고 마음에 새겨두시게	毋忘相忘心頭鐫

라고 하여 속세인과는 다른 불자로서 지향을 분명하게 표출하기도 하였다. 초의가 속세의 사대부들과 어울리며 깊이 교유하였지만 불자로서 본분을 잊지 않으려는 내면적 갈등이 있었음을 보여준다. 1849년에 지은 「一粟庵歌」은 다산의 강진제자 黃裳의 '一粟山房'에 붙인 시로서, 황상이 초의를 방문한 뒤 「草衣行」이라는 장편의 시를 보내온 것에 대하여

화답한 작품이다. 1850년 65세 때 지은 「奉和山泉道人謝茶之作」으로 차를 보내준 것에 감사하는 김명희의 시에 화답한 시이다. 이 작품을 마지막으로 이후 졸년인 1866년까지 16년간의 작품이 전하지 않고 있다.

4. 가치

『一枝盦詩艸』에 서문을 쓴 홍석주는 초의의 시는 마치 朱子書에서 터득한 것과 같은 儒家의 이념과 성인의 심성이 담겨 있다고 평하였고, 신위는 승려의 티를 벗어버려 蘇東坡와 교유하여 이름을 남긴 道潛이나 聰殊의 무리와는 다르다고 평하였다. 두 사람 모두 유가의 입장에서 초의의 시를 평하고 있는데, 그만큼 초의의 시가 사대부 문인들의 문예적 취향에 부합하는 면이 있음을 보여준다. 그러나 초의의 시에는 불가의 용어나 전고를 쓰거나 불가의 세계관이나 인생관을 표출하는 경향 또한 존재하고 있다.

19세기에 들어서면 사대부 문인지식층 사이에 불교관의 변화가 일기 시작하는데, 특히 문예방면에서 가장 두드러지게 나타난다. 禪으로 詩를 설명한 宋代 嚴羽의 詩論에서 볼 수 있듯이, 禪과 예술을 하나의 경지로 논의하는 방식은 동양 문예론에 있어서 하나의 주요한 흐름이 되어 있었다. 淸代에 '一代宗正'으로 추앙받은 王士禎이 '詩佛'이라 칭해지는 王維를 비롯하여 孟浩然, 韋應物, 柳宗元의 시풍을 모범으로 삼고, 엄우의 '以禪喩詩'의 방식으로 시의 예술적 특성을 설명하며 神韻說을 주창한 것도 이러한 맥락 속에서 이해할 수 있다. 우리나라에서도 이러한 흐름이 형성되고 있었다. 초의의 평생 知己였던 유산과 추사가 바로 그에 해당하는 자들이라고 할 수 있다. 유산은 왕유, 맹호연, 위응물, 유종원을 시의 宗旨로 삼았고(金奭準, 「舫山先生詩稿序」, 『舫山先生遺稿』), 추사는 왕사정의 신운설을 적극 지지하는 한편 詩書畫와 禪의 일치를 주장하였다. 19세기 조선의 문예계에서 詩와 禪은 매우 밀접하게 연결되고 있었으며, 그러한 분위기 속에서 초의와 사대부 문사들의 교유가 진행되고 있었던 것이다. 추사는 초의의 시론과 자신의 시론이 "거울과 거울이 서로 비추고 도장과 도장이 서로 부합되는 것과 같다"(「與申威堂觀浩」, 『阮堂全集』 권2)고 하였고, 유산은 초의가 15년 전에 지은 "空林照入天涯月, 野水明涵雪後山"(「苕上漁庄」)라는 시구가 洌上詩社에 전송되고 있다고 하였다. 이와 같이 본 시집은 초의의 시세계뿐만이 아니라 19세기 조선 사대부의 문예관과 심미적 취향을 살펴볼 수 있다는 의의를 지니고 있다.

또한 이 시집에는 초의의 시만 아니라 함께 수창한 상대의 시나 원작을 함께 기록해 놓고 있어 특히 온전한 개인문집이 전하지 않는 정학연, 정학유, 김명희, 김상희 등의 작품을 살펴볼 수 있다는 점에서도 자료적 가치를 지니고 있다. 특히 茶山家를 중심으로 모인 '杜陵詩社' 또는 '洌水詩社'라 칭해지는 시사와 秋史一派의 교유 양상을 밝히는데 매우 중요한 자료하고 할 수 있다.

[참고문헌]

임종욱 역, 『초의선집』, 동문선, 1993.
김상홍, 「草衣禪師의 茶山學 繼承 考」, 『동양학』33집, 단국대 동양학연구소, 2003.
정 민, 「초의에게 준 다산의 당부」, 『문헌과 해석』 41호, 문헌과해석사, 2007.

【이철희】

春庵遺稿

蘇凝天(1704~1760) 著.

筆寫本. 3冊 : 四周無邊, 無界,
10行20字, 無魚尾 ; 33.0×20.5㎝.

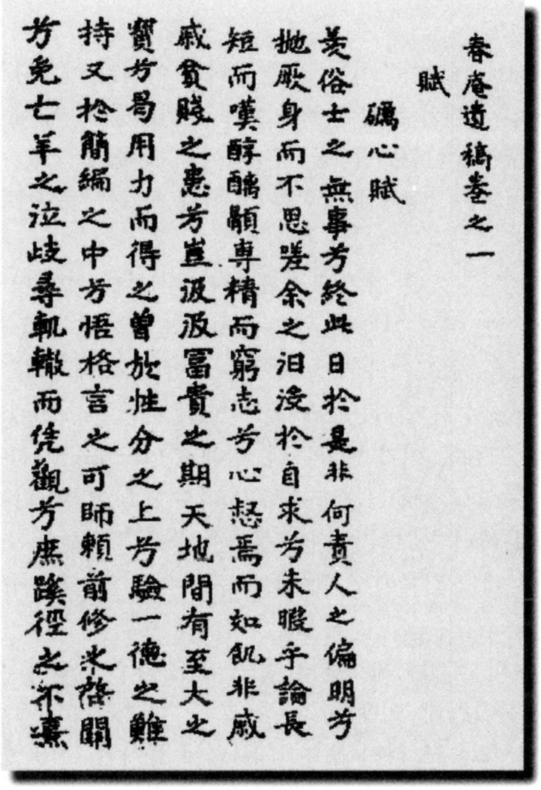

春庵遺稿卷之一

賦

礪心賦

羨俗士之無事兮終此日於是非何責人之偏明兮抛厥身而不思嗟余之汩沒於自求兮未暇乎論長短而嘆醇醨顧專精而窮志兮心惄焉而如飢非戚戚貧賤之患兮豈汲汲富貴之期天地間有至大之寶兮曷用力而得之曾於性分之上兮驗一德之難持又於簡編之中兮悟格言之可師賴前修之啓關兮免亡羊之泣岐尋軌轍而侁觀兮庶蹊徑之不惑

춘암유고

1. 저자

蘇凝天의 자는 一渾이며 본관은 晋州이다. '春庵'이라는 호는 이후에 붙여진 것이다. 그는 肅宗 30년(1704) 4월 초하루 益山 道川里에서 아버지 蘇恭謙과 어머니 漆原尹氏 사이에 태어났다. 소응천의 어머니는 天馬의 꿈을 꾸고, 아버지는 "문장경학이 하늘에 응하였다"는 崔文昌의 세 번 고함 소리를 꿈에서 들었다고 해서 어릴 때의 자가 또한 應天 또는 會三이다.

소응천은 어릴 때부터 언어와 문장에 매우 뛰어났다. 그는 4세 때부터 이미 시를 지었고, 놀 때도 성현들 像을 모셔두고 揖讓 拜跽를 하여 주위에서 신동이라는 소리를 들었다. 그는 4세 때 이미 『孝經』을 읽고 실천하여 진실로 부모에 효를 행하여 어김이 없었다. 이에 '4歲儒者'라는 말까지 들었을 정도이다. 그리고 6세 때는 『小學』을 읽었으며, 8세 때 『中庸』을 읽으면서 「費隱說」과 「一本萬殊論」 등 「中庸論」 二篇을 써서 주위의 유학자들을 감탄하게 하였다. 9세 때 『書傳』을 楊公(楊文洙)에게 배웠는데, 양공이 그의 학문에 감탄을 하였다고 한다. 그러다 그는 누이가 있는 해남으로 가 있을 때, 佛敎와 道敎 및 天文과 堪輿學 및 『參同契』 등의 책을 읽고 그 大義를 깨달아 그 학문에 빠지기도 하였다. 그러나 선생은 곧 스스로 깨달아 "이는 道를 구하는 이치가 아니다"고 하고 또 홀로 天理를 어길 수 없다고 하면서 이와 관련된 책을 모두 태워버렸다. 이 때 다시 유학에만 전심을 한 것이다. 그리고는 庚子年(1720년, 공 17세) 여름 敬庵과 一庵 두 尹先生에게 배웠다. 이후 영호남의 유자들이 두 선생에게 강학을 청할 때 두 선생은 오히려 소응천에게 강학을 하도록 하기도 하였다.

소응천에게 큰 변화를 준 것은 양친의 상을 당하면서부터인데, 당시 소응천은 목에 물도 적시지 않았다고 한다. 또 여러 차례 黨禍를 보고서는 과거에 뜻을 두지 않고 頭流山으로 들어가 띠풀을 묶어 집을 짓고는 하루 종일 책을 보았다. 이때부터 그는 風月과 함께 초연히 자적하여 아름다운 산수가 있다는 소리를 들으면 반드시 찾아갔다. 이 이후 사방의 학자들이 그를 흠모하여 모여든 이가 많았는데, 정해진 법도에 근거하여 몸소 실천하면서 가르쳤다. 이후 사람들은 南冥 曺植(1501~1572) 이후 200년만에 다시 處士를 보게 되었다고 칭송하였다. 그러나 이러한 그의 행적에 불만을 품은 토호들은 소응천을 무고하여 투옥이 된 적이 있었다. 이 때도 감옥에서 『논어』를 강론하는 등 그는 유학자적 자세를 흩뜨리지 않았다.

소응천은 원래 山陰의 紫烟洞에 살다가 하동의 花開로 옮겼다. 이 당시 그는 堂에 '皆春'이라는 편액을 써 붙였는데, 이에 학자들이 그를 '春庵先生'으로 칭하게 된 것이다. 하동의 화개에서 살다가 그는 또 다시 德裕山 陽嶽에 들어가 근 30여년을 살았다. 그가 고향으로 돌아온 것은 庚辰年(1760년, 공 57세) 11월6일이었다. 소응천은 전주의 寓舍에서 생을 마쳤는데 이때가 향년 57세였다. 다음 해 2월 紆山의 선영에 묻혔는데 부인 長澤 高

氏와 合封되었다.

소응천은 삼남 지방의 문장가로서 유명하였다. 당시 그는 吳達運(1700~1747), 李彦根(1697~1764)과 함께 3문장가로 불리었다. 그러나 『춘암문집』 부록의 「遺事」를 보면 유학자로서의 소응천을 설명하고 있다. 소응천은 庚戌年(1730년, 공 27세) 봄 方丈山에 이사하여 집을 짓고 살았는데, 道를 구함에 뜻을 두었다. 이 도는 '讀書'와 '窮理'로 이루어졌다. 이 때 그는 『근사록』 등 유학에 관한 책을 섭렵하였다. 또한 공부에 있어서는 '居敬'을 위주로 하였다. 그의 생활 태도 역시 청빈한데다가 산업을 일으킬 마음도 없었다. 검소함과 간략함은 그의 생활에 베여 있었고, 일상에서 예를 다하는 그의 행동에 많은 사람들이 탄복을 하였다.

소응천은 비록 문장가이지만 六經의 사라짐을 크게 걱정하였다. 그에게는 목숨을 걸고 유학의 도에 나아가려는 의지도 있었고 그러한 후학을 바라기도 하였다. 이에 그는 「知行輕重論」을 짓기도 하였는데, '互爲輕重而本無輕重之實'이라 하여 학문적 측면에 있어서는 畿湖라는 보다는 南冥과 退溪의 영향을 받았다고 할 수 있다. 또한 그는 맹자의 '夜氣說'을 좋아하여 밤마다 향을 태우고 묵좌하여 箴銘을 외웠다고 한다. '궁리'와 '거경' 중 어느 하나라도 폐할 수 없다고 하였는데 이는 비록 그가 삼남의 문장가이지만 학문적으로 영남 퇴계학의 영향을 받았음을 알 수 있다. 이는 특히 그가 '靜時' 공부를 강조한 것에서도 드러난다. 그는 실제로 약관의 나이는 물론 그 이후에도 유학에 관한 많은 책을 썼다. 아쉽게도 이 책들은 散佚되어 전해지지 않고 있지만, 문장가이자 유학자인 소응천의 면모를 보여준다.

2. 구성

필사본인 『春庵遺稿』는 3冊으로 구성되어 있다. 제1책은 권1과 권2로 구성되어 있다. 또한 책의 표지에는 賦 · 詩라고 표시되어 있다. 권1에 실린 '부'는 두 편으로 제목은 「礪心賦」와 「續赤壁賦」이다. 그리고 권1의 모든 부분은 '詩'이다. 권1에의 목록에 실린 시의 총수는 123수이다. 권1에 실린 시는 1709년 소응천이 6세 때 지은 「題黃都事贈嚴陵瀨書卷」부터 시작하는데, 앞 몇 부분은 시대순으로 실려 있지만 나머지 시가 꼭 그러한 것은 아니다. 권2 역시 '시'가 실려 있는데, 총 116수이다.

제2책부터는 권수가 불분명하게 기록되어 있다. 제2책의 표지에는 書 · 序 · 記라고 표기되어 있는데, 書 부분에는 '書'라는 표시만 해주고, '序'의 앞 부분에는 "春庵遺稿卷之"까지만 기록되어 있다. 그리고 '序'와 '記'를 한 권으로 엮은 듯하다.

그리고 제3책은 內題가 '春庵續稿'로 되어 있는데, 여기에서도 "春庵續稿卷之"까지만 기록되어 있다. 다만 표지의 『春庵集三』 다음의 內紙에 "春庵遺稿 七"이라는 것으로 보아 이 책을 총 7권으로 묶으려는 의도가 보인다. 『춘암속고』는 1722년에 지은 「孟夏卽事」라는 시로 시작하여 총 114수의 시가 수록되어 있다. 3책의 '續稿' 이후는 '附錄'으로 되어 있는데, 부록은 「遺事」(조카 蘇洙儒 씀), 「行狀」(尹光顔이 씀), 「墓喝銘」(洪良浩가 씀), 「墓誌」(李𤲟이 씀), 「實記」로 구성되어 있다.

시 목차를 제외하면 이상에서 1책과 3책의 목록은 다 밝혔다. 제2책의 書·序·記의 목차는 다음과 같다.

書: 「與尹敬庵 東洙」, 「與尹一庵」, 「答鄭丈敬甫 栻」, 「與李丈夏卿 翊夏」, 「朱子與李季章書」, 「與郭如受 冉禧 景叔 冉祐 昂仲 壬子」, 「與郭景叔」, 「與郭汝受」, 「答尹文範 章緖 景沃 天緖」, 「答汝一」, 「答鄭美仲」, 「與白聖伯」, 「與金光中 大來」, 「與毅叔」, 「附毅叔上書」, 「與幼誠別紙 癸丑」, 「與幼誠」, 「與朴士約 誠儉」, 「與蘇洙頤浩然」, 「與李宗伯」, 「與具大防堰」, 「與尹甥慶受」, 「答尹德晦」, 「與崔琢椎器」, 「與金潤海」, 「答鄭孝愉問目」, 「與朴準宅」, 「與李仲受 李致修」, 「與李致修誠汝」, 「答金德曄聖晦」, 「答從子洙儒」

序: 「盤谷高公文集序」, 「淡水味序」, 「與許于鱗攀序」, 「鄭仲久檍怪石臺序」, 「與李童子昌門序」, 「與崔君聖弼直賢論詩序」, 「別休翁小序」, 「與姜聖輔序」, 「送白寢郎聖伯尙彦歸寧陵序」, 「孤吟亭詩序」, 「族譜序」, 「萃山唱酬詩序」

記: 「繫日堂記」, 「碧松庵記」, 「三止亭記」, 「明庵記」, 「南海龍門寺記」, 「豈然齋記」, 「百無齋記」, 「二至堂記」, 「石假山記」, 「遊錦江記」, 「啞齋記」, 「北庵記」, 「知非庵記」, 「雪竹齋記」, 「暎棣堂記」, 「美黃寺重修記」, 「雙翠亭記」, 「金馬館重修記」, 「獨樂窩記」

3. 내용

두 편의 '賦' 중 하나는 「礪心賦」이고 다른 하나는 「續赤壁賦」이다. 우선 「여심부」에서는 '부'의 형식을 빌어 유가의 心說에 근거하여 유가의 강령을 설명하고 있다. 여기에서는 유가의 다양한 문제들을 다루었다. 예를 들면 寂感의 문제, 知行의 문제, 無私의 문제, 中和의 문제, 理氣의 문제 등을 논한 것이다. 특히 그는 이러한 문제를 『書經』의 16字 心法에 근거하여 말하고 있는데, '經'과 '義'로 항상 中節해야 함을 말하였다. 그리고 「續赤壁賦」는 蘇東坡의 「赤壁賦」를 이어서 지은 것이다. 소동파의 아취를 떠올리며 지었다.

『春庵遺稿』의 상당 부분은 '시'가 차지하고 있는데, 이 시들은 5언시에서부터 아주 긴 형태의 시까지 형식은 다양하다. 그런데 시의 상당 부분은 각지를 돌면서 쓴 '周遊詩'의 형태이다. 그의 「행장」에는 그가 頭流山에 들어가 살 때부터 아름다운 산수가 있다는 소리를 들으면 반드시 찾아갔다고 하였는데, 시의 상당 부분은 이렇게 산수를 주유하면서 쓴 시들이다. 다음 시는 그 가운데 하나이다.

天王峯　　　　　　천왕봉

萬丈嚴崖超世立	높디높은 엄한 절벽은 세상을 뛰어넘고
一生襟抱與山開	일생토록 넓은 흉금으로 여러 산을 껴안네.
擡頭指點烟霞窟	고개 들어 가리키는 곳은 연하굴이요
拂袖登臨日月臺	소매를 털고 일월대로 올라가네.
脚底他山渾似垤	발 아래 여러 산은 온통 개미둑같고
眼中滄海不盈杯	눈 앞의 창해는 술잔을 채우지 못하네.
百年多少塵埃事	백년의 티끌 세상의 일들
盡遂飛運去莫回	모두 마침내 구름이 흐르듯 가서 돌아오지 않네.

초탈하고 자적한 소응천의 면모를 볼 수 있다.

편지는 대부분 학인들과 교유한 것들이다. 특히 「與毅叔」과 「附與毅叔上書」는 상당히 많은 편폭을 가지고 있으며, 성리학의 여러 부분을 언급하고 있다. 여기에서는 '道'와 '理'의 어구적 해석에서부터 孔孟之道와 程朱가 말한 해석까지 두루 이야기하고 있다. 그런데 이 편지 가운데 한 부분은 栗谷 李珥를 비판하는 말이 있다. 소응천은 "우리나라의 靜庵 趙光祖와 栗谷 李珥 두 선생은 세속을 일을 경영하고 베풀면서 마치 아이가 논하는 것같이 소홀하고 누설됨이 있어 극진하지 못하다. 그리고 王伯를 구분하는 것에서도 자세하지가 않다"고 하였다. 이러한 것은 그의 학술적 입장을 확정하는 데 좋은 자료가 될 수 있다.

4. 가치

『춘암유고』는 문장과 유학의 학술을 모두 보여주고 책이다. 『춘암유고』는 우선 미간행본의 필사본이라는 데 가치가 있다. 이 책은 비록 소응천이 직접 편찬한 것은 아니지만, 후대의 인물들이 뛰어난 문장가의 글을 전하기 위하여 수고본으로 정서한 책이다. 소응천은 전라도와 지리산 인근에 거주하면서 학문으로 명성을 날렸던 인물이다. 그간 문집이 널려 알려지지 않아 연구가 미치지 못하였으나 그 명성을 생각하면 향후 많은 견해들을 도출할 수 있을 것이다.

5. 기타

이 책은 7권으로 이루어져 있지만, 권수는 제대로 정해지지 않았다. 유재영 교수의 소장서를 정리한 『춘강문고목록』에 『춘암유고』 필사본 7권6책이 있다. 복사본이 원광대에 소장되어 있는 바 아직 면밀한 대조는 못하였으나 계명대본과 출입이 많은 것으로 보인다. 계명대본에는 없는 잡저(「예기집주차의」), 상량문, 논, 설, 잠, 명 등의 문이 있다고 한다. 시의 목차 역시 크게 다르다. 향후 면밀한 대조를 통해 두 본의 성립과정을 살펴야 할 것이다. 여하간 소응천의 문집으로 현재 파악되는 것은 계명대본과 원광대본 2종 뿐이다.

【이기훈】

澤堂拾稿

李植(1584~1647) 著.

筆寫本. 1冊 : 四周白邊, 無界,
10行26字, 無魚尾 ; 30.0×17.8㎝.

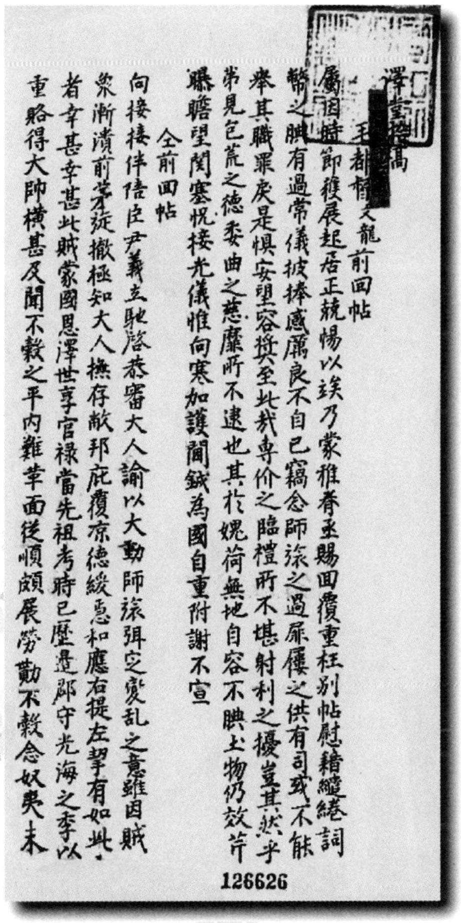

澤堂拾稿

毛都督文龍前回帖

屬因時節獲展起居正競惕以竢乃蒙雅眷丞賜回覆重枉別帖慰藉纏綣詞
辭之腆有過常儀披捧感厲良不自已竊念師旅之過扉屨之供有司或不能
舉其職罪戾是懼安望容貸至此哉專价之臨禮所不堪射利之擾豈其然乎
第見包荒之德委曲之慈靡所不逮也其於媿荷無地自容不腆土物仍效芹
曝瞻望閫塞悅接光儀惟向寒加護閫鉞爲國自重附謝不宣

仝前回帖

向接接伴陪臣尹義立馳啓恭審大人諭以大勳師旅弭定變亂之意雖因賊
衆漸潰前茅旋撤極知大人撫存敝邦庇覆宗德綏惠和應右提左挈有如此
者幸甚幸甚此賊蒙國恩澤世享官祿當先祖考時已歷邊郡守光海之季以
重賂得大師橫甚及聞不穀之平內難革面從順頗展勞勳不穀念奴輩未

택당습고

1. 저자

저자인 李植(1584~1647)의 字는 汝固이고 號는 澤堂이며 본관은 德水이다. 宣祖 17년(1584), 아버지 察訪 李安性과 어머니 茂松 尹氏 사이에서 태어났다. 출생지는 漢陽 南小門洞이다. 27세에 別試 文科에 급제하여 宦路에 들어섰지만 光海君과 大北 세력을 중심으로 한 廢母論을 따르지 않아 任叔英, 鄭百昌과 함께 三學士로 지목받았다. 이후 驪江의 先塋 부근에 澤風堂을 짓고 出處를 반복하다가 仁祖反正(1623년) 이후 持平, 吏曹佐郎 등의 벼슬을 거쳐 大司憲, 刑曹判書, 吏曹判書 등을 역임하였다. 1642년 59세 때 金尙憲 등과 함께 斥和를 주장하여 淸國의 査問으로 鳳城에 억류되었다가 돌아오기도 하였다. 1647년 64세 때 澤風堂에서 졸하여 경기 砥平 선영에 모셔졌다. 그의 시호는 文靖이고, 조선 중기 한문 사대가의 한 사람으로 유명하며 저서로는 문집인 『澤堂集』이 있다. 이외에 『宣祖寶鑑』, 『初學字訓書』, 『澤風堂杜詩批解』 등이 있는데 문집을 제외한 그의 저술은 아들 李端夏가 정리하여 간행한 것이다.

2. 편찬 경위

이 책은 서문이나 발문이 없어 필사자와 필사 연도 및 정확한 필사 경위를 알 수 없다. 하지만 『澤堂集』 原集의 권7과 권9에 수록된 대부분의 작품들이 실려 있으며 필사 상태가 좋지 않은 편이다. 이로 볼 때, 18세기 후반 어느 문인이 宋時烈이 주관하여 편찬한 초간본(1674년), 曾孫 李箕鎭이 편찬한 중간본(1747년), 여타 문집에 수록된 李植의 序文들, 그리고 당시에 유통되고 있던 여타 필사본을 보고 필사하여 묶은 것으로 추정된다.

3. 구성

表題는 '澤堂拾稿'이며, 그 右上段에 '揭帖, 呈文, 咨文, 序, 引, 記, 跋'을 오른쪽에서 왼쪽으로 附記하여 목차를 나타내고 있다. 실제 수록 순서에는 記가 가장 나중으로 되어 있다. 한 장을 넘기면 다음 면 좌상단에 '澤堂文稿'라는 제목이 적혀 있다. 그 다음 면에는 行書로 揭帖의 목차가 일부 실려 있으며 卷首題는 '澤堂拾稿'이다. 이후로 揭帖 22제, 呈文 1제, 咨文 1제, 序·引·跋 33제, 記 5제의 작품이 실려 있다. 현재 유통되고 있는 『澤堂集』 초간본 원집 권7과 권9에 수록되어 있는 작품들과 대체로 일치하는데 수록 순서가 뒤바뀐 경우, 작품 제목이 조금 다른 경우, 작품 내용 가운데 초간본에 없는 글자 내지 구절이 삽입되어 있는 경우 등의 차이가 발견된다.

卷數 구분이 없는 이 책에 수록되어 있는 작품들을 순서대로 들면 아래와 같다.

揭帖: 「毛都督文龍前回帖」, 「仝前回帖」, 「同前帖」, 「毛都督前帖」, 「回毛都督帖」, 「毛都督前揭帖」, 「毛都督前回帖」, 「毛都督前揭帖」, 「袁撫臺崇煥前回帖」, 「代大學士回毛都督揭帖」, 「代上姜天使帖」, 「代上王天使帖」, 「留兩天使帖」, 「陳都督前回帖」, 「白副總前回帖」, 「白副摠前平安監司答帖」, 「白副摠前平安兵使答帖」, 「別帖」, 「陳都督前回帖」, 「黃監軍前回帖」, 「白副摠前回帖」, 「劉太監前回帖」(이상 22題)

呈文: 「平安監司呈文」(이상 1題)

咨文: 「陳都督前咨文」(이상 1題)

序·引·跋: 「送沈德用移居善山序」, 「沈安世遺稿序」, 「送材赴會試序」, 「贈鍾英上人序」, 「楊江泛月唱和詩錄後序」, 「金景徵東槎詩稿後序」, 「奉送奏請謝恩副使參知吳公渡海朝京序」, 「題東宮冠冊兩禮陪從院僚契會圖序」, 「奉送聖節兼冬至使全公航海朝燕序」, 「宣傳官題名錄序」, 「羅夢賚家藏畫帖序」, 「村隱劉希慶詩集小引」, 「送靑雲君赴原州牧小序」, 「十淸先生遺稿序」, 「送蔡司書裕後赴北幕引」, 「送權生尙遠小序」, 「送閔方伯士尙按關西序」, 「頤菴集序」, 「送羅夢賚赴安東府使序」, 「谿谷張公陰符經註解序」, 「纂修廳題名錄序」, 「送洪元老命耉出按關西序」, 「送金學士世濂使日本序」, 「煙村崔先生家傳詩文錄後敍」, 「重修考事撮要後序」, 「五峯李相國遺稿後題」, 「芝峯集跋」, 「諺解家禮跋」, 「題東陽尉申公東遊詩卷後」, 「仇十洲女俠圖跋」, 「題崔縣宰歷代圖」, 「支離子贊後跋」, 「鏡軒集跋」(이상 33題)

記: 「潼關新構大廳記」, 「金堤郡縶駒亭記」, 「斗室記」, 「鬱巖寺記」, 「讀書堂南樓記」(이상 5題)

4. 내용

揭帖 22제는 毛文龍(1576~1629), 袁崇煥(1584~1630)을 비롯한 명나라 장수들과 姜曰廣, 王夢尹 등의 사신들에게 보낸 글들로 청나라와 명나라 사이에 끼인 당대 조선의 외교적 상황을 엿볼 수 있다. 陳都督에게 보낸 咨文은 병자호란 당시의 급박했던 정황을 알 수 있는 글이다.

문집에 붙인 서문과 발문, 그리고 증서문, 圖畵·贊 등에 붙인 글들이 그 다음에 보이는데 이 글들을 통해서 문학에 대한 그의 기본 입장과 道義에 입각한 그의 삶의 자세를 살펴볼 수 있다. 조선 중기 한문 사대가의 한 사람이자 유학자로서 李植은 임·병 양란 이후 모순을 드러내고 있던 지배 체제를 공고하게 하고자 하였다. 이 책에서도 양명학 등 이단을 물리치고 주자학을 천명하기 위해 고심했던 그의 모습을 확인할 수 있다.

5. 가치

이 책은 필사본으로 서문이나 발문이 없어 정확한 필사경위, 필사자 및 필사 연도를 고증할 수 없다. 다만 서체를 통해 볼 때 행서에 가깝게 흘려 쓴다거나 군데군데 빠진 글자를 삽입하고 지운 흔적들이 확인된다. 이는 이 책의 성격이 간행을 위해 善寫한 것이거나 간행을 준비했던 이가 저자의 원고를 편차하는 과정에서 잠정적으로 만든 필사본은 아님을 추측하게 한다.

현재 규장각에 소장되어 있는, 李植의 아들 李端夏에 의해 필사된『澤堂集』(古 3428-67A)과 비교해 보면, 이 책은 목판본 간행 이전의 필사본으로 보이지는 않는다. 목판본『澤堂集』原集 권7, 권9에 수록된 작품들과 수록 순서가 여러 군데서 다른 점과 목판본에 보이지 않는 글자 내지 구절들이 있다는 점으로 볼 때 목판본을 직접 보고 필사한 것이 아니라 필사 당시에 유행하고 있던 여러 필사본들을 베끼는 과정에서 차이가 생긴 듯하다.

예를 들면「芝峯集跋」의 경우 '況余之孤陋晩進'이라는 원문 좌측에 '一本況作以'라는 주석이 붙어 있는데 목판본의 경우에 '況'이 '以'로, '余'가 '植'으로 되어 있는 것으로 볼 때 필사자가 목판본을 직접 보고 필사한 것이 아니라 주위에 유행하고 있던 필사본을 베끼는 과정에서 글자의 출입이 생긴 것으로 보인다. 이는「五峯李相國遺稿後題」를 통해서도 볼 수 있는데 작품 마지막에 '崇禎丙子 嘉善大夫 行龍驤衛副護軍 守弘文館大提學·藝文館大提學·知成均館事 德水李植, 拜手謹跋.'이라는 문장은 목판본『澤堂集』에는 보이지 않고『五峯集』의 발문에 보이는 것으로『澤堂集』의 간행과정에서 삭제한 것인데 이 책에서는 그대로 싣고 있다. 이외에도「沈安世遺稿序」의 경우 문장 첫머리의 '王鳳洲'(목판본)가 '王弇山'으로 되어 있고「奉送聖節兼冬至使全公航海朝燕序」에서『詩經·小雅』,「北山」詩를 인용한 부분에서 '或湛樂飮酒' 다음에 목판본에는 보이지 않는 '或慘慘畏咎'라는 구가 삽입되어 있다. 이와는 반대로「頤菴集序」의 경우에는 목판본에 보이는 '崇禎癸酉秋日, 德水後學李植謹敍.'라는 구가 보이지 않는다.

한편 작품의 수록순서가 목판본과 매우 다른데 우선 呈文과 咨文이 揭帖의 뒤에 붙어 있는 것이 목판본과 다르며「袁撫臺崇煥前回帖」은 목판본에는「代上王天使帖」의 뒤,「留兩天使帖」의 앞에 있으며「陳都督前回帖」은 목판본에는 두 편이 연이어 수록되어 있다. 여기에 더해 序引과 跋文의 경우에는 목판본의 수록 순서와 상당히 차이가 난다.

작품명의 경우에도 목판본에 보이는 글자가『澤堂拾稿』에 없는 경우, 목판본에 없는 글자가 있는 경우, 앞의 두 가지 예가 혼합되어 나타나는 경우 등 차이를 보이는데 구체적인 예를 들면 「頤菴集後序」(목판본)가 「頤菴集序」(『택당습고』)로, 「鏡軒詩稿跋」이 「鏡軒集跋」로, 「送奏請謝恩副使吳公䎘渡海朝京序」이 「奉送奏請謝恩副使參知吳公渡海朝京序」로 각각 다르다. 다만 한 가지 주목할 만한 점은 이 책은 몇몇 작품의 경우에 작품명 아래에 작은 글씨로 干支를 적어놓았는데 각 작품의 창작 연대로 보인다. 해당 작품에 정확한 창작 연도를 추측할 수 없음에도 불구하고 이렇게 간지를 附記한 것으로 볼 때 필사자가 당시에 믿을 만한 근거를 가지고 있었다고 여겨지는데 이는 이식의 산문을 연구하는 입장에서 주목할 만한 사항일 것이다.

종합해 볼 때 이 책은 18세기 후반의 어느 문인이 당대에 유행하고 있던 『택당집』 필사본을 필사한 책으로 보이지만 이미 간행되어 유통되고 있는 판본과의 차이가 적지 않기 때문에 서지적 가치를 확정하는 작업은 다른 자료와의 보다 면밀한 비교·검토 과정을 거쳐야 할 것이다.

[참고문헌]

『澤堂集』(한국문집총간 88, 민족문화추진회, 1988.
『국역 택당집』 I·II, 민족문화추진회, 1996.
『규장각 한국본 도서해제 속집-集部2』, 서울대도서관, 2003.

【우응순】

匏華屋集

李學逵(1770~1835) 著.

筆寫本. 1冊 : 四周無邊, 無界.
10行22字, 註雙行, 無魚尾 ; 27.5×17.0㎝.

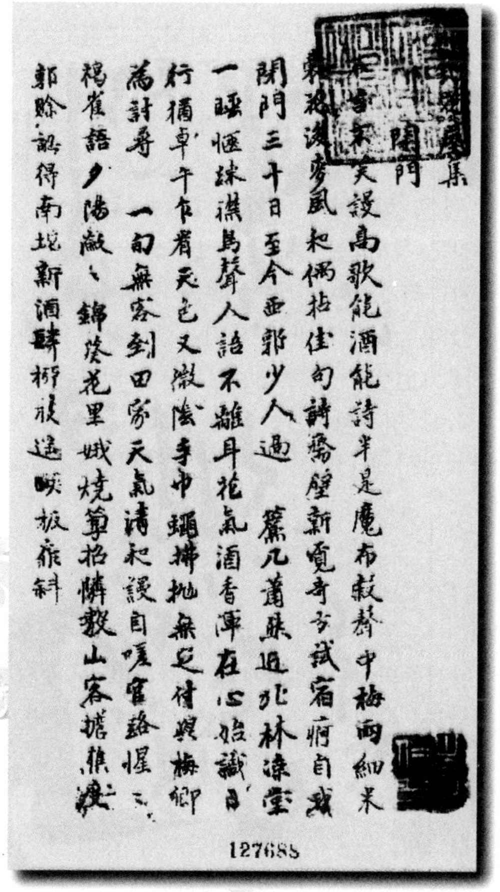

포화옥집

1. 저자

李學逵(1770~1835)의 字는 醒叟, 號는 洛下 또는 洛下生이다. 貫鄕은 平昌이며, 직계선조인 오대조 培(進士, 1640~1674)대부터 인천에 자리를 잡아서 5대의 先塋이 인천 근교의 蘇萊山에 있었다. 조부 東遇는 승지 벼슬을 지냈으며, 부친 應薰(1749~1770)은 22세의 젊은 나이에 세상을 떠났다. 이학규는 부친이 세상을 떠난 지 다섯 달 되던 1770년 12월에 서울의 외가(皇華坊, 지금의 貞洞)에서 유복자로 태어났다. 그의 외가는 驪州李氏 집안으로서 외조부는 星湖 李瀷(1681~1763)의 조카인 惠寰 李用休(1708~1782)이며, 외삼촌은 錦帶 李家煥(1742~1801)이다.

이학규는 외조부와 외삼촌의 보살핌을 받으며 10여세까지 외가에서 지내다가 본가로 돌아왔다. 그의 본가는 盤松坊(지금의 서소문 밖)에 있었는데, 조부 때부터 살던 곳이었다. 수목과 돌로 가꾼 정원을 갖춘 조촐한 주택에는 천여 권의 장서가 꽂힌 서재도 있었다. 嶺西 지방에 약간의 토지가 있었으나 자급하기에 넉넉하지는 못했고, 노비는 4~5명 정도 있었다. 독자로서 홀어머니를 모시던 그는 15세에 충청도 진천현의 羅州丁氏를 아내로 맞았다.

이와 같이 그는 어린 시절부터 南人의 명문가인 외가의 영향을 받으며 문학과 학문의 기초를 닦았다. 이 후 26세(1796)에는 布衣의 신분으로 『奎章全韻』의 편찬에 참여하였다. 또한 元子宮에 내릴 책을 校讎하여 바치고, 『華城經理始末』을 諺書로 번역하고, 「武夷九曲櫂歌」를 지어 올리는 등 正祖로부터 각별한 관심을 받았다. 젊은 시절 그는 木齋 李森煥·錦帶 李家煥·茶山 丁若鏞·伯津 李明逵 등의 南人系 문인 및 心遠子 韓在濂·紫霞 申緯 등과 교유하였다. 20대 후반에 과거에 한 차례 응시했으나 합격하지 못했다.

불행하게도 이학규는 1801년 辛酉邪獄에 연루된다. 외삼촌 李家煥·구촌 숙부 李承薰·외종형 黃嗣永·인척 丁若鏞 형제의 家系 속에서 일개 布衣의 신분이었던 그도 자유로울 수 없었던 것이다. 아울러 당시 여러 사람들에게 주목받던 文名도 견제를 받는 중요한 요인이 되었다. 이 때문에 그는 1801년 4월에 綾州(전남 화순군)로 1차 유배되었다가, 같은 해 10월에 황사영 백서사건으로 다시 서울로 소환되어 투옥된다. 그리고 金州(김해)로 定配되어 24년간 유배생활을 보낸다.

유배기간 중 그는 개인의 불우함을 지속적으로 작품을 통해 표출하였다. 그리고 丁若鏞과의 서신 교류를 통해 현실주의적 문학세계에 공감하고, 유배지 민중들의 생활상과 정서를 문학작품으로 구현하였다. 이외에도 우리의 역사·지리·풍속·자연과학 등에도 상당한 관심을 기울여, 「三韓疆域辨」·「潮汐說」·「錢論」등의 논설과 『東史日知』·『海東樂府』 등을 집필하였다.

이학규는 1824년(55세) 4월, 장남 在穜의 의금부에 대한 소청이 받아들여져 해배를 맞는다. 그러나 이미 그는 유배지에서 어린 자식(1805) · 부인(1815) · 어머니(1819) · 後室(1821) 등과 사별한 상태였다. 또한 예전에 살던 고향집도 폐허가 되어있었다. 결국 그는 고향을 떠나 충청도 충주 근처로 이주하였으며, 그곳에서 유배지였던 김해를 오가며 생활하다가 여생을 마쳤다.

2. 구성

필사본인 『匏華屋集』에는 58題의 시와 2편의 산문이 실려 있다. 우선 그 전체 목차를 순서대로 살펴보면 다음과 같다.

「閉門」·「西齋卽事」·「霖雨遣悶(十首)」·「卽事爲俳體遣悶」·「酒後感懷疾書不已計凡一百五篇詞或太露字或失粘並澄汰之」·「晚泊江倉酒壚回文」·「丙子元朝試筆」·「悼亡」·「今雨紀所見」·「金機玄晨風擊雀圖」·「苦熱後雨旬有七日口占二十八韻」·「元日(離合)」·「龜雖壽(三言)」·「萬石渠春望(回文)」·「幽居(謎語人名)」·「春遊(集古美人名選)」·「夏夜(藥名)」·「蟬(一言至十言)」·「晚晴(六言)」·「寄戲(訖語)」·「閨怨(八音語)」·「寄內(謎語)」·「秋日言懷(人名)」·「演雅」·「落花」·「駕洛懷古」·「奉和伯津言懷」·「寒食」·「竹園齋舍」·「送春」·「早冬夜指韻共賦」·「贈李思淳」·「贈尹師赫」·「示鄰人」·「雨中獨坐有懷權處一」·「早晴」·「田居卽事」·「午睡起」·「夏日寄伯津」·「郭西村舍」·「古西門寓目」·「卽事口號」·「附伯津贈二驍水示穉箕仲明」·「早秋過錦鷄巢卽事」·「問村人家居」·「代村人答」·「玉蜀黍」·「有感」·「再過錦鷄巢留題」·「燕子樓賞藕花新稻有懷白門舊遊贈倘客柳衡祚」·「寄贈金裕憲」·「寄呈丁參議」·「秋夜不寐有懷徐漢源兼柬禹之汶」·「蘇五奴」·「贈石南月荷師偈」·「木頭菜頌」·「落花生讚」·「遙哭金昌會文」·「記小池」·「答丁參議」

이 중에서 마지막에 있는 「記小池」와 「答丁參議」를 제외하고는 모두 詩이다. 그러나 이와 같은 편차는 『洛下生集』(민족문화추진회 韓國文集叢刊 290)에 수록되어 있는 『匏華屋集』과 많은 차이를 보인다. 또한 작품의 제목이 다른 경우와 내용의 일부분이 빠진 것도 있다. 이에 그 구체적인 부분을 지적하면 다음과 같다.

「丙子元朝試筆」·「悼亡」·「今雨紀所見」·「金機玄晨風擊雀圖」·「苦熱後雨旬有七日口占二十八韻」
(이상의 작품은 문집총간본 『洛下生集』에는 『菜花居集』에 수록되어 있음.)

「元日(離合)」·「龜雖壽(三言)」·「萬石渠春望(回文)」·「幽居(謎語人名)」·「春遊(集古美人名選)」·「夏夜(藥名)」·「蟬(一言至十言)」·「晚晴(六言)」·「寄戲(訖語)」·「閨怨(八音語)」·「寄內(謎語)」·「秋日言懷(人名)」·「演雅」·「落花」·「駕洛懷古」·「奉和伯津言懷」·「遙哭金昌會文」

(이상의 작품은 문집총간본 『洛下生集』에는『因樹屋集』에 수록되어 있음.)

「贈李思淳」·「贈尹師赫」·「示鄰人」·「雨中獨坐有懷權處一」·「早晴」·「田居卽事」·「午睡起」·「夏日寄伯津」·「郭西村舍」·「古西門寓目」·「卽事口號」·「附伯津贈二驍水示稺箕仲明」·「早秋過錦鷄巢卽事」·「問村人家居」·「代村人答」·「玉蜀黍」·「有感」·「再過錦鷄巢留題」·「燕子樓賞藕花新稻有懷白門舊遊贈儞客柳衡祚」·「寄贈金裕憲」·「寄呈丁參議」·「秋夜不寐有懷徐漢源兼柬禹之汶」·「蘇五奴」·「贈石南月荷師偈」·「木頭菜頌」·「落花生讚」·「記小池」·「答丁參議」

(이상의 작품은 문집총간본 『洛下生集』에는『文漪堂集』에 수록되어 있음.)

「丙子元朝試筆」

(본서에서는 제목만 있고, 내용이 빠져 있음.)

「送春」

(문집총간본 『洛下生集』에는『卻是齋集』에 「次韻金相喜上舍西園送春伯津金弼善裕憲席卽口號」라는 제목으로 수록되어 있음.)

「早冬夜指韻共賦」

(문집총간본 『洛下生集』에는 『卻是齋集』에 「初冬夜同孫孝先權處一拈韻得冬字」라는 제목으로 수록되어 있음.)

「寄戱(訖語)」

(문집총간본『洛下生集』에는 제목이 「戱贈姜泰振(吃語)」로 되어 있음.)

「寄呈丁參議」

(문집총간본『洛下生集』에는 제목이 「寄呈丁參議若鏞」으로 되어 있음.)

「寒食」

(문집총간본『洛下生集』에는 없고, 아세아문고본에「郭南樓春望」이라는 제목으로 수록되어 있음.)

「答丁參議」

(문집총간본 『洛下生集』에는 제목이 「答丁參議若鏞書」로 되어 있음. 본서에는 내용의 대부분이 누락되어 있음.)

「竹園齋舍」
(문집총간본과 아세아문고본에 모두 보이지 않음.)

「卽事爲俳體遣悶」
(본서에는 마지막 1수가 빠져 있음.)

「酒後感懷疾書不已計凡一百五篇詞或太露字或失粘並澄汰之」
(본서에는 뒷부분이 누락되어 있음.)

「苦熱後雨旬有七日口占二十八韻」
(본서에는 끝에서 세 번째 빈자리에 '上'字가 누락되어 있음.)

「秋夜不寐有懷徐漢源兼柬禹之汶」
(본서에는 끝에서 두 번째 빈자리에 '秋'字가 누락되어 있음.)

3. 내용

이학규는 자신이 쓴 시문을 일정 기간별로 나누어 편집하였다. 그 중에서 『匏華屋集』은 1812~1813년 및 1815년에 쓴 작품을 묶은 것이다. 이즈음 이학규는 자신이 살고 있는 집의 누추함과 운명론적인 일화를 담은 「匏華屋記」(1812)를 남겼다. 하지만 앞서 구성에서 살펴보았듯이, 본서는 수록된 작품의 편차와 제목에서 많은 차이를 보이며, 내용이 빠진 부분도 있다. 게다가 글자가 다른 부분도 있다. 이러한 정황으로 볼 때, 본서는 누군가 이학규의 작품을 선택해서 필사하고 임의로 책 제목을 붙인 것으로 추측된다. 다만 여기에는 해배 이후의 작품은 보이지 않는다.

본서에는 이학규의 내면의식이 잘 반영된 서정시와 유배전기에 주로 창작된 다수의 잡체시가 수록되어 있다. 그 중에서 몇 편의 작품을 살펴보면 다음과 같다.

「閉門」 其一

不言不笑謾高歌	말도 웃음도 없이 멋대로 크게 노래하며
能酒能詩半是魔	술과 시만을 일삼으니 반쯤 귀신이 들린 듯
布穀聲前梅雨細	뻐꾸기 소리 속에 장맛비 가늘게 내리고
米囊花後麥風和	양귀비 꽃 진 뒤로 초여름 바람이 훈훈한데

偶拈佳句書齋壁	우연히 佳句를 잡으면 집 벽에다 쓰고
新覓奇方試宿痾	새로 기이한 처방을 찾으면 묵은 병에다 시험하네
自我閉門三十日	내 문 닫아 건지가 삼십일이건만
至今西郭少人過	오늘까지도 서쪽 성곽에는 들르는 이 드무네

(1815)

「霖雨遣悶」 其十

十載居停棗峒西	십년 동안 대추나무 굴 서쪽에 머무니
人多屋小似雞棲	사람은 많고 집은 작아 마치 닭장 같구나
昏昏嗜睡應非病	병이 없는데도 꾸벅꾸벅 잠만 즐기고
續續裁詩不用題	제목도 없이 끊임없이 시를 짓네
近住田家朝送酒	가까이 사는 농부는 아침이면 술을 보내오고
遠來村客暮衝泥	먼 곳의 村客은 저녁이 되면 진창길을 헤쳐오지만
阻風滯雨年年事	해마다의 일들이 바람과 비에 가로막혀
政欲思量意已迷	곰곰이 생각하려해도 마음이 벌써 혼미하네

(1815)

유배시기 이학규의 시세계는 시간이 지날수록 부정적인 현실인식과 고립의식이 선명하게 드러난다. 위의 두 작품은 이러한 양상을 잘 보여준다.

먼저 「閉門」 其一에서는 한 달 동안 두문불출하며 과잉된 자의식을 노출한다. 무엇하나 용납되지 않는 현실 속에서 '술'과 '시'는 시인이 찾은 유일한 감정의 분출구였다. 따라서 首聯에는 오랜 기간에 걸친 현실과의 갈등·괴리에 의한 심리적 분열과 그로 인한 자기방기의 욕망이 담겨있다. 하지만 頷聯처럼 청각·시각·촉각 등을 동원하여 詩句의 안배에 공을 들이는 흔적이나, 尾聯처럼 타인의 관심을 의식하는 어조는 시인의 내면이 걷잡을 수 없는 파탄에 이르지는 않았음을 짐작케 한다. 대신에 이러한 詩想은 시인이 자신을 고립시킨 세상에 대응하는 소극적인 방법이자 몸부림으로 비춰진다. (「閉門」 其一 3구의 '前'이 본서에는 '中'으로 되어 있으며, 5구의 '書'도 본서에는 '詩'로 되어 있다. 이는 본서의 誤記인 듯하다.)

다음으로 「霖雨遣悶」 其十에서는 장맛비에 자신의 내면의식을 투영하고 있다. 닭장에 갇힌 듯 답답한 현실 속에서 시인의 삶은 頷聯처럼 지치고 무료한 일상의 반복이거나, 頸聯과 같이 이웃들의 환심에도 위로받지 못하는 생활일 뿐이다. 여기에 尾聯에서 형상화되는 장맛비의 意象은 전망이 차단된 막막한 현실과 적극적인 행동과 의지가 좌절되는 고립된 상황을 효과적으로 전달한다.

「悼亡」 其二

何限風臺與月樓	바람 부는 臺와 달뜨는 樓에 얼마나 올랐던가?
登臨猶自淚潛流	오를 때면 여전히 절로 눈물이 흐르네
傷心小別三千界	슬퍼하며 잠깐 이별한 것이 三千大千世界요
屈指相思十五秋	손가락 꼽으며 서로 그리워한 것이 15년이었지
地下定無書報恨	지하에는 한을 알릴 편지가 없을 것이요
人間惟有酒銷憂	이승에는 근심을 풀 술만 있을 뿐이네
向來一語分明記	지금까지도 한 마디 말, 분명히 기억하니
長病長貧兩白頭	병들고 가난하더라도 함께 늙어가자 했지

(1816)

24년간의 유배생활 중 이학규에게 가장 충격적인 사건은 아내의 죽음이었다. 이 시에는 그로 인한 감당하기 힘든 슬픔이 잘 드러나 있다. 유배로 인해 발생한 아내와 나 사이의 시공간적 거리감의 환기, 삶과 죽음 간의 절대적 장벽에 대한 회한, 百年偕老를 다짐하던 다정한 속삭임의 여운 등은 시인의 애타는 심정을 잘 말해준다(6구의 '惟'가 본서에는 '猶'로 되어 있다). 하지만 이학규에게 있어서 아내의 죽음은 일시적인 심리적 동요에 그치지 않는다. 오히려 오랫동안 고착되어 있던 그의 내면의식에 일종의 변화를 가져다주는 시발점이 된다. 더 이상 자신만의 불행과 고통을 내세울 수 없는 새로운 비극이 출현한 것이다. 게다가 몇 해 간격으로 어머니(1819)와 後室(1821)과도 사별하면서 어느덧 아래의 작품처럼 生死의 무상함과 덧없음에 대한 인식이 깊이 자리 잡는다.

「有感」

瓠蔓花在夕	박꽃은 저녁에 피는데
牽牛花在朝	나팔꽃은 아침에 피네
相期一日中	같은 하루 속에서 기약하지만
不得同榮凋	피고 지기를 함께하지 못하니
譬如竝世人	마치 한 세상 사람들이
生死異所遭	생사를 달리함과 같구나
菁華一零落	화려한 꽃도 한 번 시들면
千載逝寥寥	일천 년을 쓸쓸히 지나가나니
靈春與朝菌	冥靈이나 大椿도 朝菌과 함께
時來同飄蕭	때 되면 시들어 떨어지긴 마찬가지네

(1821)

이 시를 전체적으로 지배하는 분위기는 덧없는 삶에 대한 쓸쓸함이다. 시인은 먼저 1~6구를 통해 한 세상에서도 삶과 죽음을 함께 할 수 없다는 애상을 드러낸다. 이를 위해서 결코 같은 때에 피고 질 수 없는 박꽃과 나팔꽃 간의 관계를 시상의 도입부에 배치한다. 자칫 평범한 독백으로 그칠 수 있는 시상의 전개 앞에 선명한 이미지를 내세움으로써 주의를 집중하는 것이다. 물론 이 때의 애상이란 수많은 知人들과 가족들을 떠나보내고 살아남은 자의 비탄이라 할 수 있다.

나아가서 7·8구에 이르면, 화려한 꽃이라도 한 번 시들어 떨어진 뒤에는 한없는 쓸쓸함만이 남을 뿐이라고 말한다. 여기서 영속성을 뜻하는 '千載'라는 시어와 돌아오지 않는 진행의 뜻을 지닌 '逝'字는 이러한 의미를 강조한다. 그리고 마지막 두 구에 이르러 인간의 삶 자체가 무상하고 덧없음을 자각한다. 시인은 『莊子』의 내용을 인용하여, 각각 오백 년을 봄과 가을로 삼는 冥靈이라는 나무나 각각 팔천 년을 봄과 가을로 삼는 大椿이라는 나무 또한, 언젠가는 시들어 떨어진다는 점에서 아침나절밖에 살지 못하는 버섯[朝菌]과 마찬가지라고 말한다.

요컨대 '느끼는 것이 있다[有感]'는 제목을 음미할 때, 시상의 도입부와 종결부에 각각 자리한 적실한 비유는 내적 각성과 세계에 대한 관조를 통해 심화된 시인의 의식을 잘 보여준다. 이는 앞으로 일상생활에 대응하는 그의 자세에 일종의 변화가 있을 것임을 예고하는 것이기도 하다. 실제로 이학규는 이 시기를 기점으로 전원의 흥취와 은일자족의 정취를 담은 작품을 집중적으로 창작한다. 아래의 두 작품은 이를 잘 보여준다.

「田居卽事」

竹籬茅舍舊東阡	대나무 울타리에 띠 집을 지은 오래된 동쪽 밭두둑에서
無事關門盡日眠	일 없이 문 닫아걸고 하루 종일 잠을 자네
一屋雷聲磨麥日	온 집안에 우레 소리 가득한 보리 빻는 날
四山雲氣揷秧天	사방의 산에 구름 자욱한 모내기 철
分將饁飯留賓餉	들밥을 나누어서 손님을 위한 건량으로 남겨두고
卸卻單衣遣婢湔	홑옷을 벗어 여종에게 빨아오라고 시키네
二十年前名利客	이십년 전의 名利를 좇던 객이
邇來作計老菑田	근래에는 묵은 밭에서 늙어갈 일을 계획하네

(1821)

「郭西村舍」

莫笑田家小竹房	농가의 작은 대나무집 비웃지 말게
始知眞率在窮鄕	궁벽한 시골에 진솔함 있음을 비로소 알았으니

泉甘酒比京中釅	단 샘물로 빚은 술은 서울 술에 견주겠고
山瘠蔬猶分外香	산마루 채소는 더없이 향기롭네
白石灘明無點染	흰 돌 깔린 맑은 여울은 한 점의 더러움도 없고
綠槐蟬靜有微凉	푸른 회나무에 매미 고요한데 서늘한 바람이 부네
此中剩得閑居樂	이 속에서 한가롭게 사는 즐거움 넘쳐나니
擬著蝸廬意未忘	오두막에 살려는 뜻 잊지 못하네
(1821)	

위의 두 작품은 전원의 흥취와 은일자족의 정취를 시상의 주축으로 삼고 있다는 점에서 공통된다. 우선 첫 번째 시는 전원의 풍경 속에서 자족적인 시인의 일상을 형상화 한다. 집에서는 보리를 빻느라 분주하고, 들에서는 모내기가 한창인 때에 시인은 나른하게 오후를 만끽한다. 首聯의 '無事關門'은 더 이상 속세로부터의 자극에 동요하지 않겠다는 심리의 표현이다. 나아가서 頸聯에서와 같은 너그러운 인성과 여유로운 마음은 현재 시인의 평온한 내면을 대변해준다. 반면에 두 번째 시는 頷聯·頸聯에서 주변 사물에 대한 긍정적인 가치부여를 좀 더 적극적인 어조로 드러냄으로써 전원생활에 대한 만족감을 표시한다.

여기서 주목할 부분은 첫 번째 시의 尾聯과 두 번째 시의 首聯·尾聯에서 보이는 진술이다. 마치 전원생활에 대한 무한한 긍정과 자부심을 다짐하는 듯한 이와 같은 언급은, 지금까지의 이학규의 시세계를 감안할 때 조금은 과장되게 느껴진다. 더욱이 비록 본서에는 수록되어 있지 않지만, 초라한 신세의 한탄·삶의 무상함·老衰·鄕愁에 대한 회한이 동시기 다른 작품에서 여전히 감지된다. 따라서 이렇게 전원생활을 통해 안정된 삶을 희구하는 모습은 일종의 긍정적인 생활가치를 향한 일시적 전환의지로 이해할 수 있다.

한편 본서에 수록된 산문 작품인 「記小池」(1820)에서는 자신이 직접 만든 작은 연못 주위를 묘사했다. 따가운 석양을 가리기 위해 서쪽 창문에 심은 오이 덩굴 너머에는 가로세로가 각각 세 길 쯤 되는 연못이 있다. 이학규는 그곳에 노을이 깃들고 바람이 잔잔해 질 때의 풍경과 그것을 완상하는 자신의 한적한 정취를 간명하게 표현하고 있다.

4. 가치

본서는 기존의 『洛下生集』에 수록된 『匏華屋集』과 비교할 때, 비록 온전한 형태는 아니다. 하지만 이학규의 작품세계를 살펴보는 데는 중요한 가치를 지닌다. 우선 기존의 『洛下生集』도 필사본이기 때문에, 간혹 해독이 안 되는 글자가 있다. 이에 본서는 좋은 참고가 된다. 또한 본서는 이학규의 작품이 일정하게 유통되고 있음을 말해준다. 아울러 본서에 수록된 작품들이 어느 정도 필사자의 주목을 받았던 것임을 짐작할 수도 있다.

5. 기타

앞서 언급하였듯이 본서는 기존의 『洛下生集』과 비교할 때, 『匏華屋集』에 수록된 작품의 편차와 제목에서 많은 차이를 보인다. 아울러 그 내용이 빠진 부분도 있다. 따라서 작품을 감상하고 학술적으로 활용하는 데 있어서 일정한 주의를 요한다.

[참고문헌]

白源鐵, 「洛下生 李學逵의 詩研究」, 성균관대 대학원 한문학과 박사학위논문, 1991.

沈慶昊, 「서정자아의 근대적 변모와 그 한계 - 洛下生 李學逵의 漢詩를 중심으로」, 『한국한시의 이해』, 태학사, 2000.

이국진, 「李學逵의 現實認識과 詩世界」, 고려대 대학원 국문과 석사학위논문, 2005.

林熒澤, 「낙하생전집 해제」, 『낙하생전집』 상, 아세아문화사, 1985.

이학규 저/鄭雨峰 譯, 『아침은 언제 오는가』, 태학사, 2007.

【이국진】

虛舟散稿

嚴慶遇(1655~1731) 著.

筆寫本. 1冊(零本) : 四周白邊, 無界,
10行19字 : 28.8×21.9㎝.

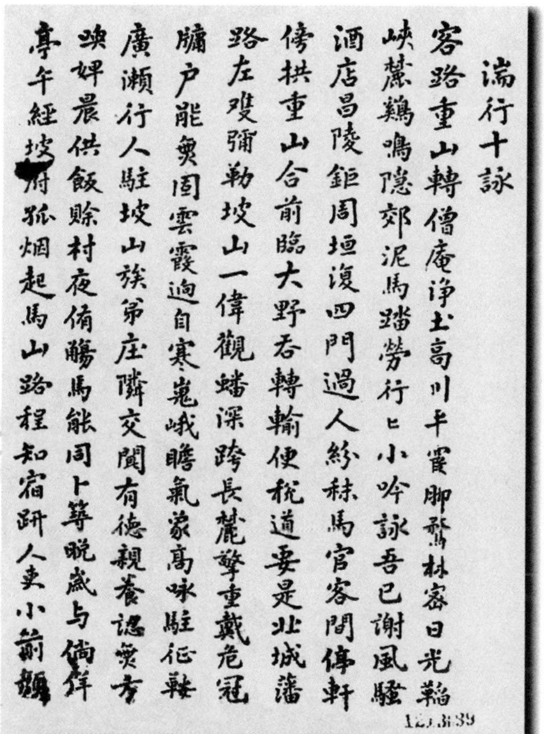

端行十詠

客路重山轉僧庵淨土高川平罷脚鷲林寄日光韜
峡藂鷄鳴隱郊泥馬踏勞行〻小吟詠吾已謝風騷
酒店昌陵鉅周垣復四門過人紛秣馬官客閙傳軒
傍拱重山合前臨大野呑轉輸便梳道要是北城藩
路左嵕彌勒坡山一偉觀蟠深跨長麓聳重戴危冠
牖户能爽闔雲霞逈自寒嵬峨瞻氣象高咏駐征鞍
廣瀨行人駐坡山族第庄隣交閭有德親養謁爽方
映婢晨供飯賒村夜倩醻馬能同卜篝晩歲與倘佯
亭午經坡府孤烟起馬山路程知宿所人吏小簫關

허주산고

1. 저자

본서의 저자는 그동안 미상으로 알려졌으나 이번에 嚴慶遇(1655~1731)로 밝혀졌다.[1] 엄경우의 자는 泰徵, 호는 巴陵·虛舟窩, 관향은 寧越이다. 판서를 지낸 緝(1635~1710)과 原州金氏 사이의 3남 2녀 중 장남으로 태어났다. 중중대 문인으로 이름났던 十省堂 昕(1508~1553)의 현손이며, 監察을 지낸 聖耈(1612~1662)의 손자다. 부친인 緝은 붕당의 다툼이 극심하였던 숙종대에 恬穆自守하여 세인의 칭송을 받았던 인물이다. 엄경우의 집안은 小北이다. '小北5君子'[2] 중 아우 慶遂(1672~1718, 자 仲成, 호 孚齋), 慶遐(1678~1739, 자 季長, 호 稼隱)가 모두 포함되어 있다. 聖耈의 신도비를 지은 尹彙貞(1676~1754, 자 彦吉, 호 厓西) 또한 '小北5君子'의 일원으로 이러한 인연과 무관치 않다고 생각된다. 엄경우는 1682년(숙종 8) 진사시에 합격했으나 문과에는 응시하지 않았다. 두 아우가 문과 급제하여 修撰, 左承旨의 벼슬을 한 것과 대조적이다. 엄경우의 관력은 孝陵[仁宗]참봉과 僉正, 廣興倉守를 지낸 것으로 확인된다. 그의 집안은 소북이었지만 남인과 정치적 입장을 같이 하였고 소론과도 우호적으로 지냈다. 교유는 같은 소북계인 任舜元(1653~1723, 자 士擧), 宋瑱(1676~1741, 자 仲潤, 호 恥庵), 李萬選(1654~1735, 자 擇仲, 호 蘧齋), 李尙說(1660~1733, 자 汝雨), 崔守慶(1668~? 자 景餘), 洪洵(1661~?, 자 信甫), 金文夏(1652~1699, 자 聖起) 등과 절친하게 지냈다.

2. 구성

필사본『虛舟散稿』는 불분권 1책이다. 서명도 內題 없이 表題만 있다. 시와 산문이 섞여있으나 전체적으로 일반적 문집 형태인 문체적 분류를 따른 듯하다. 대체로 시가 앞에, 뒤에 산문이 놓여 있지만, 그러나 반드시 그런 것도 아니다. 18제의 시에 이어 다양한 문체의 산문이 있다가 다시 5제의 시가, 그리고 다시 산문으로 이어진다. 또한 끝의「遊沁都記」안에 관련 시가 8수 있다. 산문은 일종의 잡저 성격으로 서명대로 '散稿'이다. 본서는 저자의 생애에서 주로 만년의 작품이 실려 있다.

작품 수가 많지 않아 작품 전체의 목록을 수록하고자 한다. 전체 목록은 다음과 같다.

---

1) 본서「癸卯暮春者~」의 시에 '吾泰徵與吾弟黃澗倅季長'이란 문구가 있다. '泰徵'은 '엄경우'의 자이고 '季長'은 아우 '엄경하'의 자이다. 또한 후술하겠지만 영남대학교에 소장된『虛舟散稿』또한 본서와 같은 영본인바, 그곳에 실린「祭文」중에 자신을 일컫는 '慶遇'가 명시되어 있다.

2) 鄭胤永(1833~1898),「北譜序」,『后山文集』권6, 후손가장본. 참고로 '小北5君子'는 宋瑱, 尹彙貞, 嚴慶遂, 李庭綽, 嚴慶遐이다. 이들은 모두 1670년대 생으로 숙종~영조대에 활동한 인물들이다.

「湍行十詠」·「癸卯暮春者與同儕十餘人同遊三淸洞任承宣士擧李正萬元宋上舍仲潤尹漢卿任三嘉吉甫尹正字復元注書亨仲閔先達圻任先達珽參奉㢸與吾泰徵與吾弟黃潤倅季長其餘少年未詳名字者數人亦參焉琴者金鼎熙廚院吏而以余方爲本司長官招至座間兩使君各進盤果琴鳴酒薦半日遊讌酒旣酣仲潤季長皆和琴而歌歌聲不甚淸爽而曲調圓轉賞音者有可採焉于時澗谷之間夕陰微生諸人醉頰已紅談說喧譁樂而忘歸也仲潤爲五言近體同賦者多余亦不辭而尾之」·「季夏將晦李上舍仲暉來訪留話至夕用前日三淸韻同賦一篇」·「贈別崔文吉長城行」·「贈別李令擇仲赴寧邊任」·「寄贈安州牧柳懷祖」·「贈別鏡城通判李持國」·「有感」·「贈別洪牧朴遠萬」·「漁釣」·「挽李洪川幼安」·「挽任監司士擧」·「酬宋仲潤寄贈篇」·「寄李汝雨」·「寄李汝雨崔景餘兄弟」·「舊感行寄梧軒」·「五言古詩復贈梧軒」·「寄贈蘧齋晤軒兩公同座」·「新年志感序」·「日本國記」·「耽羅誌」·「關東風土記」·「湖南風土記」·「湖西風土記」·「嶺南風土記」·「關西風土記」·「北關風土記」·「海西風土記」·「政府古事」·「太白山記」·「伽倻山記」·「德裕山記」·「智異山靑鶴洞記」·「天冠山記」·「月出山記」·「五臺山記」·「頭陀山記」·「彌智山記」·「怾怛山記」·「羽化亭記」·「祭任監司士擧文」·「詩話」·「入直廚院次院屛八疊韻寄翊衛洪君信甫」·「敬裕入直騎曺辦酒肴而見邀往話數餉擇仲台復向玉流洞要同賞以三淸韻寫一篇而贈遣」·「與李擇仲洪信甫李士肯李□□諸君同遊三淸洞復次前日遊三淸韻」·「後數日爲七言四韻一篇呈同遊諸公求和」·「與李遂初尹晦而遊玉流水閣」·「遊沁都記」·「到天登峴」·「歲豊」·「長寧齋舍與仲潤酬唱一韻四篇」·「登摩尼山檀君壇與仲潤各賦一篇仍各次韻」·「下山後轉到淨水寺」·「次仲潤檀君壇韻」·「南陽郡齋次主倅尹士固與仲潤唱酬韻」·「復吟一律求和」·「祭崔汝和文」

3. 내용

시는 대체적으로 평이하고 담담하다. 유람과 來訪, 그리고 여러 모임, 贈別詩가 대부분이다. 「湍行十詠」은 선영이 있던 長湍에 놀러 가서 지은 시로 10수이다. 「癸卯暮春者~」는 1723년(경종3) 任舜元과 그의 조카, 從孫인 任守迪(1671~1744, 자 吉甫), 任珽(1694~1750, 자 聖方, 호 巵齋), 宋瓆 및 저자와 아우 慶遐 등 10여인이 三淸洞에서 한바탕 어울려 놀았던 경과를 적고 그 때 자신도 사양치 못하고 따라 시를 지었다고 하였다. 이 모임은 저자에게 매우 인상 깊었던 자리였다. 이후에 나오는 시들 중 전날 삼청동의 운을 따서 지었다거나, 그 때 참석했던 사람들과의 관계를 언급할 때면 항상 이 때의 일을 회상하였다. 「季夏將晦~」는 星湖 李瀷의 재종질 龜休(1675~1735, 자 仲暉)의 내방을 받고 함께 지은 시이고, 「贈別崔文吉長城行」·「贈別李令擇仲赴寧邊任」은 1719년 장성부사로 가는 崔宗周(1683~1737, 자 文吉, 호 紫峯)에게, 그리고 영변부사로 나가는 李萬選에게 준 시이다. 「寄贈安州牧柳懷祖」·「贈別鏡城通判李持國」 또한 지방관으로 나가는 柳述(1656~1726,

자 懷祖), 李萬維(1674~1736, 자 持國)에게 주는 증별시이다. 이만유는 博泉 李沃의 아들이다. 「贈別洪牧朴遠萬」도 친구 朴萬普(1663~1730, 자 遠萬)에게 주는 증별시이고, 「挽李洪川幼安」는 李綏晩(1648~?)에 대한 만시이다. 「挽任監司士擧」는 저자와 가장 친하였던 詩友이며 아우 慶遐의 장인이기도 했던 임순원에 대한 만시로, 이는 뒤의 「祭任監司士擧文」로 이어지고 있다. 「酬宋仲潤寄贈篇」·「寄李汝雨」·「寄李汝雨崔景餘兄弟」은 모두 절친한 벗 송질, 이상열과 최수경에게 주는 시이다. 최수경의 아들은 시인으로 명세한 成大(1691~1762, 호 杜機)이다. 「舊感行寄梧軒」은 홍순, 이상열, 최수경 등과 옛날 함께 어울렸던 모습을 회상하고 그대, 즉 梧軒과 만년을 같이 보내고자 한다고 하였다. 「五言古詩復贈梧軒」도 다시 오헌에게 준 시로, 저자의 詩觀을 엿볼 수 있는 자료이다. 『詩經』에서 출발해 明나라까지 중국 역대의 詩史를 언급하며 각 시대의 풍격, 대표 시인을 언급하고 있다. 중국의 경우 唐을 으뜸으로 쳐 '唐全光嶽氣 鬱然文章村'이라 평하며 杜甫, 李白을 최고로 꼽고 있다. 우리나라의 경우 중국의 正脈을 이어받았다고 하며, 신라의 崔致遠, 고려의 李奎報, 李穡, 조선의 金守溫, 金宗直, 鄭士龍, 盧守愼, 黃廷彧, 李安訥, 張維, 李植을 대표 시인으로 거론하였다. 이어 저자와 그의 시우들의 모임을 말하며 梧軒 그대가 빼어난 자질로 詩道에 精勤해 줄 것을 당부하고 있다. 「寄贈蘧齋晤軒兩公同座」는 李萬選, 晤軒에게 보낸 시로 이들에게 저자는 '弱冠論文四十年'이라 하였다. 「新年志感序」는 1718년 신년을 맞은 감회를 적었다. 저자가 그리는 일상의 이상적인 모습을 서술하였다. 「日本國記」는 예전 「日本風土記」를 적은 것이 다소 누락된 것이 있다고 생각되어 들은 것을 바탕으로 새로 덧붙인다고 하였다. 그의 이러한 기록은 사신으로 일본에 다녀온 친구 任守幹(1665~1721, 호 遯窩) 등을 통해 많은 정보를 얻은 것 같다. 이어 「耽羅誌」를 비롯 각 지방의 풍토기와 전국 명산에 대한 해제적인 성격의 간략한 기록이 서술되어 있다. 그 중 「關西風土記」는 檀君朝鮮을 소개하고 檀君-解夫婁-金蛙-朱蒙을 嫡傳으로 기술하였다. 흥미로운 자료이다. 「詩話」는 玉峯 白光勳, 孤竹 崔慶昌에서 시작하여 田禹治, 黃眞伊에 이르기까지 25명의 시화를 기록하였다. 대부분 16세기의 인물들로 기존 시화들과의 별다른 차이는 보이지 않는다. 「敬裕入直~」는 李庭綽(1678~1758, 자 敬裕, 호 悔軒)과 어울린 시이다. 이정작은 장편소설 玉麟夢의 저자이기도 하다. 「遊沁都記」를 비롯해 이어지는 시들은 1680년 강화도에 유람가서 지은 글들이다. 저자가 살고 있는 巴陵[陽川의 옛 지명]과 100여리 떨어진 강화도를 평소 일견하고자 하였던 바, 벗 송질이 마침 강화도 長寧殿(肅宗의 영정을 모신 전각) 참봉이 되어 부임한다는 소식을 듣고 결행하게 되었다고 하였다. 일정은 김포→통진→강화→마니산 참성단→淨水寺(숙박)→전등사→史庫地→광성진→김포를 돌아오는 1박 2일이었다. 참성단에 올라 바라본 풍광과 감회가 생동감 있게 나타나 있다. 「祭崔汝和文」은 崔守溫을 기리는 제문이다.

저자의 일상을 요약한 것으로 보이는 「有感」시를 들어본다.

「有感」

吾人自有好商量	나에게는 좋은 생각 있으니
不願輕肥懼學荒	부귀를 원하지 않고 공부가 황폐해짐을 염려 한다네.
金滿一甖非世業	금이 한 동이에 가득 차는 것은 世業이 아니고
架多千卷是家藏	시렁에 천권 넘는 많은 책들이 집안에 간직한 것이다.
籬邊泛菊娛佳節	울타리 곁에서 국화 술에 띄워 佳節을 즐기고
谷裡歌蘭歎國香	골짜기 속에서 난초 노래하여 國香을 찬미하네.
但與白鷗閑伴住	다만 백구와 함께 한가로이 짝하며 사니
寘機隨處可相忘	마음 속 機心을 가는 곳마다 서로 잊을 수 있노라.

4. 가치

그 동안 저자 미상으로 알려졌던 본서의 저자가 '嚴慶遇'임이 밝혀졌고, 이에 따라 17세기 말~18세기 초에 생존했던 한 문인의 문학적 작품이 전면에 드러나게 되었다.

본서에 등장하는 인물들은 나름의 주목을 요한다. 즉 소북계와 관련된 인물들의 교유와 동향을 확인할 수 있기 때문이다. 이를 통해 본서는 많지 않은 소북 문인들의 문학적 활동과 성과를 확인할 수 있는 주요 자료가 되리라 생각된다. 그리고 본서에 실려 있는 「日本國記」를 비롯한 「耽羅誌」, 각 지방의 「풍토기」, 「명산기」 등은 다른 문집에서 흔히 볼 수 있는 자료가 아닌바 이 방면의 전후 기록들과의 비교도 흥미로울 듯 하다. 「遊沁都記」 또한 강화도 관련 遊記史 뿐만 아니라 조선후기 유수한 遊記 중의 하나로서 소중한 자료라고 본다.

5. 기타

『虛舟散稿』의 표지 우측 하단에 '共二十五'라고 되어 있다. 그렇다면 본서는 전체 25책 중의 한 책 낙질본이다. 이와 관련해 영남대학교에 본서와 동일 서명의 책이 4책 낙질로 있다. 실사해보니 역시 엄경우의 저서였다. 모두 엄경우의 자필 초고본으로 본서와 아울러 '共二十五'중 일부임이 확인되었다. 4책에 적힌 제목을 보면 詩, 文(일부)과 「松都見聞錄」, 「南行散記(1682년 巴陵의 집을 출발해 天安, 長城, 綾城 등을 여행한 기록)」, 「東國沿革」, 「雜敍」, 「東京誌」, 「西京誌」, 「理學源派」 등이 있었다. 흥미를 끌만한 기록들이다. 따라서 지금까지 모두 5책이 확인되는바 나머지 20책의 발굴이 기대된다. 족보에 '有遺集二卷'이라 되어 있는데, 아마 『虛舟散稿』와는 다른 책인 듯 하다. 상호 비교가 요망된다. 만약

이 모든 책들이 발굴된다면 학계로서는 큰 수확이 될 것이다. 소북 문인들의 동향 파악뿐만 아니라 17세기 말~18세기 초의 문학사 공간 영역이 적지 않게 확대될 것이기 때문이다. 아울러 저자의 아우 慶遂의 저서인 『孚齋日記』(필사본 8책)가 규장각에 전하고 있어(『조선당쟁관계자료집』 15, 이이화 편, 여강출판사, 1987 영인) 저자를 이해하는데 참고가 된다.

【임규완】

해제 (가나다순)

김남형(계명대 한문교육과 교수)
김언종(고려대 한문학과 교수)
김연수(고려대 강사)
김영진(계명대 한문교육과 교수)
김용태(부산대 점필재연구소 연구교수)
김윤조(계명대 한문교육과 교수)
김진경(고려대 강사)
김형술(서울대 강사)
김홍영(계명대 강사)
남춘우(계명대 강사)
박성규(고려대 한문학과 교수)
박영민(고려대 민족문화연구원 연구교수)
박준호(계명대 강사)
박철상(고문헌연구가)
배현숙(계명문화대 교수)
백승호(서울대 강사)
부유섭(홍익대 강사)
손혜리(성균관대 강사)
송희준(계명대 강사)
심경호(고려대 한문학과 교수)
우응순(고려대 민족문화연구원 연구교수)
유호진(고려대 민족문화연구원 연구교수)
이국진(경북대 강사)
이기훈(계명대 한국학연구원 연구원)
이상동(계명대 강사)
이철희(성균관대 대동문화연구원 연구교수)
이현일(성균관대 강사)
임규완(계명대 강사)
임준철(고려대 민족문화연구원 연구교수)
장유승(한국고전번역원 상임연구원)
장인진(계명대 동산도서관 벽오고문헌실)
정재철(단국대 한문교육과 교수)
최종호(영남대 강사)

以上 해제위원 33명

교열 (가나다순)

김영진(계명대 한문교육과 교수)
김윤조(계명대 한문교육과 교수)
이종문(계명대 한문교육과 교수)

자문 (가나다순)

김남형(계명대 한문교육과 교수)
배현숙(계명문화대 교수)
장인진(계명대 동산도서관 벽오고문헌실)

계명대학교 동산도서관 소장
善本 古書 해제집 1 [값 : 22,000원]

인쇄 | 2008년 10월 27일
발행 | 2008년 11월 3일

펴낸이 | 신일희
펴낸곳 | 계명대학교출판부
대구시 달서구 달구벌대로 2800
전화 053-580-6233
팩스 053-583-5213
등록 | 1970. 9. 1. (신고번호 제347-1998-1호)

ISBN 978-89-7585-443-9 93000

PRINTING 동아종합인쇄사 잘못된 책은 바꾸어 드립니다.